Bühl
CyberSociety

*Achim Bühl*

# CyberSociety

## Mythos und Realität der Informationsgesellschaft

*PapyRossa Verlag*

Umschlag: Willi Hölzel, Köln
Satz: dtp-studio Volker Hirsekorn, Königswinter
Druck: Interpress

Die Deutsche Bibliothek - CIP-Einheitsaufnahme

**Bühl, Achim:**
Cybersociety : Mythos und Realität der
Informationsgesellschaft / Achim Bühl. - Köln : PapyRossa-
Verl., 1996
ISBN 3-89438-107-8

# Inhalt

# Vorwort

Virtuelle Welten werden in den nächsten Jahren das Alltagsleben entscheidend verändern. Telearbeit, Teleshopping, Telebanking, Telekonferenzen, virtuelle Studios, interaktives Fernsehen sind da nur einige Stichworte. „Die Arbeits- und Lebensformen ändern sich weit fundamentaler, als dies vielen Menschen heute noch erscheinen mag; die Welt ändert sich, nicht nur in ihren technologischen, sondern auch in ihren wirtschaftlichen und kulturellen Strukturen.“[1]

Angesichts der bevorstehenden tiefgreifenden Veränderungen scheint uns der Begriff der CyberSociety gerechtfertigt zu sein, einer Gesellschaft, die in ihren Kernstrukturen weitgehend durch die Technologie der „Virtual Reality“ geprägt sein wird. Um das Wesen der Veränderungen zu beschreiben, existieren zahlreiche Metaphern, so wird u. a. von der Datenautobahn, der Informationsgesellschaft, der virtuellen Gemeinschaft, der digitalen Stadt und vom Cyberspace gesprochen.

Die Vielfalt der Metaphern weist auf die Vielschichtigkeit der Veränderungsprozesse hin, die uns bevorstehen und deren Gestaltung Teil des politischen Prozesses ist. Zu fragen ist, ob die jeweils gewählte Metapher die Prozesse exakt beschreibt, ob sie die Dynamik, die Qualität und die Tiefe der Veränderungen adäquat erfaßt.

„Spätkapitalismus oder Industriegesellschaft“ hieß der berühmte 16. Deutsche Soziologentag 1968. Die Antworten auf diese Frage waren damals schon äußerst kontrovers. Würde heute die gleiche Debatte geführt, so wäre die Frage zu stellen, ob der Begriff der Industrie- gegen den der Informationsgesellschaft ausgetauscht werden muß. Der Begriff der Informationsgesellschaft basiert auf der Annahme, daß die in nächster Zeit zu erwartenden und bereits einsetzenden technischen, ökonomischen, sozialen und kulturellen Veränderungen es nahelegen, Gesellschaft in einer Weise zu definieren, welche dem Faktor Information zentrale Bedeutung beimißt. Der industrielle Sektor, so die zugrundeliegende Behauptung, sei in seiner Rolle als entscheidender Wertschöpfungsbereich der Gesellschaft vom Informationssektor abgelöst worden. Eine von vielen Behauptungen, einer näheren Überprüfung unterzogen werden sollen.

Cyberspace ist in den letzten zwei Jahren zu einem Kultbegriff von Technokids, Medienzaren und G7-Ministern gleichermaßen geworden, die Filmindustrie hat sich schon längst des Themas angenommen. „Hollwood goes Internet“ mit zahlreichen SF-Filmen und Virtual Reality Sequenzen in Spielfilmen. „Johnny Mnemonic“ und „Das Netz“ sind nur die Namen der bekanntesten Filme. Das von vielen heraufbeschworene digitale Medienzeitalter scheint auch mit einer neuen Kultur einherzugehen. Cyberfilme, Cybercafes, Cyberkinos markieren Anwendungen in einem Unterhaltungs- und Freizeitbereich, der sich zunehmend zu einer Cyber-Kultur verdichtet.

Doch es geht um weit mehr als nur um Freizeitgestaltung. Für die Kritiker digitalisierter Zukunftsträume führen virtuelle Welten zu Isolation, Kontaktarmut, Sprachlosigkeit, Realitäts- und Körperverlust. Virtuelle Welten sind für sie eine Superdroge, eine perfekte Wirklichkeitsmaschine, die über eine zunehmende Unbewohnbarkeit der Erde hinwegtröstet. Der Cyberspace ist für sie ein Raum, in dem Menschen auch politisch beliebig manipulierbar werden. Zu fragen ist, ob diese Kritiken korrekte Abschätzungen der Gefahren beinhalten, oder ob es sich bei solchen Befürchtungen nicht eher um Projektionen von Ängsten auf eine weitgehend noch unverstandene Schlüsseltechnologie handelt.

Wie diese Frage auch beantwortet wird, die Gesellschaft der Zukunft, das digitale Zeitalter, hat bereits begonnen. Dies zeigen u. a. die Auseinandersetzungen mit dem Thema auf der im Februar 1995 stattgefundenen G7-Konferenz in Brüssel, die Kontroversen um die Neuordnung des Telekommunikationsnetzes, die Ernennung eines Rates für Forschung, Technologie und Innovation, der einen ersten Bericht zum Thema „Informationsgesellschaft" im Dezember 1995 vorgelegt hat[2], sowie zahlreiche Konferenzen, Tagungen und Positionspapiere zum Thema im Jahre 1996.

Unstrittig ist, daß im medialen Zeitalter dem vernetzten PC eine Schlüsselrolle zukommt als Information speicherndes, übermittelndes, selektierendes und strukturierendes Medium, mit dessen Hilfe Information konsumiert werden kann. Der vernetzte PC wird das kommende Jahrhundert weitgehender prägen als Eisenbahn, Telefon und Automobil das neunzehnte und zwanzigste zusammengenommen. Welche Visionen und Utopien, negative wie positive Szenarien sich hierbei auftun, soll in dieser Arbeit analysiert werden.

Ausgangspunkt bildet dabei die Analyse der wichtigsten Metaphern wie Cyberspace, Informationsgesellschaft, digitale Stadt, Datenautobahn sowie die Betrachtung der literarischen und filmischen Science Fiction und der dort entworfenen Zukunftsbilder.

Nach einem kurzen Überblick über die technischen Grundlagen werden die gesellschaftlichen Veränderungen, der Stand und die Perspektiven der Megatechnologie „Virtual Reality" anhand wichtiger Anwendungsbereiche ausführlich untersucht: Architektur, Konstruktion und Design, Militär und Raumfahrt, Medizin, Produktion und Dienstleistungssbereich, Freizeit und Unterhaltung kommen dabei zur Sprache.

Auf der Grundlage der dargestellten Anwendungsgebiete werden die politischen und gesellschaftlichen Konsequenzen bilanziert und eine Technologiefolgenabschätzung geleistet. Mythos und Realität der „Informationsgesellschaft" sollen so profund analysiert und verständlich gemacht werden.

Bei aller Differenziertheit des Urteils spricht sich der Autor entschieden für die Position eines aktiven Mitgestaltens der modernen Kommunikations- und Informationstechnologien aus. Er ist folglich mit einem eigenen wissenschaftlichen Informationssystem[3] im Netz vertreten und via E-mail erreichbar.

Für Hinweise, Kritiken und Tips sind wir den LeserInnen des Buches stets dankbar.

Marburg, im Mai 1996

Achim Bühl
buehl@nws.fb03.uni-marburg.de
*http://staff-www.uni-marburg.de/~buehlach*

# Anmerkungen

1 Der Rat für Forschung, Technologie und Innovation (Hrsg.): Informationsgesellschaft. Chancen, Innovationen und Herausforderungen. Fragestellungen und Empfehlungen, Bonn 1995, S. 10

2 a.a.O.

3 Informationssystem ISIS. Die Adresse lautet: *http://staff-www.uni-marburg.de/~buehlach* Siehe auch Anhang B: Der Autor im Netz

# Kapitel 1
# Mythen, Metaphern und Netz-Paradigmen

„Die Zukunft der Arbeit entscheidet sich auf der Infobahn“, so verheißt ein Werbespot der Deutschen Telekom. Die Frage ist nur, um welche Zukunft es sich handelt, um welche Arbeit und um welche Art von Infobahn. Mit Hilfe der Infobahn, so verspricht die Deutsche Telekom, kann der Sonne rund um die Uhr gefolgt werden, der Tag habe nunmehr „24 produktive Stunden“. Antworten auf die Fragen „Wer plant?“, „Wer fährt?“ und „Wer zahlt die Infobahn?“ werden jedoch nicht geliefert.

Der Aspekt der Kosten ist bereits Anfang des Jahres 1996 anläßlich der Tarifstruktur der Telekom in den Mittelpunkt der Öffentlichkeit gerückt. Ins Zentrum der Diskussionen gerät zunehmend auch die Frage, ob die Infobahn Arbeitsplätze schaffen oder zu einem neuen Rationalisierungsschub führen wird, der ganze Berufszweige vernichten wird; so gerät etwa neben dem Produktionsbereich auch der Dienstleistungssektor zunehmend unter den Druck der EDV-gestützten Rationalisierung; in den nächsten Jahren sollen alleine im Schalterbereich der Banken 200.000 Arbeitsplätze abgebaut werden.

Spätestens seit dem G7-Gipfel in Brüssel wird viel über die Datenautobahn oder die Infobahn debattiert und spekuliert. Die Metapher von der Datenautobahn ist dabei unter den vielen Metaphern, welche die neue Entwicklung kennzeichnen sollen, zum dominanten Paradigma geworden. Wir wollen in diesem Kapitel diverse Metaphern wie Datenautobahn, Cyberspace, Digitale Stadt, Telepolis, virtuelle Gemeinschaft, globales Dorf, Informationsgesellschaft und CyberSociety einer näheren Betrachtung unterziehen. Eine Betrachtung von Metaphern scheint uns von großer Bedeutung zu sein, weil diese „Einfluß auf die Ausformungen und Diffusion künftiger Technologien“ besitzen, „da sie über die gesellschaftliche Mobilisierungskraft für technische Projekte und über ihre Akzeptanz mitentscheiden“.[1]

## 1.1 Metapher Datenautobahn

Die Wortschöpfung von der „Datenautobahn“ oder dem „Infohighway“ geht auf eine Regierungserklärung des amerikanischen Vizepräsidenten Al Gore von 1993 zurück, der einen „Data Highway“ für die USA in Aussicht stellte.[2] Die Erklärung des Vizepräsidenten stellte dabei die Reaktion der Clinton-Administration auf einen Vorstoß amerikanischer Computerhersteller dar, die unterstützende Maßnahmen bei der Schaffung einer Nationalen Informations-Infrastruktur (NII) forderte. In Anlehnung an diese seitens der Regierung Clinton eingeleiteten Initiative wurde auf der europäischen Ebene 1994 der sogenannte „Bangemann-Report" dem Rat der Europäischen Union vorgelegt.[3] Im „Bangemann-Report" wird die Metapher von der Datenautobahn benutzt, um Vorschläge zu den Bereichen Home-Shopping, Tele-Banking, Video on Demand, elektronische Post und weltweit vernetzte Datenbanken zu unterbreiten.

Die Metapher von der Daten- bzw. Infobahn wird aktuell vor allem in Werbefilmen der Deutschen Telekom benutzt, um Akzeptanz seitens der Bevölkerung zu schaffen. Die Stärke des Begriffes Infobahn liegt zunächst einmal darin, daß vielfältige Assoziationen ermöglicht werden. Denken kann man an Geschwindigkeiten, an das Automobil, den Transport von Gütern, effiziente Verbindungen, die Geradlinigkeit, an Infrastrukturinvestitionen, Schnellstraßen und Landstraßen, aber auch an Privatisierung, an Autobahngebühren und KFZ-Steuern. Die Metapher von der Datenautobahn ist primär eine Geschwindigkeits-Metapher, die orientiert ist am schnellen Transport von Waren mittels Infrastruktureinrichtungen. Sie soll Vertrauen schaffen, indem eine aus der „Industriegesellschaft" stammende vertraute Technologie, die jedem in Form des Autofahrens bekannt ist und fast von jedem beherrscht wird, analog auf die „Informationsgesellschaft" übertragen wird. Die Stärke des Analogieverfahrens liegt dabei darin, daß eine Vielzahl kollektiv verfügbarer Assoziationen vorhanden ist, die Informationstechnologie als relativ einfach und beherrschbar erscheint, wo rasch jeder - vergleichbar dem Autoverkehr - mitreden könne. „Kein Problem", so wird suggeriert, „Autofahren kann doch auch fast jeder" und mitreden über Staus, Baustellen, Ampeln, Grüne Wellen und Strafmandate allemal. Die Informationsgesellschaft verliert so ein Stück weit ihren Mythos, eine ExpertInnengesellschaft zu sein, der vernetzte PC wird zum allgemein vertrauten Surfbrett auf Hochgeschwindigkeitsstraßen.

In den USA hat die Metapher vom Infohighway dabei noch eine weitere erwünschte Wirkung. In einer Highway-orientierten Gesellschaft, in der gar Straßen wie die „Route 66" zu nationalen Legenden werden, versucht der Vizepräsident Al Gore an den Mythos seines Vaters, des Highway-Gores, des allseits geachteten Schöpfers eines Schnellstraßennetzes, anzuknüpfen.[4] Dabei bedienen sich auch die Demokraten des nationalen Pathos; ähnlich wie die Highways im US-amerikanischen Selbstverständnis Amerika zur Nation formten, wird auch der national information highway zu einer nationalen Angelegenheit erklärt.

Die Metapher von der Datenautobahn ist jedoch nicht nur in Deutschland mit den Konnotationen zum Faschismus von äußerst ambivalentem Charakter. Ende des 21. Jahrhunderts sind die Folgen des Automobilismus für jeden offensichtlich. Die Vorstellung, daß mehr Straßen den infrastrukturellen Herzinfarkt zahlreicher Ballungsgebiete lösen könnten, stößt zunehmend auf Ablehnung, auch breitere und schnellere Straßen werden eher zur forcierten Landschaftszerstörung, Zersiedelung, zum Aussterben von Tier- und Pflanzenarten, zur weiteren Smog- und Ozonbildung beitragen als zur Lösung der Probleme einer individualverkehrszentrierten Gesellschaft.

Die Assoziationen der Datenautobahn-Metapher sind somit zwiespältiger Natur. Schließlich gehören Assoziationen wie Staus, Umweltzerstörung, Raserei, Verkehrstote, Smog, Tempolimit und Massenkarambolagen genauso zur Metapher wie die Verkürzung von Wegstrecken und -zeiten, schneller Raumzugriff und die Urlaubsfahrt.

„War es vor wenigen Jahrzehnten vielleicht ausschließlich noch das scheinliberale Motto 'freie Fahrt für freie Bürger', das vielen Menschen zur Datenautobahn einfiel, so ist es heute oftmals nur noch mehr der Stau, der in einer primären gedanklichen Zuordnung zur Autobahn kommt."[5] Die Protagonisten der Datenautobahn-Metapher haben indes rasch gelernt, gerade auch die Negativassoziationen positiv zu wenden. So werden in den Werbefilmen der Telekom die Datenautobahnen als konsequenter Beitrag zum Umweltschutz gefeiert. Datenautobahnen erscheinen im Unterschied zur realen Autobahn als naheliegende Lösung der Verkehrsproblematik. Der Informationsverkehr der Telekom produziere weder Abgase noch Staus, so heißt es in entsprechenden Großanzeigen. So wird denn auch in zahlreichen Büchern zum Thema der moderne Telependler, der seine Leistung seinem Unternehmer nur noch per Telefonleitung oder Glasfaserkabel abliefert als Lösung globaler Probleme betrachtet. Das Wohnzimmer-Büro wird so zum Heilsmythos, welches die Blechlawine auf den Straßen stoppt.[6]

„Vielleicht offenbart sich die Ironie der Geschichte einer ambivalenten Analogiebildung darin, daß ein zentrales künftiges Anwendungsfeld der schnellen und vernetzten Datenübertragung der Verkehr und möglicherweise sogar die altehrwürdige Autobahn selbst ist."[7] So werden elektronische Verkehrsleitsysteme zunehmend als zentrale Anwendung der modernen Informationsgesellschaft gepriesen, als ein Weg aus dem Stau.

Telematik lautet das entsprechende Zauberwort, welches zusammengesetzt ist aus den Begriffen Telekommunikation und Informatik. Das Bundesministerium für Verkehr faßt darunter „Systeme der Kommunikations-, Leit- und Informationstechnik im Verkehrsbereich".[8] Telematik hat die Bundesrepublik Deutschland zu einem der Schwerpunktthemen während ihres Vorsitzes in der Europäischen Gemeinschaft erklärt.

Elektronische Wege sollen aus dem Stau führen, die intelligente Straße ist gefragt, welche nicht nur aus Asphalt und Beton, sondern auch aus Elektronik besteht. Ob es sich dabei um ernstzunehmende Ansätze handelt oder um Pseudoaktivitäten bei der Lösung eines unlösbaren Problems, dem grenzenlosen Autoverkehr, wird im weiteren noch zu klären sein. Im Kontext der Analyse von Metaphern ist es von Bedeutung, daß zwischen Verkehrsleitsystemen und elektronischen Autobahngebühren ein enger Zusammenhang besteht. Mit elektronischen Verkehrsleitsystemen können auch Straßengebühren erhoben werden, neue elektronische Mautstellen werden schon geplant, ausprobiert und getestet.

Damit sind wir bei einer ideologiekritischen Betrachtung der Metapher von der Datenautobahn angelangt. Der umfassende Prozeß der Informatisierung der Gesellschaft wird hier auf die technische Seite reduziert, es geht in keinster Weise um soziale Dimensionen, soziale Folgen und um soziale Aus- und Mitgestaltung. Der Weg in die „Informationsgesellschaft" wird reduziert auf den technischen Aspekt, die Verkabelung, die Übertragung von Daten. Die Metapher von der Datenautobahn soll dabei zugleich den Aspekt der Kommerzialisierung nahelegen. Der Transport von Waren ist eben mit Kosten verbunden, ein Transport von Daten ist es auch. Die Metapher von der Datenautobahn entspricht damit dem herrschenden Technologieverständnis, welches in technizistischer Betrachtungsweise letztendlich auf Gewinnspannen und Profitraten hinausläuft, auf die Kommodifizierung bestehender nicht kommerzieller Netze wie dem Internet. Die Metapher von der Datenautobahn, als eine der eher jüngeren Metaphern, die wir in diesem Kapitel betrachten, hat dabei zugleich ein weiteres wesentliches Ziel: die Verdrängung anderer Metaphern, welche als Sozietätsmetaphern bezeichnet werden können, wie die Metapher vom globalen Dorf, die Metapher vom elektronischen Marktplatz oder die Metapher von der virtuellen Gemeinschaft; Metaphern, die im Unterschied zur Datenautobahn die soziale Seite des Prozesses in den Vordergrund stellen. Verdrängt wurde aber auch die Metapher vom Cyberspace, die in Anlehnung an die Science Fiction Literatur auch düstere Zukunftsvisionen zur Sprache bringt.

Die Metapher von der Datenautobahn wird jedoch auch noch aus anderen Ecken kritisiert. So hält etwa Bill Gates das Bild vom Highway, von der Datenautobahn, für nur bedingt richtig und argumentiert wie folgt: „Man denkt dabei an Landschaft und Geographie, an eine Entfernung zwischen zwei Punkten, und dahinter steckt die Vorstellung, daß man reisen muß, um von einem Ort zum anderen zu gelangen. Einer der bemerkenswertesten Aspekte dieser neuen Kommunikationstechnik ist aber, daß sie die Entfernung aufhebt. Es spielt keine Rolle, ob derjenige, mit dem Sie kommunizieren, sich im Zimmer nebenan oder auf einem anderen Kontinent befindet, weil Meilen oder Kilometer für dieses hochgradig vermittelte Netzwerk belanglos sind. Beim Begriff Highway stellt man sich außerdem vor, daß alle auf derselben Strecke unterwegs sind. Dieses Netzwerk erinnert jedoch mehr an eine Vielzahl von Landstraßen, wo jeder sich umschauen oder seinen persönlichen Interessen folgen kann. Dahinter steckt ferner die Vorstellung, daß der Staat für den Bau zuständig sei; das wäre, glaube ich, in den meisten Ländern ein Fehler. Der eigentliche Haken ist jedoch, daß die bildhafte Formulierung Highway auf die Infrastruktur abstellt und nicht auf die Anwendungen."[9]

Die Kritik von Bill Gates verweist durchaus auf einen richtigen Sachverhalt. Die Metapher von der Datenautobahn legt in der Tat eine falsche Analogie nahe, da der Vergleich mit einer Datenautobahn, die geografische Räume miteinander verbindet, den zentralen Aspekt der Vernetzung, den der Enträumlichung, des Verlustes des realen Raumes, mit einem falschen Bild versieht. Auch der Kritik, daß die Metapher der Datenautobahn statt auf Inhalte auf technische Grundlagen abziele, könnte man zustimmen, wenn nicht statt des Wortes Inhalte bei Bill Gates das Wort Anwendungen benutzt würde. Die Verwendung des Wortes Anwendungen stellt jedoch bereits einen neuen Reduktionismus dar, sie reduziert den umfassenden gesellschaftlichen Nutzen eines Netzes auf kommerzielle Microsoft-Produkte, auf Anwendungen des

Hauses Gates, auf Software. Die softwarereduzierte Sichtweise beschränkt so die Potenzen weltweiter Netze auf Verwertungsinteressen und Profitraten der Firma Microsoft. Kommerzialisierungsinteressen stellen den eigentlichen Beweggrund der Gateschen Kritik an der Highway-Metapher dar. Die Metapher der Datenautobahn, die ihrerseits, wie wir bereits gesehen haben, vielfältige kommerzielle Bezüge enthält, ist dem Microsoft-Chef nicht kommerziell genug, birgt sie doch auch die Gefahr in sich, man könne auf den Gedanken kommen, eine staatliche Grundversorgung in Sachen Information zu fordern. Die Datenautobahn-Metapher wäre dann keine Kommerzialisierungs-Metapher mehr, sondern vielmehr eine solche, die Information zu einem Gut erklärt, welches durch staatliche Infrastrukturmaßnahmen für jeden Bürger, jede Bürgerin sicherzustellen sei. Der Slogan „information wants to be free" der Cyberpunk-Bewegung in den USA, so ließe sich befürchten, könnte einem „das ganze Geschäft versauen" und die Goldgräberstimmung wäre dahin. Die Forderung, Information als staatlich zu garantierendes Grundrecht zu betrachten, hat schließlich in den USA bereits die Rockszene erfaßt. So heißt es etwa im Prälog zu Billy Idols CD „Cyberpunk":

*„the future has imploded into the present*
*it know nuclear war and new battlefields of people's minds and souls*
*though we say, all information should be free, it is none*
*information is power and currency of the virtual world inhabit*
*so mistrust authority*
*cyberpunks are the true rebels*
*welcome to the cybercorporation, cyberpunks"*[10]

Harte Kritik an der Highway-Metapher kommt in den USA auch von rechtskonservativen Kräften, so unter anderem vom Wirtschaftstheoretiker George Gilder und vom Futurologen Alvin Toffler. Toffler, in den 70er Jahren eher ein linksliberaler Zukunftsforscher mit basisdemokratischen Ansätzen, hat sich in den 80er Jahren als wissenschaftlicher Berater von Ronald Reagan zu dessen Reagonomics bekannt und gilt mittlerweile als Anhänger von Newt Gingrich. In einem in der New York Times unter der Überschrift „A Magna Charta for the Knowledge Age" veröffentlichten Manifest, halten die Autoren die Datenautobahn für ein Bild, welches am wenigsten hilfreich sei, um den epochalen Wandel zu vermitteln. Es gäbe kaum eine Formel, welche das Wesen des Prozesses deutlicher verfehlen würde, als die Highway-Metapher. Der Vergleich mit den Autobahnen ist für Gilder und Toffler aus ökonomischen Gründen grundfalsch. „Feste Dinge unterliegen unwandelbaren Erhaltungsgesetzen - was auf der Autobahn nach Süden fährt, muß nach Norden zurückkehren, sonst haben wir am Ende eine Autohalde in Miami. Ebenso müssen Produktion und Konsum ausgeglichen sein. ... Bei der Information verhält es sich anders. Sie kann fast ohne Kosten repliziert werden - so daß (theoretisch) jedes Individuum den gesamten Output einer Gesellschaft konsumieren kann."[11]

Gilder und Toffler beziehen sich dabei positiv auf die Cyberspace-Metapher und betrachten Highway- und Cyberspace-Metapher als Gegensatzpaare, welche sie wie folgt einander gegenüberstellen.[12]

| Datenautobahn | Cyberspace |
|---|---|
| begrenzte Materie | grenzenloses Wissen |
| zentralisiert | dezentralisiert |
| Bewegung im Raster | Bewegung im Raum |
| Staatsbesitz | vielfältig gestaffelte Besitzverhältnisse |
| Bürokratie | Befähigung |
| Gewerkschaften und Unternehmer | Assoziationen und Freiwillige |
| Befreiung von der „ersten Welle" (der Agrargesellschaft) | Befreiung von der „zweitenWelle" (der Industriegesellschaft) |

Das zentrale Ereignis des 20. Jahrhunderts ist für die Autoren der Sturz der Materie. Der Wohlstand in Form materiellen Reichtums habe sowohl in der Technik, der Wirtschaft als auch in der Politik an Bedeutung verloren, das Wissen habe die Oberhand über die Materie gewonnen. Für das „Zeitalter des Wissens" sei das Bild vom Cyberspace, so Gilder und Toffler, im Unterschied zum Datenhighway die adäquate Metapher. Die Metapher vom Cyberspace, und dies ist der eigentliche Kern ihrer „Magna Charta", wird von rechts vereinnahmt, Wissen wird hier schlechthin als „geistiges Eigentum" deklariert. Das eigentliche Problem, welches die Autoren mit dem „Zeitalter des Wissens" haben, ist nicht mehr die Frage, wie man mit Hilfe basisdemokratischer Initiativen die Gesellschaft umfassend informatisieren könne - eine Frage, die sich Anfang der 70er Jahre der damals noch linksliberale Toffler stellte -, sondern einzig und allein, wie man das Eigentum, welches nach dem Sturz der Materie im wesentlichen in entmaterialisierter Form vorläge, auch umfassend schützen und sichern könne. In der „Magna Charta" des Rechtskonservatismus heißt es demzufolge: „Klare und einklagbare Eigentumsrechte sind für das Funktionieren von Märkten entscheidend. Sie zu definieren ist eine zentrale Funktion des Staates. Die meisten von uns wissen das seit langem. Aber den neuen Cyberspace schaffen, bedeutet auch neues Eigentum schaffen." So paart sich denn in der neuzeitlichen „Magna Charta" die Gleichsetzung des Begriffes der Information bzw. des Wissens mit dem Begriff des „geistigen Eigentums" mit einem knallharten Deregulierungskonzept, einer „Ablösung von gesetzlichen Bestimmungen und sozialen Einstellungen, die der Phase der 'zweiten' Welle angehören"; der Sozialstaat wird so zu einem Anachronismus der Industriegesellschaft erklärt. Von den demokratischen Visionen des Futurologen Toffler der 70er Jahre, auf die wir noch zu sprechen kommen, bleiben nur noch sinnentleerte Worthülsen übrig; der Demokrat von einst, der angesichts des von ihm gefeierten neuen Typus eines Prosumenten, welcher Produktion und Konsumtion in sich vereine, gar vom perspektivischen „Absterben des Marktes“ sprach - eine wahrlich utopistische Position -, hat den „Cyberspace-Markt“ entdeckt, das Wissen als staatlicherseits zu schützendes Eigentum. Regulation dort, wo es um Eigentumsrechte geht, Deregulation, wo es sich um Sozialstaatlichkeit handelt. Welche Voraussetzungen für den Eintritt in den Cyberspace definitiv zu erfüllen sind, darüber lassen die Autoren keinen Zweifel. „Deregulierung, Konkurrenz, Privatisierung, Dezentralisierung und 'Entmassung‘ aller Institutionen und der Kultur um jeden Preis, was nur heißen kann, Kommerzialisierung vor allem für diejenigen, die es sich leisten können.“[13]

Damit gelingt es den Autoren, gleich zwei Aufgaben zu lösen: Front zu machen gegen die Datenhighway-Metapher, die unter den gegebenen Verhältnissen vom Demokraten Al Gore vereinnahmt wird, und zum anderen die populäre Metapher des Cyberspace aus dem Umkreis der Cyberpunk-Bewegung herauszulösen und sie für den Rechtskonservatismus zu erschließen. Genügend Gründe also, um sich im folgenden mit den eigentlichen Ursprüngen und der Bedeutung der Cyberspace-Metapher zu beschäftigen.

## 1.2 Metapher Cyberspace

Im Unterschied zur Metapher von der Datenautobahn als primär bewegungsorientierter Metapher handelt es sich bei der Cyberspace-Metapher um eine raumorientierte Metapher.

Der Begriff „Cyberspace“ wurde erstmals vom Science-Fiction-Autor William Gibson in seiner Erzählung „Chrom brennt“ benutzt, welche die Geschichte zweier Hacker beschreibt. Mit Hilfe der Elektronik verschaffen sie sich im täglichen Überlebenskampf eine sensorische Schnittstelle zum weltweiten Computernetz. Angekoppelt an dieses Interface wird das eigene sensorische Nervensystem außer Kraft gesetzt, die „Consolencowboys“ tauchen ein in den „Cyberspace“. Dieser Begriff wird bei William Gibson zu einer Metapher für den virtuellen Raum. Die Immersion wird bei den Consolencowboys zu einer psychedelischen Droge, einer Bewußtseinserweiterung mit zerstörerischer Kraft. Gleichwohl haben die düsteren Visionen von William Gibson viele inspiriert. Cyberspace ist dabei weitgehend zu einem Synonym für weltweite Computernetze geworden, insbesondere für das größte, das Internet.

Der Begriff Cyberspace ist ein Kunstwort. Der erste Teil „Cyber“ stammt aus dem Griechischen und bedeutet dort soviel wie navigieren, steuern (kybernetike = Steuermannskunst), folglich auch der Begriff Kybernetik oder im Englischen cybernetics bzw. cyberneticism. Der zweite Teil „space“ bedeutet auf englisch „Raum“ und leitet sich vom lateinischen „spatium“ (Raum, Weite) ab.

Die Cyberspace-Metapher markiert einen fundamentalen Paradigmenwechsel in der Informatik, eine neue Epoche in der Mensch-Maschine-Kommunikation. Bislang bildete der Bildschirm die Grenze zwischen AnwenderInnen und Maschine. Diese Grenze wird nun aufgelöst. AnwenderInnen navigieren interaktiv in einem Raum hinter dem Bildschirm; ein Raum, in dem menschliche Kommunikation und Interaktion rechnergesteuert abläuft.

Die Auflösung dieser bislang traditionell gültigen Distanz hat tiefe Auswirkungen auf alle Bereiche der Gesellschaft, die Tragweite dieses qualitativen Paradigmenwechsels betont die Metapher Cyberspace und erfaßt damit die Phänomene deutlich adäquater als vergleichsweise die Metapher von der Datenautobahn.

Cyberspace als Raum, in dem man navigieren kann, bedeutet, daß der Anwender sich in computergenerierten Erlebnisräumen bewegt, seine Bewegungen in Echtzeit übertragen werden, und zwischen dem was er sieht und seinen eigenen Bewegungen eine sehr enge Korrelation besteht. Navigieren bedeutet dabei, daß in den computergenerierten Räumen Bewegungs- und Rotationsfunktionen realisiert sind, die sogenannten sechs „Freiheitsgrade" der Informatik. Der User kann sich vorwärts und rückwärts bewegen, existieren mehrere Stockwerke, so kann er sich aufwärts und abwärts bewegen, schließlich kann er seinen Blick nach rechts und links wenden. In freizeitorientierten Anwendungen kann der Anwender seinen Körper zusätzlich noch rotieren lassen, ein Spielraum, der physischen Gesetzmäßigkeiten im Alltag nicht entspricht; im Cyberspace können somit physische Erfahrungen gemacht werden, die in realen Umgebungen so ohne weiteres nicht erlebbar sind.

Mit den sogenannten sechs Freiheitsgeraden der Informatik wird der Freiheitsbegriff als klassischer philosophisch und politikwissenschaftlich orientierter Begriff zugleich neu besetzt: Für den Cybernauten bedeutet Freiheit eine möglichst weitgehende Realisation von Bewegungsmöglichkeiten in computergenerierten Welten.

Populär wurde der Begriff Cyberspace 1984 erstmals mit dem Roman „Neuromancer" von William Gibson.[14] Cyberspace ist bei Gibson ein Synonym für den Raum hinter dem Bildschirm, für ein weltumspannendes Netzwerk, die Matrix, an der sich Menschen direkt mit ihrem Nervensystem anschließen können. „Die Matrix hat ihre Wurzeln in primitiven Videospielen, ... , in frühen Computergrafikprogrammen und militärischen Experimenten mit Schädelelektroden. ... Kyberspace. Unwillkürliche Halluzinationen, tagtäglich erlebt von Milliarden Berechtigten in allen Ländern, von Kindern zur Veranschaulichung mathematischer Begriffe ... Grafische Wiedergabe abstrahierter Daten aus den Banken sämtlicher Computer im menschlichen System. Unvorstellbare Komplexität. Lichtzeilen, in den Nicht-Raum des Verstands gepackt, gruppierte Datenpakete."[15]

Mit dem Begriff Cyberspace wird der Zustand des Eintauchens in eine virtuelle Umgebung bezeichnet, Cyberspace wird verstanden als „a place, a mode of being; a place, where one is, when accessing the world computer net."[16]

Mit der Cyberspace-Metapher ist die Metapher der virtuellen Welten, der virtuellen Realität, eng verbunden, beide werden häufig synonym benutzt.

Der Begriff „Virtuelle Realität" wird aus zwei in ihrer semantischen Bedeutung antipodischen Wörtern zusammengesetzt. „Virtuell" stammt von dem lateinischen Wort virtus (Kraft, Vermögen) und bezeichnet etwas Gedachtes, etwas Potentielles, welches keine Gegenständlichkeit besitzt. Schaut man im Duden Fremdwörterbuch nach, so findet man unter „Virtuell“ die folgende Erläuterung: „Der Kraft oder Möglichkeit nach vorhanden“.

Im Universal-Lexikon, verlegt von Johann Heinrich Zedler 1746, wird „Virtuell“ wie folgt definiert:

„Virtualiter, der Krafft nach, durch eine richtige Folge, ist ein metaphysisches Kunstwort, und wird in der Metaphysik der Scholastiker dem Worte formaliter entgegengesetzt. Es hat die Bedeutung, daß etwas von dem andern in Ansehung der Existenz und des Wesens nicht würcklich, sondern nur der Krafft nach gesaget wird, z. B. der König ist allenthalben seines Landes, nicht formaliter, als wäre er wirklich an allen Orten, sondern virtualiter, weil er überall seine Bedienten hat, die statt seiner da sind.“ [17]

In dieser absolutistisch geprägten Definition - ein König, der virtualiter allenthalben seines Landes ist - wird der Begriff virtualiter dem Begriff formaliter gegenübergestellt. Der Begriff virtuell beschreibt somit ein Paradoxon: existent und doch nicht wirklich, eine begriffliche Fassung, welche darauf verweist, daß virtuelle Welten tiefe Auswirkungen auf unser Realitätsverständnis und -bewußtsein haben.

Der Begriff Realität selbst wird ebenfalls vielfältig gefaßt, schließlich ist die Realitätsdebatte mit Realismus und Idealismus als den beiden philosophischen Grundrichtungen jahrhundertelang ein Hauptgegenstand der Philosophie gewesen.

Virtuelle Welten vermitteln den Eindruck, sie stellten die Realität selbst dar, was sie von Computersimulationen oder von Modellen, wie wir sie etwa in Gestalt der Doppelhelix oder atomarer Moleküle kennen, unterscheidet. Computersimulationen wollen Wirklichkeit primär erklären, Computervirtualisationen wollen sie tendenziell ersetzen.

Die Metapher von der Virtuellen Realität betont dabei zweierlei: Zum einen die Tatsache, daß etwas wirklich da ist, das wir erkunden können, weil es auf unsere Sinne wirkt und durch unsere Handlungen verändert werden kann, und zum anderen die Feststellung, daß ein Teil dieser Wirkungen auf einer Täuschung oder einer idealisierten Annahme beruht.

Im Unterschied zur Datenautobahn-Metapher erfassen die Metaphern vom Cyberspace und der virtuellen Welt damit ein wesentliches Phänomen des Prozesses: die Virtualisierung gesellschaftlicher Verhältnisse, die Dopplung der Realität in die reale Realität und eine virtuelle Realität sowie die sich aus der Dopplungsstruktur ergebenden sozialen, kulturellen und subjektbezogenen Konsequenzen. Im Unterschied zur euphorisch intendierten Datenautobahn-Metapher erfaßt in Anlehnung an die negativen Szenarien des Cyberpunk-Literaten William Gibson die Cyberspace-Metapher gerade auch die Gefahren der technologischen Entwicklung.

# 1.3 Metapher Digitale Stadt, Telepolis

Metaphern wie „Digitale Stadt“ und „Telepolis“[18] gehen davon aus, daß dezentrale Datennetze wie etwa das Internet in ihrer Komplexität urbanen Systemen vergleichbar sind.[19] Bislang sei es üblich gewesen, urbane Räume als soziale Netze zu betrachten, es gebe gute Gründe, den Vergleich umzukehren und elektronische Netze als urbane Sammelpunkte zu analysieren. Dafür spreche auch, daß zahlreiche elektronische Projekte ihre Inspiration durch die Stadtmetapher in der Namensgebung zum Ausdruck brächten. Namen wie „Digitale Stadt“ oder „Virtual City“ stellten den Bezug zwischen dem Internet und einer realen Stadt her. Internet Cities wie z. B. das Amsterdamer Projekt „De Digitale Stad“[20] stellten als symbolische Städte im elektronischen Raum vielfältige neuartige Kommunikations- und Informationsmöglichkeiten bereit.

Für Joachim Blank ist das Leben einer Ansiedlung historisch-soziologisch betrachtet umso städtischer, desto stärker die Polarität und die Wechselbeziehung zwischen öffentlicher und privater Sphäre ausgeprägt ist.[21] Die Beschreibung der Stadt als Ort der Polarisierungstendenzen von Öffentlichkeit und Privatsphäre sei auch auf Datennetze übertragbar. Im Unterschied zu urbanen Städten würden sich die Internet Cities räumlich jedoch nicht ausdehnen, ihre Grenze liege allein im Bereich der Netzwerkressourcen.

„Internet Cities sind zeichenhafte, immaterielle Städte. Sie versuchen den realen urbanen Raum durch den elektronischen Raum zu verlängern. Ohne Stein und Stahl sollen sie als ‘soziale Architektur’ auf die materialisierte Welt rückwirken. Es sind Systeme, die physikalisch im virtuellen Raum des Internet angesiedelt sind, jedoch auf den realen Raum zurückwirken.“[22]

Internet Cities wie etwa die „Digitale Stad“ in Amsterdam stellen so einen öffentlichen Raum dar. Für Blank ergibt sich daraus die Konsequenz, daß Internet Cities für alle offen sein müssen, d. h. die Zugänge müßten kostenlos oder doch zumindest kostengünstig sein, es müsse eine klare Grenze zwischen kommerziellen Interessen und dem Recht auf „informationelle Grundversorgung“ der Bürger gezogen werden. Die Stadt-Metapher verweist so bei Blank u. a. auf den Aspekt der „öffentlichen Versorgung“.

Protagonisten der Stadt-Metapher gehen häufig davon aus, daß computergestützte Netze die Funktion der Städte als Netzwerke für schnelle Kommunikation erodieren lassen. Der Cyberspace wird so zu einem virtuellen Raum, in den viele Funktionen abwandern, die einst urbane Ballungszentren erforderten. So kann z. B. ein virtueller Museumsbesuch von jedem beliebigen Ort aus erfolgen, die Tele-Existenz im Cyberspace ist nicht auf räumliche Verdichtungen angewiesen. Die Urbanität des Cyberspace zeichne sich, so zahlreiche Autoren, vor allem durch eine weitgehende Dezentralisierung aus. Die Stadt-Metapher interessiert sich dabei vor allem für die Konsequenzen der funktionalen Abwanderung für den geografischen und architektonischen Raum. So fragt z. B. William J. Mitchell, ob Architekten, die sich herkömmlicherweise für Schöpfer von Plätzen und Gestalter von Gemeinschaften halten, diese Rolle in einer Zeit aufrechterhalten können, „in der sich die Schauplätze einer immer größer werdenden Anzahl von Aktivitäten vom natürlichen Raum in den Cyberspace verlagern und elektronisch vermittelte Gemeinschaften entstehen, die mit dem natürlichen Raum konkurrieren?“[23]

Die Stadt-Metapher erhebt somit vor allem den Anspruch, vielfältige Analysen über das Ineinandergreifen, die Übergänge, Kopplungen und Brüche, die sich zwischen dem realen und dem virtuellen Raum ergeben, anzuregen. Da wir uns im folgenden noch mit städtesoziologischen, raumsoziologischen sowie architektonischen Konsequenzen beschäftigen werden, wollen wir es bei dieser kurzen Vorstellung bewenden lassen.

## 1.4 Metaphern virtuelle Gemeinschaft, globales Dorf

Die Metaphern virtuelle Gemeinschaft („virtual community“) und globales Dorf („global village“) zählen zu den sogenannten Sozietäts-Metaphern. Die virtuelle Gemeinschaft ist eine Metapher, die wesentlich vom US-amerikanischen Wissenschaftsjournalisten Howard Rheingold geprägt wurde. In seiner Studie „Virtuelle Gemeinschaft. Soziale Beziehungen im Zeitalter des Computers“[24] stellt er die Menschen als die eigentlichen Träger der modernen Kommunikationstechnologien in den Vordergrund. Howard Rheingold versucht nachzuweisen, daß die computervermittelte Kommunikation (CMC, computer mediated communication) virtuelle Gemeinschaften konstituiere, die sich durch eine enge, vielfältige Kultur auszeichneten. Die über die CMC gebildeten virtuellen Gemeinschaften hätten sich zu einem engmaschigen Netz verknüpft. Dabei versteht Rheingold unter virtuellen Gemeinschaften eine Anzahl von Mitgliedern computervermittelter sozialer Gruppen. Solche Gemeinschaften, so Rheingold, seien in den letzten Jahren durch die Existenz globaler Netze explosionsartig angewachsen. Über das Internet sei so ein globales Dorf entstanden, eine neue Art von Kultur geschaffen worden. „Das Netz ist ein nicht näher definierter Begriff, um die lose miteinander verbundenen Computernetze zu bezeichnen, die die CMC-Technologie verwenden, um Menschen auf der ganzen Welt zu öffentlichen Diskussionsrunden zusammenzuschließen. Virtuelle Gemeinschaften sind soziale Zusammenschlüsse, die im Netz entstehen, wenn genug Leute diese öffentlichen Diskussionen lange genug führen und dabei ihre Gefühle einbringen, so daß im Cyberspace ein Geflecht persönlicher Beziehungen entsteht.“[25]

Der Cyberspace ist für Rheingold so im Kern ein imaginärer Raum, „in dem sich für die Menschen, die die CMC-Technologie nutzen, Wörter, zwischenmenschliche Beziehungen, Daten, Reichtum und Macht manifestieren.“[26] Rheingold stellt sich den Cyberspace bildhaft als eine Art sozialer Petrischale vor, das Netz als Nährlösung und die virtuellen Gemeinschaften als Kolonien von Mikroorganismen, die dort gedeihen. „Jede dieser kleinen Kolonien von Mikroorganismen - die Gemeinschaften im Netz - stellt ein soziales Experiment dar, das niemand geplant hat, das aber dennoch stattfindet."[27] Menschen, die Zugang zu CMC-Technologien erhalten, würden, so Rheingold, unweigerlich virtuelle Gemeinschaften gründen. Die Ursache läge wahrscheinlich in einem wachsenden Bedürfnis nach Gemeinschaft, weil in der wirklichen Welt die Räume für zwanglose soziale Kontakte immer mehr schwänden. Die Bedeutung virtueller Gemeinschaften liegt anderen Autoren zu folge vor allem im Verlust des Bewußtseins sozialer Gemeinsamkeiten. Virtual Communities würden im Kontext eines Gemeinschaftsverlustes im realen Raum Gemeinschaften im virtuellen Raum neu konstituieren.

Entgegen den ursprünglichen militärischen Absichten würden heute die Kommunikationseigenschaften der Netze, so Rheingold, dazu verwendet, mit Computerkonferenzen über die Grenzen von Raum und Zeit hinweg soziale Beziehungen herzustellen. Virtuelle Gemeinschaften gründeten im Unterschied zu natürlichen Gemeinschaften nicht auf verwandtschaftliche Verhältnisse oder räumliche Nachbarschaft, sondern allein auf gemeinsame Interessen im Netz. Die Netze verfügten so über ein großes Kommunikationspotential, das Menschen über nationale und ideologische Grenzen hinweg miteinander verbinde.

Sozietätsorientierte Metaphern wie die von der virtuellen Gemeinschaft oder vom globalen Dorf, legen den Schwerpunkt ihrer Betrachtungsweise somit auf Konstitutions- und Ausformungsprozesse virtueller Sozietäten. Ihre Stärken liegen in der Schilderung subjektorientierter Prozesse, ihre Schwächen in der Postulierung einer Art Klassenlosigkeits-Fetischismus des Cyberspace, welche sich der einfachen Tatsache der Beschränkung des Netzes auf ein knappes Prozent der Weltbevölkerung nicht mehr bewußt wird. Rückkoppelungen sehen Autoren, welche sich der Virtual Community-Metapher bedienen, meist nur vom Cyberspace in den realen Raum. Die Konstituierung des virtuellen Raumes jedoch durch Macht- und Herrschaftsverhältnisse des realen Raumes bleibt meist unterbelichtet. So lautet denn eine häufig artikulierte Kritik wie folgt: „Der Cyberspace ist kein global village, sondern ein von lautstarken weißen Männern bevölkerter Vorstadtclub der weltweiten amerikanisierten Mittelklasse."[28]

## 1.5 Metapher Informationsgesellschaft

Es wurde noch nie soviel über Gesellschaft gesprochen wie im Kontext der Debatte um die „Informationsgesellschaft". Nachdem der Soziologie die Gesellschaft in zahlreichen interessanten und weniger interessanten Milieustudien nahezu abhanden kam, erlebt der Gesellschaftsbegriff zur Zeit eine Art Renaissance. Dies ist ein nicht zu unterschätzender positiver Aspekt der Metapher von der Informationsgesellschaft. Es wird wieder gestritten um Perspektiven, Gestaltungen und mögliche Szenarien gesellschaftlicher Entwicklung. Demokratische Kräfte können die verlorene utopische Kraft ein Stück weit zurückgewinnen, wenn sie sich der Debatte stellen und konkrete gesamtgesellschaftliche Konzeptionen sowie Einzelforderungen und -programme entwickeln.

Der Begriff der „Informationsgesellschaft" hat sich insbesondere in den letzten Jahren „zu einer Schlüsselkategorie politischer und ökonomischer Diskurse über den sozialen Wandel entwickelt."[29] Die Metapher der „Informationsgesellschaft" charakterisiert dabei erstmals Gesellschaftstypen anhand von Information bzw. Kommunikation als historisch konkretisierbare Phasen gesellschaftlicher Entwicklung. Die unterschiedlichen Modelle der Informationsgesellschaft stimmen dabei in der Prämisse überein, daß Information als Produktionsfaktor und Konsumgut, als Kontroll-, Herrschafts und Steuerungsmittel bedeutsamer wird. Dabei unterscheiden wir im folgenden, je nachdem welcher Aspekt der Analyse primär in den Vordergrund gestellt wird, idealiter zwischen vier verschiedenen Modellen der Informationsgesellschaft:

- Ansätze, welche die Informationsökonomie in den Vordergrund stellen,
- Ansätze, welche die Informationsgesellschaft als nachindustrielle Gesellschaft beschreiben,
- Ansätze, welche die Informationsgesellschaft im Kontext einer universalen Stadientheorie analysieren, sowie
- Ansätze, welche die Informationsgesellschaft als neue industrielle Revolution begreifen.

Die jeweiligen Ansätze können sich durchaus überschneiden, sie stellen jedoch jeweils auf unterschiedliche Beobachtungen, Prozesse und Indikatoren beim Ausgangspunkt der jeweiligen Gesellschaftsbeschreibung ab.

## 1.5.1 Informationsgesellschaft als „information economy"

Erste Ansätze einer Informationsgesellschafts-Metapher existieren seit Anfang der sechziger Jahre vor allem in den USA und Japan. Angesichts von Währungs- und Energiekrisen sowie einer sich verschärfenden internationalen Konkurrenz wich der Entwicklungsoptimismus spätkapitalistischer Gesellschaften der Nachkriegsphase zunehmend einer Debatte um die Zukunft der Industriegesellschaft. Modernisierungspolitische Debatten bemühten sich um Antworten angesichts ökonomischer und ökologischer Grenzen des Wachstums. Sie waren zugleich davon geleitet, eine theoretische Offensive angesichts einer wachsenden Akzeptanz neomarxistischer Theorieansätze einzuleiten. Mit der gesellschaftlichen Stadientheorie übernahmen dabei modernisierungstheoretische Ansätze gerade die Hauptschwäche des Neomarxismus.

Der Reduktionismus komplexer Vergesellschaftungsprozesse auf stadiale, monolithische Gesellschaftstypen eint so in einer Art Paradoxie der Theoriegeschichte modernistische und neomarxistische Formationstheorien.

In Japan wurden modernisierungstheoretische Ansätze dabei vor allem durch Überlegungen des Anthropologen und Biologen Tadeo Umesao beeinflußt. In seiner 1963 vorgelegten Arbeit „Über Informationsindustrien“ weist er der Informationsindustrie eine Schlüsselrolle im Modernisierungsprozeß zu. Für den Strukturwandel der Industriegesellschaft, so Umesao, sei die Informationsindustrie ebenso zentral, wie dies die Schwerindustrie für den Übergang von der Agrar- zur Industriegesellschaft gewesen sei. Gesellschaftliche Entwicklung wird dabei bei Umesao als ein quasi evolutionärer Modernisierungsprozeß von niedrigeren zu höheren Entwicklungsstufen betrachtet. Umesaos Ansatz einer linearen Modernisierung entspricht so dem Paradigma eines stadialen wirtschaftlichen Wachstums des US-Amerikaners Walt W. Rostow.

Als Geburtsstunde des Paradigmas einer Informationsgesellschaft können dabei die Studien des Japaners Youichi Ito sowie des US-Amerikaners Fritz Machlup gelten. Beide Autoren erweitern das bislang übliche volkswirtschaftliche Drei-Sektoren-Modell (Landwirtschaft, Industrie, Dienstleistungen) um den Sektor der Wissensindustrie. Die Arbeiten Itos und Machlups stellen so den Beginn einer „information economy“-Forschung dar, die Indikatoren zur empirischen Identifizierung von Informationsgesellschaften entwickelt und prüft. Auf der Grundlage der „information economy“-Forschung verwendet dabei die OECD (Organization for Economic Cooperation and Development) als Indikatoren vor allem die Wertschöpfung durch Informationstätigkeiten sowie die Anzahl der Informationsarbeiter. Legt man die Kriterien der OECD zugrunde, so können etwa die USA schon seit längerem als Informationsgesellschaft betrachtet werden. Dieser Sachverhalt verweist auf eine Grundschwäche des „information economy“-Ansatzes: die Informationsgesellschaft wird auf quantitativ meßbare Kennziffern reduziert, wobei der umfassende Prozeß der Informatisierung einer Gesellschaft als mögliche technische und soziale Zielperspektive aus dem Blickfeld gerät.

Betrachten wir die wichtigsten seitens der „information economy“-Forschung entwickelten Indikatoren im Überblick:

Auf der Grundlage der OECD-Kriterien definiert der Politologe Karl Deutsch Informationsgesellschaften als nationale Ökonomien, in denen mehr als die Hälfte der Berufstätigen in überwiegend informationsorientierten Berufen tätig ist und in denen die Wertschöpfung aus diesen Beschäftigungen mehr als die Hälfte des Bruttosozialproduktes beträgt.

Die empirische Evidenz einer „Informationsgesellschaft“ auf der Grundlage quantitativer Indikatoren wird häufig in Frage gestellt. Kritisiert wird vor allem die statische Abgrenzung des Informationssektors auf der Basis von Berufen oder Tätigkeiten. Die OECD zählt dabei zu den „Informationsarbeitern“ alle Erwerbspersonen, die Informationen produzieren, verarbeiten und verteilen, sowie diejenigen Berufstätigen, welche die technischen sowie infrastrukturellen Grundlagen zur Vermitt-

| Indikator | Quantitativer Sachverhalt |
|---|---|
| Wertschöpfung | Analysiert wird der Anteil der Wertschöpfung, der durch Informationstätigkeiten erfolgt. Geprüft wird, ob Medienwirtschaft und elektronische Industrie zu den führenden Wirtschaftszweigen beim Gesamtjahresumsatz zählen |
| Anzahl der Informationsarbeiter | Der Anteil der Informationsarbeiter an der Gesamtzahl der Beschäftigten muß über 50 Prozent betragen (OECD-Kriterium), damit von einer Informationsgesellschaft gesprochen werden kann |
| Ausgabe-Koeffizient | Analysiert werden die anteilmäßigen Ausgaben der privaten Haushalte für Informationsgüter und Informationsdienstleistungen |
| Sammelindex | In den Sammelindex geht die national verbreitete Zeitungsauflage pro Einwohner ein, die Zahl der Computer pro Einwohner sowie die Anzahl der Telefongespräche |
| Datenübertragung | Analysiert wird die Geschwindigkeit der Datenübertragung sowie die Datenmenge (Daten pro Zeiteinheit) |
| Informationsrate | Analyse der gespeicherten Zeichen pro Gramm; Beispiele: Buchseite: ca. 2000 Buchstaben, dies entspricht 300 Buchstaben/Gramm; Langspielplatte (60 Minuten): 700 Buchstaben/Minute, dies entspricht 400 Buchstaben/Gramm; Optische Speicherplatte (Mitte der 80er): Volumen einer halben Million Din A4-Seiten, dies entspricht 2,8 Tonnen Schreibpapier usw. |

lung und Verabeitung von Informationen in Gang halten. Eine derartig weite Fassung des „Informationsarbeiters“ entzieht sich in der Forschung weitgehend der Operationalisierung, zumal festzustellen ist, daß in berufliche Tätigkeiten stets verschiedenartige Arbeitshandlungen eingehen, ein Beruf ohne informationsverarbeitende Tätigkeitsbestandteile kaum vorstellbar ist. So bleibt bei der OECD-Fassung des „Informationsarbeiters“ völlig unklar, ab wann eine Tätigkeit als Informationsberuf zu klassifizieren ist.

„Gegen den 'information economy'-Ansatz ist darüber hinaus einzuwenden, daß hochkomplexe gesellschaftsstrukturelle Wandlungsprozesse über ein Raster von Indikatoren ... weder hinlänglich differenziert noch auch nur annähernd vollständig beschrieben werden können."[30]

Studien, welche den „information economy"-Ansatz zugrundelegen, verkürzen die Indikatorenauswahl und ihre Begründung auf technische und ökonomische Sachverhalte. Komplexe Vergesellschaftungsprozesse erscheinen so als rein technische Sachverhalte eines quasi naturgeschichtlichen Entwicklungsprozesses; als Sachverhalte, die sich letztendlich einer bewußten politischen Steuerung entziehen. Der soziale Wandel wird so auf seine technische Seite verkürzt, die technizistische Sichtweise negiert die soziale Gestaltung eines umfassenden Informatisierungsprozesses, der weder bei magischen 50 Prozent Grenzen eine Art historisches Endziel erreicht hat, noch darin seine adäquate Beschreibung erfährt. Der Prozeß gesellschaftlicher Informatisierung als ein politisch-sozialer, ökonomisch-technischer Prozeß mit umfassenden Konsequenzen für Wirtschaft und Gesellschaft, Politik und Kultur wird zu einem statischen Informationsprozeß, der nach einem biologischen Muster verläuft und keine heterogenen Szenarien kennt.

## 1.5.2 Informationsgesellschaft als „postindustrielle Gesellschaft"

Der Begriff „Informationsgesellschaft" geht wesentlich auf eine Studie Daniel Bells zurück, die er 1973 unter dem Titel „The Coming of Post-Industrial Society" veröffentlichte. Die Informationsgesellschaft stellt in der Studie des US-amerikanischen Soziologen eine „nachindustrielle Gesellschaft" dar, die Bell in fünf Dimensionen aufschlüsselt:

„1. Wirtschaftlicher Sektor: der Übergang von einer güterproduzierenden zu einer Dienstleistungswirtschaft;
2. Berufsstruktur: der Vorrang einer Klasse professionalisierter und technisch qualifizierter Berufe;
3. Axiales Prinzip: die Zentralität theoretischen Wissens als Quelle von Innovationen und Ausgangspunkt der gesellschaftlich-politischen Programmatik;
4. Zukunftsorientierung: die Steuerung des technischen Fortschritts und die Bewertung der Technologie;
5. Entscheidungsbildung: die Schaffung einer neuen 'intellektuellen Technologie'."[31]

Die nachindustrielle Gesellschaft beschreibt für Bell im wesentlichen einen einschneidenden Wandel der Sozialstruktur, sie umschreibt in ihrem Selbstverständnis nicht den Wandel der ganzen Gesellschaft. Die Informationsgesellschaft als postindustrielle Gesellschaft ist bei Bell samt ihrer dimensionalen Aufschlüsselung vielmehr als „Idealtypus" zu verstehen; im Unterschied zu den Arbeiten Youichi Itos sowie Fritz Machlups ist die postindustrielle Gesellschaft keine Realkategorie, die einen stadialen Gesellschaftstypus beschreibt. Sozialer Wandel wird bei Bell im Unterschied zu Arbeiten, die dem „information-economy"-Ansatz folgen dabei nicht auf ökonomisch-technische Aspekte verkürzt, sondern als ein multidimensionaler Prozeß begriffen.

Für Bell beruht die postindustrielle Gesellschaft auf einer wachsenden Bedeutung des Informationssektors gegenüber der Güterproduktion. „War die Industriegesellschaft eine güterproduzierende, so ist die nachindustrielle Gesellschaft eine Informationsgesellschaft".[32] Der Begriff der Informationsgesellschaft ist für Bell eine gesellschaftsstrukturierende Kategorie, die sich anhand diverser Indikatoren empirisch verifizieren läßt. Für Bell läßt sich eine Entwicklung belegen, die auf eine sinkende Zahl der Beschäftigten in Industrie und Landwirtschaft hinausläuft, während der Beschäftigungsbereich von Dienstleistung und Information wächst. Bell stützt dabei seine Argumentation im wesentlichen auf sekundärstatistische Analysen von Arbeitsmarktdaten.

Die Produktion der „postindustrial society", so Bell, sei von Information abhängiger als von Rohstoffen und Energie. In der informationellen Verortung der Grundlagen technologischer Entwicklung folgt Bell so der Position Norbert Wieners, der bereits in seinen Studien Anfang der sechziger Jahre die Position vertrat, daß Information als eigenständige Ressource zu betrachten sei, die als Bestandteil der Welt neben Materie und Energie trete.

Der Prozeß der Informatisierung ist für Bell ein Prozeß tiefer Veränderungen industriegesellschaftlicher Organisationen, der den Wirtschaftssektor, Berufsgruppen, technologische Grundlagen sowie die gesellschaftliche Leitorientierung gleichermaßen umfaßt. Im Unterschied zur Industriegesellschaft, in der primär Güter mit Maschinen hergestellt würden und das Privateigentum die Leitmaxime sei, ginge es in der postindustriellen Gesellschaft primär um die Gewinnung und Verwertung von Wissen. Die computergestützte Informationsverarbeitung, so Bell, ermögliche nicht nur eine „intellektuelle Technologie", sondern zugleich die Orientierung sozialer Organisationen an gesichertem Wissen statt an intuitiven Urteilen; die nachindustrielle Gesellschaft entwickele sich so zur Wissens- und Informationsgesellschaft. Technische Innovationen vor allem in der Mikroelektronik sowie das exponentielle Wachstum des Wissensumfangs stellen für Bell die Ursachen für den Übergang zur Informationsgesellschaft dar. Umwälzende Neuerungen insbesondere auf dem Kommunikationssektor würden die Gesellschaft der Welt zu einer einzigen großen Gemeinschaft zusammenschließen. Im politischen Kontext der 70er Jahre, als die Forderung nach Regulierung durch gesellschaftliche Offensiven des Konservatismus noch nicht tabuisiert war, spricht sich Bell entschieden für die Unterordnung der Ökonomie unter die Politik aus, für gesellschaftliche Steuerungsmittel im Kontext wissenschaftlicher Entscheidungen.

Für Bell ist der Begriff der „nachindustriellen Gesellschaft" keine Formel für eine konkrete Gesellschaft, sie ist vielmehr „ein analytisches Konstrukt, ein Paradigma, ein Konzept, das neue soziale Organisations- und Schichtungsachsen der fortgeschrittenen westlichen Gesellschaft aufzeigt."[33] Bell weist mehrmals darauf hin, daß die postindustrielle Gesellschaft als Paradigma vor allem den Wandel in der Sozialstruktur beschreibe. Die wichtigste Klasse der entstehenden neuen Gesellschaft setze sich, so Bell, überwiegend aus Akademikern zusammen, die sich primär auf Wissen und nicht auf Eigentum stütze.

Angesichts einer symbiotischen Beziehung zwischen Militär und Informatik im 20. Jahrhundert, einer bislang überwiegend militärischen Prägung der Technologie der Virtual Reality, einer Verkürzung globaler Vernetzung auf den ökonomischen Aspekt von „Datenautobahnen" stellt die Vorstellung Bells, Modalität und Dynamik der Informationsgesellschaft würden vor allem durch theoretisches Wissen - etwa durch systematische Technikfolgenabschätzung - bestimmt und nicht primär durch Profitmaximierung, Wettbewerb und technologischen Anpassungdruck eher einen alternativen Wunschtraum als eine realistische Politikanalyse dar.

Zur Beschreibung der Metapher „Informationsgesellschaft" werden, wie wir bereits gesehen haben, unterschiedliche Dimensionen bemüht. Ein Nenner theoretisch heterogener Positionen ist die Aussage, daß der Umgang mit Informationen gegenüber dem Umgang mit Stoffen an Bedeutung gewinnt. Ein wesentliches Charakteristikum der Informationsgesellschaft besteht somit darin, daß die Subjekte „weitgehend unter Absehung der stofflichen Voraussetzungen handeln."[34] An die Stelle der Handwerksarbeit trete geschicktes Informationshandeln, an die Stelle des Handwerkers der mit Handy und vernetztem Notebook ausgestattete „Informationsbroker". Die Konsequenzen der Informationsgesellschaft im Bildungsbereich analysierend, bemüht Claus J. Tully folgendes Bild: „die Lehrwerkstatt wird überflüssig, da es nicht mehr des Geschicks des Feilens, sondern des Vorgebens von Daten als Meß- und Steuerungsgrößen des Computers in der industriellen Fertigung bedarf."[35] Mit der Dimension der Entstofflichung, der Auflösung des direkten Zusammenhangs von Stoff und Ort der Handlung werden prozessuale Teilaspekte korrekt erfaßt. Ein wesentliches Charakteristikum moderner Informationstechnologien ist in der Tat die zunehmende Auflösung der Bindung an einen Ort, etwa die Enträumlichung kommunikativer Beziehungsstrukturen.

Andere Autoren wiederum betonen die Veränderungen in der stofflichen Seite des Distributionsprozesses; bestimmend sei hier nicht mehr der physische Austausch, sondern der nicht-materielle, informationelle Austausch. Das Zeitalter der elektronischen Übermittlung entmaterialisiere auch die Information selbst, diese sei nicht mehr materiell geprägt, sondern elektronisch gespeichert. Die Informationsgesellschaft zeige sich auch daran, daß heutzutage weniger die körperliche Entlastung des Menschen thematisiert würde als vielmehr angesichts der Informationsdichte und -fülle seine geistige Unterstützung und Weiterqualifikation.

## 1.5.3 Informationsgesellschaft als „Dritte Welle"

Im Unterschied zu Daniel Bell betrachtet Alvin Toffler in seiner Studie „The Third Wave" die Informationsgesellschaft im Kontext einer Stadientheorie. Die gesellschaftliche Entwicklung stellt bei Toffler einen aufsteigenden Prozeß von traditionalen zu modernen Gesellschaften dar, die Informationsgesellschaft ist kein Ideal-, sondern ein Realtypus. Toffler unterscheidet dabei drei Wellen. Die „Erste Welle“ bezeichnet Toffler als „Agrargesellschaft“, die „Zweite Welle“ als „Industriegesellschaft“ und die „Dritte Welle“ als „Informationsgesellschaft“. Die übergreifende Metapher in der Studie des US-amerikanischen Futurologen ist das Bild kollidierender Innovationswellen. Toffler begreift Geschichte im wesentlichen als eine Geschichte von „Veränderungswellen“, die miteinander kollidieren, sich gegenseitig überlappen und auf diese Weise gesellschaftliche Konflikte und Spannungen erzeugen.

Die „Erste Welle“ vor etwa 10.000 Jahren begründete für Toffler die Entwicklung der Agrargesellschaft. Die Agrargesellschaft, deren Symbol der Acker ist, habe sich auf die dörfliche Gemeinschaft, auf eine autarke Wirtschaft und auf genau definierte Klassenunterschiede mit zugeordneter Arbeitsteilung gestützt. Die „Zweite Welle“ habe im 17. Jahrhundert begonnen und das gesamte Leben des Globus revolutionär verändert. Sie habe mit ihrer Technologie eine hochentwickelte, spezialisierte Industriegesellschaft, deren Symbole das Fließband sowie der Atompilz seien, begründet.

In seiner 1980 erschienenen Studie „Die Dritte Welle“ prognostiziert Toffler den Beginn eines grundlegenden Wandels, es ziehe die „Morgenröte einer neuen Zivilisation“ auf. Die Gesellschaft stünde an der Schwelle zur nächsten großen Transformation, der „Dritten Welle“. Die „Dritte Welle“ würde einen außerordentlichen Wandel beinhalten und nichts unberührt lassen. „Andere Arbeitsrhythmen, neue Formen der Familie, Veränderungen im Liebes- und Sozialleben, bislang unbekannte politische Konflikte und eine neue Wirtschaftsordnung zeichnen sich ab - und darüber hinaus eine tiefgreifende Änderung unseres Bewußtseins.“[36]

In Anlehnung an Toffler unterscheiden Otto/Sonntag in der Geschichte der zivilisierten Gesellschaften ebenfalls drei Grundtypen. Als typologische Kriterien verwenden sie dabei in Anlehnung an Kriterien des „information-economy“-Ansatzes die Art und Weise, in der die Mehrheit der Erwerbstätigen ihren Lebensunterhalt erwirbt. Für Otto/Sonntag ergeben sich die folgenden Typen:

„1. Agrargesellschaften, in denen die Mehrheit der Erwerbstätigen in der Landwirtschaft beschäftigt ist, während die kommerziellen und die industriellen/handwerklichen Tätigkeiten auf Minderheiten beschränkt sind;
2. Industriegesellschaften, in denen die Mehrheit (oder fast die Mehrheit) der Arbeitskräfte in Industrieberufen stehen, also vor allem mit Material und Energie umgehen; und
3. Informationsgesellschaften, in denen die Mehrzahl der Beschäftigten in Informationsberufen arbeiten, also mehr mit Information, Signalen, Symbolen, Zeichen oder Bildern umgehen als mit Kraft oder Stoff.“[37]

Für Otto/Sonntag begann der Übergang von der Agrar- zur Industriegesellschaft um 1600. Er habe in den meisten Fällen 100 bis 300 Jahre gedauert und sei in vielen Ländern der Welt noch nicht vollendet. Der Übergang von der Industrie- zur Informationsgesellschaft habe in mehreren Ländern bereits um 1900 begonnen und würde ca. drei Jahrhunderte dauern. Ende des 20. Jahrhunderts befänden sich diese Länder somit im ersten Drittel des Transformationsprozesses. Sowohl der Übergang von der Agrar- zur Industriegesellschaft als auch der Übergang von der Industrie- zur Informationsgesellschaft ist für Otto/Sonntag mit Krisen und Risiken verbunden. Ziel ihrer Studie ist die Klärung der Frage, ob und inwieweit die Informationstechnik zielgerichtet eingesetzt werden kann, damit die tiefgreifenden ökonomischen und sozialen Umwälzungen einfacher verkraftet werden. Sie sehen hier durchaus Grund zum Optimismus, da die Informationstechnik neue Möglichkeiten der künstlerischen Gestaltung und der Selbstverwirklichung schaffe. Die moderne Informationstechnologie könne, so Otto/Sonntag, die individuellen Gestaltungsmöglichkeiten des Menschen ebenso einengen wie fördern. Die konkreten Ergebnisse würden von technologischen Gegebenheiten, aktuellen politischen Entscheidungen und kulturellen Grundwerten abhängen. Otto/Sonntag definieren den historisch betrachtet dritten Grundtypus wie folgt: „Eine Informationsgesellschaft ist eine stark von Informationstechnik geprägte Gesellschaft. Die Prägung zeigt sich in der Bedeutung, welche Informationstechnik in Arbeit, Freizeit und Rüstung einnimmt. Sobald die Mehrheit der Beschäftigten im Informationssektor arbeiten würde, wäre es auf jeden Fall berechtigt, von einer Informationsgesellschaft zu sprechen.“[38] In der Tradition des „information-economy“-Ansatzes versuchen Otto/Sonntag anhand der Überprüfung ökonomischer Kennziffern, die Informationsgesellschaft zu „messen“, wobei auch für sie der Anteil der im Informationssektor Beschäftigten die maßgebliche Kennziffer ist. Für Otto/Sonntag ist kein bestimmter Beginn einer Informationsgesellschaft feststellbar, es handele sich vielmehr um einen allmählichen Übergang. Die Autoren erinnern dabei an lebensalltägliche Kontexte, um die Qualität von Information in der Gesellschaft zu beschreiben, und verweisen darauf, daß Informationstechnik schon am Beginn der Menschheitsgeschichte verwendet wurde, so etwa Signalfeuer oder auch die ersten Briefe auf Häuten oder mit Hilfe von Steinen und Tonplatten. „Damals war die Informationstechnik zwar wirtschaftlich gesehen eine Randerscheinung, aber für einige Anwendungsbereiche konnte sie maßgeblich sein, so z. B. für kulturelle und religiöse Symbole und Regelungen, so auch für die Übermittlung von Nachrichten für militärische Zwecke.“[39] Als zentrale Übergänge führen die beiden Autoren die Schrift und ihre rasche mechanische Reproduktion, die Telegrafie, das Telefon und die Entfaltung eines leistungsfähigen Eisenbahnnetzes um die Jahrhundertwende an. Da das Eisenbahnnetz zugleich als Grundlage eines raschen und umfassenden Briefverkehrs gesehen wird, liegt hier auch die Begründung, warum für die Autoren der Übergang zur Informationsgesellschaft in mehreren Ländern bereits um 1900 beginnt. Der eigentliche Übergang in eine deutlich von Informationstechnik geprägte Gesellschaft vollzieht sich für die Autoren mit der breiten Verwendung dieser Technologie, für die die Massenversorgung ein typisches Indiz sei. Der Übergang zur Informationsgesellschaft habe sich etwa bei der wichtigsten und grundlegendsten Technik - der Schrift - und ihrer Übermittlung durch Briefe über Jahrhunderte hinweg in einem allmählichen Wachstum vollzogen.

Weder Daniel Bell, Otto/Sonntag noch Alvin Toffler, sofern es dessen Studien der achtziger Jahre betrifft, lassen sich für eine ungebremste informationstechnische

Wachstumseuphorie mißbrauchen. Ähnlich wie Otto/Sonntag weist auch Toffler daraufhin, daß angesichts bevorstehender Krisen und Entwicklungsbrüche das Potential der Informationstechnologien genutzt werden müsse, um die Probleme im demokratischen Diskurs zu lösen. Der damals linksliberale Toffler spricht sich für eine breite Mitbestimmmung der Bevölkerung aus. Eine formale Demokratie, so der Futurologe, in der lediglich die Möglichkeit bestünde, zu festgelegten Zeiten zwischen Kandidaten zu wählen, reiche nicht aus, es müsse eine breite Debatte in Gang gesetzt werden. „Wir brauchen Konferenzen, Fernsehsendungen, Wettbewerbe, Rollenspiele und simulierte Verfassungskonvente, auf denen ein breites Spektrum an kreativen Vorschlägen und neuen Ideen zur politischen Neustrukturierung geschaffen wird. Wir sollten bereit sein, dazu die modernsten Mittel einzusetzen - Satelliten und Computer, Videogeräte und interaktive Fernsehsysteme.“[40] Ziel eines solchen Prozesses ist dabei nicht die Akzeptanzbeschaffung für technokratische Entwicklungsprozesse, sondern im Sinne eines Experimentes in antizipatorischer Demokratie die „Notwendigkeit einer demokratischen Basiserweiterung“, um „in allen gesellschaftlichen Bereichen neue, der Dritten Welle angemessene Formen zu schaffen.“[41]

In seiner Studie „The Third Wave“ spannt dabei Toffler, „bei allem Problembewußtsein ein heißer Verfechter der Informationsgesellschaft als einer individualisierten, automatisierten und marktfreien[42] Gesellschaft, ... den Bogen von der im wesentlichen volkswirtschaftlichen und makrosoziologischen Analyse und Argumentationsebene Bells hin zu der Miteinbeziehung des Privaten und der alltäglichen Lebenswelt.“[43]

Wir wollen die wesentlichen Charakteristika, die Toffler zur Kennzeichnung der drei Wellen bemüht, überblickhaft in einer Tabelle zusammenfassen.

| | **Erste Welle: Agrargesellschaft** (vor 10.000 Jahren bis Ende des 16. Jhdt) | **Zweite Welle: Industriegesellschaft** (17. Jhdt. bis Ende des 20. Jhdt.) | **Dritte Welle: Informationsgesellschaft** (Beginn: Ausgang des 20. Jhdt.) |
|---|---|---|---|
| Symbolik | Acker | Fabrik, Fließband | PC, Minicomputer |
| Produktion | Handwerk, dezentralisert | Massenproduktion, zentralisiert, Fertigungsserien, große Stückzahlen, hierarchische Befehlsstrukturen, Fabrikhallen | individualisierte Produktion, kleine Fertigungsserien, maßgefertigte Produkte, große Typenvielfalt, Selbstbestimmung, Rückgang der Zahl der Arbeiter in den Produktionsbetrieben |
| Technologie | Pflug, Techniken der Feldbewirtschaftung | Dampfmaschine, Verbrennungsmotoren (energieintensive Energien) | Quantenelektronik, Informationstechnologie, Molekularbiologie, Kernphysik, Weltraumwissenschaften, (weniger energieintensive Technologien) |

| | | | |
|---|---|---|---|
| Energie | Natürliche Energien: Wind, Wasser, Kraft der Tiere | Öl, Gas, Kohle (fossile Brennstoffe), Kernenergie | Fotozellen (erneuerbare Energiequellen) |
| Industriebranchen | Bergbau | Kohle, Eisenbahn, Textilien, Stahl, Kraftfahrzeuge, Gummi, Maschinenbau, Kernenergie | Elektronische und Computerindustrie, Informations- und Medienbranche |
| Technologische Risiken | Verkarstung (Holzkahlschlag), Auslaugen der Böden | Verschmutzung, Verbrauch fossiler Brennstoffe, atomare Verseuchung | Biologische Gefahren: Genchirurgie, Elektrosmog (Informationsverschmutzung) |
| Raum | seßhafter Menschentyp, begrenzte Mobilität | Raumnot in den Städten, funktionale Raumtypen, zweckgebundene Räume, räumliche Koordinaten, Grenzziehungen und Kartierungen, Linearisierung des Raumes, System horizontaler und vertikaler Linien, strikt rechtwinklige Baueinheiten, statische Landkarten (Mercator Projektion) | Auflösung der Trennung Arbeitsplatz und Wohnung, Wohnung als zentraler Raum, Wohnung als elektronisches Heim, filmische Landkarten |
| Orientierung | Lokal, Ort, Stadt | National, Nationalstaat | Glokal (global und lokal zugleich), Welt und Ort |
| Zeit | Zeitbegriff orientiert sich an agrarischen Arbeitsvorgängen, erdverbundener, natürlicher Zeitbegriff, kaum präzise Einheiten zur Messung kurzer Zeiträume | Aufteilung der Welt in Zeitzonen (Greenwich Mean Time), Rhythmus der Maschine als Taktgeber, Synchronisierung menschlicher Arbeit mit kybernetischen Erfordernissen, linearer Zeitbegriff, lineare Zeit, absolute Zeit | relative Zeit, alternative und plurale Zeiten, Verkoppelung unterschiedlicher Zeitrhythmen, polyzyklischer Zeitbegriff |
| Familie | Sippe, Großfamilie | Kernfamilie | Entkernte Lebensformen, Kleinfamilie hat keine Modellfunktion mehr |
| Weltbild/ Medien | göttliche Ordnung | universeller Bilderfundus, Massenmedien, Medienkonsumenten, industrielle Evolutions- und Fortschrittskonzepte, Massenbewußtsein | individualisierte Medien (entmasste Medien), diversifiziertes Medienangebot, Kabelfernsehen, Medienprosumenten, Intensivierung zwischenmenschlicher Kommunikation, individualisiertes Bewußtsein |

Die Tabelle verdeutlicht noch einmal den weitgespannten Bogen Tofflers bei der Analyse der drei Wellen. Die Informationsgesellschaft als „Dritte Welle“ wird bei Toffler im Unterschied etwa zu den am „information-economy“-Ansatz orientierten Arbeiten in keinster Weise auf ökonomische Kennziffern reduziert, Ökonomie und Politik, Kultur und Gesellschaft, mikro- wie makrosoziologische Bereiche werden bei der Kennzeichnung unterschiedlicher Gesellschaftstypen einbezogen. Die Informationsgesellschaft ist dabei bei Toffler stets auch eine normative Zielprojektion im Sinne einer demokratischen Informatisierung der Gesellschaft.

## 1.5.4 Informationsgesellschaft als neue industrielle Revolution

Traditionelle industriegesellschaftliche Studien betrachten Technologien als die eigentlichen „Motoren“ des gesellschaftlichen Wandels. Informations- und Telekommunikationstechnologien werden als Basistechnologien am Ende des 20. Jahrhunderts angesehen. Die Informatisierung wird als eine Phase der Industriegesellschaft verortet, die eine weitere Industrialisierung darstelle. Die industrielle Revolution wird als ein Prozeß verstanden, der verschiedene Stadien durchläuft. So heißt es etwa im Report „Die Informationsgesellschaft“ des Bundesministeriums für Wirtschaft: „Die Informations- und Telekommunikationstechnologien sind die Basisinnovationen des ausgehenden Jahrhunderts. Solche Basisinnovationen haben in der Vergangenheit regelmäßig lang andauernde Wachstumsphasen ausgelöst, sogenannte Kondratieff-Zyklen … . Bislang gab es vier solcher Zyklen. Basisinnovationen waren die Dampfmaschine (1. Zyklus; erste Hälfte des 19. Jahrhunderts), die Eisenbahnen (2. Zyklus; zweite Hälfte des 19. Jahrhunderts), das Auto (3. Zyklus; Beginn des 20. Jahrhunderts bis zum Ausbruch des zweiten Weltkriegs) sowie das Flugzeug und die Kunststoffe (4. Zyklus; 1945 bis Anfang der 70er Jahre). Von den Informations- und Kommunikationstechniken erwartet man einen 5. Zyklus.“[44] Die Informationsgesellschaft stellt in diesem Modell somit keine Überwindung der Industriegesellschaft dar, eine Gesellschaft, die an ihre Stelle tritt, sondern eine neue industrielle Revolution innerhalb industriegesellschaftlicher Strukturen. Statt von Informationsgesellschaft zu sprechen, wäre es korrekter, die Autoren sprächen von „informatisierter Industriegesellschaft“.

## 1.5.5 Grenzen der Metapher „Informationsgesellschaft“

Eine Analyse der Grenzen der Metapher der „Informationsgesellschaft“ muß sich der unterschiedlichen Modelle, die sich des Begriffes bedienen, bewußt sein. Modelle, welche die Informationsgesellschaft lediglich als einen Zyklus der Industriegesellschaft begreifen, stehen dabei Modellen gegenüber, welche die Informationsgesellschaft als eine Überwindung der klassischen Arbeitsgesellschaft betrachten. Trotz aller Beteuerungen, daß es sich um „einen gesellschaftlichen Wandel ungeahnten Ausmaßes"[45] handle, sind sich Modelle, welche die Informationsgesellschaft als eine „informatisierte Industriegesellschaft" betrachten, der qualitativen Veränderungen letztendlich nicht bewußt, transformieren diese doch, wie noch zu zeigen sein wird, das Kernsubstrat der Industriegesellschaft dergestalt, daß von einer neuen Epoche der Menschheitsgeschichte gesprochen werden muß. Die Reduktion der Informationsgesellschaft auf Basistechnologien und Basisinnovationen, die Reduktion der Information auf einen Wirtschaftsfaktor, führt zu einer Gesellschaftsanalyse, die sozialen Wandel in komplexen Gesellschaften als Reflex technisch oder ökonomisch spezifizierter Rationalitäten begreift und damit ökonomisch verkürzt. Die Beschränkung des „information-economy"-Ansatzes etwa auf technische oder ökonomische Indikatoren zwecks Quantifizierung der Informationsgesellschaft stellt einen Ökonomismus dar, der den umfassenden sozialen Wandel reduziert und die Informationsgesellschaft ihres utopischen Gehaltes beraubt. Die Metapher der „Informationsgesellschaft" scheint dann ein sozialwissenschaftlich brauchbareres Modell zu sein, wie dies etwa beim jungen Toffler der Fall ist, wenn ein umfassender, gesellschaftsstrukturierender Begriff zugrundegelegt wird, der normative Elemente enthält und im Bewußtsein möglicher Gefahren und Chancen, den Prozeß der Informatisierung als ein positives, aktiv zu gestaltendes Szenario begreift.

Doch auch dann hat die Metapher der „Informationsgesellschaft" ihre deutlichen Grenzen. Eine Grenze liegt zunächst einmal darin, daß die Modelle sich auf *ein* wesentliches Differenzierungskriterium beschränken und daß so die Gefahr besteht, daß aus analytischen Gründen die Vielfalt der Welt sowie strukturelle Heterogenitäten bei der Analyse von Gesellschaften ignoriert werden. So läßt sich in der sozialwissenschaftlichen Literatur eine Vielfalt von Unterscheidungskriterien finden, die eine Art Definitionsspielraum moderner Gesellschaften darstellen. „Unterscheidungen werden u. a. vorgenommen

- nach den für die Reproduktion der Gesellschaft relevanten Wertschöpfungsbereichen (man spricht dann beispielsweise von Agrargesellschaft, Industriegesellschaft, Dienstleistungsgesellschaft);
- nach den Produktionsmitteln, die vorrangig verwendet werden (z. B. Marx unterscheidet zwischen Handwerksproduktion, Manufaktur, maschineller Produktion. Man könnte die automatisierte Produktion hinzufügen);
- nach den Eigentumsverhältnissen, die in der Gesellschaft dominant sind (z. B. Feudaleigentum, Privateigentum, Kollektiveigentum);
- nach einzelnen gesellschaftlichen Bereichen (gesellschaftliche Funktionssysteme), die man in den Vordergrund rücken möchte (z. B. spricht man von Rechtsstaat, wenn man auf ein autonomes Rechtssystem verweisen möchte)."[46]

So hält z. B. Niklas Luhmann den Begriff der Informationsgesellschaft für nicht akzeptabel. Es werde hiermit, so Luhmann, lediglich ein mit allen Zügen forcierter Einseitigkeit behaftetes Schlagwort kreiert. Die Moderne könne „sich selbst noch nicht ausreichend beschreiben, also markiert sie ihre Neuheit durch Bestempelung des Alten und verdeckt damit zugleich die Verlegenheit, nicht zu wissen, was eigentlich geschieht."[47]

Die Gefahr eines „pars pro toto“ besteht somit auch bei der Metapher der „Informationsgesellschaft“. Orientiert man sich bei der Behauptung eines Übergangs von der Industrie- zur Informationsgesellschaft an Wertschöpfungskriterien, so werden die Klassifikationen der volkswirtschaftlichen Gesamtrechnung fokussiert, welche die Komplexität der Gesellschaft allerdings nur unzureichend abbilden. Die volkswirtschaftliche Gesamtrechnung setzt an der dominanten Form der Warenproduktion einer Gesellschaft an, ignoriert aber das Verhältnis der Produzenten zu ihren Produktionsmitteln, die Eigentumsverhältnisse. Politökonomische Analysen, welche die Eigentumsverhältnisse als zentales Kriterium zur Ableitung gesellschaftlicher Prozesse und Strukturen betrachten, sind wiederum weitgehend an ihren eigenen Ansprüchen gescheitert. So ist es denn auch kein Zufall, daß der Begriff der Informationsgesellschaft für eher linke Positionen erst mit dem Zusammenbruch des sich als real-existierenden Sozialismus titulierenden Staatensystems akzeptabel wurde. Der Begriff der Informationsgesellschaft war in den Zeiten des Ost-West-Systems eben auch immer ein idelogischer Begriff, der sich gegen Gesellschaftstheorien richtete, die zur Typisierung von Gesellschaften die Eigentumsverhältnisse als das zentrale Kriterium überhaupt fokussierten.

Analysiert man die Grenzen der Metapher der „Informationsgesellschaft“, stößt man immer wieder auf das Problem, welches eine Einteilung von Gesellschaften anhand eines Informationsbegriffes mit sich bringt. Nicht nur, daß der Begriff der Information selbst vielfältig gefaßt wird[48], auch die Charakterisierung einer Gesellschaft als Informationsgesellschaft läßt sich nicht ohne Berechtigung mit dem Argument kritisieren, daß jede Gesellschaft eine Informationsgesellschaft sei, daß auch Steinzeitmenschen, die sich darüber verständigen müßten, wer welche Tätigkeiten verrichte, Informationen ausgetauscht hätten.

Modelle, welche die Informationsgesellschaft als „information economy“ betrachten, versuchen diese Kritik zu umgehen, indem sie versuchen, die Existenz einer Informationsgesellschaft anhand ökonomischer Indikatoren zu quantifizieren, ein Nachweis, der unweigerlich das bereits skizzierte Problem des technischen Reduktionismus nach sich zieht. Modelle, welche die Informationsgesellschaft qualifizieren und zugleich normative Zielstellungen einbeziehen, setzen sich des Verdachtes aus, sich einer Verifikation anhand eines überprüfbaren Indikatorensystems zu entziehen.

Bei der Frage, was denn nun das Neue an der Information der Informationsgesellschaft sei, außer daß Information eine viel größere Rolle spiele als jemals zuvor, stößt man unweigerlich auf die „Computerrevolution“. Die Informationsgesellschaft stellt sich so als eine computerrevolutionierte, d. h. von computerbasierten Informations- und Kommunikationstechnologien durchsetzte Gesellschaft dar. „Der Großcomputer mit seinen summenden Bändern und komplizierten Kühlsystemen wird - dort, wo es ihn noch gibt - durch Myriaden von Intelligenzchips ergänzt werden, die in der einen oder anderen Form in jeder Wohnung, jedem Krankenhaus, jedem Hotel und jedem Gerät zu finden sein werden.“[49] Die Information der Informationsgesellschaft ist somit im Kern eine computergestützte, die Kommunikation der Informationsgesellschaft eine computervermittelte, eine Maschinenkommunikation. Der Kern der Informationsgesellschaft scheint so in der besonderen Bedeutung des Rechners als Maschine zu liegen; eine Antwort, die eher eine Grenze der Metapher darstellt, hat sie doch zahlreiche Autoren dazu bewogen, die „neue Gesellschaft“ als „Computerzeitalter“ zu bezeichnen.

Versuche, welche das qualitativ Neue des epochalen Wandels mit Hilfe des Informationsbegriffes charakterisieren, geraten jedoch nicht nur an eine Grenze, sie verfehlen vielmehr den eigentlichen Kern des Prozesses. Dieser besteht in der Virtualisierung der Gesellschaft. Anstelle des Begriffes der Informationsgesellschaft verwenden wir daher im folgenden die Metapher der virtuellen Gesellschaft oder der „CyberSociety“.

## 1.6 Metapher CyberSociety

Unter CyberSociety verstehen wir eine virtuelle Gesellschaft; eine Gesellschaft, in der Produktion, Distribution und Kommunikation weitgehend in virtuellen Räumen stattfinden, im Cyberspace. Dabei wird der Cyberspace, die weltumspannende Matrix, den realen Raum nie gänzlich ersetzen, er wird ihn jedoch in vielfältiger Weise ergänzen und überlagern, tendenziell aber auch verdrängen und substituieren. In der CyberSociety tritt der Cyberspace an die Stelle des realen Raumes, die virtuelle Zeit an die Stelle der Realzeit. Aus analytischen Gründen verwenden wir zur Charakterisierung des epochalen Wandels das Unterscheidungskriterium der Virtualisierung. Die Virtualisierung trennt die klassische Industriegesellschaft von der CyberSociety. Unter Virtualisierung wollen wir einen computerinitiierten Prozeß verstehen, in dessen Verlauf an die Stelle des realen Raumes der virtuelle Raum als bestimmende Größe mikro- und makrosoziologischer Bereiche tritt. Das Ergebnis der Virtualisierung bezeichnen wir als Virtualität, sie so strukturierte Gesellschaft als virtuelle Gesellschaft oder CyberSociety.

Wir wollen die wesentlichen Charakteristika, welche auf der Grundlage des Differenzierungskriteriums der Virtualisierung die klassische Industriegesellschaft von der CyberSociety unterscheiden, in der folgenden Tabelle zusammenfassen:

Die Tabelle verdeutlicht die Verortung der CyberSociety im virtuellen Raum. Der virtuelle Raum, der Cyberspace, stellt eine Art strukturierendes Gravitationszentrum dar, mit Auswirkungen auf alle gesellschaftlichen Bereiche. Der virtuelle Raum konstituiert einen virtuellen Produktionstypus, der seinerseits Klassen- und Sozialstrukturen tiefgreifend prägen wird. Der Cyberspace als Raum hinter dem Bildschirm führt zu einer totalen Entkoppelung der Kommunikation in zeitlicher, räumlicher und sozialer Hinsicht, so konkretisieren sich z. B. Gemeinschaften weitgehend nicht mehr auf Grund geografischer Nachbarschaften als vielmehr über gemeinsame In-

| | **Moderne** (klassische Industriegesellschaft) | **CyberSociety** (virtuelle Gesellschaft) |
|---|---|---|
| Produktion/ Ökonomie | Massenproduktion, zentralisierte Produktionsstätten, Fabrik als Ort der Produktion, Betrieb als Ort gewerkschaftlicher Aktivitäten („Betriebsverfassungsgesetz"), fordistischer Produktionstypus | Auflösung des klassischen Betriebes, der regional zu verortenden Fabrik, postfordistischer Produktionstypus als virtueller Produktionstypus, *Stichworte:* virtuelle Firmen, virtuelle Büros, Telearbeit, Telearbeiter, virtuelle Gewerkschaftspolitik |
| Technologie | Dampfmaschinen, Verbrennungsmotoren, Atomenergie | Technologie der Virtual Reality wird in zahlreichen Anwendungsbereichen umfassend eingesetzt, *Stichworte:* Telematik, Telemedizin, Telelearning und -teaching, Telerobotik, Telepräsenz, Visualisierung und Simulation; Computertechnologie, Informations- und Kommunikationstechnologien, Multimedia, Netzwerktechnologien, Neurotechnologien (Neurobionik, Neuromedizin etc.), Gentechnik, Mikrotechnologien |
| Technologische Risiken | Radioaktiver Fallout („Tschernobyl"), Treibhauseffekt, Waldsterben, Ressourcenverknappung | Informations-Overkill, Elektrosmog, digitale Überreizung, Datenkriminalität, Cyberterrorismus, VR als Superdroge und Herrschaftspolitik |
| Raum | Real-Raum, geometrischer (Euklidischer) Raumbegriff, mechanistischer (Newtonscher) Raumbegriff, sozialer Raum weitgehend geografisch konstituiert, Trennung zwischen Arbeitsplatz und Wohnort (Entkoppelung von Raum und Zeit) | virtueller Raum, relationale Raumvorstellung, sozialer Raum emanzipiert sich von geografischen Voraussetzungen, ist nicht mehr durch geografische Aspekte bestimmt, sozialer Raum als Netzwerk von Kommunikation, Sozialität unter Abwesenheit von körperlicher Anwesenheit, Auflösung der industriegesellschaftlichen Trennung zwischen Arbeitsplatz und Wohnort (bei gleichzeitiger totaler Entkoppelung von Raum und Zeit: Arbeit im Internet) *Stichworte:* Cyberraum, Cyberspace |
| Kommunikation/ Sozialität | weitgehend bestimmt durch Face-to-Face-Kommunikation, Briefe, Telefon, Faxe, lokale, geografische Gemeinschaften | weitgehend bestimmt durch CMC (Computer Mediated Communication), Mediatisierung sozialer Kommunikation, Entkoppelung von Kommunikation in zeitlicher, räumlicher und sachlicher Hinsicht, *Stichworte:* virtuelle Gemeinschaften, virtuelle Beziehungen, Cybersex, Videokonferenzen, virtuelle Sozialität |
| Öffentlichkeit | zentralisierte, massenmedial geprägte Öffentlichkeit | Fragmentarisierung der Öffentlichkeit, Vielzahl unterschiedlicher Öffentlichkeiten, virtuelle Öffentlichkeiten, qualitativer „Strukturwandel der Öffentlichkeit" |
| Zeit | lineare Zeit, fordistischer Zeittakt, klare Trennung zwischen Arbeitszeit und Freizeit, funktionale Zeiten | virtuelle Zeit, Auflösung funktionaler Zeiten, Produktion über verschiedene Zeitzonen hinweg flexibilisierte Zeiten, Auflösung der |

| | | |
|---|---|---|
| | | industriegesellschaftlichen Trennung von Arbeitszeit und Freizeit *Stichwort:* Echtzeit |
| Weltbild/ Orientierung | industrieller Fortschrittsglaube, zentrale Rolle des Nationalstaates, der Nation | Weltgesellschaft, globale Zusammenhänge, Risikobewußtsein, Welt und Ort als Bezugspunkte individuellen Handelns, Globalität und Lokalität, potentielle Multikulturalität |

teressen. Virtuelle Gemeinschaften stellen soziale Netzwerke dar, deren materielle Grundlage primär in der Existenz eines weltweiten technischen Netzwerkverbundes beruht. Der virtuelle Raum wird zu einem tiefgreifenden Strukturwandel der Öffentlichkeit führen, er wird schließlich auch unseren Raumbegriff selbst verändern; relationale Raumvorstellungen werden den bislang gültigen geometrischen, an Euklid orientierten Raumbegriff bzw. den mechanistischen Raumbegriff Newtonscher Prägung ablösen.

Die Technologie der Virtual Reality als technologische Grundlage des Cyberspace stellt so ein Medium dar, für das der Ausspruch Marshall McLuhans „the medium is the message" zutrifft, und dies bedeutet bei McLuhan in erster Linie die Veränderung der Wahrnehmung durch das Medium über eine längere Periode hinweg, eine medial initiierte Transformation von Produktions- und Reproduktionsbeziehungen, eine mediale Revolution.[50] Der Ausspruch „the medium is the message" schreibt dem Medium eine gesellschaftsstrukturierende Eigenschaft zu. Die Technologie der Virtual Reality besitzt eine solche Potenz, von ihr wird eine mediale Revolution im Sinne McLuhans mit hoher Eigendynamik ausgehen; eine Eigendynamik, die jedoch, was ihre Ausgestaltung, ihren Verlauf, ihre Konkretion und insbesondere ihre sozialen Folgen anbelangt, der sozialen Gestaltung und damit dem politischen Prozeß, der Dialektik von Regulation und Deregulation, den gesellschaftlichen Zielvorstellungen und Kräfteverhältnissen unterworfen bleibt.

Wir wollen an dieser Stelle nur einen ersten Überblick über die Metapher der CyberSociety geben. Die CyberSociety als Realkategorie soll im folgenden weiter konkretisiert, die CyberSociety als Analysemodell auf ihre Tauglichkeit überprüft sowie hinsichtlich ihres Analyseinstrumentariums präzisiert werden.

## 1.7 Vergleichende Betrachtung der Metaphern

Wir wollen abschließend die in der aktuellen Debatte gebräuchlichen Metaphern anhand einer tabellarischen Zusammenfassung gegenüberstellen, um so zentrale Aussagen, Bezugspunkte und Grenzen der jeweiligen Paradigmen einer vergleichenden Betrachtung zu unterziehen.

| Metapher | zentraler Bezugspunkt; zentrale Aussage | Stärken und Mängel der Metapher |
|---|---|---|
| Datenautobahn | *Geschwindigkeit;*<br>Die Gesellschaft steht vor einer neuen Revolution, welche durch den Zusammenschluß aller Computer zu einem Netzwerk ausgelöst wird; die Vernetzung entspricht der Bedeutung der Schaffung eines bundesweiten Netzes von Schnellstraßen (Autobahnen; highways) | *Stärken der Metapher:*<br>Vielzahl kollektiv verfügbarer Assoziationen<br><br>*Mängel der Metapher:*<br>Technischer Reduktionismus; Herrschaftsmetapher mit dem Ziel der Akzeptanzbeschaffung; Metapher legt Kommodifizierung und Kommerzialisierung von Netzen nahe; Metapher soll Sozietäts-Aspekte der Informatisierung verdrängen; Virtualisierung wird nicht erfaßt; Metapher stellt auf Infrastruktur ab, läßt Anwendungen weitgehend unberücksichtigt; falsche Analogie: statt Verbindung (Autobahn) Enträumlichung, Aufhebung der Entfernung (Netze) |
| Cyberspace | *virtueller Raum;*<br>Qualitativ neue Schnittstellen in der Mensch-Maschine-Kommunikation ermöglichen erstmals ein Eintauchen in virtuelle Welten; gestatten eine Immersion in einen Raum hinter dem Bildschirm, den Cyberspace; die Immersion ermöglicht gänzlich neue Erfahrungen | *Stärken der Metapher:*<br>Erfaßt wird ein wesentliches Element des Prozesses, der virtuelle Raum; thematisiert wird die Dopplung der Realität in reale und virtuelle Realität und die sich daraus ergebenden Gefahren (Realitätsverlust, Kommunikationsverlust, Suchteffekte etc.)<br><br>*Mängel der Metapher:*<br>Metapher läuft Gefahr, bedingt durch ihren historischen Ursprung (Cyberpunk-Literatur) die Gefahren der Entwicklung zu überzeichnen |
| Digitale Stadt, Telepolis | *Urbane Stadt;*<br>Computernetzwerke erodieren die Funktion der Städte u. a. als Netzwerke für schnelle Kommunikation, sie eröffnen einen Lebensraum, in dem viele Funktionen der einst urbanen Umgebung abwandern, es entsteht so eine virtuelle Stadt in den Netzen, eine neue Urbanität, welche nicht durch Konzentration, sondern durch Dezentralisation gekennzeichnet ist. | *Stärken der Metapher:*<br>Die Metapher weist auf vielfältige raumsoziologisch, städtesoziologisch, architektonisch und kulturell relevante Aspekte des Prozesses hin.<br><br>*Mängel der Metapher:*<br>Die Analogie zur Stadt läßt gesamtgesellschaftliche und globale Aspekte häufig weitgehend unberücksichtigt. |
| virtuelle Gemeinschaft, globales Dorf | *Sozietät;*<br>Der soziale Raum ist nicht mehr durch geografische Aspekte bestimmt, soziale Gemeinschaften haben sich weitgehend von ihren geografischen Voraussetzungen befreit; virtuelle | *Stärken der Metapher:*<br>Die Metapher rückt die kommunikativen Potenzen des Prozesses für die Gestaltung sozialer Gemeinschaft in den Vordergrund und weist auch normative Aspekte auf. |

| | | |
|---|---|---|
| | Gemeinschaften im Netz realisieren die Möglichkeit von Sozialität unter Abstraktion von körperlicher Anwesenheit, die Welt wird so zu einem globalen Dorf. | *Mängel der Metapher:* Der umfassende Prozeß der Virtualisierung wird auf den kommunikativen Aspekt verkürzt, eine konkrete Analyse der Gefahren und Chancen des Prozesses findet daher nicht statt. |
| Informations-gesellschaft | *Information;* Verglichen mit der klassischen Industriegesellschaft gewinnt der Umgang mit Informationen gegenüber dem Umgang mit Stoffen qualitativ an Bedeutung; die Informationstechnik durchdringt alle Bereiche der Gesellschaft; Informationen werden im Leben des einzelnen immer wichtiger. | *Stärken der Metapher:* Die Metapher rückt gesamtgesellschaftliche Aspekte in den Vordergrund und entwickelt den Begriff der Informationsgesellschaft in Abgrenzung zur klassischen Industriegeselllschaft, auf diese Weise werden strukturelle Unterschiede transparent.<br><br>*Mängel der Metapher:* Die Focussierung auf den Begriff der Information versperrt den Blick auf den eigentlichen Kern des Prozesses, die Virtualisierung; der virtuelle Raum findet keine adäquate Beachtung. |
| CyberSociety | *Virtualisierung (Virtualisation, Virtualität)* Im Unterschied zur klassischen Industriegesellschaft finden Produktion, Distribution und Kommunikation weitgehend in virtuellen Räumen statt, im Cyberspace; der virtuelle Raum tritt als bestimmende Größe mikro- und makrosoiologischer Bereiche an die Stelle des realen. | *Stärken der Metapher:* Die Metapher rückt die Virtualisierung, den eigentlichen Kern des Prozesses in den Vordergrund und damit den virtuellen Raum als strukturierende Entität.<br><br>*Mängel der Metapher:* Die Metapher kann das „Pars pro toto-Problem“ nicht umgehen, auch wenn sie mit der Virtualisierung den Kern des technisch-sozialen Prozesses erfaßt. |

Eine Analye der gebräuchlichen Metaphern verweist u. a. darauf, daß die Beschäftigung mit den technischen Grundlagen für ein tieferes Verständnis des „revolutionären Prozesses“ unverzichtbar ist. Um insbesondere den Prozeß der Virtualisierung noch besser zu verstehen, wollen wir uns daher im folgenden Kapitel insbesondere mit der Technologie der Virtual Reality beschäftigen.

# Anmerkungen

1 Weert Canzler, Sabine Helmers, Ute Hoffmann: Die „Datenautobahn". Sinn und Unsinn einer populären Metapher, in: Forum Wissenschaft 1/95, S. 14

2 Der US-amerikanische Vizepräsident Al Gore und der Handelsminister Ron Brown kündigten im September 1993 eine Initiative zum Ausbau einer nationalen Informationsinfrastruktur (NII) an und legten einen Aktionsplan vor. Das Projekt veranschaulichte Al Gore vor dem nationalen Presseclub mit den folgenden Worten: „One helpful way is to think of the National Information Infrastructure as a network of highways much like the Interstates begun in the '50s. These are highways carrying information rather than people or goods. And I'm not talking about just one eightlane turnpike. I mean a collection of Interstates and feeder roads made up to a different materials in the same way that roads can be concrete or macadam or gravel. Some highways will be made up of fiber optics. Others will be built out of coaxial or wireless. But a key point they must be and will be two way roads.

These highways will be wider than today's technology permits. This is important because a television program contains more information than a telephone conversation; and because new uses of video and voice and computers will consist of even more information moving at even faster speeds. These are the computer equivalents of wide loads. They need wide roads. And these roads must go in both directions.". Die Rede Al Gores ist über das Informationssystem ISIS verfügbar: *http://staff-www.uni-marburg.de/~buehlach/gore.htm* (lokaler mirror). Über das Informationssystem ISIS: *http://staff-www.uni-marburg.de/~buehlach* sind ferner zahlreiche weitere Texte verfügbar, die NII-Agenda (National Information Infrastructure Agenda for Action) sowie weitere NII-bezogene Dokumente.

3 Martin Bangemann u.a.: Europa und die globale Informationsgesellschaft. Empfehlungen für den Europäischen Rat, Brüssel 1994

4 Auf diesen Aspekt weist auch Bill Gates in seinem Buch „Der Weg nach vorn hin", wenn er schreibt: „In den USA hat man die Vernetzung all dieser Computer mit einem anderen gewaltigen Projekt verglichen: der Schaffung eines bundesweiten Netzes von Schnellstraßen (highways), die in der Eisenhower-Ära begann. Deshalb hat man das neue Netzwerk „Information Highway" getauft. Der Ausdruck wurde von dem damaligen Senator Al Gore unter die Leute gebracht, dessen Vater 1956 beim Gesetz über den Bundesfernwegebau (Federal Aid Highway Act) Pate stand." Vgl. Bill Gates: Der Weg nach vorn. Die Zukunft der Informationsgesellschaft, Hamburg 1995, S. 21

5 Weert Canzler, Sabine Helmers, Ute Hoffmann: Die „Datenautobahn". Sinn und Unsinn einer populären Metapher, in: Forum Wissenschaft 1/95, S. 12

6 Diese Position findet sich vor allem bei: Wolf Schneider, Christoph Fasel: Wie man die Welt rettet und sich dabei amüsiert, Hamburg 1995. So heißt es etwa hier „Und die Natur wird aufatmen, und die Erde blühen. Und von der alten Wirklichkeit werden wir reden wie die Dresdner vom Bombenkrieg und die Florentiner von der Pest. Was immer die neue Wirklichkeit für Fehler und Schwächen haben mag: Die der alten zu erreichen, wird ihr unmöglich sein." (a.a.O., S. 190)

7 Weert Canzler, Sabine Helmers, Ute Hoffmann: Die „Datenautobahn". Sinn und Unsinn einer populären Metapher, in: Forum Wissenschaft 1/95, S. 14

8 Bundesministerium für Verkehr 1/1994, S. 1, zitiert nach: Wolfgang Zängl: Der Telematik-Trick. Elektronische Autobahngebühren, Verkehrsleitsysteme und andere Milliardengeschäfte, München 1995, S. 120. Siehe zum Thema Telematik auch: Robert Gaßner, Andreas Keilinghaus, Roland Nolte: Telematik und Verkehr. Elektronische Wege aus dem Stau?, Weinheim, Basel 1994

9 Bill Gates: Der Weg nach vorn. Die Zukunft der Informationsgesellschaft, Hamburg 1995, S. 21

10 Billy Idol: Cyberpunk (CD), Chrysalis Records, Inc., 1993

11 George Gilder, George A. Keyworth, Alvin Toffler (u. a.): Cyberspace und der amerikanische Traum. Auf dem Weg zu einer elektronischen Nachbarschaft: eine Magna Charta für das Zeitalter des Wissens", FAZ, 26. August 1995. Bei dem Zitat handelt es sich um eine Passage eines Artikels des Autors Peter Huber im Magazin „Forbes"; eine Passage, welche die Autoren zustimmend zitieren. Bei der Wiedergabe des Manifestes in der FAZ handelt es sich um eine gekürzte Übersetzung des in der New York Times veröffentlichten Textes, der Originaltext ist über das Informationssystem ISIS erhältlich: *http://staff-www.uni-marburg.de/~buehlach/charta.htm* (lokaler mirror)

12 Tabelle entsprechend Gilder, Toffler, a.a.O.

13 Florian Rötzer: Telepolis ist nicht nur ein Traum, in: Stefan Iglhaut, Armin Medosch, Florian Rötzer (Hrsg.): Stadt am Netz. Ansichten von Telepolis, Mannheim 1996, S. 16

14 William Gibson: Neuromancer, München 1987

15 William Gibson: Neuromancer, München 1987, S. 76

16 Aus: Michael Benedikt: Cyberspace-First Steps, Cambridge 1991, S. 130

17 Grosses vollständiges Universal-Lexikon aller Wissenschaften und Künste, 48. Band, verlegt von Johann Heinrich Zedler, 1746

18 Der Begriff „Telepolis" wurde im Zuge der Vorbereitungen zu einer gleichnamigen Ausstellung geprägt, die im November 1995 in Luxemburg stattfand. Um die Ausstellung zu strukturieren, entstand bei den Organisatoren die Idee, eine räumliche als auch eine virtuelle Telepolis zu inszenieren. Das Projekt ist unter der Adresse: *http://www.lrz-muenchen.de/MLM/telepolis.html* erreichbar.

19 Zur Telepolis-Metapher vor allem: Stefan Iglhaut, Armin Medosch, Florian Rötzer (Hrsg.): Stadt am Netz. Ansichten von Telepolis, Mannheim 1996; Florian Rötzer: Die Telepolis. Urbanität im digitalen Zeitalter, Mannheim 1995

20 Zum Amsterdamer Projekt vgl.: Kurt Fuchs, Peter Purgathofer: die digitale Stadt. Demokratische Potenzen eines alternativen Projekts, in: Forum wissenschaft 2/1995, S. 70/71

21 Joachim Blank: Die Städtemetapher im Datennetz. Text des Telepolis-Archives: *http://staff-www.uni-marburg.de/~buehlach/blank.htm* (lokaler mirror)

22 a.a.O.

23 William J. Mitchell: Ziegel oder Bits? Text des Telepolis-Archives: *http://staff-www.uni-marburg.de/~buehlach/mitch.htm* (lokaler mirror)

24 Howard Rheinglod: Virtuelle Gemeinschaft. Soziale Beziehungen im Zeitalter des Computers, Bonn, Paris, Reading, 1994

25 a.a.O., S. 16

26 a.a.O., S. 16/17

27 a.a.O., S. 17

28 Rainer Rilling: On the other Side of the Web, in: Forum Wissenschaft 1/95, S. 20

29 Martin Löffelholz, Klaus-Dieter Altmeppen: Kommunikation in der Informationsgesellschaft, in: Klaus Merten, Siegfried J. Schmidt, Siegfried Weischenberg (Hrsg.): Die Wirklichkeit der Medien. Eine Einführung in die Kommunikationswissenschaft, Bonn 1994, S. 570

30 a.a.O., S. 574

31 Daniel Bell: Die nachindustrielle Gesellschaft, Frankfurt, New York 1975, S. 32

32 a.a.O., S. 353

33 a.a.O., S. 370

34 Claus J. Tully: Lernen in der Informationsgesellschaft, Opladen 1994, S. 74

35 a.a.O., S. 75

36 Alvin Toffler: Die Dritte Welle, Perspektiven für die Gesellschaft des 21. Jahrhunderts, München 1980, S. 20

37 Peter Otto; Philipp Sonntag: Wege in die Informationsgesellschaft, München 1985, S. 7

38 a.a.O., S. 49

39 a.a.O., S. 51

40 Alvin Toffler, Die Dritte Welle, München 1980, S.439

41 a.a.O., S. 437

42 Die Formulierung von Claus Eurich (s. u.) ist durchaus mißverständlich. Toffler geht davon aus, daß der Markt als Vermittlungzentrale unentbehrlich ist. Seine gegenwärtige zentrale Rolle sei jedoch ein Ergebnis der Trennung von Produktion und Konsum. Die Auflösung dieser historischen Trennung in der Informationsgesellschaft durch den Aufstieg des Prosums und damit verbunden des Prosumenten (der zugleich konsumiert und produziert) würde jedoch die Rolle und den Stellenwert des Marktes radikal verändern. In diesem Kontext spricht Toffler vom historischen Ende des Marktes durch den Prosum, von einem Ende des Vermarktungsprozesses, von einem Entstehen einer Transmarkt-Zivilisation. Siehe hierzu: Alvin Toffler: Die Dritte Welle, München 1980, S.51, 53, 281-293

43 Claus Eurich: Die Megamaschine. Vom Sturm der Technik auf das Leben und Möglichkeiten des Widerstands, Frankfurt am Main 1991, S. 72/73

44 Bundesministerium für Wirtschaft (Hrsg.): Die Informationsgesellschaft. Fakten, Analysen und Trends, Bonn 1995, S. 3

45 a.a.O., S. 2

46 Michael Paetau: Informationsgesellschaft als sozialer Raum. Unveröffentlichtes Manuskript anläßlich der Konferenz „Informationsgesellschaft - Medien - Demokratie" am 19-21. Januar 1996 in Hamburg

47 Niklas Luhmann: Beobachtungen der Moderne, Opladen 1992, S. 14

48 So werden etwa im Lexikon zur Soziologie, herausgegeben von Werner Fuchs, folgende Varianten angeboten: „(1) Allgemeine Bezeichnung für Kenntnisse und Wissensinhalte. (2) Allgemeine Bezeichnung für die Prozesse, in denen Kenntnisse und Wissen durch Wahrnehmnung, Nachrichtenübermittlung usw. zustande kommen. (3) Allgemeine Bezeichnung für die kleinste inhaltlich oder formal bestimmbare Einheit von Vorgängen der Nachrichtenübermittlung bzw. der Kommunikation. (4) Bezeichnung für jedes Zeichen oder jede begrenzte Folge von Zeichen, die aus einem vorgegebenen Zeichensystem (mathematisch, sprachlich usw.) ausgewählt werden: zur Beseitigung oder Verringerung einer bestehenden Ungewißheit oder um bereits vorhandene Erfahrungsinhalte unter neuen Gesichtspunkten zu überprüfen. (5) Unter Information wird manchmal jede Art von Zeichen verstanden, die einen Empfänger erreicht: also auch Zeichen, die nicht vom Sender ausgehen, und auch Zeichen, die der Empfänger nicht entziffern (verstehen) kann. Werner Fuchs (Hrsg.) Lexikon der Soziologie, Hambuurg 1975, S. 295.

Die vierte Variante stützt sich dabei auf die breit rezipierte Definition von Shannon (vgl. Shannon, C.E., W. Weaver: The mathematical theory of communication, Urbana/Illinois, 1949).

49 Alvin Toffler: Die Dritte Welle, München 1980, S. 355

50 Vgl.: Marshall McLuhan: Die magischen Kanäle. Understanding Media, Basel 1995; Marshall McLuhan: Die Gutenberg-Galaxis. Das Ende des Buchzeitalters, Bonn, Paris, Reading 1995

# Kapitel 2
# Multimedia und Virtual Reality

Wir wollen uns in diesem Kapitel mit den technischen Grundlagen der CyberSociety beschäftigen. Ähnlich wie bei den Metaphern gibt es auch hier unterschiedliche Antworten auf die Frage, was technologisch betrachtet das qualitativ Neue ist. Im wesentlichen können drei Antwortrichtungen unterschieden werden. Die technischen Grundlagen sind demnach vor allem bestimmt durch

a) Multimedia,
b) die globale Vernetzung (Stichwort: Internet),
c) Virtual Reality

Dabei schließen sich die drei Bestimmungen der technischen Grundlagen der Informationsgesellschaft keineswegs aus; sie verhalten sich durchaus komplementär zueinander, jedoch markieren sie jeweils unterschiedliche Aspekte des Prozesses. Multimedia und die globale Vernetzung stellen dabei wichtige technische Teilaspekte und Voraussetzungen dar, der eigentliche technologische Kern der CyberSociety besteht unseres Erachtens, wie im folgenden begründet werden soll, jedoch in der Technologie der Virtual Reality.

## 2.1 Multimedia

Die Gesellschaft für deutsche Sprache (GfdS) in Wiesbaden hat sich ihre Entscheidung nicht leicht gemacht: Das Wort des Jahres 1995 heißt Multimedia.

Multimedia bedeutet wörtlich genommen zunächst einmal die Kombination mehrerer, unterschiedlicher Medien zwecks Verbreitung und Distribution von Informationen. Dabei wird in der Medienwissenschaft zwischen zeitunabhängigen und zeitabhängigen Medien unterschieden. Zeitunabhängige Medien, auch diskrete Medien genannt, sind z. B. Texte oder Grafiken. Die Verarbeitung dieser Medien gilt als zeitunkritisch, d. h. sie ist nicht von einer Zeitbedingung abhängig. Zeitabhängige Medien, auch kontinuierliche Medien genannt, sind z. B. Ton oder Film. Die Verarbeitung dieser Medien gilt als zeitkritisch, da sie von einer Zeitbedingung abhängig ist. Von der Unterscheidung in diskrete und kontinuierliche Medien ausgehend, wird häufig betont, daß eine Multimedia-Anwendung mindestens ein diskretes und ein kontinuierliches Medium verarbeiten können muß. Das Multimedia-System muß ferner interaktiv nutzbar sein.[1] Interaktion ist oft ein zentrales Element bei der Begriffsbestimmung von Multimedia. „Multimedia definiert sich durch zweierlei: erstens durch die Verbindung von Text, Grafik, Ton, Bild, Animation (z. B. die Integration von Bildplatte und Computer oder von Film, Foto und CD) als neuem Informationsangebot, zweitens durch die Dialogstruktur, die dem Benutzer die Interaktion erlaubt, die aktive Teilnahme."[2] Bei Multimedia geht es somit im Kern „um die Interaktion mit computerbasierten Anwendungen, in denen unterschiedliche Medientypen integriert sind."[3] Neben der Interaktionsfähigkeit wird in zahlreichen Multimedia-Definitionen auch der Aspekt der Kommunikationsfähigkeit genannt. Informationen werden bei multimedialen Anwendungen nicht nur produziert, dargestellt und gespeichert, sondern auch zwischen verschiedenen Rechnern ausgetauscht. Multimedia-Systeme müssen somit die Eigenschaft erfüllen, kommunikationsfähig zu sein. Medien von räumlich verteilten Rechnern können mittels eines Multimedia-Systems zu einer Präsentation zusammengefaßt werden, Informationen räumlich unabhängiger Rechner werden mit Hilfe eines Multimedia-Systems synchronisiert.

Der Begriff Multimedia selbst wurde in den 70-er Jahren von Seiten englischer Lehrmittelverlage geprägt und bezeichnete Lehrmittelpakete, die verschiedene Unterrichtsmaterialien zusammenfaßten.[4] Während früher somit schon eine Ton-Dia-Show oder ein didaktisches Lehrpaket mit Lehrheft, Übungsheften und Tonkassetten als multimedial bezeichnet wurde, ist der Begriff Multimedia heute nur noch für digitale Medien anwendbar, die per Computer aufgerufen werden. Dabei ist vor allem die CD-ROM zum multimedialen Symbol geworden.

Multimedia bedeutet jedoch nicht nur die Zusammenfassung unterschiedlicher Medien, sondern auch das Zusammenwachsen der Informations-, Telekommunikations- und der Medientechnik auf der Basis einer umfassenden Digitalisierung. Das Vorliegen aller Signale in digitaler Form schafft erst die Voraussetzung dafür, daß sie einheitlich verarbeitet und gespeichert werden können, daß bislang unterschiedliche Medien ein und dieselbe Kommunikationsinfrastruktur benutzen können.

In einem vom Bundesministerium für Wirtschaft herausgegebenen Report zum Thema „Informationsgesellschaft" werden die Digitalisierung, die Miniaturisierung und die Integration als die grundlegenden Innovationstendenzen betrachtet. „Die Digitalisierung macht es möglich, große Mengen von Daten, Bildern oder anderen Informationen vollkommen ohne Qualitätsverlust und mit hoher Geschwindigkeit zu bearbeiten, zu kopieren, zu übertragen und anzuzeigen... In der Miniaturisierung und Integration stehen wir zwar noch am Anfang, doch dürfen wir hier noch entscheidende Leistungssteigerungen erwarten. Speicher- und Prozessorkapazitäten explodieren förmlich."[5]

In der Tat hat der Hardware-Preisverfall der letzten Jahre wesentlich mit dazu beigetragen, daß der PC heute zum Haushaltsgegenstand geworden ist.

Die Verbreitungsgeschwindigkeit des Personal-Computers in den letzten Jahren hat dabei wesentlich zur Dynamik in der multimedialen Entwicklung beigetragen. Ende 1995 sind in Deutschland ca. 15 Millionen PCs installiert, das entspricht 19

PCs je 100 Einwohner. Damit verfügt in Deutschland zur Zeit fast jeder vierte Haushalt über einen PC; in den USA ist es bereits jeder dritte. Ungefähr 3,6 Millionen PCs wurden 1995 alleine in Deutschland verkauft, die Prognose für das Jahr 1996 beläuft sich auf über vier Millionen. Doch zur Zeit stellen die existierenden PCs in den Haushalten noch überwiegend isolierte Einheiten dar, erst die neu angeschafften PCs sind prinzipiell multimediafähig, d. h. sie verfügen zumindest über ein CD-ROM-Laufwerk und/oder ein Modem.

Neue Entwicklungen in der Softwaretechnik, vor allem bei den Benutzer-Schnittstellen haben dabei zur deutlich verbesserten Benutzerfreundlichkeit beigetragen. Interaktive Bediensysteme mit Menüs, Maus, Fenstertechnik haben den Einstieg in die EDV wesentlich vereinfacht. Die pixelorientierte Computergraphik und die Orientierung der Softwareproduktion an der Desktop-Metapher haben ihrerseits mit dazubeigetragen, daß der Computer zu einem Schlüsselinstrument für die Werbe-, Freizeit- und die Unterhaltungsindustrie geworden ist. Die Computerrevolution hat bereits längst vor der multimedialen Entwicklung das private, öffentliche und gesellschaftliche Leben durchdrungen. Multimedia sorgt jedoch zur Zeit auf der Grundlage der benannten Entwicklungen durch die Integration der Computertechnik mit anderen Techniken wie insbesondere der Telekommunikation und dem Fernsehen für einen neuen Schub von Entwicklungen und Anwendungen. „Im komplett ausgestatteten Multimedia-PC sind Fernseher, Radio und Soundkarte, Fotobearbeitung und Dia-Show, Telefax, Telefon, Anrufbeantworter, Online-Dienst und natürlich die klassischen Computeranwendungen integriert.“[6] Der multimediale PC vereint so informationstechnische, kommunikationstechnische, unterhaltungs- und optoelektronische Elemente. Die Integration schreitet dabei weiter voran: so werden in Zukunft für die jeweiligen Multimedia-Funktionen eines PCs nicht mehr verschiedene Steckkarten erforderlich sein, sondern nur noch eine einzige omnipotente Karte.

Im Bereich der Unterhaltungselektronik sollen sich dabei die bisherigen Massenmedien wie das Fernsehen von reinen Distributionsmedien zu individualisierbaren Informations- und Unterhaltungsmedien mit Rückkanal wandeln.

Im Bericht der Multimedia-Enquete-Kommision „Entwicklung, Chancen und Auswirkungen neuer Informations- und Kommunikationstechnologien in Baden-Württemberg“ umfaßt Multimedia im Kern drei neue Möglichkeiten: Vernetzung, Integration und Interaktivität.

„Vernetzung bedeutet dabei die Möglichkeit des Zugangs zu allen weltweit gespeicherten Informationen. Integration drückt die Möglichkeit der zeitgleichen Zusammenführung der verschiedenen Medien Text, Graphik, Bewegtbild und Ton in einem Medium aus. Interaktivität meint die tendenziell weltweite Möglichkeit, daß jeder zugleich Empfänger und Sender von Informationen wird.“[7]

Als Voraussetzungen für Vernetzung, Integration und Interaktivität nennt der Bericht Multimedia-Infrastrukturen. „Dazu gehören Netzstrukturen für die weltweite Datenübertragung, Hard- und Softwarekonfigurationen zur Speicherung, Verarbeitung und Verteilung der Daten, Dienste, die den Betrieb und die Nutzung der Infrastrukturen sowie den Zugriff auf Informationen ermöglichen oder erleichtern, und Inhalte, die von Wirtschaftsunternehmen, privaten und öffentlichen Haushalten und von Organisationen ohne Erwerbscharakter erstellt, genutzt, verändert und weitergeleitet werden können."[8] Die Multimedia-Definition der Enquete-Kommission stellt somit bereits eine Verbindung multimedialer Trends zur globalen Vernetzung her.

## 2.2 Die globale Vernetzung

Das Zeitalter des Networking begann vor nunmehr 30 Jahren. Anfang der 60er Jahre erhielt die Rand Corporation, eine amerikanische Denkfabrik des Kalten Kriegs, den offiziellen Auftrag, ein Konzept für das postnukleare Amerika zu entwerfen. Es sollte ein Vorschlag entwickelt werden, wie US-Regierungsstellen nach einem Atomkrieg weiterhin effektiv miteinander kommunizieren könnten. Das Kalte Kriegs-Szenario der bipolaren Weltordnung ging dabei von einem atomaren Erstschlag der Sowjetunion aus, einem Erstschlag, vor dem auch Rechner, Netze und Kabel nicht verschont bleiben würden. Ausgelöst wurden die Regierungsaktivitäten dabei durch den „Sputnik-Schock". Im Jahre 1962 stellte Paul Baran von der RAND Corporation in seinem Report „On Distributed Communication Networks" schließlich eine Lösung für ein Befehls- und Kontrollnetz des postnuklearen Amerikas zur Diskussion. Der Lösungsvorschlag ging davon aus, daß eine zentrale Behörde oder eine Netzwerk-Leitstelle mit Sicherheit Ziel eines Raketenangriffs sein würde, das Zentrum eines Netzes somit als erstes getroffen würde. Der Report schlug dementsprechend ein System vor, welches über keine zentrale Leitung verfügen sollte. Die dezentrale Anlage eines solchen Netzes sollte gewährleisten, daß die überlebenden Knoten in der Lage wären, trotz Ausfall anderer Punkte die Verbindung zwischen Städten, Regierungsstellen und Militärbasen aufrechtzuerhalten. „Es war so angelegt, daß die einzelnen Teile unabhängig voneinander operieren konnten. Alle Knoten bekamen den gleichen Status, hatten ihre eigene Autorität, um Nachrichten zu senden, weiterzuleiten oder zu empfangen. Die Nachrichten, in einzelne Pakete gepackt, jedes Paket mit einer Adresse versehen, gingen ihren eigenen Weg durch das Netz."[9] Der dezentralen Lage des Netzes entsprechend, sollten die Pakete von Knoten zu Knoten weitergereicht werden bis zu ihrem Ziel. Fielen etwa selbst größere Teile des Netzes aus, so sollten die Pakete ihren Weg über die noch intakten Knoten gehen. Entscheidend war also nicht der Weg, sondern das Ziel, die Aufrechterhaltung der Kommunikation.

Vor allem am Massachussets Institute of Technology (MIT) und der University of California Los Angeles wurde das Konzept des paketübertragenden Netzes in den sechziger Jahren aufgegriffen, 1968 testete auch das National Physical Laboratory in Großbritannien dieses sichere, dezentrale Netzwerk.

Das Prinzip der paketvermittelten Verbindungen wurde schließlich von einer Projektgruppe des amerikanischen Verteidigungsministeriums, der ARPA (Advanced Research Project Agency, später in DARPA umbenannt, wobei „D" für Defense steht) verwendet. Am 1.9.1969 wurde der erste Vermittlungsrechner an der University of California, Los Angeles in Betrieb genommen. Im Dezember 1969 bildeten vier Knoten ein kleines Netz, welches vom Pentagon den Namen ARPANET erhielt. Das ARPANET wurde so zum eigentlichen Vorläufer des heutigen Internet. Der Zugriff auf das ARPANET war zunächst auf Militärs sowie auf Personen begrenzt, die mit militärischer Forschung befaßt waren. 1971 waren schon 15 Knoten in Betrieb, 1972 bereits 37. In den Siebzigern wurden weitere vom ARPANET unabhängige Netzwerke aufgebaut, die bekanntesten davon sind BITNET, USENET und UUCP. Im Jahre 1972 wurde das ARPANET auch erstmals auf einer wissenschaftlichen Konferenz der Öffentlichkeit vorgestellt. Auf dieser Konferenz wurde auch eine Arbeitsgruppe gebildet mit dem Ziel, ein gemeinsames Protokoll für internationale Verbindungen zwischen autonomen Netzwerken zu entwickeln, welches unabhängig von der zugrundeliegenden Technologie sein sollte. „Die daraus entstandene Protokollfamilie TCP/IP löste 1982 das bis dahin beim ARPANET verwendete NCP (Network Control Protocol) ab."[10] TCP steht dabei für Transmission Control Protocol und sorgt für die Umwandlung der Daten in einen Strom von Datenpaketen, die am Zielcomputer wieder zusammengesetzt werden. IP oder Internet Protocol sorgt für die Weiterleitung der Pakete anhand ihrer Adressen unter Umständen über viele Knoten und viele Netzwerke hinweg bis zu ihrem Ziel. Der Gebrauch des TCP/IP-Protokolls ist heute globaler Standard.

TCP/IP fand rasche Verbreitung, vor allem weil es kostenlos zur Verfügung gestellt wurde und in das UNIX-Betriebssystem integriert wurde. Anfang der 80er Jahre wurde das Protokoll vom Department of Defense (DOD) zum nationalen Standard erklärt. Im Jahre 1968 wurde die National Science Foundation Network (NSF-NET) gegründet, welche die Netze innerhalb der gesamten USA durch fünf leistungsstarke Rechenzentren verband. „Das ARPANET ging in das NSFNET über, das sich zum Schrittmacher des Fortschritts entwickelte. Weitere US-Behörden und staatliche Einrichtungen wie die NASA und das National Institute of Health wurden Mitglied der Gemeinschaft."[11] Viele der in den siebziger Jahren gegründeten Pioniernetzwerke, die teilweise mit privater und öffentlicher Unterstützung errichtet wurden, beendeten um das Jahr 1990 herum ihren Dienst. „Die verbliebenen Netze schlossen sich größtenteils NSFNET an. In kürzester Zeit kamen weitere Netzwerkdienste hinzu, ein schnell wachsendes Netz unterschiedlicher Netzwerke enstand - Internet war geboren."[12]

In den neunziger Jahren ist das Wachstum des Internets nahezu beispiellos. Das exponentielle Wachstum des Netzes spiegelt sich insbesondere in der Zahl der ans Internet angeschlossenen Rechner, den sogenannten Hosts, wieder. In den letzten Jahren hat sich die Zahl der Hosts von Jahr zu Jahr nahezu verdoppelt. So stieg im Jahre 1992 die Anzahl der Hosts von 750.000 auf über 1,4 Millionen an. Dabei sind die für Hochschulangehörige und Studierende bislang kostenlosen Dienste des Internets, wie das elektronische Verschicken von Post (E-mail), die Beteiligung an Diskussionsgruppen und Newsgroups, die Möglichkeit, frei verfügbare Software zu kopieren und die weltweite Informationsrecherche einer der wesentlichen Gründe für die große Akzeptanz. Ein weiterer wichtiger Grund ist sicherlich auch die freiheitliche Struktur des Netzes, die funktionierende Anarchie des größten weltweiten Netzes. Dabei hat sich das Internet längst über den universitären und militärischen Bereich hinaus auch auf Schulen, Bibliotheken, Forschungseinrichtungen und kommerzielle Bereiche ausgedehnt. Heutzutage kann fast jeder private Desktop-Rechner mit Modem zu einem Internet-Knoten werden. Der Zugang zum Internet erfolgt über ein örtliches Rechenzentrum oder über einen sogenannten Provider, der sich seine Vermittlungsdienste bezahlen läßt. Die Geschichte des Internets hat dabei in jüngster Zeit noch einmal durch das World Wide Web einen neuen Aufschwung genommen.

World Wide Web oder auch kurz WWW stellt ein weltweites hypermediales Informationssystem dar. Zur Verfügung gestellt werden sogenannte Hypertext-Dokumente, d. h. Texte mit Querverweisen, sogenannten Hyperlinks, auf Textstellen im selben oder in einem anderen Text. Die Texte, auf die verwiesen wird, können sich dabei irgendwo im Internet befinden. Hypertexte kombinieren dabei Texte mit multimedialen Elementen wie Bildern, Audio und Video. Das World Wide Web stellt damit gewissermaßen ein spezielles Netzwerk von vernetzten Dokumenten im Internet dar. Insbesondere durch das WWW ist das Internet zu einer riesigen Ansammlung von Informationsbibliotheken geworden, einer gigantischen Sammlung von Daten, die online eingesehen, heruntergeladen und benutzt werden können. Insbesondere das WWW hat dazu geführt, daß fast kein Tag mehr vergeht, ohne daß in den Medien etwas Neues über das Internet berichtet würde. Informationen können große Distanzen mit ständig steigenden Geschwindigkeiten überbrücken, mit vielerlei Zugängen und vielen möglichen Richtungen des Informationsflusses. Auf einem vor allem seitens der Clinton-Regierung favorisierten zukünftigen Information Highway könnte man sich die Abwicklung des Postsystems, eine Integration des Fernsehens, des Telefons sowie elektronischer Tageszeitungen zu einem einzigen Online-Informations- und Unterhaltungsdienst vorstellen. Das Internet mit seinen Ressourcen und seiner ständig wachsenden Akzeptanz hat hier einiges zu bieten. Ein Gegenstand zukünftiger Auseinandersetzungen wird dabei vor allem die Frage sein, ob es ein dezentrales, quasi anarchisches, öffentlich zugängliches, nicht kommerzielles Netz bleiben wird oder ob staatliche Kontrollistanzen und Regulierungskommissionen es in den Griff bekommen sowie Kommerzialisierungstendenzen des Internets weiter um sich greifen und die Oberhand gewinnen werden.

# 2.3 Virtual Reality

Der Begriff der Virtual Reality wurde 1989 von Jaron Lanier, einem der wichtigsten Vertreter dieser technologischen Entwicklung, als eine Art Oberbegriff für diverse Forschungsprojekte geprägt. In einem Interview faßt Jaron Lanier das Wesen dieser Technologie wie folgt zusammen: „Wir sprechen über eine Technik, bei der man mit Hilfe eines computerisierten Anzugs eine gemeinsame Wirklichkeit synthetisiert. Sie formt unsere Beziehung zur physischen Umwelt auf einer neuen Ebene nach, nicht mehr und nicht weniger.“[13]

Unter Virtual Reality wollen wir im folgenden Techniken verstehen, die es erlauben, einen Menschen unmittelbar in computergenerierte Entwicklungsumgebungen zu integrieren, im Unterschied etwa zu reinen Computersimulationen, bei denen ein Eintauchen, eine Immersion nicht stattfindet. Virtual Reality beabsichtigt im Kern, den Eindruck zu vermitteln, es handele sich bei den computergenerierten Entwicklungsumgebungen um die Realität selbst, was VR von Computersimulationen oder von Modellen, wie wir sie etwa in Gestalt der Doppelhelix oder atomarer Moleküle kennen, unterscheidet. Computersimulationen wollen die Wirklichkeit primär erklären, während die Technologie der Virtual Reality mit unterschiedlichen Intentionen diese tendenziell ersetzen will.

Virtual Reality heißt, daß die reale durch eine künstliche Welt aus dem Computer ersetzt wird und daß man in diese neue Realität eintauchen kann, als wäre sie echt. Im Gegensatz zur Animation passiert hier alles in Echtzeit, d.h. jede Reaktion wird sofort in den virtuellen Raum umgesetzt.

Die Technik der Virtual Reality spricht dabei mehrere Sinne des Menschen zugleich an, wie beispielsweise den Sehsinn, den Tastsinn, den Gehörsinn und perspektivisch auch den Geruchssinn. Virtuelle Entwicklungsumgebungen als perspektivische Schnittstellen sind damit dem intuitiven Verständnis des Menschen wesentlich näher als etwa die bislang über Menüs, Windows und die Maus verfügbare „Desktop“-Schnittstelle.

Zu den Eigenschaften virtueller Entwicklungsumgebungen gehört ferner das bereits benannte Charakteristikum der Echtzeit. Damit virtuelle Welten den Eindruck vermitteln können, reale Welten zu sein, muß sich mit den Bewegungen des Users auch dessen perspektivisches Bild verändern und dies ohne warnehmbare Zeitverzögerung, so daß sich für den Anwender computererzeugter Räume eine Art „Walk-Through-Effekt“ ergibt.

Schlüssel zu den neuen Welten sind dabei im wesentlichen leistungsstarke Computer sowie ein Datenhelm, häufig auch ein Datenhandschuh. In Bruchteilen von Sekunden werden über sogenannte Tracker, die z. B. im Datenhelm eingebaut sind, die Bewegungen des Kopfes erfaßt und via Datenleitungen zum Computer übertragen. Der Computer berechnet sofort das neue Bild und schickt die Informationen an die zwei Monitore bzw. Displays im Helm zurück. Der Anwender virtueller

Welten hat so immer das Gefühl, als befände er sich tatsächlich in einer eigenen Welt.

Damit wir von virtuellen Welten im engeren Sinne sprechen können, muß der Anwender in der computergenerierten Umgebung interagieren können, er muß z. B. über die Möglichkeit verfügen, Gegenstände zu verändern, etwa ein Glas auf einem Tisch zu verschieben, er muß die Möglichkeit haben, Türen zu öffnen, Gegenstände zu fühlen.

Fassen wir unsere Charakteristika einer virtuellen Entwicklungsumgebung im engeren Sinne in der folgenden Tabelle kurz zusammen.

Tabelle: Begriffsdefinition Virtual Reality

| **Eigenschaft** | **Erläuterung** |
|---|---|
| Immersion | Der Anwender taucht in eine computergenerierte Entwicklungsumgebung ein, er betritt einen „Raum hinter dem Bildschirm". |
| Multidimensionalität | Der vom Anwender begehbare, computergenerierte Raum muß drei- bzw. mehrdimensionale Eigenschaften besitzen. |
| Multisensorik | Angesprochen werden mehrere Sinne (Sehsinn, Tastsinn, Gehörsinn, Geruchssinn etc.) des Anwenders gleichzeitig. |
| Echtzeit | Die Bewegungen des Anwenders korrelieren ohne Zeitverzögerung mit dem perspektivischen Bild. |
| Adäquanz | Der Anwender einer computergenerierten Entwicklungsumgebung sieht seinen Bewegungen entsprechend jeweils ein adäquates Bild. |
| Interaktion | Der Anwender kann real interagieren, z. B. Gegenstände verändern, verschieben etc. |
| Begehbarkeit | Der Anwender kann sich im virtuellen Erlebnisraum vorwärts und rückwärts bewegen, er kann seinen Blick nach rechts und links wenden. Existieren mehrere Stockwerke, so kann er aufwärts und abwärts gehen. |
| Realitätseffekt | Virtuelle Umgebungen sind so programmiert, daß für den Anwender der Eindruck ensteht, diese seien wirklich. |
| Multiuser-Effekt | Der Anwender kann in computererzeugten Umgebungen mit anderen Anwendern interagieren, sich verständigen, gemeinsame Aufgaben bewältigen. |

Festzuhalten bleibt zunächst einmal, daß es sich bei den obigen Kriterien um Idealkriterien handelt, die zur Zeit nur von sehr komplexen Entwicklungsumgebungen und dies nur ansatzweise erfüllt werden.

Die Schnittstelle zwischen Mensch und Computer bei virtuellen Welten funktioniert zunächst einmal generell so, daß ein Display vorhanden ist. Bei virtuellen Welten soll aber nicht nur etwas gesehen werden, es soll auf dem Bildschirm bzw. in der computergenerierten Welt auch etwas bewegt werden. Viele VR-Anwendungen stellen zur Zeit lediglich Erweiterungen der Realität dar, von Ersetzen kann zur Zeit kaum die Rede sein, das heißt es werden nur gewisse Aspekte der Wirklichkeit simuliert. Die wirkliche Welt kann so ein Stück weit erweitert werden. In der simulierten Welt soll der Anwender genau wie in der wirklichen Welt Objekte nehmen, sie an jeden beliebigen Punkt stellen und beliebig sehen können. Insgesamt besteht dabei immer das Ziel, sechs verschiedene Aktionen zu realisieren, die vorgenommen werden können, nämlich drei Bewegungen und drei Drehungen um drei verschiedene Achsen. Hier genügt dann eben kein normales Eingabegerät mehr wie ein normales Keyboard oder ein Joystick. Als Eingabegeräte existieren in virtuellen Welten zum Beispiel Tracker, welche in der Lage sind, die genannten Freiheitsgrade zu berichten. Tracker sind in der Lage, ein Objekt in die Tiefe zu bewegen, nach links und rechts, oben und unten sowie in alle Richtungen zu drehen. Ein einfacher Anwendungspunkt stellt so bereits komplexe Daten dar, die irgendwo gemessen werden, die man aber nicht sehen kann. Diese Daten können mittels VR-Anwendungen sichtbar gemacht werden. In einem Computertomografen wird das Gehirn zum Beispiel aufgenommen, die Daten werden im Computer zum Modell eines Gehirns zusammengesetzt. Ein komplexer Gegenstand kann so in einer Simulation dargestellt und dadurch besser verstanden werden, indem er in alle Richtungen gedreht werden kann. Er kann so von verschiedenen Seiten erfaßt werden.

In solchen quasi virtuell gestützten Simulationen kann das Objekt, welches betrachtet werden soll, selbst generiert werden, es wird gemessen oder aber auch 3D gescannt. Das Objekt kann aber auch gebaut werden und zwar mit Hilfe entsprechender Tools wie „3D-Studio“, „Caligari“ oder „Real 3D“. Objekte, die mit Hilfe solcher Software-Tools erstellt werden, können in alle Richtungen bewegt werden. Angestrebt wird somit, daß in der virtuellen Welt Objekte genau wie in der wirklichen Welt genommen und an jeden beliebigen Punkt gestellt und gedreht werden können. Insgesamt sind dies dann eben sechs verschiedene Aktionen, die ausgeführt werden können, drei Bewegungen und drei Drehungen um drei verschiedene Achsen.

## 2.3.1 VR-Grundtypen

Es lassen sich im wesentlichen zur Zeit vier VR-Grundtypen unterscheiden:

1. Immersive Systeme
2. Telepräsenz-Systeme
3. Mixed Reality-Systeme
4. Fish Tank VR-Systeme.[14]

Immersiver Systeme stellen dabei einen VR-Grundtyp dar, welcher dem von uns skizzierten Idealtypus eines VR-Systems am weitgehendsten entspricht. Der Benutzer erhält bei immersiven Systemen das Gefühl, in die Simulation einzutauchen, Teil der Simulation zu sein. Erreicht wird das Gefühl, sich komplett in der Simulation zu befinden in der Regel durch die Benutzung eines Head-Mounted Displays (HMD). Der Helm verfügt in der Regel über eine Stereooptik, welche ein Sichtfeld größer als 45 Grad erzeugen kann, die Möglichkeit zur 3D-Audioausgabe, ein Kopfhörersystem sowie ein Sensorsystem. Das Sensorsystem, auch Tracking-System genannt, liefert dem Computer die Position und die Blickrichtung des Betrachters zurück.

Telepräsenz-Systeme stellen eine weitere Grundform von VR-Systemen dar. Es sei darauf hingewiesen, daß es sich hierbei um eine Kontroverse handelt, ob solche Systeme als VR-Systeme bezeichnet werden können. Ein Telepräsenz-System verbindet Remote-Sensoren in der realen Welt mit den Sinnesorganen eines menschlichen Operators. „Die Sensoren (wie Video, Druck, Wärme) können etwa an einem entfernt arbeitenden Roboter angebracht sein. Der Operator kann den Roboter fernsteuern, weil er alle relevanten Daten aus dessen Umgebung zur Verfügung hat.“[15] Wir wollen solche Telerobotics-Anwendungen, die vor allem in der Raumfahrt benutzt werden aber auch bei Gefahrensituationen, etwa in der Chemie- oder der Atomindustrie, ebenfalls zu den VR-Systemen rechnen. Telepräsenz gewinnt auch bei der medizinisch-invasiven Chirurgie zunehmend an Bedeutung. Bei der invasiven Mikrochirurgie will man durch die Benutzung sehr kleiner Instrumente, sogenannter Endoskope, den Eingriff beim Patienten minimal halten. Endoskopische Operationen gehören mittlerweile zum Alltag, bereits vier von fünf Krankenhäusern haben hierzu die richtige Ausstattung.

Als Mixed-Reality-Systeme bezeichnet man Kombinationen von VR und Telepräsenz. Dabei werden computergenerierte Daten mit Telepräsenz-Daten gemischt oder aber computergenerierte Daten mit der realen Weltsicht des Benutzers. Im medizinischen Bereich stellt hier die Betrachtung einer Gehirnoperation durch die Videokamera vor Ort ein Beispiel dar. Das Bild dieser Videokamera (Telepräsenz) kann etwa mit zuvor erstellten Aufnahmen eines Computertomografen sowie einer aktuellen Ultraschallaufnahme überlagert werden (computergenerierte Daten).

Bei Fish Tank VR-Systemen ähnelt die räumliche 3D-Anwenderperspektive einem großen Aquarium. Als Komponenten gehören zu solchen Systemen ein Stereomonitor, eine LCD-Brille sowie ein Tracking-System zur Positionsbestimmung des Anwenders. Der Stereomonitor sorgt dabei für eine aus zwei Perspektiven überlagerte Bildausgabe, die LCD-Brille ist in der Lage, die Monitorinformationen zu dekodieren, so daß der Anwender eine stereoskope Sicht auf die erzeugten Bilder hat. Fish Tank Virtual Reality-Systeme werden u. a. im Architektur-Bereich eingesetzt.

## 2.3.2 VR-Historie

Die Geschichte der virtuellen Realität ist eng verknüpft mit der Geschichte der Simulation, kinematischer Verfahren sowie mit der Entwicklung der Computertechnologie. Eine entscheidende Voraussetzung für die Virtual Reality als computergestützte Simulation war die Enwicklung des Computers selbst. Doch bevor 1946 in den USA mit ENIAC (Electronic Numeric Integrator And Calculator), dem ersten elektronischen Digitalrechner, der Siegeszug des Computers begann, baute eine Firma namens Link Corporation bereits 1929 die ersten Flugsimulatoren. Wenn der Pilot die Steuerung betätigte, versetzte der „Linktrainer" den Simulator in Dreh-, Kipp- und Schaukelbewegungen.[16] Eine Horizontlinie diente zur visuellen Rückkoppelung, die sich den Bewegungen entsprechend verschob. Eingespielte Motorengeräusche erhöhten die realitätsnahe Simulation. Bereits Ende der 30er Jahre wurde bereits mit mehreren Projektoren und mehreren Leinwänden experimentiert. Doch erst in den 50er Jahren standen die ersten Videokameras zur Verfügung. Diese sorgten dafür, daß die Sichteffekte der bislang noch recht einfachen Flugsimulatoren eine entscheidende Verbesserung erfuhren. „Modellbauer gestalteten den Flughafen sowie die umliegende Landschaft verkleinert nach, und das Cockpit wurde mit mehreren Monitoren beziehungsweise Fernsehern ausgerüstet. Der Pilot im Cockpit steuerte die kleine Videokamera mit seinem Steuerknüppel über die modellierte Landschaft und gewann so den Eindruck, tatsächlich zu fliegen."[17] Insbesondere das Militär bediente sich der Videotechnik, welche erstmals eine realistische und interaktive Flugsimulation mit Echtzeiteffekten erlaubte. Doch computergenerierte digitale Bilder in Echtzeit gestattete erst die Revolution der Leistungsstärke elektronischer Rechner. Dabei wurde die gesamte Entwicklung des Computers, wie schon die Geschichte des Internets zeigt, von Anbeginn an von militärischen Interessen beeinflußt.

Einer der wesentlichen Meilensteine in der Geschichte der VR ist die von Nicolas Negroponte 1970 formulierte Idee, das Darstellungsvermögen des Films mit den informationsverarbeitenden Fähigkeiten eines Rechners zu verbinden.[18] Das von Negroponte geleitete Media Lab des Massachussets Institute of Technology (MIT) schuf mit seinen Projekten in diesen Jahren wichtige VR-Grundlagen.

Im folgenden wollen wir uns darauf beschränken, fünf Stationen in der Entwicklungsgeschichte der VR beispielhaft darzustellen.

## Das „Sensorama“ von Morton Heilig

Der „Sensorama Simulator“ ist eine Art VR-Prototyp. Morton Heilig, Filmemacher, Fotograf und Erfinder von Projektoren und Kameras veröffentlichte 1955 detaillierte Pläne für ein „Erfahrungskino“. Im Jahre 1960 ließ er ein mit zwei Bildröhren ausgestattetes stereoskopes Gerät patentieren und widmete sich sodann seinem 1962 als US-Patent angemeldetem „Sensorama Simulator“. Das Gerät ist eine Art Spielhallenautomat. Der Benutzer nimmt auf einem Sitzhocker Platz, umfaßt einen Lenker und streckt seinen Kopf in eine Sichtluke, um eine simulierte Motorrad- oder Autofahrt zu erleben. Im US-Patent von 1962 heißt es: „Die vorliegende Erfindung gehört zur großen Gruppe der Stimulatoren, mit der Besonderheit, daß dieses Gerät die Sinne des Benutzers stimuliert, um eine konkrete Erfahrung realistisch zu simulieren. Es wird heute immer wichtiger die Menschen unterweisen und ausbilden zu können, ohne sie den Gefahren bestimmter Situationen tatsächlich auszusetzen ... Mit der vorliegenden Erfindung soll ein Gerät zur Verfügung gestellt werden, das eine gewisse Erfahrung simuliert, indem es Empfindungen in einer Vielzahl von Sinnesmodalitäten hervorruft.“[19]

Die Sinne des Benutzers wurden beim „Sensorama“ durch ein stereoskopes Filmabspielsystem, Stereoton, ein Gebläse für den Fahrwindsimulator und ein System zur Geruchssimulation (z. B. Auspuffgase oder Blumendüfte) stimuliert. Je nach Bildgeschehen vibrierte außerdem der Sitzhocker. Das Sensorama erlaubt so bereits in den sechziger Jahren eine virtuelle Motorradfahrt durch Brooklyn oder einen Flug mit dem Hubschrauber über Kalifornien. Schließlich bot auch eine Bauchtänzerin ihre Künste virtuell dar, wobei der Geruchssimulator billiges Parfüm zerstäubte und so für das entsprechende Ambiente sorgte. Das Sensorama war als Spielhallenautomat gedacht, gelangte aber nie über den Prototyp hinaus. Für den Spielhallenbetrieb erwies es sich als zu teuer und zu anfällig.

Trotz der Tatsache, daß Sensorama nie in Serie ging, stellte es einen wichtigen Meilenstein bei der Entwicklung des 3D-Kinos dar. Es kann als ein Vorläufer heutiger Fahrsimulatoren betrachtet werden sowie als Vorläufer von Simulationstechnologien wie z. B. dem Erlebniskino gelten, welches in Multimedia Parks Verwendung findet (z. B. „Startours“ - ein Trip durch das All, mit dem Disneyland Paris wirbt).

Morton Heilig selbst dachte seine Idee eines auf den einzelnen Benutzer zugeschnittenen Erfahrungskinos konsequent zu Ende und gelangte so zur Konzeption eines Head-Mounted Displays (HMD). Das HMD konnte der Benutzer wie eine überdimensionale Sonnenbrille tragen. Das entsprechende Patent meldete Heilig 1960 an und es trug die Bezeichung „Stereoskopischer Fernsehapparat zum individuellen Gebrauch“.[20]

## Das „Sword of Damocles“ von Ivan Sutherland

Ivan Sutherland gilt als einer der Pioniere der interaktiven Computergrafik. Sein Konzept für ein endgültiges Sichtgerät veröffentlichte er 1965 unter dem Titel „The

Ultimate Display". In dem Artikel heißt es „Ein Display, das mit einem Digitalrechner verbunden ist, bietet uns die Möglichkeit, mit Begriffen vertraut zu werden, die sich in der materiellen Welt nicht konkretisieren lassen. Es ist ein Zauberspiegel, der in ein mathematisches Wunderland führt."[21] Das von Sutherland beschriebene Display sollte eine räumliche Präsentation visuell ermöglichen. Die Kopfbewegungen des Anwenders sollten dabei mit Hilfe eines Tracking-Systems erfaßt werden. In der Geschichte der VR gilt Sutherland so als der erste, der ein Head-Mounted Display konstruierte, eine Art Bildschirmbrille, welche die Kopfbewegungen mechanisch maß und somit als mechanisches Tracking-System gilt.

Das Gerät, welches unter dem Namen „Damoklesschwert" bekannt wurde, hing von der Decke; der Benutzer mußte seinen Kopf in einen großen schweren Metallapparat stecken, eine Art Drahtmodell. Ähnlich wie beim Sensorama des Morton Heilig waren auch beim Damoklesschwert kommerzielle Ergebnisse nicht möglich, da nur die teuersten Rechner in der Lage waren, die erforderlichen Rechenoperationen auszuführen.

Im Jahre 1970 schloß Sutherland die Entwicklung seines ersten HMDs ab. Der Prototyp war nunmehr in der Lage, stereotype Bilder darzustellen, die Grafik wurde mittlerweile durch zusätzliche Hardwareteile beschleunigt. Das erste HMD ebnete jedoch der zukünftigen Forschungsrichtung den Weg, es begann die Suche nach adäquaten Ausgabegeräten, die den Benutzer über den Sehsinn an einer virtuellen Umgebung teilnehmen lassen. Das „Damoklesschwert" Sutherlands stellte auf dem Weg der visuellen Präsentation computergenerierter Welten einen Meilenstein dar.

Bereits im Jahre 1968 gründete Sutherland mit seinem Partner David Evans die Firma Evans & Sutherland. Die Geschichte der Firma ist ein Teil der Geschichte der Einflußnahme des US-amerikanischen Militärs auf die VR-Grundlagenforschung. Die Firma Evans & Sutherland entwickelte sich bereits rasch zu einem Marktführer im militärischen Simulationsbereich. „Schon 1973 konnten Szenarien mit bis zu 400 Polygonen und einer Bildwiederholfrequenz von 20 Hertz berechnet werden - eine besondere Leistung für die damalige Zeit."[22]

Bei der Herstellung von HMDs arbeitete die Air Force Anfang der 80er Jahre mit hoch auflösenden Kathodenstrahlröhren. Dabei handelte es sich um Spezialanfertigungen, die für andere Forschungsinstitute nahezu unbezahlbar waren. Erst einige Jahre später stellte es sich heraus, daß die Flüssigkeitskristallanzeigen (LCDs) aus tragbaren Kleinfernsehern, wie sie damals als japanische Billigprodukte auf den Markt kamen, einen Teil der sehr teuren Elemente der HMDs ersetzen konnten. LCDs stellten so einen großen Fortschritt in der Weiterentwicklung des von Sutherland konstruierten HMDs dar.

## Das „Glowflow-Projekt" Myron Kruegers

Künstlerisch statt militärisch beschäftigte sich seit den 60er Jahren Myron Krueger, der ebenfalls zu den Gründervätern der VR-Technologie zählt, mit Virtual Reality.

Krueger interessierte sich dabei vor allem für die verhaltensrelevanten psychologischen und sozialen Aspekte der VR-Technologie. 1969 konnte Krueger als Student an der University of Wisconsin an einem künstlerischen Projekt namens „Glowflow“ mitwirken. „Glowflow“ benutzte dabei keine Computergrafik, sondern erzeugte visuelle Effekte. Die Besucher wurden mit Hilfe einer Licht-Ton-Umgebung in einen künstlichen Raum versetzt, der auf das Verhalten der Menschen reagierte. Die reaktionsfähigen Teile dieser Umgebung waren in den Fußboden eingelassen. Licht- und Tonmuster des Raumes beeinflußten die Besucher über druckempfindliche Fliesen. Die Light-Show wurde von den Tönen elektronischer Syntheziser untermalt und hinterließ eine außerordentlich starke Wirkung auf die Besucher, die erst nach einer ganzen Weile verstanden, welche Rolle sie selbst bei der Darbietung spielten. Bei „Glowflow“ handelt es sich somit um eine frühe Spielart interaktiver Computerkunst.

Krueger versuchte in zahlreichen weiteren künstlerisch erfolgreichen Projekten, den Anwender in einer reaktionsfähigen Umgebung, bei der jedoch keine Immersion vorliegt, interagieren zu lassen. Zu einem kommerziell sehr erfolgreichen Projekt wurde das nach Kruegers Ideen entstandene System namens „Mandala“. Der Benutzer bewegt sich hier in einer Blue box, und findet sich in verschiedenen zweidimensionalen Umgebungen wieder. Er kann in vielfältiger Weise mit dem Computersystem interagieren, fliegenden Bällen ausweichen und diese zurückspielen und sich so zur Bewegung stimulieren lassen. Das „Mandala“-System fand vor allem als Sportsystem und bei der Rehabilitation motorisch geschädigter Patienten Verwendung.

### Die „Aspen Movie Map“

Ein frühes Simulationssystem ist die „Aspen Movie Map“, eine Filmlandkarte von der Stadt Aspen im Bundesstaat Colorado. Eine Forschergruppe für Maschinenarchitektur am Massachussets Institute of Technology (MIT) entwickelte 1978 diesen computerisierten Stadtplan. Mit Hilfe eines speziellen Kamerasystems, das auf einem Autodach montiert war, wurden die Bilder der Stadt Aspen aufgenommen. Die Straßenaufnahmen wurden durch Aufnahmen aus der Vogelperspektive sowie durch fotografische Innenansichten von Gebäuden ergänzt. Die „Aspen Movie Map“ war ein wichtiger Vorläufer der VR-Technologie, weil der Betrachter hier in der Lage ist, seinen Standpunkt oder seine Bewegung durch die virtuelle Umgebung zu steuern. Er sitzt hierfür vor einem Sensorbildschirm und bestimmt, welchen Weg er mit welcher Geschwindigkeit durch Aspen fahren will. Durch Berühren des Bildschirms gibt er an, wo er abbiegen und welches Gebäude er betreten will. Die „Aspen Movie Map“ realisiert so ein wichtiges VR-Kriterium, das der Interaktion. Der Anwender hat im Rahmen der Programmierung die Möglichkeit zur selbstbestimmten Navigation und Exploration und nimmt damit aktiven Einfluß auf die simulierte Welt, er wird zu einem aktiven Part des Systems. Die Interaktion als grundlegendes VR-Merkmal fehlte etwa dem Sensorama-Prototyp noch. Bei einer spezifischen Versuchsanordnung kann der Anwender ferner ganz von Kamerabildern umgeben sein und auf diese Weise in die virtuelle Umgebung der Stadt Aspen eintauchen. Die Vorder-, Hinter- und Seitenansichten, die durch die Kamerabilder gezeigt werden, erwecken so den Eindruck, die Simulation sei eine dreidimensionale künstliche Welt, die den Anwender umgibt. Damit liegt neben der Interaktion noch ein weiteres grundlegendes Kriterium virtueller Realität vor, das der Immersion. Ohne ein HMD und ohne 3D-Technik war die „Aspen Movie Map“ eine frühe virtuelle Welt.

„Man konnte irgendwo in einem Zimmer sitzen und war von einer fotografischen Karte umfangen. Sah man geradeaus, so blickte man eine Straße in Aspen entlang. Auf eine Bewegung hin wanderte der Standpunkt die Straße hinunter. Beendete man die Bewegung, so erstarrte das Bild. Ein Blick nach rechts sowie die Entscheidung, diese Straße entlangzugehen, und schon veränderten sich die Blickwinkel auf den vier den Betrachter umgebenden Bildschirmen dergestalt, daß sie der von ihm eingeschlagenen Richtung entsprachen. ... Wenn einem ein Haus interessant erschien, dann konnte man es sich im Bild heranholen. Über dem Bild vor dem Betrachter erschien ein Text, der über die Geschichte des Hauses informierte. Es war möglich, in der Zeit vor- und zurückzuspringen und das Haus im Winter oder im Sommer zu betrachten. Wenn man wollte, konnte man das Haus auch betreten und einen Blick auf sein Inneres werfen.“[23]

## Der „DataGlove“ von Jaron Lanier

Der Datenhandschuh ist zur Zeit eines der wichtigsten Eingabegeräte, um in virtuelle Welten einzutauchen. Eine Simulation des Tastsinns wurde dabei in der Historie der VR bereits recht früh angestrebt und hierfür schien der Datenhandschuh wie geschaffen. Der Datenhandschuh wurde zu Beginn der 80er Jahre von der Firma VPL Research perfektioniert. Gründer und Leiter der Firma VPL in Silicon Valley war Jaron Lanier, ein Prophet der Virtuellen Realität, ihr medienpopulärster Vertreter. Jaron Lanier galt jahrelang als eine Art „VR-Philosoph“ und Pionier in Sachen VR-Geräte. Bekannt wurde Jaron Lanier unter anderem mit der Entwicklung einer visuellen Programmiersprache. Die Entwicklung von Programmen sollte mittels dieser intuitiv verständlichen Programmiersprache erfolgen. Die Sprache stellte eine Art Simulation des Computerinnern dar, der Programmierer konnte mittels eines Datenhandschuhs mit den Symbolen der Programmiersprache interagieren. Im Jahre 1988 war die Arbeit am Datenhandschuh abgeschlossen, die kommerzielle Vermarktung begann im Jahr 1989. Die Firma VPL entwickelte jahrelang die meisten VR-Geräte und konnte sich recht gut auf dem Markt halten. Marktreife erlangte dabei neben dem „DataGlove“ mit „Eye-Phones“ auch eine Simulation des Hörsinns und mit „DataSuits“ wurden auch Ganzkörperanzüge, die als Eingabegeräte dienten, erfolgreich vermarktet. Doch trotz der recht großen Erfolge der Firma und ihrer wegweisenden VR-Produkte ließ sich ihr geschäftlicher Niedergang im Jahre 1992 nicht aufhalten. Die Zeit der „Turnschuhfabriken“ ist aufgrund des wachsenden Konkurrenzdrucks auch im VR-Bereich längst abgelaufen.

## 2.3.3 VR-Technik

Ein VR-System kann im wesentlichen in vier Bereiche aufgeteilt werden: Eingabegeräte, Ausgabegeräte, Steuer-/Grafikrechner sowie spezielle Softwaresysteme. Während die ersten drei Bereiche Gerätegruppen beinhalten, es sich also um Hardware handelt, dient die Software zum Entwurf virtueller Welten sowie zur Steuerung des VR-Systems insgesamt.

Die Virtuelle Realität ist dabei im Prinzip keine originär neue Technologie, sondern vielmehr eine Art Konvergenz-Technologie, da sie sich auf vorhandene Basistechnologien wie Datenhelme, Software-Entwicklung, künstliche Intelligenz, Parallelrechner-Architekturen und Netzwerke stützt. Eine weitere Leistungssteigerung der VR ist somit maßgeblich von der Weiterentwicklung dieser Teilgebiete der Informatik abhängig.

Virtuelle Welten können auf Daten der unterschiedlichsten Art zurückgreifen. Umfangreiche Datenmengen liefern zum Beispiel Satelliten. VR-Anwendungen etwa im Bereich der Städteplanung greifen häufig auf solche Daten zurück. Neben zu klärenden rechtlichen Fragen des Zugriffs auf solche Datenbanksysteme ist die Übertragung der Daten in ein VR-System ein zu lösendes technisches Problem.

Auch die Software-Entwicklung spielt als Basistechnologie eine große Rolle. Die Technologie der Virtual Reality wird einen weiteren Durchbruch vor allem dann erzielen, wenn es gelingt, leistungsstarke Software zur Programmierung, Bedienung und Veränderung virtueller Welten zu produzieren. Leistungssteigerungen sind hier vor allem durch objektorientierte, visuelle Programmiersprachen zu erzielen sowie durch eine verbesserte Schnittstellenprogrammierung. Dabei stellt die Sicherstellung des Zusammenspiels der einzelnen Geräte sowie der Ein- und Ausgabegeräte mit der Software hohe Anforderungen an die Programmiertätigkeit.

Die Technologie der Virtual Reality ist ohne die Forschungsrichtung der künstlichen Intelligenz (KI) kaum denkbar. Eine wichtige Verbindung zwischen KI und VR stellt die technische Verarbeitung der menschlichen Sprache durch den Computer dar. Spracherkennungssysteme existieren bereits bei der Abfrage von Datenbanken und als Sprechschreiber bei Körperbehinderten. Doch noch sind diese sehr fehleranfällig und nur begrenzt einsetzbar. Neben visuellen Informationen sowie Dateneingaben mittels des Datenhandschuhs könnten vor allem Sprecherkennungssysteme von den Anwendern virtueller Entwicklungsumgebungen als Kommunikationsmittel benutzt werden. Künstliche Intelligenz kommt heute bereits in vielfältigen Bereichen zum Einsatz so etwa bei Computeranimationen, bei der Produktion computeranimierter Filme.

Die Qualität von VR-Systemen wird auch in Zukunft von der Leistungsstärke der Rechner abhängig sein. Insbesondere durch die Miniaturisierung elektronischer Bauteile, Verbesserungen insbesondere bei der Chip-Produktion konnten in den letzten Jahren große Leistungssteigerungen erzielt werden. Die meisten der heute eingesetzten Computer basieren jedoch noch immer auf der Von-Neumann-Architektur.

Eine zentrale Recheneinheit arbeitet hierbei alle Programmbefehle Schritt für Schritt ab. Parallele Rechenarchitekturen, bei denen mehrere Recheneinheiten gleichzeitig arbeiten, könnten in Zukunft dafür sorgen, daß für die Generierung virtueller Welten mehr Rechenleistung zur Verfügung steht. Bei Parallelrechnern werden die Aufgaben in viele separate Prozesse zerlegt, die im Unterschied zur Von-Neumann-Architektur gleichzeitig von den einzelnen Prozessoren verarbeitet werden können. Eine Beschleunigung wird auch bereits durch den Einsatz von RISC-Prozessoren (Reduced Instruction Set Computer) erreicht, die über einen beschränkten internen Befehlssatz verfügen. RISC-Prozessoren können mit ihren wenigen grundlegenden Operationen schneller rechnen, als dies bei herkömmlichen Prozessoren der Fall ist.

Die besondere Bedeutung der Vernetzung für VR-Systeme folgt daraus, daß sich im Cyberspace mehrere Teilnehmer gleichzeitig nur über vernetzte PCs befinden können. Der Multiuser-Effekt, den wir zu den grundlegenden Kriterien eines idealtypischen VR-Systems zählen, läßt sich erst dann erzielen, wenn VR-Systeme miteinander vernetzt sind. Bei den meisten der heute üblichen VR-Anwendungen handelt es sich jedoch um „Stand-Alone-Systeme". Die Realisierung des Multi-User-Effektes würde voraussetzen, daß jeder Teilnehmer über ein eigenständiges VR-System verfügt, welches an das Netz angeschlossen wird. Das Netz würde bei einer solchen Konstruktion für die Übertragung von Bewegungs-, Objekt- und Synchronisationsdaten benötigt. Die erforderlichen Berechnungen selbst könnten bei jedem Teilnehmer lokal vorgenommen werden. Vernetzte VR-Systeme setzen jedoch voraus, daß alle VR-Anbieter sich auf ein Dateiformat und ein Übertragungsprotokoll einigen, eine erforderliche Standardisierung des Systems, die bislang jedoch noch aussteht.

## Eingabegeräte

Die Eingabegeräte eines VR-Systems haben die Aufgabe, die Position des Anwenders im virtuellen Raum, seine Bewegungen und Anweisungen als Daten an einen Rechner zu übermitteln. Der Rechner erstellt anhand der Daten das jeweils adäquate Bild der virtuellen Welt. Da sich der Benutzer in einem dreidimensionalen Raum bewegt, müssen auch die Eingabegeräte eine dreidimensionale Auflösung bieten, so daß die klassischen Eingabegeräte für Computer wie Tastatur, Joystick oder die Maus nicht in Frage kommen. Bei VR-Geräten werden jedoch aus Kostengründen häufig noch Joysticks eingesetzt.

Eine Alternative zur klassischen Zwei- bzw. Dreitastenmaus bietet der Spaceball, ein mausähnliches Eingabegerät, welches die Messung von Kräften und Drehungen um einen inneren Punkt ermöglicht. Mit Hilfe des Spaceballs, häufig auch Spacemouse genannt, kann so die Geschwindigkeit eines dreidimensional zu bewegenden Objektes gesteuert werden. Der Spaceball als eine Art dreidimensionaler Maus wird jedoch vorwiegend auf dem Gebiet des computergestützten Designs eingesetzt. Der Spaceball besitzt aber den gravierenden Nachteil, daß sich bei einer Immersion in virtuelle Welten die menschliche Gestik nicht simulieren läßt. In den meisten VR-Anwendungen scheinen sich daher zur Zeit Datenhandschuhe bzw. Datenanzüge durchzusetzen, welche die natürlichen Bewegungen der Hand bzw. des Körpers in digitale Daten umsetzen. Datenhandschuh und Datenanzüge sind dabei zusätzlich mit Positionssensoren ausgestattet, welche die Stellung des Kopfes, der Hand und des Körpers des Cybernauten im Raum orten.

Da die Hand im täglichen Leben des Menschen eines der wichtigsten Werkzeuge ist, scheint es nur konsequent zu sein, die natürliche Handbewegung als Eingabemöglichkeit zu nutzen. Die natürliche Hand des Benutzers wird mit Hilfe des Datenhandschuhs in der virtuellen Welt nachgebildet. Die virtuelle Hand des Cybernauten, welche simultan den Bewegungen der natürlichen Hand folgt, kann Objekte anfassen, greifen und bewegen. Der erste kommerzielle Datenhandschuh, der DataGlove der Firma VPL Research, besteht aus einem Handschuh aus elastischem Lycra-Material. Zur Messung der Fingerkrümmung dienen zwei Glasfaserkabel, welche sich jeweils an der Oberseite der einzelnen Finger befinden. „Ein Ende jedes Glasfaserkabels ist mit einer Leuchtdiode versehen, das andere Ende mit einem Phototransistor, der das ankommende Licht der Diode in elektrische Signale umwandelt. Eine Biegung des Glasfaserkabels (d. h. Krümmung eines Fingergelenks) bewirkt eine Reduktion der Lichtenergie, was wiederum Aufschluß über die Krümmung des Fingers gibt. Zusätzlich läßt sich das Abspreizen einzelner Finger ermitteln. Position und Orientierung der Hand werden mit einem elektromagnetischen Tracker auf dem Handschuh bestimmt."[24] Unter Tracking versteht man generell die Ortung dreidimensionaler Positionen im Raum, z. B. über elektromagnetische Felder. Der Vorteil des DataGloves besteht vor allem in seinem geringen Gewicht; durch seine hohe Anschmiegsamkeit läßt er sich bequem tragen, der Cybernaut kann auch mit angezogenem Handschuh seine Hand für andere Tätigkeiten gebrauchen.

Der CyberGlove der Firma Virtex ist äußerlich dem DataGlove ähnlich, baut aber auf einer anderen Technologie auf. Die Messung der Gelenkknöchel wird hier durch Metallbänder, welche bei Beugung den Widerstand verändern, ermöglicht. Der Vorteil besteht darin, daß sich der Widerstand linear mit dem Krümmungswinkel ändert. Die Metallbänder können industriell gefertigt werden, ihre Montage ist vergleichsweise einfacher als bei empfindlichen Glasfasern.

Der PowerGlove der Firma VPL, ein Datenhandschuh, welcher für die weitverbreiteten Nintendo-Videospiele entwickelt wurde, stellt den ersten für die Massenproduktion geeigneten Handschuh dar. Die Bewegungssensoren bestehen hier aus Polyesterstreifen, die mit einer speziell leitfähigen Tinte beschichtet sind. „Bei Krümmung des Streifens verändert die Tinte ihren Widerstand und ergibt so ein Maß für die Beugung des Fingers. Es kann also lediglich die Krümmung des Fingers ermittelt werden, nicht aber der Winkel der einzelnen Fingerglieder."[25] Verglichen mit dem DataGlove ist die Messung von Bewegung und absoluter Handposition somit beim für die Serienproduktion geeigneten PowerGlove wesentlich ungenauer.

Der DataSuit der Firma VPL stellt als Datenanzug für den ganzen Körper eine Weiterentwicklung des DataGloves dar. Er funktioniert nach dem gleichen Prinzip, ist kommerziell jedoch nicht verfügbar. Die Glasfaserkabeln sind beim DataSuit auf einem elastischen Ganzkörperanzug angebracht, so daß sämtliche Bewegungen des Cybernauten an den Rechner übermittelt werden können. Positionssensoren sorgen zusätzlich für die Ermittlung der absoluten Lage im Raum. Im Vergleich zum Datenhandschuh ist der Datenanzug jedoch entschieden fehleranfälliger, für den Benutzer ist er weitaus unbequemer. Beim Rechner fallen wesentlich größere zu verarbeitende Datenmengen an. Der Vorteil eines Datenanzugs liegt jedoch darin, daß zuverlässigere und genauere Daten übermittelt werden, der Mensch mit seinem ganzen Körper in die virtuelle Welt eindringen kann. Bei einem Datenanzug verfügt der Cybernaut nicht nur über eine virtuelle Hand, sondern über einen virtuellen Körper, das Immersionsgefühl ist dementsprechend deutlich höher.

Von großer Bedeutung für VR-Systeme sind Positionssensoren, die auch als Tracking-Systeme bezeichnet werden. Tracking-Systeme, welche die Ortung dreidimensionaler Positionen im Raum ermöglichen, können am Datenhandschuh, am Datenanzug oder am Head-Mounted-Display (HMD) befestigt werden. Die Tracker liefern dem Rechner Positionsdaten des Cybernauten im Computermodell. Da dies in Echtzeit geschieht, stimmen die Bewegungen des Cybernauten mit denen des Computermodells überein. Es existieren unterschiedliche Technologien, differenziert wird dabei nach akustischen, optischen, elektromagnetischen und mechanischen Systemen. Das gebräuchlichste System, insbesondere wenn es um den Aufbau immersiver VR-Anlagen geht, ist das elektromagnetische. Die Empfänger sind im realen Raum verteilt, die Sender am Kopf oder an der Hand befestigt. Das System wurde vom Hersteller Polhelmus entwickelt, einem Tochterunternehmen eines US-amerikanischen Rüstungskonzerns. Der „Polhelmus-Tracker" ist ein elektromagnetischer Tracker auf Wechselstrombasis, die Reichweite beträgt anderthalb Meter, es werden bis zu 120 Tracks/s geliefert. Neuere Systeme bieten auf Gleichstrombasis vor allem den Vorteil, daß keine Metallinferenzstörungen auftreten können. Abtastrate und Aktionsradius solcher Systeme sind wesentlich größer. Mechanische Tracking-Systeme wurden z. B. bei Ivan Sutherlands „Damoklesschwert" verwendet. Mechanische Tracker gelten als präzise Systeme, bei denen keine große Zeitverzögerung anfällt, jedoch als kostenintensiv. Mechanische Kombinationssysteme kommen vor allem in den Arm-Mounted Displays zum Zuge. Die Systeme stellen dabei eine Kombination aus mechanischem Tracking-System und Display dar. Der Positionssender ist hier im Schwenkarm integriert. Vergleichsweise seltener werden akustische Systeme benutzt, die auf Ultraschall-Basis arbeiten. Sie bestehen aus einem Sender in der Spacemouse oder am HMD. Der Empfänger befindet sich auf dem Workstation-Monitor. Die aktuelle Sensorposition wird fünfzigmal in der Sekunde übermittelt. Akustische Systeme eignen sich vor allem für nicht-immersive VR-Anlagen; sie gelten als präzise sowie preisgünstige Systeme. Optische Systeme schließlich integrieren Sender und Empfänger in einem Gerät, welches auf dem Workstation-Monitor plaziert ist. Optische Systeme werden meist in Verbindung mit Stereo-Glasses eingesetzt.

Als problematisch erweist sich bei allen gängigen VR-Eingabesystemen die in geringerem oder stärkerem Maße vorliegende Behinderung des Cybernauten durch Hardwareteile. Anstrebenswert sind daher berührungslose Meßmethoden, die vor allem von Myron Krueger, einem entschiedenen Gegner aller einengenden Geräte, propagiert werden. Bei Kruegers virtueller Entwicklungsumgebung mit dem Namen „Videoplace" dienen Videowände als Ausgabebildschirm und Videokameras als Eingabemedium. Der Körper des Cybernauten wird in die virtuelle Umgebung hineinkopiert. Die Kopie des Cybernauten ist dabei auf Videogroßleinwänden zu sehen, welche ihn selbst völlig umgeben. In einer fortgeschrittenen Version dieses Environments kann der Benutzer auch mit computergenerierten Bildern und Objekten umgehen.

Ein alternatives Eingabeverfahren stellt die Erfassung der Blickrichtung der Augen dar. Eingesetzt werden könnten hierbei Elektroden, weiche Kontaktlinsen oder Bildanalysen der Augen. Elektroden werden auf die das Auge umgebende Netzhaut aufgesetzt. Auf die Blickrichtung wird hierbei durch Messungen der Potentialveränderungen zwischen Horn- und Netzhaut geschlossen. Weiche Kontaktlinsen stellen eine genauere Methode dar, wobei hier durch die Messung der Linsenbewegung auf die Blickrichtung geschlossen wird. Mit Hilfe ständiger Analysen der Augen ließe sich ebenfalls auf die Blickrichtung des Cybernauten schließen. „Als ein solches Merkmal können der Umriß der Pupille oder ein (Infrarot-)Lichtreflex auf der Hornhaut dienen. Die Veränderungen werden von einer Kamera aufgezeichnet und anschließend analysiert."[26]

Gänzlich neue Möglichkeiten der Eingabe bieten schließlich neuronale Schnittstellen, d. h. die Steuerung der Eingabe durch die Auswertung der Hirnströme des Benutzers. Wir wollen uns hiermit in einem gesonderten Abschnitt beschäftigen (vgl. Kap. 2.4).

Unabhängig von der jeweiligen Technik, die zum Einsatz kommt, dienen alle Eingabegeräte eines VR-Systems dazu, dem Rechner Informationen über den Cybernauten in der virtuellen Welt zu liefern. Die Bewegungen des Benutzers, seien es Hand-, Augen- oder sonstige Bewegungen, der Standort seines Körpers, u. U. auch Mimik und Gestik sowie die Geschwindigkeit der Motorik sollen im dreidimensionalen Raum exakt erfaßt und zur Grundlage der Berechnungen des VR-Rechners dienen.

### Ausgabegeräte

Zu den VR-Ausgabegeräten zählen alle Apparate, die in der Lage sind, die menschlichen Sinne zu reizen und so die virtuelle Welt für den Cybernauten realistisch erfahrbar machen.

Bei der Wahrnehmung der Umwelt spielt der Sehsinn eine herausragende Rolle. Das wichtigste Ausgabegerät bei VR-Systemen stellt daher zur Zeit das Head-Mounted Display dar, welches mit Hilfe einer integrierten Bildschirmbrille die virtuelle Entwicklungsumgebung sichtbar macht. Zum räumlichen Sehen verhilft dabei die Tatsache, daß jedes Auge ein um zehn Zentimeter verschobenes Bild wahrnimmt. Die beiden Bilder werden im Gehirn gleichzeitig zusammengesetzt. Der Mensch ist in der Lage aus den Informationen durch Erfahrungen Schlüsse auf Entfernungen sowie die Positionierung der Objekte im Raum zu ziehen. Bei VR-Systemen wird dieser stereoskope Effekt mit Hilfe der Bildschirmbrille stimuliert. Zwei Kleinbildschirme, in der Regel heute mit LCDs, d. h. Flüssigkristallanzeigen ausgestattet, werden dabei vor den Augen des Benutzers angebracht. Die virtuelle Welt erscheint dem Cybernauten so als dreidimensionales Szenario. Der Realitätseindruck wird jedoch durch die Bildschirmauflösung gemindert. Das Bild ist häufig noch recht grobkörnig, die Lichtschatteneffekte wirken noch holzschnittartig, der Tiefenschärfen-Effekt ist verbesserungsbedürftig, so daß man zur Zeit noch nicht von einer realitätsgetreuen Abbildung sprechen kann. Alternativen zu HMDs stellen zur Zeit nur die bereits erwähnten Videoleinwände dar, welche den Benutzer umgeben und so den Eindruck erwecken, er befände sich in einer virtuellen Welt. Elektronische Kontaktlinsen sowie die Möglichkeit, über Laserstrahlen Bilder direkt auf die Netzhaut zu projizieren, befinden sich weitgehend noch im Versuchsstadium.

Der Tastsinn gilt nach dem Sehen als der zweitwichtigste Sinn des Menschen. Die taktilen Rezeptoren sind in der Haut lokalisiert und können unterschiedliche Reize wahrnehmen, wie Druck, Druckveränderung, Vibration oder Temparatur. Ein haptisches Rückkoppelungssystem müßte somit den gesamten Körper bedecken. Die Forschung konzentriert sich zur Zeit auf haptische Simulationssysteme der Hand, da der existierende Datenhandschuh bereits Möglichkeiten zur manuellen Beeinflussung der virtuellen Welt bietet. Der Realitätseindruck einer virtuellen Welt ließe sich mit Hilfe eines taktilen Feedbacks deutlich steigern. Die sich größtenteils in der Entwicklung befindenden Systeme stimulieren dabei die taktilen Rezeptoren der Haut mit Hilfe von Luftpolstern, Elektroden sowie Heizelementen. Das erste kommerziell erhältliche taktile Rückkoppelungssystem bestand aus ein Paar Lycra-Handschuhen, von denen der eine mit 20 Sensoren, der andere mit 20 korrespondierenden Luftpölsterchen ausgestattet war. Es können bei diesem System einfache taktile Reize aufgezeichnet werden, die gespeichert und bei Berührung mit einem virtuellen Objekt im Handschuh mit den Luftpolstern wiedergegeben werden. Bis hin zu einem taktilen Ganzkörpersystem scheint es jedoch noch ein weiter Weg zu sein.

Der Gehörsinn ist nach dem Sehsinn und dem Tastsinn der drittwichtigste Sinn des Menschen und kann teilweise bereits wirklichkeitsgetreu stimuliert werden. Über akustische Geräusche können so Informationen vermittelt werden, die den Realitätseffekt steigern und das Navigieren im dreidimensionalen Raum erleichtern. „Hier können sowohl Leittöne (bei Annäherung an ein Objekt wird der Ton höher) als auch das 'Klingen' nicht im Blickfeld befindlicher Objekte durch die ausgeprägte Ortungsfähigkeit des menschlichen Hörsinns ausgenutzt werden.“[27] Die zur Zeit verfügbaren Systeme können über Lautsprecher in das HMD integriert werden. Über solche Systeme sind auch Unterhaltungen mehrerer Benutzer untereinander möglich, so daß dem Multiuser-Aspekt Rechnung getragen werden kann.

Die chemischen Sinne des Menschen wie der Geruchs- und der Geschmackssinn spielen zur Zeit in VR-Systemen noch keine Rolle. Dies liegt daran, daß sie von der Forschung noch nicht vollständig verstanden werden, sich nur schwer quantifizieren lassen sowie von subjektiven Faktoren abhängig sind. So gelten z. B. Gerüche als „notorische Auslöser für Erinnerungen“.[28] Gerüche sind noch wesentlich schwieriger zu klassifizieren, als dies beim Geschmack der Fall ist. Es ist fast unmöglich, Gerüche zu synthetisieren, so daß für jeden Geruch in der virtuellen Welt auf ein umfassendes Reservoir chemischer Extrakte zurückgegriffen werden müßte. Zwar stellen Gerüche nicht das Kernproblem virtueller Welten dar, doch tragen sie erheblich zu deren Glaubwürdigkeit bei. Betritt man z. B. eine virtuelle Bäckerei, so ist es wenig überzeugend, wenn es in dieser nicht nach frischem Brot duftet, besucht man in einer virtuellen Reise etwa die Nordsee, so erwartet man neben visuellen Eindrükken und dem Rauschen des Meeres auch den typischen Meeresgeruch. „Da der Geruchssinn von den übrigen Sinnen relativ unabhängig ist (nicht beeinflußt von Tastsinn, Geschmack oder vom Sehen), kann er auch als unabhängiger Input wirken. In Situationen, in denen die übrigen Sinne beschäftigt sind - bei einem Piloten etwa, der ein Flugzeug steuert - , könnten Warnsignale mit niedriger Priorität durch einen brenzligen oder sonstwie unangenehmen Geruch dargestellt werden. Gaswerke benutzen schon heute Gerüche zur Wahrnehmung von Gefahren: Sie injizieren ihrem Gasgemisch einen auffälligen und unangenehmen Geruch. Ein undichtes Rohr läßt sich so leicht entdecken: die Leute riechen das ausströmende Gas schon bei Konzentrationen, in denen es sonst vollkommen geruchlos wäre.“[29]

Die Geschmackssensoren, welche auf der Zunge sitzen, sind in Zellen aufgeteilt, die Bitteres, Salziges, Saures und Süßes wahrnehmen. Die meisten Chemikalien stimulieren alle vier Zelltypen, die Geschmackserfahrung ergibt sich aus dem Verhältnis der vier Typen zueinander. Die Schwierigkeit beim virtuellen Geschmack ergibt sich jedoch nicht nur daraus, daß die Zunge stimuliert werden müßte und ein großes Set von Grundsubstanzen benötigt würde, sondern auch daraus, daß der Geschmack u. a. auch vom Geruch eines Nahrungsmittels abhängig ist, von der Farbe, vom visuellen Eindruck und davon, was man zuvor geschmeckt hat. Schließlich ist auch die Konsistenz von Substanzen im Mund eine wichtige Sinneserfahrung, obwohl diese den Geschmack gar nicht beeinflussen. „Da der Mund von uns als Körperinneres empfunden wird, ist es recht schwierig, diese Mundreize realistisch zu stimulieren.“[30]

Der Stellungssinn zählt zu den mechanischen Sinnen und vermittelt dem Gehirn kinästhetische Empfindungen. Er zählt zu den noch wenig erforschten Sinnen. Die kinästhetischen Sensoren befinden sich in den menschlichen Muskeln und Gelenken, sie messen den Spannungszustand der Muskeln, die Stellung der Muskeln zueinander und vermitteln so die Lage und Bewegung der einzelnen Körperteile und der auf sie einwirkenden Kräfte im Raum. Der Sinn einer Reizung des kinästhetischen Sinnes besteht darin, physikalische Widerstände und Hindernisse, wie z. B. die Existenz einer Wand, zu vermitteln. Greift ein Benutzer z. B. ein virtuelles Objekt, so muß er auch den Eindruck haben, einen massiven Gegenstand in der Hand zu halten. Kinästhetische Systeme ermöglichen somit z. B. die Simulation von Kraftreflexionen, von Widerständen und Kompaktheit. „Eine besonders simple, aber wirkungsvolle Kraftreflexion wurde in einem Projekt zur Simulation einer Fahrradfahrt verwirklicht: Man koppelte einfach das Hinterrad mit einer elektronisch steuerbaren Bremse. Bei einer simulierten Fahrt bergauf wurde die Bremskraft automatisch vom Computer verstärkt, so daß der Benutzer bedeutend kräftiger in die Pedale treten mußte."[31]

Von der Entwicklung befriedigender kinästhetischer Rückkopplungssysteme ist man jedoch noch weit entfernt, ähnliches gilt auch für Verfahren der Simulation des Raumlage- und Drehsinns. Ein ungelöstes Problem sind schließlich auch die Navigation und die damit verbundene Bewegungssimulation in der VR. In vielen VR-Systemen erfolgt die Navigation lediglich über bestimmte Gesten, die über den Datenhandschuh eingegeben werden, die jedoch nicht mit Erfahrungen aus der wirklichen Welt verknüpft werden können. Kabelgebundene Systeme wiederum, die Ganzkörperbewegungen in virtuellen Räumen ermöglichen, besitzen u. a. den Nachteil einer äußerst begrenzten Reichweite.

Sowohl bei den Ein- als auch bei den Ausgabegeräten ergibt sich somit das Bild, daß von einer echten Multisensorik zur Zeit nicht die Rede sein kann. Lediglich der Seh- und der Gehörsinn können, und dies auch nur ansatzweise, derzeit simuliert werden. Insgesamt kann daher auch kaum von einem realistischen Eindruck die Rede sein, den virtuelle Welten beim Cybernauten hinterlassen. Gemessen an der Realität ist das Abbild noch weit davon entfernt, im umfassenden Sinne realitätsecht zu wirken.

### Steuer/Grafikrechner

Der Steuercomputer ist der eigentliche Kern eines jeden VR-Systems. Er verabeitet alle Daten der angeschlossenen Eingabegeräte und steuert die Ausgabegeräte. Der Steuercomputer hat ferner das Modell der virtuellen Umgebung gespeichert. Die Vielfalt der Vorgänge und Aufgaben setzt eine enorme Rechenkapazität voraus, sequentiell arbeitende Rechensysteme sind hierbei überfordert, so daß immer mehr parallele und verteilte Systeme eingesetzt werden, zum Teil werden auch periphere Geräte mit künstlicher Intelligenz ausgestattet, so daß diese zahlreiche Aufgaben eigenständig lösen und so den Steuercomputer enlasten können. Die Geschwindigkeit in VR-Systemen ist entscheidend von der Leistungsfähigkeit des Grafikrechners abhängig, der für die virtuelle Darstellung des Computermodells sorgt. Erst eine weitere Steigerung der Rechenleistung wird eine Erhöhung der Bildfrequenz ermöglichen, so daß der heute zum Teil noch comic-artige Eindruck vieler Objekte der virtuellen Welt der Vergangenheit angehören dürfte. Die Objekte der virtuellen Welt könnten dann photorealistischen Charakter haben.

### VR-Software

Neben der Hardware ist die Software ein wichtiger Bestandteil eines VR-Systems. Zur Software eines VR-Systems gehören Programme, die für die Auswertung und

Wiedergabe der Daten sorgen, die für die Steuerung, Kontrolle und Koordination der Ein- und Ausgabegeräte verantwortlich sind, und solche, welche für den Entwurf sowie die Umsetzung des Modells der VR-Welt sorgen. Angesichts der Vielzahl der zu bewältigenden Aufgaben kommen verschiedene, teilweise unabhängig voneinander operierende Softwareprodukte zum Einsatz. Neben den bislang erwähnten administrativen Aufgaben der VR-Software stellt diese auch die eigentliche Schnittstelle zwischen dem Entwickler und der VR-Welt dar. In jüngster Zeit entstehen vor allem Programmierwerkzeuge, die es auch Personengruppen mit nur geringen EDV-Kenntnissen ermöglichen, VR-Welten selbst zu gestalten. Die Software sorgt dabei unter anderem für die Generierung dreidimensionaler Objekte, die im Cyberspace vorhanden sein sollen. Die Erzeugung der Objektdaten dreidimensionaler Gegenstände kann mittlerweile auch von einem 3D-Laser-Scanner vorgenommen werden. Die Erzeugung von Bildern aus Modellen, insbesondere die Visualisierung von 3D-Modellen wird als Rendering bezeichnet. Verschiedene existierende Verfahren haben das gemeinsame Ziel, virtuelle Objekte realitätsgetreu zu zeichnen, Licht und Schatten, Reflexionen und Spiegelungen adäquat zu simulieren.

## 2.4 Neuronale Schnittstellen

Die virtuelle Realität zielt in ihrem technologischen Kern auf die Sinnestäuschung der Menschen ab. Der Betrachter, der in die vom Rechner erzeugte virtuelle Welt eintritt, soll den Eindruck einer subjektiv erlebten Wirklichkeit haben. Die vom Rechner erzeugten Sinneseindrücke sollen die Sinne des Menschen bis zur Perfektion täuschen. Nach dem Gehörsinn ist der Sehsinn des Menschen am einfachsten zu stimulieren. Es scheint nur noch eine Frage der Zeit zu sein, bis die Auflösungsqualität der Displays und die Rechenleistung moderner Parallelrechner in der Lage sind, virtuelle Sinneseindrücke zu erzeugen, die absolut realistisch wirken.

Verglichen mit dem Sehsinn und dem Gehörsinn ist es jedoch, wie wir bereits gesehen haben, um ein Vielfaches komplizierter, haptische Reize künstlich zu erzeugen. Angesichts einer Vielzahl möglicher Empfindungen der Haut scheint es fast unmöglich zu sein, auf den Tastsinn bezogene Sinneseindrücke auf eine realistische und umfassende Weise zu simulieren. Schwieriger noch als beim Tastsinn gestaltet sich angesichts einer Vielzahl unterschiedlicher Düfte die Virtualisierung des Geruchssinns. Beim Geschmackssinn schließlich stellt sich das Problem am kompliziertesten dar, da für Geschmacksempfindungen die Sinneszellen im Mund gereizt werden müßten. Die Beeinflussung der Rezeptoren im Rachenraum ist mit VR-Anwendungen bisheriger Art erst gar nicht möglich. Die Simulierung von Essen und Trinken scheint in der virtuellen Realität nicht möglich zu sein. Auch der Schwerkraftsinn des Menschen, der sich im Innern des Kopfes befindet, kann durch VR-

Apparate nur schwer beeinflußt werden. Dieses Sinnesorgan kann nur von außen durch physische Bewegungen stimuliert werden. „Die Person in ihrer VR-Ausrüstung muß also durch einen geeigneten Aufbau geschüttelt, auf die Seite gekippt oder beschleunigt werden. Eine länger andauernde geradlinige Beschleunigung ist aber praktisch nicht zu simulieren, weil die Person die entsprechende Strecke tatsächlich zurücklegen müßte.“[32]

Die Grenzen gegenwärtiger VR-Systeme ergeben sich daraus, daß sie die menschliche Wahrnehmung nur indirekt beeinflussen können. Die Sinnesorgane des Menschen werden mit der klassischen VR-Ausrüstung zwar stimuliert, doch die Scheinwelt selbst entsteht erst im Gehirn des Menschen. Eine logische Schlußfolgerung der geschilderten Probleme ist die Entwicklung neuronaler Schnittstellen. So folgert etwa ein ehemaliger Mitarbeiter des MIT: „Längerfristig wird dieser direkte Zugang zum Nervensystem die einzige Möglichkeit darstellen, die Versprechungen der virtuellen Welt zu realisieren, denn erst mit der völligen Kontrolle der Datenflüsse ins Hirn wird es möglich, eine Realität zu erzeugen, die für die sie wahrnehmenden Personen von der ‘normalen’ sinnlich nicht zu unterscheiden ist. Diesen direkten Zugang zum menschlichen Nervensystem so weit wie möglich zu machen und so tief wie möglich in das Gehirn zu legen, muß eines der Forschungsziele im Bereich der virtuellen Welten werden.“[33] Statt mit VR-Geräten die Sinnesorgane zu stimulieren, könnten die betreffenden Gehirnteile des Menschen auch direkt angesprochen werden. Eine Direktkopplung von Rechner und Gehirn, etwa in Gestalt einer in den Kopf implantierten Elektronik, würde die genannten Problem lösen. Dabei sind in den letzten Jahren bereits immense Anstrengungen unternommen worden, um immer winzigere und leistungsfähigere Elektroden herzustellen; sie bestehen zumeist aus Titan, Silizium, Gold oder Platin. Bei Dauerimplantaten wie etwa bei Herzschrittmachern findet vor allem Platin Verwendung, bei der Beschichtung der Elektroden werden Kunststoffe eingesetzt. Schwierigkeiten bereitet dabei vor allem die Kopplung zwischen dem Sender und dem biologischen System; so erzielt man zwar mit nadelförmigen Elektroden, deren Spitzen in die Hülle einer Nervenzelle eindringen, gute elektronische Ergebnisse, die Verletzungsgefahr der Zelle ist jedoch hoch. Cuff-Elektroden, die manschettenartig um einen Nerv gelegt werden, schaffen da zwar Abhilfe, ihre großflächige Informationsaufnahme und -abgabe wirkt sich jedoch nachteilig aus. „Ausgleichen ließe sich dies durch eine Erhöhung der Zahl der Elektroden und eine Verfeinerung der Reizprotokolle. Geforscht wird auch an der Entwicklung chemischer Sensoren, ebenso an optischen sowie elektromagnetischen Kopplungsverfahren.“[34] Erste Ergebnisse existieren auch bei hybriden Systemen, bei denen Zellen auf organischen, künstlichen Trägern wachsen und als Sonde dienen. So gelang es etwa einem Forschungsteam an der Universität San Francisco, einen Siliziumchip zu konstruieren, in dessen Struktur Gehirnzellen von Ratten eingebracht wurden. Das Experiment glückte, es gelang das Wachstum der Zellen zu fördern. Die Zellen keimten aus und fanden Kontakt zu Gewebezellen. Aktionspotentiale ließen sich so im Experiment direkt aus den aufgebrachten Zellkörpern ableiten, wobei eine Stimulation der Zellen erreicht wurde.

Zwar ist die Wissenschaft noch weit von einer kontrollierten Beeinflussung des Gehirns entfernt, doch die Grundlagen für das Andocken ans Gehirn, so glaubt man damit, stehen bereit. Die Vorstellung von virtuellen Welten ohne Helm und Datenanzug, am Kopf einen Stecker, mit dem die virtuelle Realität direkt ins Hirn gelangt, ist längst aus dem Bereich der Utopie zur Realität geworden. Die Mensch-Maschine-Schnittstelle der Science Fiction existiert bereits, denn seit Jahren implantiert man z. B. elektronische Stimulatoren, die Taube wieder hören lassen. Auch bei Querschnittgelähmten und bei Blinden gibt es bereits entwickelte elektronische Prothesen.

Im medizinischen Bereich kann mit Hilfe der Elektronik Menschen direkt geholfen werden. Die Miniaturisierung in der Chiptechnologie, die Möglichkeit, auf immer winzigeren Flächen immer mehr künstliche Intelligenz unterzubringen, hat im Bereich der Neuroprothetik zu revolutionären Neuerungen geführt. So leiden z. B. zahlreiche Menschen an einer spezifischen Form der Netzhauterkrankung, welche in einem ersten Stadium zur Nachtblindheit führt. Schließlich erkennen die Personen Farben und Kontraste schwächer. Die Sehzellen in der Netzhaut sterben allmählich ab, so daß schließlich auch die Sehfläche zunehmend schwindet. Ein Rest an Sehfähigkeit bleibt den Patienten jedoch erhalten. Eine elektronische Netzhautprothese könnte diesen Patienten in Zukunft helfen. Funktionen der zerstörten Zellen würden dann von einem auf die Netzhaut implantierten Chip übernommen. Noch steckt das Implantat allerdings in der Entwicklungsphase. Es existieren jedoch erste positive Ergebnisse. So gelang an der John-Hopkins-Universität in den USA der Nachweis, daß die elektrische Stimulation von einzelnen Ganglienzellen bei Blinden zu Sehwahrnehmungen führt. Bei einer Sehprothese ist eine Art Kamera vonnöten, die ihre Signale an einen Neurochip weitergibt. Dieser Neurochip kommuniziert wiederum mit dem Sehnerv. Voraussetzung für das Funktionieren einer Sehprothese ist ein noch zum Teil funktionsfähiger und aktiver Sehnerv sowie ein intaktes zentrales Sehsystem, wie dies etwa bei der geschilderten Netzhauterkrankung der Fall ist. Bei der Netzhaut (Retina) liegen die lichtempfindlichen Zellen nicht an der Oberfläche, sondern im Innern, unter den Nervenfasern, den sogenannten Ganglienzellen. Das von außen einfallende Licht muß so erst mehrere Zellschichten durchdringen, bevor es von den Sinneszellen, den Rezeptoren, aufgenommen werden kann. Das Einsetzen eines Implantats direkt an den beschädigten Fotorezeptorzellen ist unter chirurgischen Gesichtspunkten eine äußerst komplizierte Angelegenheit, ein Ganglienzellenstimulator läßt sich vergleichsweise leichter realisieren. Die ca. 1,2 Millionen Ganglienzellen, welche mit der Rezeptorschicht verbunden sind, leiten die Informationen an das Gehirn weiter. An der Universität Bonn arbeitet ein Forschungsteam an einem Retina-Implantat, welches Lichtmuster in elektrische Pulsfolgen umsetzt. Auf diese Weise sollen einzelne Ganglienzellen gezielt stimuliert werden. Im Experiment fallen Lichtstrahlen auf Sensoren, eine komplizierte Elektronik wandelt schließlich das Lichtsignal in elektronische Impulse um. Eine Mikrominiaturisierung dieser Testanlage auf die Größe eines Fingernagels und in Gestalt einer Kontaktlinse dürfte allerdings noch längere Zeit auf sich warten lassen. Die

Devise „Chip statt Blindenstock“ läßt sich in absehbarer Zeit nicht realisieren, zumal es auch nur ein sehr bescheidenes Sehvermögen sein wird. Trotz aller bisherigen Erfolge gelingt es bis heute nicht einmal annähernd, eine Nervenzelle der Netzhaut nachzubauen. Die Nervenzelle der Netzhaut erweist sich als ein hochkomplexer natürlicher Rechner, der sich bislang einer erfolgreichen Prothetisierung weitgehend entzogen hat.

Im Unterschied zur Sehprothese hat die Hörprothese in der Praxis bereits vielfache Anwendung gefunden. Die Entwicklung künstlicher Hörprothesen geht bereits bis in die fünfziger Jahre zurück. Ein erstes Implantat wurde bereits 1964 eingesetzt. Im Vergleich zu den sechziger Jahren hat sich das Prinzip nicht grundlegend geändert, es ist vielmehr verfeinert worden, die Zahl der Elektroden, welche die Funktionen der Nervenzelle übernehmen, ist jedoch von zwei auf über zwanzig angewachsen. Die Aufgaben von Trommelfell und Hörknöcheln werden an einen externen Mikroprozessor übertragen. Der Mikroprozessor nimmt über ein Mikrofon die Schallwellen auf, welche in elektrische Signale umgewandelt werden. Die Signale werden an die im Knochen hinter dem Ohr implantierte Prothese gesendet. Elektroden im Innern vermitteln die Informationen an den Hörnerv. Da das Implantat heutzutage programmierbar ist, erlaubt es eine individuelle Anpassung an die Patienten. Die Leistungen des Implantats sind in keinster Weise mit dem vergleichbar, was die Nervenzellen im gesunden Ohr leisten. Von den Betroffenen werden die Implantate jedoch meist als eine deutliche Verbesserung ihrer Lebensqualität im Sinne einer verstärkten Kontaktfähigkeit erfahren.

Was sich in den Nervenzellen abspielt wird von den Forschern immer mehr verstanden, so daß die Prothesen immer perfekter werden. Das Wachstum von Nervenzellen auf Siliziumchips, das gezielte Reizen einzelner Nervenzellen mit elektronischen Impulsen könnten so Schritte auf dem Wege zu einer perfekten Bioprothese sein. Noch ist der perfekte Chip, welcher die Wahrnehmung und schließlich irgendwann auch Gedanken manipulieren könnte, Utopie. Doch auch wenn der Mensch mehr ist als die Summe seiner Zellen, tun sich hier qualitativ neue Gefahren und Chancen auf, die wir noch thematisieren werden.

## 2.5 Technisches Resümee

Die entscheidende technische Grundlage der Informationsgesellschaft oder besser der CyberSociety besteht unseres Erachtens in der Technologie der Virtual Reality. Diese stellt den fünften Innovationsschub in der Anwendung der Computertechnologie dar. Die jeweiligen Entwicklungsschübe bezeichnen wir als Paradigmenwechsel, wobei wir unter einem Paradigma die Ablösung eines typischen Musters durch ein qualitativ neues Muster verstehen wollen. Soziologisch betrachtet, bedeutet ein solcher Paradigmenwechsel in der Informatik u. a. eine qualitative Veränderung des Umgangs des Menschen mit dem Rechner, eine Änderung von Einstellungs- und Verhaltensmustern sowie eine Umwälzung im wisenschaftlichen Denken. Ein Paradigmenwechsel in der Computertechnologie geht jeweils mit der Änderung mikro- und makrosoziologischer Strukturen einher.

„Das ursprüngliche Paradigma des Computers entstand Ende der vierziger Jahre, als der erste programmierbare Rechner für technische Anwendungen entwickelt wurde; er erreichte in den fünfziger Jahren Marktreife.“ [35] Der Computer bestand für den Anwender aus riesigen Schrankwänden, die ganze Räume füllten, aus blinkenden Consolen sowie sich ständig drehenden Magnetbandspulen, abgeschirmt in einem gekühlten Raum hinter Glasfassaden, gewartet von weißbekittelten Operatoren. Der Anwender durfte sich dem von seinen Ausmaßen her betrachtet gigantischen Rechner meist nur in Gestalt von Lochkarten nähern, welche von einem Lochkartengerät eingelesen wurden und den Giganten mit zu verarbeitenden Informationen versorgten. Der Anwender gab seinen zuvor vollständig beschriebenen EDV-Auftrag ganz aus der Hand. Der Rechner begann mit der Abwicklung, wobei er mehrere Aufträge nacheinander oder schubweise abwickelte, man spricht daher auch von Stapelverarbeitung oder vom Batchbetrieb. Rechnerzeit war dementsprechend in den sechziger Jahren außerordentlich teuer, es lohnte sich daher meist nur die Verarbeitung großer Datenmengen, wie sie etwa bei der Lohnabrechnung anfallen. Der Anwender erhielt nach geduldigem Warten die Ergebnisse von Schnelldruckern auf Endlospapier, den sogenannten Listings, ausgegeben.

Ein erster großer Paradigmenwechsel erfolgte in den siebziger Jahren. Die Verbindung zum Rechner erfolgte nun nicht mehr über einen Kartenleser oder über Magnetbänder, sondern über Terminals. Mit der Einführung von Terminals war die interaktive Verabeitung verbunden. Ein EDV-Auftrag mußte nun nicht mehr vollständig definiert sein, bevor mit der Abwicklung begonnen wurde, er konnte dem Rechner vielmehr in Form von einzelnen Schritten, einzelnen Teilaufträgen übergeben werden. Während der Auftragsbearbeitung konnte ein ständiger Informationsaustausch zwischen dem EDV-System und dem Anwender stattfinden. Damit verbunden war auch die Einführung des Timesharing-Prinzips, welches mehreren Benutzern erlaubte, gleichzeitig an einer Maschine zu arbeiten.

Der dritte große Paradigmenwechsel, in den achtiger Jahren, ist eng verbunden mit dem Siegeszug des Personal Computers, der Einführung des individuellen Arbeitsplatzrechners. Der Standort des Rechners ist nun nicht mehr ein abgeschlossener Computerraum, sondern der Schreibtisch des jeweiligen Beschäftigten.

Als vierten Paradigmenwechsel bezeichnen wir den Übergang vom Arbeitsplatzrechner zum vernetzten, multimedialen PC. Der vierte Innovationsschub ist zugleich auch mit einer weiteren qualitativen Miniaturisierung verbunden, so daß elektronische Taschengeräte und Notebooks das Bild der EDV in den neunziger Jahren mit prägen.

Den jüngsten, sich erst in Ansätzen abzeichnenden fünften Paradigmenwechsel stellt die Technologie der Virtual Reality in Verbindung mit der Entwicklung qualitativ neuer Schnittstellen etwa neuronaler Art dar.

Fassen wir die Schnittstellenentwicklung in der folgenden Tabelle zusammen:

| | **1. Paradigmenwechsel** | **2. Paradigmenwechsel** | **3. Paradigmenwechsel** | **4. Paradigmenwechsel** | **5. Paradigmenwechsel** |
|---|---|---|---|---|---|
| Beschreibung | Batch-Großrechner | Terminal-Großrechner | PC | vernetzter, multimedialer PC | Virtual Reality |
| Verarbeitung | Stapelbetrieb | Time-Sharing-betrieb | Single-User-Mode | Netzbetrieb | Agenten, künstliche Intelligenz |
| Jahrzehnt | 1960-1969 | 1970-1979 | 1980-1989 | 1990-1999 | 2000- |
| Standort | Computerraum | Terminalraum | Schreibtisch | variabel | virtuell |
| Anwender | Experten | Spezialisten | Einzelpersonen | Gruppen | virtuelle Subjekte (Einzelpersonen, Gruppen, KIs) |
| Schnittstelle | Kartenleser, Magnetband | Terminals, Tastatur | Bildschirm, Menüs, Maus | Modems, CD-ROM, Videokarten | VR-Brille, VR-Handschuh, neuronale Schnittstellen, Direktschaltungen |
| Datendarstellung | Großbuchstaben, Zahlen | Text, Vektorgrafik, Zeilenorientierung | Schriftsätze, Rastergrafik, Grafikorientierung | Handschrift, Sprache | multidimensionale Symbole |

Aus der obigen Tabelle folgt, daß wir die Technologie der Virtual Reality als einen qualitativen Paradigmenwechsel in der EDV betrachten, eine qualitativ neuartige Mensch-Maschine-Kommunikation, die unseres Erachtens das prägende Moment mikro- sowie makrosoziologischer Strukturen der „Informationsgesellschaft" darstellen wird.

# Anmerkungen

1 Ralf Steinmetz: Multimedia-Technologie. Einführung und Grundlagen, Berlin, Heidelberg 1993, S. 18 ff.

2 Werner Faulstich: Grundwissen Medien, München 1994, S. 38

3 U. Riehm, B. Wingert: Multimedia. Mythen, Chancen und Herausforderungen, Bonn 1995, S. 8

4 Bernd Steinbrink: Multimedia. Einstieg in eine neue Technologie, München 1992, S. 19

5 BMWi (Hrsg.): Die Informationsgesellschaft. Fakten, Analysen, Trends, Bonn 1995, S. 4

6 a.a.O., S. 5

7 Bericht und Empfehlungen der Enquete-Kommission „Entwicklung, Chancen und Auswirkungen neuer Informations- und Kommunikationstechnologien in Baden-Württemberg" (Multimedia-Enquete), Landtag von Baden-Württemberg, 11. Wahlperiode, Drucksache 11/6400, S. 17

8 a.a.O., S. 17

9 Peter Klau: Das Internet weltweit vernetzt, München 1994, S. 26

10 Christian Falckenberg: Internet - Spielzeug oder Werkzeug? Studienarbeit am Lehrstuhl für Technische Informatik an der Rheinisch-Westfälischen Technischen Hochschule Aachen, S. 4

11 Peter Klau: Das Internet weltweit vernetzt, München 1994, S. 27

12 Hans Hajer, Rainer Kolbeck: Internet, München 1994, S. 15

13 „Was heißt Virtuelle Realität? - Ein Interview mit Jaron Lanbier, in: Manfred Waffender (Hrsg.): Cyberspace. Ausflüge in virtuelle Wirklichkeiten, Hamburg 1993, S. 69 ff.

14 Enteilung nach: Michael Utermöhle: Grundlagen der Virtual Reality. Realität als Multiple Choice, in : ix 5/1995, S. 68 ff.

15 a.a.O., S. 72

16 Rheingold: Virtuelle Welten. Reisen im Cyberspace, Hamburg 1992, S. 308

17 Christian Bauer: Nutzerorientierter Einsatz von Virtual Reality im Unternehmen, München 1996, S. 19

18 Rheingold: Virtuelle Welten, Hamburg 1992, S. 139

19 US-Patent Nr. 3050870, 1962, zitiert nach: Howard Rheingold: Virtuelle Welten, Hamburg 1992, S. 69

20 a.a.O., S. 82

21 Rheingold: Virtuelle Welten, Hamburg 1992, S. 13

22 Christian Bauer: Nutzerorientierter Einsatz von Virtual Reality im Unternehmen, München 1996, S. 20

23 Howard Rheingold: Virtuelle Welten, Hamburg 1992, S. 148

24 Zentrum für Graphische Datenverarbeitung (Hrsg.): VR-Kompaktseminar. Die virtuelle Umgebung- Eine neue Epoche in der Mensch-Maschine-Kommunikation, Darmstadt 1995, S. 287/288

25 Sven Bormann: Virtuelle Realität, Bonn 1994, S. 55

26 a.a.O., S.69

27 a.a.O., S. 85

28 David J. Sturman: Spürbar real? Virtuelle Wirklichkeit und menschliche Wahrnehmung, in: Manfred Waffender (Hrsg.): Cyberspace. Ausflüge in virtuelle Wirklichkeiten, Hamburg 1993, S. 120

29 a.a.O., S. 121

30 a.a.O., S. 120

31 Sven Bormann: Virtuelle Realität, Bonn 1994, S. 90

32 Georg Rempeters: Die Technikdroge des 21. Jahrhunderts. Virtuelle Welten im Computer, Frankfurt am Main 1994, S. 194

33 Peter Schröder: „Wir bauen eine Maschine, die stolz auf uns sein wird!“, in: Manfred Waffender (Hrsg.): Cyberspace. Ausflüge in virtuelle Wirklichkeiten, Hamburg 1993, S. 131

34 Adolf Ebel: Licht ins Dunkel. Neurotechnologie entwickelt Prothesen fürs Gehirn, in: c't 8/1995, S. 102

35 Lawrence G. Tesler: Das Vordringen des vernetzten Computers, in: Spektrum der Wissenschaft. Dossier: Datenautobahn, S. 34

# Kapitel 3
# Hollywood goes Internet

Wir wollen uns im folgenden mit der literarischen sowie der filmischen Science Fiction beschäftigen, um die dort entworfenen Visionen und Utopien für eine demokratische Technologiefolgenabschätzung nutzbar zu machen. Eine Beschäftigung mit der Science Fiction ist schon deshalb angebracht, weil nicht nur der Cyberspace-Begriff von ihr geprägt wurde, sondern auch Perzeptionsmuster der neuen Technologien durch zahlreiche aktuelle Filme wie „Vernetzt/Johnny Mnemonic“ oder „Das Netz“ mitgeprägt werden.

## 3.1 Stanislaw Lem als VR-Vordenker

Bereits 1964 erschien Stanislaw Lems theoretisches Hauptwerk „Summa technologiae“, in welchem der polnische Science Fiction Autor mit dem Begriff „Phantomatik“ eine Technik der vollkommenen Simulierung der Realität beschreibt.[1]

Lems Ausgangsfragestellung, die ihn auch in zahlreichen späteren Science Fiction Erzählungen beschäftigen wird, ist das Problem, wie sich Realitäten erzeugen lassen, „die für die in ihnen verweilenden vernünftigen Wesen in keiner Weise von der normalen Realität unterscheidbar sind, doch anderen Gesetzen unterliegen als diese.“[2] Phantomatik beschreibt für Lem einen Zustand der perfekten Illusion, eine künstliche Realität, die der natürlichen vollkommen ähnlich ist, und sich von dieser in keinster Weise unterscheiden läßt.

Im zentralen Kapitel „Die Phantomologie“ versucht er einen wissenschaftlichen Beweis anzutreten, daß die Erzeugung einer solchen künstlichen Realität möglich sei. Er geht in seiner Beweisführung davon aus, daß es technisch in Zukunft möglich sein wird, Impulse exakt aufzuzeichnen, die etwa durch die Nerven eines Menschen wandern, welcher z. B. eine Rose wahrnimmt. Die so aufgezeichneten Signale könnten diesem Menschen, der anschließend in ein dunkles Zimmer gesetzt wird, zurückgespeichert werden, um ihm so die perfekte Illusion einer Rose zu vermitteln. Lem geht auf die unterschiedlichen Schwierigkeiten ein, die der Sehnerv, der Gehirnnerv und der Geruchssinn bei der Illusionierung bereiten, und entwirft so bereits ein multisensorisches Szenario. Lange bevor Jaron Lanier etwa seine Bildschirmbrille vorführen wird, beschreibt Stanislaw Lem ausführlich die theoretische Konstruktion eines solchen Displays. Man könnte, so Lem, etwa einen Vorsitz für den Augapfel bauen, eine Art Gegenauge, welches ein optisch gleichwertiges System darstellen müsse und mit dem natürlichen Auge durch die Pupillenöffnung verbunden wäre. Auge und Gegenauge würden so ein einheitliches System bilden, wobei das Gegenauge der Sender und das Auge der Empfänger sei. „Wenn nun der Mensch ... nicht direkt mit den eigenen Augen, sondern durch das 'Gegenauge' blickt, dann sieht er alles in ganz normaler Weise, nur daß er auf der Nase so etwas wie eine ... Brille trägt ... Die Elemente des Sehfeldes sind (zum Beispiel durch ein Kabel) an einen Aufzeichnungsapparat angeschlossen ... Wollen wir später die Reaktion umkehren, dann setzen wir dem Menschen wieder die Brille auf, nun aber bei Dunkelheit, und schicken die in dem Apparat festgehaltene Aufzeichnung auf dem Weg vom Apparat über das Gegenauge, das Auge und den Sehnerv in sein Gehirn."[3]

Lem weist an dieser Stelle mit der Frage, was geschehen würde, falls der Mensch im Experiment sich z. B. aus dem Sessel erheben und in den Garten gehen würde, auf ein entscheidendes Problem hin. In diesem Fall würden sich seine Erlebnisse aufspalten in das, was er wahrnimmt, und das, was er tut. Es käme zu einer Divergenz zwischen motorischer und aufgezeichneter, sensorischer Aktivität. Die Phantomatik, so schlußfolgert Lem, muß so beschaffen sein, „daß zwischen der 'künstlichen Realität' und ihrem Empfänger wechselseitige Verbindungen geschaffen werden. Die Phantomatik ist, anders gesagt, eine Kunst mit Rückkopplung."[4]

Mit dem Begriff der Rückkopplung benennt Stanislaw Lem neben der Multisensorik ein weiteres zentrales Definitionskriterium virtueller Welten: das der Interaktion. Die Kunst der Rückkopplung, welche eine phantomatische Maschine realisieren muß, besteht für Lem darin, „den ehemaligen Rezipienten zum aktiven Teilnehmer, zum Helden, zum Mittelpunkt programmierter Ereignisse"[5] zu machen.

Ein Mensch, der an eine phantomatische Maschine angeschlossen sei, so prognostiziert Lem, könne prinzipiell alles erleben. „Er kann steile Alpenwände erklimmen, ohne Raumanzug und Sauerstoffmaske auf dem Mond herumwandern, an der Spitze einer ergebenen Mannschaft in klirrender Rüstung mittelalterliche Burgen erobern - oder auch den Nordpol. Er kann als Sieger im Marathonlauf oder als größter Poet aller Zeiten von den Massen umjubelt werden und aus der Hand des schwedischen Königs den Nobelpreis empfangen, Madame de Pompadour lieben und bei ihr auf Gegenliebe stoßen, sich mit Jago duellieren, um Othello zu rächen, und er kann von Killern der Mafia erdolcht werden. Auch möglich, daß er fühlt, wie ihm gewaltige Adlerflügel wachsen, daß er fliegt, oder auch, daß er zum Fisch wird, und sein Leben zwischen den Korallenriffen verbringt."[6]

Eine phantomatische Maschine muß dem Phantomatisierten auch den Wunsch erfüllen können, mit ausgebreiteten Armen zu fliegen, d. h. es müssen Umgebungen realisiert werden können, die bestehenden physikalischen Gesetzmäßigkeiten wie etwa dem Gravitationsgesetz widersprechen, dergestalt kann der Phantomatisierte Erfahrungen machen, die in der Wirklichkeit nicht erlebbar sind.

Für Stanislaw Lem muß der Speicher einer solchen phantomatischen Maschine mit einer Unmenge von Fakten „gefüttert" sein, die in Abhängigkeit vom jeweiligen Verhalten des Phantomatisierten aktiviert werden. Drehe sich der Phantomatisierte, den eine Maschine in das historische Ägypten versetzt habe, etwa um, müsse er auch jenen Teil des Thronsaales der Pharaonen betrachten, der sich hinter seinem Rücken befände. Die Projektion des optischen Bildes müsse sich in einer Weise ändern, „daß tatsächlich der 'hintere Teil des Saales' in sein Gesichtsfeld tritt; die phantomatische Maschine muß auf jede, selbst die geringste Veränderung des vom menschlichen Gehirn ausgehenden Reizstromes in einer dieser Veränderung entsprechenden Weise unverzüglich reagieren."[7]

Stanislaw Lem entwickelt somit zu Beginn der sechziger Jahre zwei weitere zentrale Definitionskriterien virtueller Welten: das Kriterium der Echtzeit und das Kriterium der Adäquanz des perspektivischen Bildes.

Ausgehend von den entwickelten Kriterien einer phantomatischen Maschine stellt Lem die Frage, ob ein Mensch in der Lage sei, den fiktiven Charakter einer phantomatischen Maschine zu erkennen. Lem verweist zunächst darauf, daß die phantomatische Vision im Unterschied zum Traum im Wachzustand auftrete, somit auch nicht das Gehirn des Phantomatisierten selbst die „Traumwelten" erzeuge, sondern die Maschine. Für Lem ist der Phantomatisierte ein Gefangener des Phantomaten, da ihn von außen keine sonstigen Informationen erreichen. Phantomatik bedeutet für Lem dementsprechend die Schaffung einer Situation, „in der es aus der Welt der erzeugten Fiktion keine Ausgänge in die reale Welt gibt."[8]

Es stehe zum Beispiel außer Zweifel, so Lem, daß man den Eintritt in die Vision vollkommen verschleiern könne. Lem nennt hierfür das folgende Beispiel: „Jemand begibt sich zum Phantomaten und bestellt einen Ausflug in die Rocky Mountains. Es ist ein sehr schöner und angenehmer Ausflug, bis dieser Mensch schließlich 'aufwacht', das heißt, daß die Vision zu Ende ist; der Bedienstete des Phantomaten nimmt dem Besucher die Elektroden ab, geleitet ihn zur Tür und sagt freundlich auf Wiedersehen, der Mensch tritt auf die Straße und befindet sich auf einmal inmitten einer ungeheuerlichen Katastrophe: die Häuser stürzen ein, die Erde bebt, und aus dem Himmel sinkt eine gewaltige 'Untertasse' voller Marsmenschen herab. Was ist geschehen? Das 'Aufwachen', das Abnehmen der Elektroden, das Verlassen des Phantomaten - das waren gleichfalls Teile der Vision, die mit einem unschuldigen Ausflug in die Natur begannen."[9]

Für Lem existieren verschiedene Möglichkeiten, den Charakter der Vision zu verschleiern, so könne der per Computer und Körperelektroden vollständig im Cyberspace sich befindende Mensch dort auch an weitere virtuelle Computer angeschlossen werden. Damit gelänge er in weitere, immer tiefer verschachtelte Scheinwelten. Eine Vision kann sich somit in beliebig vielen Etagen abspielen. Lem vergleicht dies mit einem Traum, in dem „man träumt, man sei bereits erwacht, während man in Wirklichkeit den nächsten, in den vorigen gleichsam eingesetzten Traum träumt."[10] So könne etwa die Person, welche sich unmittelbar in einer Katastrophe befand, feststellen, daß das „Erdbeben" plötzlich aufgehört habe und die „Untertasse" verschwunden sei. Der Besucher stelle fest, daß er noch immer in dem Sessel mit den Drähten sitzt, die seinen Kopf mit der Apparatur verbänden. Mit einem zuvorkommenden Lächeln erläutere der Techniker, daß es sich um ein kleines „Zusatzprogramm“ gehandelt habe. „Der Besucher geht wieder nach Hause, legt sich schlafen, geht am nächsten Morgen zur Arbeit, um festzustellen, daß das Büro, in dem er gearbeitet hat, nicht mehr existiert: ein Blindgänger aus dem letzten Krieg ist explodiert und hat es zerstört.“[11] Dieses Erlebnis, so Lem, könne natürlich gleichfalls eine Fortsetzung der Vision sein.

Ein solcher VR-Apparat habe, so Lem sarkastisch, somit einen Fehler. „Wer ihn acht bis zwanzig Stunden benutzt hat, ist, nachdem er die Elektroden abgenommen hat, nie wirklich sicher, tatsächlich in die Realität zurückgekehrt zu sein.“[12]

Welche Möglichkeiten bleiben dem Phantomatisierten, so fragt Lem, herauszubekommen, ob es sich um eine authentische Wirklichkeit handelt oder nicht. Eine Möglichkeit, so Lem, bestehe darin, die Vision durch Einzelheiten zu demaskieren. Die Maschine habe aber immer die Möglichkeit eines taktischen Manövers. Lem wählt hierfür folgendes Beispiel: Im Arbeitszimmer des Phantomatisierten klemmt real die Schreibtischschublade. Diese Tatsache sei nur dem Phantomatisierten bekannt; dieser habe weder seine Frau noch sonst jemanden davon in Kenntnis gesetzt. Der Phantomatisierte könne nun diesen Sachverhalt überprüfen. Nehmen wir an, die Schreibtischschublade klemme bei der Überprüfung nicht, so bestünde für den Phantomatisierten Anlaß zu vermuten, er sei noch immer in der „Vision“. Nun erscheine seine Frau. Der Phantomatisierte erkläre ihr, es sei bloß eine Täuschung, und beweise dies, indem er auf die herausgezogene Schublade hinweise. Die Frau erwidere ihm daraufhin, sie habe vor einigen Tagen das Klemmen bemerkt und den Tischler kommen lassen, der den Schaden behoben habe. „Also wissen wir wieder nichts. Entweder ist es die wirkliche Welt, oder die Maschine hat durch einen geschickten Zug unseren Zug pariert.“[13] Das Beispiel zeige, so Lem, daß die Behauptung, man befände sich in der wirklichen und nicht in der phantomatisierten Welt, stets nur wahrscheinlich, zuweilen sehr wahrscheinlich, aber niemals absolute Gewißheit sei. „Das Spiel gegen die Maschine ist mit dem Schachspiel vergleichbar: die elektronische Maschine von heute verliert gegen einen perfekten Spieler, gewinnt aber gegen einen mittelmäßigen; in Zukunft wird sie gegen jeden Menschen gewinnen. Für die Phantomaten gilt das gleiche.“[14]

Für Lem besteht das Problem für den Phantomatisierten bei einer intellektuellen Überlistung der Maschine ferner darin, daß er sich mit jedem seiner Züge der Gefahr aussetzt, der Maschine strategisch wertvolle Informationen zu liefern. Befände er sich in einer Vision und weihe einen „alten Freund“ in seine existentiellen Zweifel ein, so gebe er der Maschine zusätzliche Informationen, die sie dazu ausnutzen könne, ihn in der Überzeugung zu bestärken, seine Erlebnisse seien real. Der Phantomatisierte, welcher den fiktiven Charakter der phantomatischen Vision erkennen wolle, dürfe folglich niemandem vertrauen außer sich selbst. Dies schränke seinen Handlungsspielraum stark ein, da er aus der Defensive heraus handle. Daraus folge, daß die phantomatisierte Welt eine Welt der totalen Vereinsamung sei.

In einem Interview danach gefragt, ob wir bald nicht mehr zwischen Realität und Cyberspace unterscheiden können, antwortet Lem „Letztlich ist es ja nur eine Frage, wie perfekt man die verschiedenen Sinnesorgane an eine fiktive Welt ankoppeln kann. Wenn das gelingt, wie soll sich der phantomatisierte Mensch noch überzeugen können, daß er virtuell betrogen wird? Er wird zum Gefangenen der Maschine, denn von außen erreicht ihn keine Information mehr. Bisher kannten wir keine Technologie, die uns in eine nicht-existente Welt entführen konnte. Die Phantomatik ist für mich der Kulminationspunkt, auf den viele Unterhaltungstechnologien hinzielen."[15]

Bei der Phantomatik unterscheidet Lem zwischen zwei grundsätzlichen Varianten: der peripheren und der zentralen Phantomatik. Unter zentraler Phantomatik versteht er eine „unmittelbare Reizung gewisser Hirnzentren". [16] Die Reizung der Hirnzellen kann dabei über Chemikalien, Drogen oder mikroelektronische Implantate erfolgen. Bei der peripheren Phantomatik liegt im Unterschied zur zentralen Phantomatik nur eine mittelbare Einwirkung auf das Gehirn vor. Bei beiden Varianten existiert eine synthetische Umwelt, die lediglich für den Wahrnehmungsapparat des Phantomatisierten existiert; der Phantomatisierte selbst ist nicht in der Lage, die virtuelle Welt von der konkreten Wirklichkeit zu unterscheiden.

In Anlehnung an Stanislaw Lem wollen wir für die weiteren Betrachtungen ein Modell „konzentrischer Kreise" zugrundelegen, welches die verschiedenen Grade der Phantomatisierung, in unserem Sprachgebrauch der Virtualisierung, wiedergeben soll.

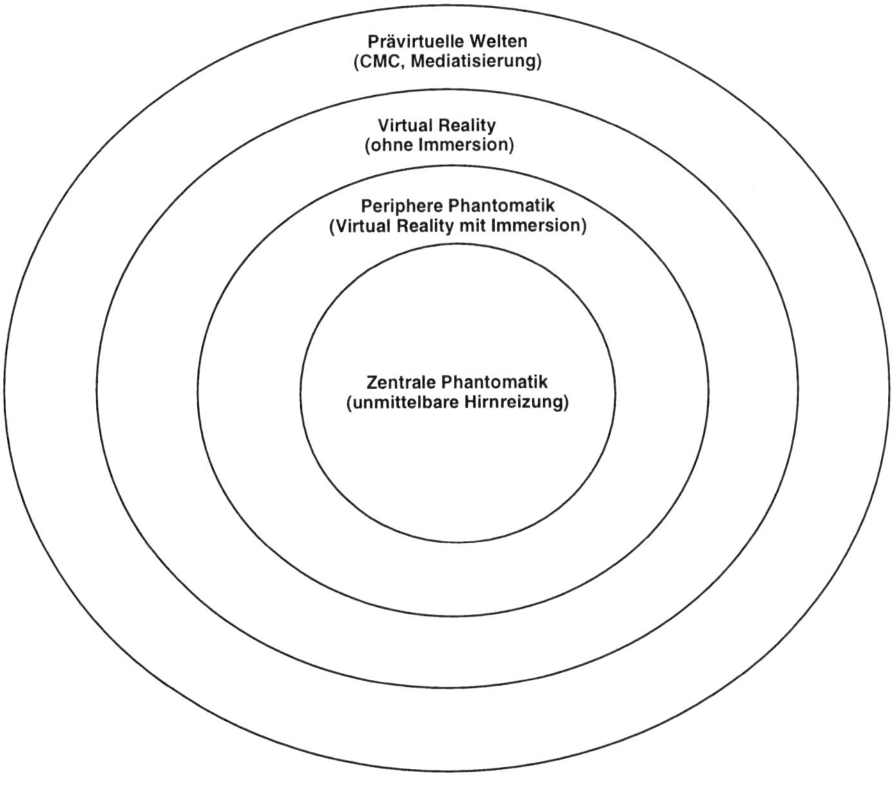


Abbildung: „Modell konzentrischer Kreise virtueller Welten"

Unter prävirtuellen Welten („äußerer Ring"), die wir in unsere Betrachtungen einbeziehen, verstehen wir vielfältige computervermittelte kommunikative Beziehungen zwischen den Menschen. Die prävirtuelle Welt ist vor allem die Welt des Internets, die Welt vielfältiger Dienste globaler Netze. Es existiert hier bereits eine zentrale Eigenschaft virtueller Welten: der virtuelle Raum, in dem ein großer Teil der zwischenmenschlichen Kommunikation stattfindet; der geografische Raum erfährt seine erste Neutralisierung. In prävirtuellen Welten ist bereits die Problematik der Koordinierung zwischen der virtuellen und der wirklichen Lebenswelt vorhanden, der virtuelle und der reale Raum können sich auf vielfältige Weise verkoppeln, verbinden, ergänzen und ersetzen. Verglichen mit den prävirtuellen Welten stellt die Virtual Reality auch dann, wenn keine unmittelbare Immersion vorliegt, bereits einen höheren Grad der Virtualisierung dar; der virtuelle Raum erhält eine solche Qualität, daß er zunehmend vom realen Raum nicht mehr zu unterscheiden ist. Die Periphere Phantomatik des Stanislaw Lem entspricht in der modernen Terminologie der „Virtual Reality mit Immersion". Der virtuelle Raum ist begehbar geworden, das Subjekt kann auf vielfältige Weise im virtuellen Raum agieren, der Eindruck ist somit ungleich stärker, die Möglichkeiten der Anwendungen sind, wie wir noch sehen werden, ungleich größer. Im Zentrum der konzentrischen Kreise schließlich befindet sich die Zentrale Phantomatik des Stanislaw Lem, die Direktschaltung zwischen Mensch und Maschine, die unmittelbare Hirnreizung. In der zentralen Phantomatik verschmelzen realer und virtueller Raum für den Wahrnehmungsapparat des Subjektes zu einer unauflöslichen Einheit.

## 3.2 Die phantomatische Maschine in der SF-Literatur

Das theoretische Konstrukt der phantomatischen Maschine hat Stanislaw Lem zum Ausgangspunkt zahlreicher Erzählungen und Romane gemacht.[17] Neben Stanislaw Lem präsentiert vor allem der österreichische Science Fiction Autor Herbert W. Franke in seinen Arbeiten das ganze Ausmaß phantomatischer Wirklichkeiten. Auch bei ihm verirrt sich der Mensch in einem System perfekter technischer Illusion, in dem die Unterschiede zwischen Wirklichkeit und Täuschung nicht mehr erkennbar sind.

### „Transfer"

Im Roman „Transfer" kehrt der Pilot Hal Bregg nach zehnjähriger Weltraumexpedition zurück.[18] Auf der Erde sind jedoch inzwischen bereits 123 Jahre vergangen, so daß Bregg große Schwierigkeiten hat, sich zurechtzufinden, und zwischen Verwunderung und Verzweiflung schwankt. Der Menschheit ist es inzwischen gelungen, sich über die

Gesetze der Schwerkraft hinwegzusetzen. Wände wandern, Gebäude schweben und gleiten, die Menschen tragen phantastische Gewänder; Mäntel, Anzüge, Jacken, Wäsche alles wird mit Hilfe von Fläschchen einfach auf den Körper aufgesprüht. Alle anstrengenden Arbeiten werden von Robotern erledigt, Roboter an der Rezeptur, Automaten als Kellner im Restaurant, intelligente Maschinen dort, wo gefährliche Arbeiten auftreten. Es ist ein Zeitalter des Wohlstandes, materielle Fragen haben aufgehört zu existieren. Die Gesellschaft, in die er zurückgekehrt ist, so erklärt ihm ein Arzt, sei stabilisiert, sie lebe in Ruhe.

Der Mensch dieser Gesellschaft ist durch einen Eingriff ins Vorderhirn einiger seiner anthropologischen Spezifika beraubt. Diese sogenannte „Betrisierung" erzeugt „uneigentliche Menschen ohne Aggression, Mut und Neugier, Menschen, deren emotionale Aneignung der Wirklichkeit operativ reduziert worden ist."[19] Die bereits seit ihrer Geburt betrisierten Menschen sind nicht mehr zur Gewalt fähig, das biblische Gebot „Du sollst nicht töten" ist durch einen chirurgischen Eingriff realisiert worden. Der aus dem All zurückgekehrte Hal Bregg besitzt in der betrisierten Welt als einer der wenigen das Privileg, nicht betrisiert zu sein. Das Gesetz sieht für die Astronauten eine Ausnahme vor, da die Betrisierung bei Erwachsenen ein für die Gesundheit schädlicher und gefährlicher Eingriff ist.

Der individuelle Verlust von Emotionen, Aggressionen, Abenteuerlust und Risikobereitschaft hat zu einer totalen Befriedung der Welt geführt. Die Gesellschaft hat eine Art posthistorischen Zustand erreicht, da sie keine neuen Ziele mehr anstrebt. „Wir haben", so erklärt der Arzt Doktor Juffon dem verwirrten Bregg, „die Hölle der Leidenschaften besiegt, da stellte es sich heraus, daß zugleich auch der Himmel zu existieren aufhörte."[20]

Die eines Teils ihrer Emotionen beraubten Menschen amüsieren sich in der betrisierten Welt in Multimedia Parks. Hal Bregg erlebt eine Welt der phantastischen Illusion. Wasserfälle, weitläufige Strände, riesige Flüsse, gefräßige Krokodile - all dies sind Bestandteile einer Illusionsmaschinerie. Virtuelle Welten haben die Funktion, den Verlust an Emotionen, den Verlust eines relevanten Teils des Menschseins, zu kompensieren. Abenteuer und Risiken kann der betrisierte Mensch nur noch in der Welt des Scheins erleben. Die Illusion der Multimedia Parks der Zukunft ist so perfekt, daß die Wahrnehmung nicht mehr in der Lage ist, zwischen Realität und Virtualität zu unterscheiden. Die perfekte Illusion der phantomatisierten Unterhaltungswelt vermag Bregg jedoch noch mit Hilfe der Ratio zu durchschauen, er ist sich bewußt, daß alles nur computererzeugte Welten sind. Doch der sinnliche Eindruck der Phantasiewelt ist so perfekt, daß die Illusionen das Verhalten und die Handlung der Menschen zu bestimmen vermögen, so weicht man etwa virtuellen Hindernissen wie realen Hindernissen aus. „Quer zu dem herabwallenden Wasserfall, der uns trug, lag dicht über der Oberfläche ein Baum, ein Waldriese, der von oben herabgefallen war und eine Art Brücke bildete. Meine beiden Mitfahrer fielen auf den Kielboden. Einen Sekundenbruchteil zögerte ich, es ihnen nachzutun. Ich wußte ja, daß das alles ..., diese ganze Reise, ... nur staunenswerte Illusion war, aber reglos sitzen zu bleiben, wenn sich der Bootsschnabel schon unter den wasserüberfluteten, teerigen

Stamm des Riesenbaumes schob, ging über meine Kräfte. Blitzartig legte ich mich lang, hob aber gleichzeitig den Arm: der ging durch den Stamm durch, ohne ihn zu berühren, ich spürte - wider Erwarten - gar nichts. Trotzdem blieb die Vorstellung bestehen, wir wären wie durch ein Wunder einer Katastrophe entgangen.“[21] Trotz seines Wissens, Besucher eines Fantasy-Parks zu sein, wird Hal Bregg zuguterletzt doch noch zum Gespött seiner betrisierten Mitmenschen. So versucht er, durch einen gewagten Sprung einer Frau das Leben zu retten. „Sie befand sich noch in der Luft, als ich sprang, mit den Füßen nach vorn; ich zielte auf die Wellen seitlich zwischen dem Ufer und der Wand des nächsten Felsbrockens. Darüber nachgedacht habe ich erst später, als ich Zeit hatte. Im Grunde wußte ich, daß Wasserfall wie Flußfahrt nur Illusion waren. Als Beweis hatte ich ja den Baumstamm, durch den meine Hand hindurchgegangen war. Trotzdem sprang ich, als könnte die Frau dort tatsächlich umkommen. Ich weiß sogar noch, daß ich rein instinktiv auf den eisigen Wasserstoß vorbereitet war, dessen Spritzer immerfort auf unsere Gesichter und Kleider fielen. Ich spürte nichts außer einem starken Luftstoß und landete in einem geräumigen Saal auf nur leicht geknickten Knien, als wäre ich höchstens aus einem Meter Höhe herabgesprungen. Ich hörte ein chorähnliches Gelächter. Ich stand auf einem weichen, plastartigen Boden, rundum gab es eine Menge Leute, manche hatten noch durchnäßte Kleider. Sie hatten den Kopf erhoben und brüllten vor Lachen. Ich folgte ihnen mit dem Blick - und es war unheimlich. Keine Spur von Wasserfällen, Felsen, afrikanischem Himmel.“[22] Die Suggestivkraft der phantomatischen Unterhaltungswelt siegt so über die Ratio. Die phantomatische Unterhaltungswelt gestattet dem menschlichen Wahrnehmungsapparat keine Unterscheidung mehr zwischen virtuell und reell, die Virtualität wird zur verhaltensbestimmenden Größe.

## „Sirius Transit“

Die Geschichte „Sirius Transit“ (1979) des österreichischen SF-Autors Herbert W. Franke gilt als erste SF-Erzählung zum Thema Cyberspace im deutschsprachigen Raum. Im Mittelpunkt der Erzählung steht ein neuentdeckter, erdähnlicher Planet, mit einer wunderschönen, naturbelassenen Welt, der Sirius, und eine Firma, welche die Besiedlung organisiert. Der Sitz der Firma „Sirius Transit“ ist Santa Monica im kalifornischen Silicon Valley, eine Stadt der Computerchips, der Spiele, der Unterhaltung und der Illusionen. Der Chef des Imperiums ist Gus Griffin, ein medialer Jongleur, ein Initiator undurchsichtiger Manipulationen. Die Geschichte beginnt, als Barry, der Bruder von Gus Griffin, in Santa Monica eintrifft. Barry ist von Beruf Pilot, der Sirius ist für ihn die Erfüllung seiner Träume und Sehnsüchte und so hofft er, daß ihm sein bewunderter älterer Bruder einen Job bei den Erschließungsarbeiten verschaffen kann. Doch die Kontaktaufnahme zu diesem erweist sich als komplizierter, als er denkt. So ist sein Bruder zunächst einmal vor allem ein medialer Mythos, der von „Schwarzen Sheriffs“ systematisch abgeschirmt wird und dessen Aufrufe zur Besiedlung der Sirius in den Videotheken ausleihbar sind. Jeder kennt Gus

Griffin und seine Geschichte aus den Medien: ein strahlender Held, einer, der sich emporgearbeitet hat, ein Findelkind, das es geschafft hat. In der medialen Wirklichkeit des einsamen Kämpfers zum Wohle der Menschheit ist kein Platz für eine Familie, einen leiblichen Bruder. Was Wahrheit bedeutet, hat der Chef des Imperiums der Illusionen klar für sich beantwortet: „Wahr ist das, woran wir glauben.“[23]

So gerät Barry mehr und mehr in das Räderwerk einer ihm unverständlichen Maschinerie, er wird zum Opfer einer Illusionsmaschinerie, in der Wahrheit und Realität verfließen.

Die Firma „Sirius Transit“, so erfährt Barry im Verlauf vielfacher vergeblicher Kontaktaufnahme-Versuche besitzt die Lizenz für das phantastische Erlebnistheater „Globorama“ - eine unverkennbare Anspielung Herbert W. Frankes auf das „Sensorama“ Morton Heiligs. Die Globorama-Show ist eine Traumfabrik, eine phantomatische Maschine. Der Globorama-Raum wird wie folgt beschrieben: „Ringsherum über die Decke gewölbt und bis zur Bodenebene reichend, ein Rundhorizont, eine grauweiße Projektionsfläche. In der Mitte ein einzelner Zuschauersitz, ein bequemer Stuhl mit dick gepolsterten Lehnen für Arme und Rücken. Davor ein Pult, der Armatur einer Raketenkanzel nachgebildet ... Vom Helm führt ein Kabel zu einem Steckkontakt im Armaturenbrett.“ Das Globorama der Firma „Sirius Transit“ vermittelt den Eindruck eines Raketenfluges inclusive des dazugehörigen Gefühls der Schwerelosigkeit. Ähnlich wie in „Transfer“ sind auch in „Sirius Transit“ die Eindrücke der phantomatischen Maschine so stark, daß sie das Verhalten der Menschen bestimmen. Obwohl sich Barry bewußt ist, daß es sich um eine „Globorama-Show“ handelt, reagiert er wie in der Wirklichkeit seines Pilotenberufes. „Längst hat sich das Blau des Himmels verdunkelt, ist der schwarzen Tiefe des offenen Raums gewichen. Einzelne Sterne werden sichtbar. Dann ein Lichtschein ..., ein heller Körper, der rasch größer wird, auf Barry zuschießt. Plötzlich ist er hellwach. Automatisch greifen seine Hände nach dem Steuerknüppel. Er mustert die Anzeigegeräte - ein Blick, und er ist informiert. Ohne zu zögern zieht er die Rakete nach links ... und der fremde Flugkörper saust an ihm vorbei.“[24]

Barry wird schließlich immer tiefer in die technische Illusion hineingezogen, und erlebt ein virtuelles, fiktives Treffen mit seinem Bruder, der ihn auffordert, mit ihm zum Sirius zu fliegen. Traum, Wirklichkeit und Realität bilden komplexe verschachtelte Strukturen, so daß Realität und Illusion nicht mehr zu unterscheiden sind. „Barry atmet tief durch. Ein Glücksgefühl durchströmt ihn: Das ist mehr, als er sich wünschen konnte - eine Rakete steuern, auf dem Weg zum Sirius ... Und neben ihm sein Bruder, der seiner Hilfe bedarf - und sie bekommt ... Er blickt nach rechts - doch der Platz neben ihm ist leer. ... Irritiert sieht Barry sich um. Er greift sich an die Augen, denn er fürchtet, von einer Sinnestäuschung genarrt zu sein. Die Umgebung um ihn herum beginnt zu verblassen, ein kurzes Flackern, ein Schwanken des Horizonts, und dann sitzt er plötzlich in der Globorama-Kammer. Er ist maßlos enttäuscht und verwirrt, er weiß nicht, ob das Wirklichkeit ist, was er erlebt, oder ein Teil eines Traums, in den er sich verirrt hat.“[25]

In historischen Rückblenden wird die Geschichte der beiden Brüder erzählt, ihre

Kindheit und ihre Jugend bis zum Zeitpunkt, als sich beide aus den Augen verlieren. Die Rückblenden dienen erzähltechnisch betrachtet nicht nur dazu, die „Brudergeschichte" mit Episoden zu füllen, sondern im wesentlichen zur Verdeutlichung des historischen Prozesses der Virtualisierung einer Gesellschaft. Herbert W. Franke verdeutlicht so, daß bereits in unserer „mediatisierten Erlebnisgesellschaft" mit Centerparks, Disneyland und Multimedia die Elemente angelegt sind, welche über eine Perfektionierung der Illusionsmaschinerie schließlich zur phantomatischen Perfektion führen.

In der Jugendzeit der beiden Brüder bestimmen bereits Computer den Fortgang der Ausbildung. „Die Schule war ein Fließbandsystem, eine Zellenstruktur aus winzigen Lernkabinen, in denen sie zwischen elektronische Anlagen eingepfercht saßen."[26] Die Funktion des Pädagogen hat weitgehend der Rechner übernommen, er vergibt die Aufgaben, speichert die Ergebnisse, vergleicht die Arbeiten miteinander und bewertet sie. Gegen die Herrschaft des Schulrechners richtet sich die Revolte einiger Schüler, deren Protestform der Ludditenbewegung ähnelt. Einige Schüler rasteten aus „und dann zerschlugen sie die Bildschirme, traten in die Tasten, rissen das Papier aus den Rollen, versuchten die elektronisch verschlossenen Türen aufzubrechen"[27]. Die Freizeit von Gus und Barry füllen in ihrer Jugend vor allem Vergnügungsparks, künstliche Paradiese, überdimensionierte Disneylands und das Fernsehen aus. Die Funktion des Fernsehens beginnt sich in ihrer Jugend zu wandeln. „Wie die anderen Massenmedien hatte es sich rasch weiterentwickelt, anstelle der Bildschirme traten Projektionsflächen, für die eine Zimmerwand freigehalten werden mußte, die Bilder waren räumlich - man konnte gewissermaßen in einen Rahmen hineinsehen, ein Fenster in eine andere Welt, in der es nie langweilig war, eine Welt voll Auseinandersetzung, Kämpfen, Niederlagen und Siegen. Mit der Großprojektion und der Holografie war die Illusion noch wirklichkeitsnäher geworden. Längst glaubte niemand mehr an die Vermittlung von Wissen, an Bildungsaufgaben. Man hatte erkannt, daß die einzige Funktion des Fernsehens darin besteht, den Menschen zum Ausleben latenter Emotionen, zur Erfüllung unterdrückter Wünsche, zur Verwirklichung geheimer Träume zu verhelfen ...".[28]

In ihrer Jugend sind die synthetischen Welten noch Simulationen, die sich diverser Techniken bedienen; es sind Simulationen mit all ihren Grenzen, „nicht gut genug, um für dauernd zu täuschen."[29] Sie täuschen nur denjenigen, der sich täuschen lassen will. Für diesen wird die Illusion jedoch bereits zu einer Art Wirklichkeit. Der Effekt der Simulationen wird in den Vergnügungsparks durch den Einsatz psychotroper Gase verstärkt, die, in die Luft geblasen und über das ganze Gelände verteilt, unterschiedliche Empfindungen auslösen sollen. Doch erst Gus Griffin, dem Chef des Illusions-Imperiums „Sirius Transit" ist es gelungen, die perfekte Illusion zu erzeugen, die phantomatische Maschine eines Stanislaw Lem.

Der Verdacht Barrys wird indes immer größer, daß das, was „Sirius Transit" als Glück verheißt, ein mit allen Mitteln modernster Technik kreierter Betrug ist. Auf die Frage „Was ist denn nun wahr und was nicht?" antwortet ihm ein Kamerad: „Ich bin nicht so sicher. Ich weiß es einfach nicht. Es kann Wirklichkeit sein, aber auch ein Psychospiel, Projektionen ... Der Sirius: eine Täuschung, mit der man uns betrügt - die vollkommene technische Illusion."[30]

Auf den empörten Ausruf Barrys, der schließlich das System perfekter Illusionen durchschaut hat: „Aber es ist doch alles nicht wahr, es ist doch Schwindel, Täuschung!" antwortet ihm sein Bruder: „Was ist Wirklichkeit, was ist Täuschung? Wirklichkeit ist das, was man erlebt, und das, was ich den Leuten biete, sind Erlebnisse. Sie erleben es wirklich, Barry - so klar und eindeutig, wie es gar nicht anders sein kann. Das ist die Wirklichkeit - nichts anderes."[31] Und Gus Freundin stimmt legitimierend ein: „... weißt Du nicht, wie die Erde heute aussieht? Wer würde noch solche Bilder sehen, wenn sie ihnen Gus nicht gäbe? Wer würde noch die freie Natur kennenlernen, die reine Luft, das klare Wasser? Wer würde noch das Gefühl verspüren, dieses Land zu entdecken, zu erobern und sein eigen zu nennen? Gus macht den Menschen ein Geschenk, und sie sollten ihm dankbar sein."[32]

So erweist sich denn die phantomatische Maschine des Griffinschen Imperiums in ihrem Kern als eine Art Superdroge, die über eine zunehmend unbewohnbar gewordene Welt hinwegtrösten soll, der Sirius als eine lediglich in Gestalt von Bits und Bytes existierende perfekte Simulation, eine Weltprothese. Das, was „Sirius Transit" anpreist, ist nichts als eine Prothetisierung der Wirklichkeit, ein schöner, begehbarar Schein, der Dollars aus den Taschen der Menschen zieht.

## „Der Futurologische Kongreß"

Während in den Erlebnisparks der Erzählung „Sirius Transit" psychotrope Gase nur zur Verstärkung unterschiedlicher Empfindungen eingesetzt werden, wird der Held in Lems Erzählung „Der futurologische Kongreß" bereits mit aerosolförmig eingebrachten hochkomplexen Psychopharmaka konfrontiert, die umfassende Sinneseindrücke vermitteln, so daß ein Vordringen zur eigentlichen Wirklichkeit für den einzelnen nicht mehr möglich ist. Nur mit Hilfe von illegalen Antidrogen gelingt es, die Wirkung der Psychopharmaka zeitweise zu unterbinden. Die Desillusionierung gleicht dabei einem Sturz ins Bodenlose: „ ... da verschlug es mir den Atem: der herrliche Saal mit Majolika-Wänden, Teppichen, Palmen, prunkvoll schimmernden Tischen und einem im Hintergrund postierten Kammerorchester, das uns zum Bratengang aufgespielt hatte, - das alles war verschwunden. Wir saßen an einem nackten Holztisch in einem Betonbunker; unsere Füße versanken in einer arg zerschlissenen Strohmatte. Musik hörte ich weiterhin. Aber wie ich nun merkte, entströmte sie einem Lautsprecher, der an einem rostigen Draht hing. Die kristallschillernden Kandelaber hatten verstaubten Glühbirnen Platz gemacht. Doch die gräßlichste Wandlung war auf dem Tisch vor sich gegangen. Das schneeige Tafeltuch war fort; statt der Silberschüssel, worin auf knusprigem Brot das Rebhuhn geduftet hatte, stand vor mir ein Teller aus Steingut; darauf lag ein unappetitlicher graubrauner Breiklumpen; er blieb an der Zinngabel kleben, deren edler Silberglanz gleichfalls erloschen war."[33]

Die Psychopharmaka bewirken ohne EyePhone und DataGlove, ohne Interface und Cyberspace eine totale Entwirklichung, die mit der konkreten Welt nichts mehr gemein hat. Suggeriert wird eine „heile Welt", während die profane Wirklichkeit eine Welt des Elends und aufgebrauchter Ressourcen ist. „Doch nach dieser schokkierenden Desillusionierung ahnt Tichy bereits, daß es nicht nur eine phantomatische Ebene der Wirklichkeit gibt, sondern sogar vielleicht eine Vielzahl von Ebenen. So begibt er sich mit weiteren und wirksameren Seren auf eine regelrechte Tour de force durch die im Laufe der Zeit psychochemisch generierten Ebenen einer multiplen Wirklichkeit."[34] Auf seiner Suche nach der Wirklichkeit findet er stets neue Realitätsebenen, ohne festen Boden, der einen allgemeinverbindlichen Konsens darstellen könnnte, zu erreichen.

Die vorgefundene Hierarchie der Ebenen durchdringend, gelangt Tichy zu einem Bild einer überbevölkerten Welt, deren technischer Fortschritt lediglich in der Realität von Designerdrogen existiert. Die Prothetisierung der zerstörten, natürlichen Lebenswelt ist längst mißlungen, so daß nur noch die Möglichkeit einer Meta-Prothese zu bestehen scheint, die Reetablierung der natürlichen Welt mit Hilfe von Psychopharmaka. Die Herrschenden haben schon längst die Devise ausgegeben: „Läßt sich die Wahrheit nicht ändern, so muß sie verhüllt werden".[35] Die Legitimation der Täuschung einer ganzen Weltbevölkerung läßt an Sarkasmus nichts zu wünschen übrig: „Wir nakotisieren die Zivilisation, denn sonst ertrüge sie sich selbst nicht."[36] Die Menschen werden zum Opfer einer für Herrschaftsinteressen instrumentalisierten Phantomatik, welche sie in virtuelle Welten einlullt, da die konkrete Welt nicht mehr ertragbar ist.

### „Der Orchideenkäfig"

Auf einem fernen Planeten versuchen im Roman Herbert W. Frankes zwei Gruppen von Menschen eine scheinbar tote Stadt auf einem fernen Planeten zu erforschen. Sie dringen in die Stadt Schritt für Schritt ein. Der äußere Ring besteht aus Bauwerken ultramoderner Technik, die Innenstadt ist mittelalterlich geprägt und halb verfallen, das Zentrum geheimnisumwittert. Doch die Stadt ist keineswegs tot. Die Fabriken beginnen wieder zu arbeiten, Automaten greifen ein, im Hintergrund scheinen menschenähnliche Geschöpfe die Fäden zu ziehen. Die Menschen, sofern es sie auf dem Planeten gibt, werden von den Robotern jedoch hermetisch abgeschirmt. Die Forscher gehen in ihren Überlegungen und Prämissen davon aus, daß auch die intelligenten Maschinen dieses Planeten in irgendeiner Art den vier klassischen Gesetzen für Roboter gehorchen müssen, welche auf der Erde herrschen:

„Erstens: Der Roboter hat den Menschen zu schützen und zu verhindern, daß ein Mensch geschädigt wird.
Zweitens: Er hat dem Menschen zu gehorchen.
Drittens: Er hat darauf zu achten, daß er selbst nicht beschädigt wird.
Viertens: Er hat sich stets so zu verhalten, daß von seiner Umgebung möglichst wenig zerstört wird."[37]

Auf der Suche nach menschlichen Lebewesen auf dem fremden Planeten entdekken Al und René Laboratorien und Archive. In einem der Archivräume entdeckt Al eine Art „Wiedergabegerät", eine „Einrichtung für Totalwiedergabe". Mit Hilfe dieser phantomatischen Maschine, welche tief in die Gehirnvorgänge des Benutzers eingreift, ist er in der Lage, die „visualisierte Geschichte" der Planetenbewohner durch eigene Anschauung und Sinneseindrücke zu erleben. „Er bewunderte die Feinheiten der Wiedergabe, die Farbigkeit der Eindrücke. Es war etwas Neues für ihn, daß hier auch Gedanken und Entschlüsse vermittelt wurden ... Vor allem aber: die Aufzeichnungen waren ihm zugänglich. Seine Sinnesorgane und seine Denkweise waren denen der alten Planetenbewohner so ähnlich, daß er ihre Eindrücke nicht nur nacherleben konnte, sondern auch verständlich fand! Es mußten Menschen oder den Menschen sehr verwandte Geschöpfe gewesen sein."[38]

Die Lebewesen, die Al schließlich mit Hilfe der Aufzeichnungen erblickt, sehen nicht viel anders aus als Menschen. Im Laufe der Geschichte, so erfährt Al, ist der Planet in einen Meteoritenschwarm geraten; um sich zu schützen, bauten die Menschen unsichtbare Schutzschilde über die Stadt. Die Naturkatastrophe leitet jedoch zugleich den Prozeß einer totalen Mediatisierung und schließlich Virtualisierung der Planetenbewohner ein. „Trotz der wiedergewonnenen Sicherheit bewegte sich nur noch selten jemand aus seinem Haus heraus. Die meiste Zeit saßen sie vor den Projektionsschirmen, schauten hinaus ins Vorland, ließen sich Märchen vorgaukeln, blendeten sich ins Geschehen ein oder nahmen passiv daran teil. Sie brauchten sich nicht mehr zu bewegen - alles, was sie erleben wollten, suggerierte ihnen die Totalwiedergabe. Sie brauchten nicht mehr zu essen - Leitungen spülten flüssige Nahrung an ihre Sitzplätze. Sie saßen, träumten, schliefen ... tagelang ... monatelang ... generationenlang."[39] So ist die Lösung des Rätsels, warum die Forschergruppe trotz der Städte, Fabriken und historischen Aufzeichnungen keine menschenähnlichen Geschöpfe erblicken, verblüffend und konsequent zugleich: Die Menschen des Planeten haben die ersten automatischen Einrichtungen gebaut, um sich von ihnen bedienen zu lassen, später haben sie Automaten konstruiert, die sich selbst weiterentwickeln konnten. Schließlich haben die Automaten die Arbeit und das Denken übernommen und entsprechend ihrer Aufgabenstellung alles getan, um die Menschen zu bedienen und zu beschützen. Ein Automat erläutert Al, die Menschen seien schließlich zu ihrer eigenen Sicherheit in die Kellerräume der Zentrale gebracht worden. „Unsere Technik war so hochentwickelt, daß wir ihnen jeden Wunsch durch Gehirnzellenreizung erfüllen konnten. Ich glaube, wir haben ihnen dadurch den Weg zum vollkommenen Glück, zum vollkommenen Frieden und zur vollkommenen Sicherheit gebahnt".[40]

Al erhält schließlich die Möglichkeit, die Fremden zu sehen, und ist geschockt. Die ehemaligen Menschen leben in einem Geflecht aus Leitungen, Drähten, Reflektoren, Fäden, Stäben und Plastikhüllen. Sie haben Pflanzenleiber und ähneln ihrem Aussehen nach Orchideen; sie sind bewegungslos, alle Stoffe, die sie benötigen, werden ihnen automatisch zugeführt. Sinnesorgane wie Augen und Ohren haben sie nicht mehr, auch keine Atemorgane. Das Gehirn ist eine verknäulte, vielfach verdickte Masse, auf die von allen Seiten feine Fäden wie Spinngewebe zulaufen und in das Innere hinein. „Mit ihnen", so erklärt der Automat, „leiten wir angenehme Vorstellungen zu: Ruhe, Zufriedenheit, Glück - und anderes, wofür ihr keine Worte habt."[41] Da die Menschen auf diese Weise unsterblich geworden sind, brauchen sie sich auch nicht mehr zu vermehren. Auf die Frage der Menschen „Können sie sich mit uns verständigen?" antwortet der Automat: „Sie brauchen sich nicht zu verständigen - mit niemand." So haben denn auch Al und René keine Frage mehr. „Mit schwimmenden Augen starrten sie auf die blütenhaften, schlaffen Organismen in ihren Schutzhüllen aus Metall, Glas und Kunststoff, die auf ihre Weise ihr Ziel erreicht hatten: das Paradies, das Nirwana, das Alles und das Nichts."[42] Frankes Roman kann so als eine Art Parabel von der Evolution des Menschen im Zeitalter mediatisierter Kommunikation gelten. Die Virtualisierung des Menschen führt in die Bewegungslosigkeit, letzendlich ins Nichts.

So entwirft denn Franke in seinem Roman das Bild eines - wie Stanislaw Lem es nennt - „Superphantomaten". So heißt es in der Summa technologiae an der entsprechenden Stelle: „Man kann sich natürlich einen gesamtplanetaren 'Superphantomaten' vorstellen, an den die Bewohner dieses Planeten 'ein für allemal' ... angeschlossen sind, während die vegetativen Prozesse ihrer Körper von automatischen Apparaturen (die zum Beispiel dem Blut Nährstoffe usw. zuführen) aufrechterhalten werden. Eine solche Zivilisation ist natürlich ein Alptraum."[43]

So ist denn auch für Al, der auf der Suche nach dem Schicksal der menschenähnlichen Planetenbewohner vor allem deshalb war, weil man auf diese Weise erfahren könne, „was auch aus uns einst werden wird", das Szenario des „Orchideenkäfigs" eine Horrorvision und Warnung zugleich. Denn auch seine Erdengeneration zeichnet sich bereits durch einen hohen Grad erreichter Virtualisierung aus. Al und seine Kameraden befinden sich nicht wirklich physisch auf dem fremden Planeten, sondern in Gestalt von Pseudokörpern, die beliebig austauschbar sind. Ein „virtueller Energieaustausch" ermöglicht eine zeitlose Übertragung. Den Menschen auf der Erde werden die Eindrücke auf dem fremden Planeten in Echtzeit als Sinnesempfindungen direkt zugeführt, so daß sie ein richtiges Körpergefühl bekommen, als ob sie sich selbst in der Untersuchungsregion befänden. Die Telekörper enthalten Rezeptionsinstrumente, welche den gewöhnlichen Sinnesorganen entsprechen. „Jedes dieser Organe steht mit der Sende- und Empfangszentrale auf der Erde in Verbindung, von wo die Nachrichten über den Empfängerhelm sofort an die richtige Stelle im Gehirn ... geleitet werden. Das vollkommene Körpergefühl, der Eindruck, selbst zu empfinden und zu handeln ...".[44] Telepräsenz als ein mögliches Anwendungsgebiet der Virtual Reality ist in Als und Renés Erdenwelt bereits bis zur Perfektion entwickelt und in der gänzlich mediatisierten Erlebnisgesellschaft der Zukunft zu einem modernen Adventure-Spiel geworden. Der Alptraum des „Orchideenkäfigs", so lautet Frankes unüberhörbare Warnung, hat seine evolutionären Vorläufer in den Centerparks und Disneylands des Heute, in den virtuellen Welten des Morgen und in der weitgehend virtualisierten Gesellschaft des Übermorgen. Mediatisierung und Virtualisierung führen so in die Katastrophe. Der Alptraum des „Orchideenkäfigs" hat bereits begonnen ...

**„Der Testflug des Piloten Pirx"**

In Stanislaw Lems Erzählung „Der Test" wird der Kandidat Pirx kurz vor Beendigung seiner Pilotenausbildung mit phantomatischen Wirklichkeiten konfrontiert. Nach monatelangem hartem Training erklärt ihm sein Ausbilder, daß er, Pirx, morgen seinen ersten Testflug absolvieren wird. Für den Versuchsflug erhält er eine zu absolvierende Prüfungsaufgabe: er soll zwei Raumschiffe zum Mond lotsen. Doch schon nach dem Start geht so gut wie alles schief. Zwei Fliegen, die sich im Cockpit verirrt haben, bewirken nicht nur die Störung des Funkverkehrs sowie einen Kurzschluß, sie provozieren auch die Gefahr einer möglichen Havarie seines Raumschiffes mit dem Mond. Doch Pirx gelingt es, die drohende Gefahr abzuwenden, den Sturzflug seines Raumschiffes abzufangen und es wieder auf sicheren Kurs zu führen. Als Pirx erleichtert aufatmet, hört er hinter sich etwas knacken und vernimmt die gedämpfte Stimme seines Chefs. Der Übungsflug, den Pirx absolviert hat, erweist sich als reine Simulation. Der perfekte Flugsimulator, den er für eine echte Rakete hielt, basiert auf der von Lem in der „Summa technologiae" skizzierten peripheren Phantomatik. Die Illusion ist so perfekt, daß Pirx den „Betrug" auch jetzt noch nicht durchschaut, er glaubt vielmehr, das er dabei ist, den Verstand zu verlieren. „Er wollte aufspringen, aber die Gurte hielten ihn fest. Er fiel zurück, glaubte wahnsinnig zu sein. Im Gang zwischen der Wand des Steuerraums und der gläsernen Hülle erschien der Chef. Er stand vor ihm in seiner ganzen Uniform, sah ihn mit grauen Augen an - und lächelte. Pirx wußte nicht, wie ihm geschah."[45]

Die Rakete erweist sich als phantomatische Maschine, die beiden Fliegen sind computererzeugte Illusionen, damit die Ausbilder das Verhalten der Kadetten in Extremsituationen testen können. Boerst, der zweite Kandidat, der am selben Tag seinen Testflug zu absolvieren hatte, scheitert im Unterschied zu Pirx und verläßt die „Rakete" als „ein braunes, taumelndes Bündel Mensch."[46] Zwei weißbekittelte Menschen kümmern sich um ihn, denn in der Simulation ist er mit dem Mond zusammengestoßen, er ist halb wahnsinnig.

## 3.3 Die Cyberpunk-Literatur

Mit seinem Roman „Neuromancer"[47] eröffnete William Gibson nicht nur SF-Fans einen neuen Raum, den Cyberspace, den Kosmos hinter dem Bildschirm, sondern begründete zugleich den Cyberpunk, eine postmoderne literarische Bewegung in den USA der achtziger Jahre.

Die Cyberpunk-Bewegung attackierte den Mainstream in der SF-Literatur, grenzte sich ab von einer SF-Literatur, welche die Auseinandersetzung mit einer realistischen Zukunft zugunsten von Fantasy, postapokalyptischer Inhalte und galaktischer Imperien aufgab. Die Cyberpunk-Bewegung einte die Präsentation einer negativen Utopie moderner Informationsgesellschaften, eines dreidimensionalen Menschen, welcher der Technik ausgeliefert ist und Technik als Droge konsumiert.

In der negativen Utopie der Cyberpunk-Erzählungen dominiert das „System" das Leben der „einfachen Leute". Das Systemische kann ein diktatorisches Regime, eine fundamentalistische Religion oder - wie bei William Gibson - die Herrschaft multinationaler, globaler Konzerne sein. Die Systeme sind zutiefst verkoppelt mit modernen Informationstechnologien wie der Computertechnologie und den Massenmedien. Informationstechnologien sorgen für die Integration auf technischem Wege, für die Reproduktion und Manifestation von Herrschaft. In Anlehnung an Gedanken von Herbert Marcuse[48] dehnt sich das System auf die Menschen aus - in den Erzählungen der Cyberspace-Literaten mittels Gehirnimplantaten, Prothesen, geklonten oder genetisch erzeugten Organen. Das Interface, die Direktverbindung zwischen menschlichem Gehirn und elektronischen Datenverarbeitungsanlagen, wird so zur Verkörperung systemischer Extension, der Mensch zum Bestandteil der Maschine. Der Computerfreak mit implantierter Elektronik im Schädel, der die Direktschaltung von Gehirn und Computer realisiert, der das Gefühl von Allwissenheit und Allgegenwart als Droge konsumiert, wird im „Neuromancer" William Gibsons zur Marionette sich bekämpfender künstlicher Intelligenzen. Angesichts erfolgreich verlaufender Versuche, auf Chips menschliche Nervenzellen wachsen zu lassen, eine Extrapolation aktueller Trends. Ein - wie Bruce Sterling formuliert - „Eisberg sozialen Wandels", welcher „mit finsterer Majestät durchs späte Jahrhundert treibt" und dessen Proportionen gewaltig und düster sind.[49] Der Hacker, der die Rechner von Firmen und Institutionen durchstreift und versucht, elektronische Invasionsabwehrsysteme (EIS) zu durchbrechen, ist ein Söldner krimineller Subjekte, ein Teil der Maschine, drogensüchtig, physisch zerstört. Dies ist, wie Erich Schneider formuliert, der „Cyber"-Aspekt des Cyberpunks.[50]

Die Helden in den Erzählungen der Cyberpunk-Literaten kommen aus den marginalisierten Schichten des Technosystems, es sind Kriminelle, Ausgestoßene, Abtrünnige, Drogensüchtige, Prostituierte, Hehler, Visionäre und Irre. Die Cyberpunk-Literaten richten den Blick ihrer Kameras auf die Straße, auf die Gosse, auf den Überlebenskampf, auf die Verliererseite des High-Tech. Ihre Figuren sind weder Helden, noch Anti-Helden, an der Grenze zur Unterwelt stehend, häufig Speed-Freaks, beheimatet im Straßenmilieu der Halbwelt, Consolencowboys, welche versuchen, die Technomaschinerie für ihre Zwecke im Überlebenskampf auszunutzen, und uns so wieder ein Stück weit sympathisch werden. Dies ist, so Erich Schneider, der „Punk"-Aspekt des Cyberpunks.[51]

Die Begriffe drugs, sex, violence, cyberspace, artificial intelligence, war und destruction sind in den Erzählungen der Cyberpunk-Literaten ineinander unauflöslich verwoben, eine düstere, tief pessimistische Stimmung eines möglichen 21. Jahrhunderts skizzierend. Im Roman „Neuromancer" verkündet William Gibson schließlich den Anbruch des postbiologischen Zeitalters. Hyperintelligente Rechner multinationaler Konzerne sind auf dem Wege, die Macht zu übernehmen, die totale Manipulation des Menschen einzuleiten. Künstliche Intelligenzen (KIs) werden zum eigentlichen Subjekt kultureller Evolution, zur sozialstrukturellen Kategorie. Der Mensch wird genetisch abgelöst durch den intelligenten Rechner, welcher unsterblich ist, eine Art „Gott", der den menschlichen Verstand potenziert und ihn löst von seiner körperlichen Existenz. Die Vision einer Art „downloading" des menschlichen Geistes auf einen Computer.[52]

Die Abhängigkeit des Menschen von der Maschine erreicht damit eine neue Qualität. Es ist nicht mehr die physische Abhängigkeit, wie sie für den Fordismus typisch war. Filmisch im übrigen brilliant verkörpert von Charlie Chaplin in „Moderne Zeiten" (USA, 1936) - Charlie, mit sich, dem Schraubenschlüssel und den Taktzeiten kämpfend, wird zum Teil der Maschine - oder von Harald Lloyd in „Ausgerechnet Wolkenkratzer" (USA, 1923), der im New York der 20er Jahre mit den Uhrzeigern eines Wolkenkratzers kämpfend zum Symbol der Opfer eines rigiden industriellen Zeittaktes wird. Die nunmehr geistige Abhängigkeit des Menschen von der Maschine ist für William Gibson noch fundamentaler, ein endgültiger Sieg des Technosystems über den Menschen der Postmoderne.

Der Zukunftsentwurf der Cyberpunk-Bewegung als negativer Utopie läßt sich idealtypisch mittels des folgenden soziologischen Analyse-Rasters skizzieren.

| **Mikro- Makroebene** | **Charakteristika** |
|---|---|
| *handelnde Subjekte* | marginalisierte Schichten: Hacker, Drogensüchtige, Prostituierte, Hehler, Zuhälter, Leibwächter; postbiologische Schichten: Künstliche Intelligenzen |
| *Gesellschaftsstruktur* | dichotomische Struktur: marginalisierte Schichten <-> postbiologische Schichten; High-Tech-Gewinner <-> High-Tech-Verlierer; multinationale Konzerne und technische Intelligenz als High-Tech-Gewinner; KIs als sozialstrukturelle Schicht |
| *Individualität, Subjektivität* | Personen als Maskencharaktere, Entindividualisierung und Entsubjektivierung, Individualität und Physis zerstört durch Drogen, Einheitstypen durch „plastische Chirurgie", „bionische Wesen", zerstörte Körperlichkeit, Körper als Mittel zum Zweck, Verlust von Körperlichkeit, Geist-Körper-Dichotomie statt Geist-Körper-Einheit |
| *Mensch-Mensch-Verhältnis* | Instrumentalisierung, Kurzfristigkeit, Beziehungslosigkeit, Kontakt- und Kommunikationsarmut, Isolation, Gewalttätigkeit |

| | |
|---|---|
| *Mensch-Maschine-Verhältnis* | Mensch ist der Maschine geistig untertan, Mensch wird zum Teil der Maschine, Maschine dehnt sich auf den Menschen aus, der menschliche Geist geht auf die Maschine über, die Maschine übernimmt die Macht, Maschine (KI) bestimmt die kulturelle Evolution, Mensch wird genetisch abgelöst durch KIs |
| *Mensch-Natur-Verhältnis* | Natur als Ausbeutungsobjekt multinationaler Konzerne, weitgehende Naturzerstörung, Substitution der Natur durch „künstliche Natur", computergenerierte „Naturen", globale ökologische Katastrophen |
| *Geschlechter-Verhältnis* | Sexismus, Prostitution, Technobordelle, Gewalttätigkeit, Unterwerfung, Instrumentalisierung, Beziehungslosigkeit, Frau als Objekt des Mannes |
| *Macht und Herrschaft* | Multinationale Konzerne, diktatorische Regime, künstliche Intelligenzen (KIs), Entdemokratisierung, Systemdominanz, Reproduktion von Herrschaft durch Informationstechnologien, grenzenlose Manipulation der Bedürfnisse, grenzenlose Manipulation der Information |
| *Menschheit, Staaten und Nationen* | Gewalttätigkeit, Zerstörung, Kriege, atomare Verseuchung, Information als globales Herrschaftsmittel, globale urbane Zentren, globale Armutszonen |

Versuchen wir abschließend eine Art Diagramm der zentralen Kategorien in den Erzählungen der Cyberpunk-Bewegung zu entwerfen:

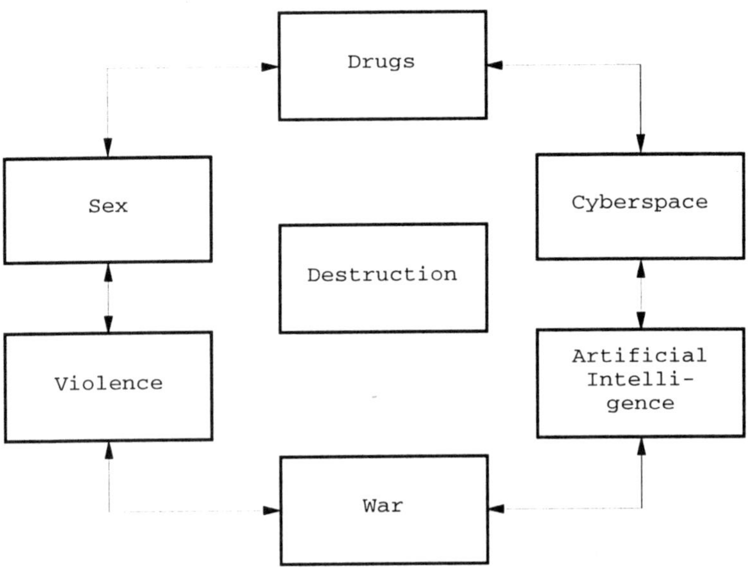

Das Diagramm verdeutlicht die engen Bezüge zwischen den einzelnen Kategorien der Cyberpunk-Erzählungen. Für die Consolencowboys wird Cyberspace zur psychedelischen Megadroge, Sexualität wird meist im Zustand des Rausches erlebt, von Frauen in Technobordellen erlitten, das Verhältnis der Geschlechter ist gewalttätig geprägt und seinerseits Ausdruck des kriegerischen Zustands der Meganationen untereinander. Krieg und ökologische Katastrophen haben zur Substitution der Natur durch „künstliche Naturen" geführt. Zum eigentlichen Herrscher des Cyberspaces und der weiteren kulturellen Evolution werden bei William Gibson die KIs. Integrierende Schlüsselkategorie in den düsteren Erzählungen der Cyberpunk-Bewegung ist destruction.

## 3.4 VR-Visionen im Film

Hollywood beschäftigt sich seit kurzem immer häufiger mit dem Thema der Vernetzung. Alleine für 1995/96 sind 15 Filme angekündigt, die sich entweder direkt mit dem Netz beschäftigen oder das Thema Vernetzung mit einschließen. Hollywood goes Internet - ein Trend, der sich im Spielfilmbereich in Zukunft eher noch verstärken wird.

### „Vernetzt/Johnny Mnemonic"

William Gibson, dessen Romanfiguren ihre Gehirne schon an die Festplatte anschlossen, als die PCs noch als friedliche Singles ihr Dasein fristeten, hat für den Film „Vernetzt" das Drehbuch geschrieben.[53] Der Film basiert auf der Story „Johnny Mnemonic", einer Erzählung, die im US-amerikanischen Magazin Omni 1981 veröffentlicht wurde.[54] Der Film erzählt von Johnny, der für seine Auftraggeber Daten in seinem Gehirn transportiert. Johnny droht an den Daten zu sterben, denn er hat sich bei seinem jüngsten Auftrag „überladen". In der Ich-Erzählung heißt es an der entsprechenden Stelle: „Ich hatte Hunderte von Megabytes ... in meinem Kopf gehortet - Informationen, zu denen ich keinen bewußten Zugang hatte."[55] Johnny, der sich über elektronische Implantate direkt an einen Rechner anschließen kann, hat dort, wo bei anderen Menschen die Erinnerung an ihre Kindheit sitzt, eine Speicherplatte von gigantischer Kapazität. So ist er in der Lage, für seine Auftraggeber Informationen zu schmuggeln, wenn diese top secret sind, für das Netz daher nicht sicher genug, oder wenn es sich um „heiße Ware" handelt. Johnny wird seine Daten nicht los, da der Hehler, welcher die Ware deponieren ließ, kalte Füße bekommen hat. Aus Versehen handelt es sich bei den Daten um „Yakuza-Eigentum", und mit der japanischen Mafia will sich so leicht niemand anlegen. Es sollte Johnnys letzter Auftrag sein, da er mittlerweile genug Geld beiseite geschafft hat und der Wiedergewinnung seiner Identität nichts mehr im Wege steht. Doch sein letzter Auftrag droht im wahrsten Sinne des Wortes auch sein letzter zu werden, denn schon sickern fremde Bilder in sein Gehirn. Die Datenmenge droht sein Gehirn zu sprengen, es schleichen sich Träume und Gedanken ein, die nicht die eigenen sind. Es verbleiben ihm noch 48 Stunden, um die Informationen downzuloaden, länger wird sein Bewußtsein dem Druck nicht mehr standhalten.

Wir befinden uns in der zweiten Hälfte des 21. Jahrhunderts, so heißt es im Vorspann des Filmes, es herrschen internationale Konzerne, die Multis, welche ihre Macht durch das Anheuern von Killermaschinen sichern. Fast jeder zweite Mensch auf dem Globus ist von einer unheilbaren Krankheit befallen: NES, auch das schwarze Zittern genannt. Widerstand gegen die Multis wird von den Lo Teks organisiert, sie herrschen in den Vorstädten, in den Suburbs. Dabei leitet sich der Name Lo Tek von Low Tech ab, da sie den elektronischen und sonstigen Müll der „CyberSociety" für ihre Zwecke und Ziele benutzen. „Die Lo Teks kleben ihre Netze und verwickelten Behausungen mit dicken Expoxidbatzen an die Struktur der Stadt und schlafen in Hängematten über dem Abgrund."[56]

Doch auch Takahashi, ein Yakuza-Boss, der mit allen Mitteln an sein Eigentum kommen will, und Johnny gerne den Kopf vom Körper trennen möchte, damit die Daten auf jeden Fall unversehrt bleiben, hat seine Probleme. Er hat seine Tochter verloren, die Ursache ihres Todes ist wie bei so vielen anderen Menschen auch das „schwarze Zittern".

Das „schwarze Zittern", so erläutert ein mit den Lo Teks befreundeter Arzt namens Spider dem „überladenen" Johnny, käme vom Elektrosmog. Es habe nichts mit unsauberen Implantaten etc. zu tun, wie die Regierung ständig verlauten ließe.

Ein von Johnny angeheuerter weiblicher Bodyguard namens Molly, Spider und die Lo Teks helfen Johnny schließlich, die Daten downzuloaden. Johnny nimmt hierfür Kontakt auf mit einem Delphin, einem Cyborg, der ein „Überbleibsel des letzten Krieges" darstellt. Der Cyborg, dessen Bassin sich im Frontraum des Privatsenders der Lo Teks befindet, ist in der Lage, den Verschlüsselungscode zu knacken und die Daten „downzuloaden".

Es stellt sich heraus, daß es sich um die Daten eines Projektes handelt, welches die Ursachen der NES-Krankheit erforschen sollte. Die bahnbrechenden Ergebnisse wurden jedoch von einem multinationalen Pharmakonzern verheimlicht, der durch Pharmaka am „schwarzen Zittern" verdient. Die Lo Teks gehen schließlich auf Sendung und veröffentlichen mit Hilfe ihres Privatsenders die Forschungsergebnisse und enthüllen so die Machenschaften des Konzerns.

Während die Konzerne heute erst ihre Claims in den Datennetzen abstecken, sieht Gibson gewissermaßen bereits das nächste Öko-Desaster voraus. „Denn Daten, glaubt er, verwesen nicht, die digitalen Informationen wachsen und wuchern zu Müllbergen und Schrotthalden, auf denen nichts außer Viren gedeiht. Und keiner räumt den ganzen Abfall weg."[57]

In den Landschaften des Filmes rotten die Ruinen der Moderne vor sich hin. Die

Postmoderne wird hier im wesentlichen zu einer Gesellschaft nach der Katastrophe. Zur atomaren Explosion gesellt sich die Explosion der Daten hinzu. Die digitalen Daten haben die Köpfe der Menschen verseucht, die Informationen sind explodiert, Computerviren haben die Menschen befallen, die überreizten Menschen sind neuronale, physische Wracks. Die Zerstörung der Außenwelt und die Zerstörung der Innenwelt bilden eine synthetische Einheit; der giftige Himmel und die düstere Stimmung der Vorstädte gehen einher mit der Zerstörung der Kindheitserinnerung, des Verlustes der eigenen Biografie. An die Stelle des Ichs treten digitale Impulse, biografische Erinnerungen müssen den Bits und Bytes weichen.

Johnny Mnemonic, der moderne Typ eines hochbezahlten, sich prostituierenden Technos, wird so zu einer Metapher für eine Gesellschaft, welche die künstliche Welt an die Stelle der realen gesetzt hat.

„Vernetzt" läßt dabei zugleich keinen Zweifel daran, daß der Prozeß der Digitalisierung des Subjektes zu einem unumkehrbaren Faktum werden kann. Die Flucht aus der Wirklichkeit, der Weg in den Cyberspace kann zur Amnesie führen, zur totalen Zerstörung individuellen und historischen Erinnerungsvermögens.

In Gestalt der Lo Techs existiert dabei so ewas wie ein Hoffnungsschimmer, die Möglichkeit eines alternativen Entwicklungsweges, eines humanen Szenarios einer Gesellschaft, die ähnlich wie die Lo Teks sich der Technik bedient, doch diese an sozialen Interessen ausrichtet, High Tech nicht zum Endziel, zum Selbstzweck der menschlichen Gattung erklärt.

## „Das Netz"

Nahezu zeitgleich lief in den Kinos der Film „Das Netz", von Irwin Winkler inszeniert.[58] Der Film erzählt die Geschichte der Computerspezialistin Angela Bennett, deren Identität von Datenkriminellen gelöscht wird.[59] Angela Bennett wird dabei zu Beginn des Filmes als hochspezialisierte und hocheinsame Informatikerin geschildert. Beruflich wie privat surft sie im Internet, die virtuelle Welt ist für sie zu einer Ersatzwelt geworden, zu einer Flucht, um keine ernsthaften Beziehungen zu ihren realen Mitmenschen eingehen zu müssen. Ihr kleines Eigenheim verläßt sie nur auf dem Weg des globalen Datenaustauschs, die Nachbarn kennen sie nicht einmal, ja auch nicht ihre Arbeitskollegen, da Angela Bennett per Telearbeit am vernetzten PC ihre Aufgaben erledigt. Das Eigenheim ist so zugleich Arbeits- und Freizeitstätte, aber es ist vor allem eins: eine Isolierstation. Die eigenen vier Wände verläßt die Computerspezialistin, welche Software nach Fehlern und Viren checkt, nur um ihre alzheimerkranke Mutter zu besuchen, die letzte ernsthafte Beziehung hatte sie zu ihrem Therapeuten, die Pizza wird per Internet belegt, bestellt und bezahlt. Stellenweise droht der Film das Theorem von der vereinsamten und kontaktgestörten Internet-Generation zu überzeichnen, spätestens dann, wenn Angela Bennett Gemütlichkeit will und dafür das behagliche Kaminfeuer auf dem Farbmonitor anklickt.

Kurz vor ihrem - selbstverständlich per Internet gebuchten - Urlaubsflug bekommt die Spezialistin, aus Sicherheitsgründen wohl via Post, von einem Bekannten eine Diskette zugeschickt mit der Bitte, das auf ihr enthaltene Softwareprogramm zu chekken. Das Softwareprogramm erweist sich als ein Hacker-Programm, mit dem Cyberterroristen versuchen, das Internet und damit auch alle staatlichen und öffentlichen Computersysteme des Landes zu beherrschen. Dies erfährt Angela Bennett am eigenen Leibe, ihr Urlaubsantritt verzögert sich auf dem Flughafen um einige Stunden. Die Cyberterroristen haben bereits die Rechenanlagen der Flughäfen unter ihre Kontrolle gebracht und bewirken die Stornierung aller Flüge, auch die Börse wird eines ihrer Opfer mit verheerenden Auswirkungen auf die internationalen Geldmärkte. Die unerkannt bleibenden Cyberterroristen wollen damit vor allem eines bewirken: die so verunsicherten Internet-User sollen ihre Software kaufen, das sogenannte Thorwächter-Programm, welches die totale Sicherheit vor unliebsamer Datenspionage verspricht, das Aus für Hacker. Doch in Wahrheit erweist sich das Thorwächter-Programm als ein trojanisches Pferd, einmal installiert, liefert es IP-Nummern, Usernamen und zugehörige Paßwörter den Cyberterroristen aus. Das Thorwächter-Programm, kurz davor, von staatlicher Seite monopolisiert zu werden, hat Konjunktur, immer mehr Firmen, Behörden und Institutionen vertrauen ihm die Sicherheit ihrer Daten an.

Dem Siegeszug der Cyberterroristen ist nur noch die Existenz der Diskette im Wege. Es entbrennt ein ungleicher Kampf um die Hoheit im Internet. Als erster muß ein homophiler Abgeordneter daran glauben, welcher dem Monopolanspruch des Thorwächter-Programms im Wege stand. Die Cyberterroristen verfälschen die Ergebnisse einer medizinischen Untersuchung, der Rechner besteht in der ihm eigenen Sturheit auf HIV positiv, der Abgeordnete in Kenntnis der so gefälschten Diagnose begeht Selbstmord. Angela Bennetts Bekannter, der als erster auf die Machenschaften der Cyberterroristen aufmerksam wurde, zerschellt mit seinem Jet. Die Kontrollanzeigen des Flugzeugs lieferten falsche Daten, ein Ergebnis der kriminellen Machenschaften der Cyberterroristen, gewissermaßen ein realer Mord im virtuellen Cyberspace. Auf Angela Bennett, die sich im Besitz der Diskette befindet, und sich nach etlichen Jahren des Durcharbeitens keinen schöneren Urlaub vorstellen kann als mit ihrem Modem am Strand, wird ein Killer angesetzt, der die Diskette sicherstellen soll. Die Cyberterroristen haben ihn ausgestattet mit allen nur erdenklichen Informationen, die sie aus dem Internet über Angela Bennett erhalten konnten. Und dies ist eine ganze Menge, denn die Aktivitäten im weltweit größten Netz hinterlassen ihre Spuren. Die Datenkriminellen konnten auf diese Weise eine nahezu komplette Persönlichkeitsbiografie erstellen, vom Belag ihrer Pizza, ihrem Lieblingsdrink, ihrer Kreditkartennummer bis hin zur Gestalt ihres virtuellen Traummannes ist ihnen alles bekannt. Denn im Jahre X, so die Botschaft des Filmes, wird es keine Information mehr geben, die nicht über das Internet abrufbar oder erhackbar wäre.

Um zu ihrem Ziel zu gelangen, löschen die Cyberterroristen die Identität der Informatikerin bitweise. Die Virtualiät ist längst zur Realität geworden, die Realität hat sich digital verflüchtigt, ist Bit für Bit manipulierbar geworden. Keine Daten, keine Bits und Bytes, keine Existenz. Bei Angela Bennett haben die Cyberterroristen leichtes Spiel. Da sie kaum jemanden kennt, können weder ihre Nachbarn noch ihre Arbeitskollegen, denn sie hat ja nur virtuelle Firmenkontakte, sie identifizieren. Und so gelingt es den Datenkriminellen gar, anstelle der echten Angela Bennett unter ihrem Namen eine kriminelle Komplizin in die Firma einzuschleusen. Aus der echten Angela Bennett wird mit wenigen Tastaturklicks eine mehrfach vorbestrafte Prostituierte, die wegen Autodiebstahls gesucht wird. Angela Bennett, zu Beginn des Filmes eine hochqualifizierte Userin weltweiter Netze, das vermeintliche Subjekt des Datengeschehens, wird so zunehmend zum Objekt, ja zum Opfer der Virtualität. Ihre durch Computerwelten forcierte Isolation, ihre Ängste vor direkter Kommunikation, ihre Beschränkung auf Chat-Bekanntschaften im Internet, die ihr bislang völlig ausreichten, drohen ihr zum Verhängnis zu werden.

All ihrer Paßwörter beraubt, aus dem Netz verbannt, ihrer virtuellen Verbindungen verlustig, hat Angela Bennett nichts mehr außer ihrer physischen Körperlichkeit. Doch es gelingt ihr schließlich, als heroische Einzelkämperin ihre Verfolger abzuschütteln, die Hoheit im Internet wiederzuerlangen, die Cyberterroristen in aller Öffentlichkeit zu entlarven und sich wieder ihrer Mutter und ihrem Cyberheim zu widmen. Via Mausklick wird das Programm, ach nein, der Film, beendet.

Den Stecker ziehen, sich ausklicken, so leicht wird es aber gerade angesichts der im Film dargestellten Probleme des Datenschutzes, der Datensicherheit, der Datenkriminalität, der Aufzeichnung von Bewegungsabläufen und der Abhängigkeit gesellschaftlicher Abläufe vom Computer wohl kaum sein.

Der „Held“ im Film „Vernetzt/Johnny Mnemonic“ hat im Unterschied zu Angela Bennett auch erst gar keine Möglichkeit, den Stecker zu ziehen und sich auszuklikken. „Er trägt den Cyberspace im Kopf; er weiß nicht, wo die Grenze liegt zwischen seinem Ich und der Außenwelt: Wenn er durchs Internet der Zukunft reist, schwebt er auch durch sein eigenes Innenleben.“[60] William Gibson benötigt in seinem Drehbuch auch keine dritte Macht, keine finsteren Fieslinge, die sich der Netze bemächtigen. Ihm reicht schon der Normalzustand, die Macht der Monopole über Informationen, die diese als Ware betrachten, die je nach Marktlage zurückgehalten oder aber verkauft wird. So werden zwar im Film „Das Netz“ viele Kritiktheoreme an virtuellen Welten wie das der Kontakt- und der Beziehungsarmut aufgegriffen, kritische Entwicklungstendenzen benannt, doch angesichts der Watergate-Affäre bleibt zu konstatieren, daß der tagtägliche Zugriff staatlicher Stellen und Institutionen auf umfassende Persönlichkeitsdaten schon bedenklich genug wäre, auch wenn es in absehbarer Zeit sichere Firewalls gäbe, die Datenkriminellen keinen unbefugten Zugriff auf Informationen ermöglichen. Im Unterschied zum Science Fiction „Vernetzt/Johnny Mnemonic“ hat Irwin Winklers Daten-thriller „Das Netz“ in der Auseinandersetzung um die Ausgestaltung der Informationsgesellschaft jedoch einen Vorteil: die dort geschilderten Entwicklungstendenzen werden von Tag zu Tag bereits Realität, die Möglichkeit, Datenbanken anzuzapfen, existiert bereits, der „gläserne Mensch“ wird von Chipkarte zu Chipkarte zunehmend Realität, so daß die simple Handlung des Filmes bereits ein hohes Maß an Realitätsnähe aufweist, während der Cyberspace im Kopf des Johnny Mnemonic sicherlich noch eine Vision oder je nach Standpunkt ein Alptraum von morgen sein wird. Der Science Fiction Film „Vernetzt/Johnny Mnemonic" bietet die drehbuchgestylte Realisation der Extrapolationstechnik eines klassischen Hard SF, seine Ausführung ist dabei New Wave pur. „Statt der üblicherweise gefühllosen Technik-Menschen und gestählten Könner-Typen der Hard SF sind seine Charaktere ein Sammelsurium aus Verlierern, Gangstern, Abtrünnigen, Ausgestoßenen und Irren. Wir erleben eine Zukunft vom Unterleib aufwärts, nicht bloß als trockene Spekulation."[61] Der Daten-Thriller „Das Netz" von Irwin Winkler stellt in vielen Passagen des Filmes damit verglichen bereits ein bedrohliches Abbild der Realität dar. Eine Extrapolation aktueller Entwicklungstendenzen scheint, und dies ist vielleicht die bedrohlichste Aussage des Filmes, erst gar nicht nötig zu sein, um einen fesselnden Thriller zu produzieren.

## „Der Rasenmähermann"

Als der Kultfilm in Sachen VR überhaupt gilt der Film „Der Rasenmähermann", welcher 1991 weltweit in die Kinos kam.[62] Er spielt zu großen Teilen im Cyberspace und basiert auf einer Kurzgeschichte des Horrormeisters Stephen King. Im Prolog des Filmes heißt es „Bis zur Jahrtausendwende wird eine Technologie names 'Virtuelle Realität' weithin verbreitet sein. Sie wird uns erlauben, durch Computer erzeugte künstliche Welten zu betreten, die so unbegrenzt sind wie die Phantasie selbst. Ihre Schöpfer sehen in ihr Millionen positive Anwendungsmöglichkeiten, während andere sie als eine neue Form der Gedankenkontrolle fürchten."

„Wir erzählen eine warnende Geschichte über das positive und negative Potential von Cyberspace", sagen die zwei kalifornischen Filmemacher Brett Leonard und Gimel Everett. „Der einzige Zweck dieser bedrohlichen Story: Sie soll beim Betrachter Gedanken auslösen, die in der Realität vielleicht das Schlimmste verhindern."[63] So gilt denn auch „Der Rasenmähermann" als das erste Kinowerk über die Gefahren des Cyberspace schlechthin. Die beiden jungen Filmemacher aus San Francisco fragen, was geschieht, wenn Menschen zu Maschinen werden, und Maschinen zu Menschen, ob in Zukunft perfekte Hochleistungsrechner die Menschheit beherrschen werden. Brett Leonard erklärt hierzu: „Wir erzählen eine moderne Version des Mephisto-Mythos."[64]

„Der Rasenmähermann" erzählt die Geschichte von Jobe Smith, einem jungen, erwachsenen Mann, dessen Intelligenz jedoch der eines Sechsjährigen entspricht. Jobe Smith arbeitet als Gärtner der Gemeindekirche einer kleinen US-amerikanischen Stadt. Weil er einen Großteil seines Arbeitstages mit Rasenmähen zubringt, hat er, der ständig dem Hohn und Spott seiner Zeitgenossen ausgesetzt ist, den Spitznamen „Rasenmähermann" erhalten. Freunde, außer dem zehnjährigen Peter, der ständig von seinem Vater geschlagen wird, hat Jobe nur wenige.

Unweit seines Heimatortes betreibt ein dubioser Konzern ein Cybertech-Laboratorium. Der junge, ehrgeizige Forscher Dr. Angelo arbeitet hier an einem Regierungsauftrag. Mit Hilfe von Neurotransmittern und des Einsatzes von VR-Technologie soll sowohl die Intelligenz als auch die Aggressivität von Affen soweit gesteigert werden, daß diese in der Lage sind, in Kriegsgebieten an Stelle des Menschen zu agieren. Die Affen werden für diesen Zweck in die Virtuelle Realität geschickt und dort in computergenerierte Kampfszenen verwickelt. Sie werden so zu virtuellen Kampfmaschinen dressiert; sie nehmen Wärmequellen und damit potentielle Waffen über elektronische Anzeigen ihres Cyberhelmes wahr und reagieren blitzschnell. Virtuelle Gegner werden von den Schimpansen mit Hilfe von VR-Waffen unschädlich gemacht. Das Projekt hat nur einen Haken: aus der virtuellen Welt kehren die Schimpansen gewalttätig und paranoid zugleich zurück. Dr. Angelos Lieblingsaffe bricht so aus dem Labor aus und wendet dabei seine neu erworbenen Fähigkeiten an, indem er einige Wächter erschießt, bevor er selbst erschossen wird. Enttäuscht von derlei Forschungen und in Distanz zu seinem früheren Auftraggeber kündigt Angelo seinen Job bei Cybertech. Er entschließt sich, selbständig weiterzuforschen und dabei konstruktivere Zielrichtungen zu verfolgen. Hierzu kommt ihm Jobe gerade wie gerufen. An ihm will er die Methode der Intelligenzsteigerung perfektionieren. Mit Hilfe des Einsatzes virtueller Welten und einer bewußtseinserweiternden Droge beginnt er, Jobes Intelligenz zu steigern. Die Übertragung der bislang nur an Affen durchgeführten Ergebnisse auf den Menschen erzielt dabei erstaunliche Erfolge. Mit Hilfe des Einsatzes der virtuellen Realität werden Gehirnregionen stimuliert, so daß Jobe in kürzester Zeit hochintelligent wird. Auch auf anderen Gebieten entwickelt er sich weiter, und beginnt eine stürmische Affäre mit Marnie, die ihn kurz zuvor noch ausgelacht hätte.

Angelo gibt sich mit den bisherigen Ergebnissen jedoch nicht zufrieden, er will mehr, und wendet sich daher wieder an seinen bisherigen Konzern, da er für seine Absichten das Cybertech-Labor benötigt. Doch der Konzern hat eigene Pläne, er hält an den ursprünglichen militärischen Projektzielen fest. Heimlich werden die Drogen vertauscht, so daß Jobe mit einer aggressionssteigernden Mixtur behandelt wird. In Unkenntnis dieser Tatsache entgleitet Angelo das Experiment mehr und mehr. Jobes mentale Kräfte wachsen weit über das menschliche Maß hinaus. Seine geistigen Fähigkeiten wachsen schließlich soweit an, daß ihm auch telepathische und telekinetische Fähigkeiten zur Verfügung stehen. Von der Gedankenbeeinflussung bis hin zu Mord durch Materiezersetzung beherrscht Jobe nun alles. Der ehemals gutmütige Gärtner wird zunehmend größenwahnsinnig und zu einer Killermaschine, die mit allen Menschen abrechnet, die ihn bislang verspotteten. Der „Ex-Rasenmähermann", der nunmehr jederzeit in der Lage ist, die Gedanken Angelos zu lesen, führt das begonnene Experiment selbständig weiter fort und erhöht ständig die Dosen. Als Angelo entdeckt, daß die Drogen vertauscht wurden, ist es bereits zu spät. Jobe ist komplett wahnsinnig geworden und strebt nach der Herrschaft über die Welt. Er will die Kontrolle über das internationale Datennetz und damit über die Menschheit erlangen. Jobe will zu einer Art Cyberwesen werden, einem Cybergott. Hierfür gibt er seinen menschlichen Körper auf, damit sein Geist sich verschmelzen kann mit den Datennetzen weltweiter Rechnerarchitekturen. Angelos Versuche, dies in letzter Sekunde zu verhindern, scheitern. Jobe verfügt nun über den Zugang zu den Datennetzen und hat die Macht über die ganze Welt.

Um den Beginn seiner Weltherrschaft zu verkünden, läßt CyberJobe alle Telefone der Welt gleichzeitig läuten. „Dann verwandelt er das Labor und die ganze Stadt in ein Cyberspace-Computerfeld, in dem er als haushohes Computerwesen mit unumschränkter Macht herrscht.“[65]

Fragt man danach, warum „Der Rasenmähermann“ zu einer Art VR-Kultfilm werden konnte, so liegt dies sicherlich neben der VR-adäquaten Story Stephen Kings zum großen Teil an der bunten Traumlandschaft des Cyberspace, welche dem Zuschauer in diversen Bildsequenzen präsentiert wird. Dabei gelingt es dem Film in diversen Bildfolgen, die unterschiedlichsten Anwendungsgebiete der Virtual Reality herauszuarbeiten. So betreibt etwa Angelo selbst zu Hause virtuelle Entspannungübungen. Hierfür existiert in seiner Wohnung ein an der Decke befestigter „Fernsehsessel“. In der computergenerierten Entspannungswelt gibt es drei Fortbewegungsarten „fallen“, „fliegen“ und „schweben“ und dies jeweils in drei Geschwindigkeitsstufen „kräftiger Sturz“, „schneller Abstieg“ und „Zeitlupe“. Die jeweiligen Möglichkeiten können über einen Datenhandschuh angewählt werden, der Datenhelm überträgt die Bilder einer Art Universum des Pop. Doch auch diese Anwendung erweist sich als konfliktgeladen, so wird das Programm von Angelos Freundin Carolin abrupt unterbrochen, da sie zunehmend einen Partner satt hat, der die virtuelle Welt als eine Art Freizeitdroge konsumiert, um der Realität zu entfliehen. Es kommt zum Bruch der Beziehung.

In einer weiteren Szene des Filmes nimmt Jobe seine Geliebte mit ins Cybertech-Labor, um sich mit ihr im Cyberspace zu lieben. Doch auch diese Anwendung endet in einer Katastrophe. Jobe verliert völlig den Realitätsbezug. Er wird unbewußt getrieben, seine Freundin zu foltern, er hält dies fälschlicherweise für ein Spiel, für seine Freundin Marnie endet der Cybersex im Wahnsinn.

Um Jobe anfangs die Ängste vor der ihm unbekannten Welt zu nehmen, läßt Angelo ihn gegen den zehnjährigen Peter diverse Spiele spielen. Da auch diese eher friedliche Anwendung letztenendes Teil eines völlig außer Kontrolle geratenen Projektes ist, steht am Ende jeder Anwendung sowie des Filmes insgesamt die Katastrophe.

Als einer der wenigen Filme arbeitet „Der Rasenmähermann“ klar heraus, daß das Militär Hauptinvestor in Sachen VR-Forschung ist und den potentiellen Anwendungen ihren Stempel aufzudrücken gedenkt.

## „Circuitry Man“

Noch bevor „Der Rasenmähermann“ in die Kinos kam, lief ein Film mit ähnlichen Inhalten, dem jedoch nicht annähernd so viel Aufmerksamkeit zuteil wurde. Mit dem Film „Circuitry Man“, der später in „Cyberspace“ umgetitelt wurde, produzierte Roger Corman eine Art Endzeit-Version: Die Luft zum Atmen ist im dritten Jahrtausend knapp geworden. Roboter haben die Erdoberfläche übernommen, da Mikrochips bekanntlich keinen Sauerstoff benötigen, während die Menschen unterirdisch leben und Computer dafür gebrauchen, damit ihnen eine schöne, heile Welt, ein natürliches Leben vorgegaukelt wird. „Das Wahre, Schöne und Gute ist die Droge; Mikrochips als Synonym für LSD-Trip".[66]

Eine Frau soll einen Koffer dieser Chips von New York nach Los Angeles transportieren. Sie wird dabei von einem Cyborg, einem Roboter-Menschen, verfolgt, der ihr den Koffer wieder abnehmen will. Ein düsterer Film, der in der Tradition der Cyberpunk-Literatur steht und Virtual Reality vor allem als eine Art Superdroge der Zukunft beleuchtet.

## „Total Recall"

In Zukunft ist es nicht mehr nötig, eine Reise selbst anzutreten. Man kann sich entsprechende Erinnerungen implantieren lassen. Der Straßenbauarbeiter Douglas Quaid, der nachts beständig vom Mars träumt, möchte eine solche Reise antreten und wendet sich an die Agentur „Recall", welche virtuelle Reisen durchführt. Vor Reiseantritt darf Quaid nicht nur das Reiseziel bestimmen, sondern sich auch aussuchen, ob z. B. eine Frau darin vorkommen soll, wie diese aussehen soll und ob er außerirdischen Lebensformen begegnen will, denn natürlich geht die Reise zum Mars. Kurz vor der eigentlichen Injektion passiert jedoch ein Unfall. Quaid wird aggressiv, er sprengt die Sicherheitsgurte seines Reisestuhls, spricht von einer Tarnung, die auffliegen würde. Zunächst glaubt der hinzueilende Firmenchef an einen „Filmriß", zumal die Firma „Recall" für ihre Pannen bekannt ist. Doch da die virtuelle Reise noch gar nicht injiziert wurde, kann sich niemand die Reaktion erklären. Quaid wird durch Spritzen ruhiggestellt, die Firma bemüht sich, den Vorfall zu vertuschen, indem sie jegliche Erinnerungen an die Transaktion auslöscht. In der Hoffnung, daß sich Quaid an nichts mehr erinnern wird, schickt man ihn nach Hause.

Doch der Mars läßt Quaid nicht mehr los. Kaum zu Hause angelangt, wird er von Regierungsagenten verfolgt, seine Frau versucht, ihn zu töten. Sie gesteht ihm, als dies scheitert, dies alles sei für sie nur ein Job, sie kenne ihn erst seit kurzem und spiele nur seine Ehefrau. Seine wirkliche Identität, die man wohl offensichtlich ausgelöscht und an deren Stelle man ihm eine fiktive implantiert habe, sei auch ihr unbekannt.

Der verwirrte Quaid begibt sich auf die Suche nach seiner wahren Identität und tritt nunmehr eine reale Reise zum Mars an. In seinem Hotelzimmer auf dem Mars begegnet er einem Mann von Recall. Dieser behauptet, daß Quaid einen „Filmriß" habe und sich noch immer im Programm von Recall befinde. Er selbst sei ein Arzt, ein ins Programm fest installiertes Hologramm, eine Art Sicherheitsmechanismus, um ihn aus dieser Erinnerung zu lösen, damit er in die reale Welt zurückkehre. Zum Beweis taucht auch Quaids Ehefrau auf, die behauptet, sie habe bei der Firma „Recall" ein Hologramm von sich anfertigen lassen, um ihn zurückzuholen. Quaid bekommt eine Kapsel überreicht, die er schlucken soll als Zeichen seines aktiven Willens, in die Realität zurückzukehren. Quaid, mittlerweile mißtrauisch geworden, traut der Sache nicht, und hält dem Arzt eine Pistole an die Schläfe. Dieser warnt ihn aufs schärfste, drücke er nunmehr ab, gebe es für ihn, Quaid, kein Zurück mehr aus der virtuellen Welt, der „Filmriß" sei in diesem Fall endgültig.

Während Quaid noch überlegt, was er tun soll, sieht er, daß dem Arzt eine Schweißperle übers Gesicht rollt. Er schließt daraus, daß es sich um einen Bluff handelt, der Arzt echt sein muß, da Hologramme nicht schwitzen können, erschießt ihn und flieht aus dem Hotelzimmer.

Quaid nimmt Kontakt zur Untergrundbewegung auf und erfährt schließlich, daß er tatsächlich ein Geheimagent namens Hauser ist, der ursprünglich für die korrupte Regierung des Mars gearbeitet hat. Man pflanzte ihm eine Erinnerung ein, die ihn glauben machen sollte, er stünde auf Seiten der Rebellen, daher auch seine nächtlichen Träume vom Mars. Das war der günstigste Weg, um ihn in die Untergrundbewegung einzuschleusen. Ein raffinierter Plan, der auch aufgeht, der Kopf der Untergrundbewegung kann so gefaßt werden. Die von der Regierung abschließend geplante Implantation der alten, ursprünglichen Identität, d. h. der von Hauser, dem Regierungsagenten, schlägt jedoch fehl, da Hauser sich aus moralischen Gründen zu Quaid bekennt. Er kämpft weiter auf der Seite der Untergrundbewegung und befreit schließlich den Mars von der korrupten Regierung.

Unter den VR-Filmen ist „Total Recall" wohl der Film mit den engsten Bezügen zur Phantomologie des Stanislaw Lem. Douglas Quaid wird mit der phantomologischen Problematik konfrontiert, daß Virtualität und Realität in der Zukunft (fast) nicht mehr voneinander zu unterscheiden sind. Auch Douglas Quaid kann sich nach seinem Besuch bei der Reiseagentur „Recall" nie wirklich sicher sein, tatsächlich in die Realität zurückgekehrt zu sein. Er erlebt damit die Grundstruktur des Lemschen Dilemmas: Wie kann man herausbekommen, ob es sich um authentische Wirklichkeit handelt oder nicht. Es bleibt ihm, ähnlich wie Lem dies im phantomologischen Kapitel der „Summa technologiae" beschreibt, nur die intellektuelle Überlistung der wirklichen oder vermeintlichen VR-Maschine übrig. Aufgrund des personalen Erzählstils aus der Sicht Quaids wird der Zuschauer dabei in die Überprüfung des existentiellen Sachverhalts mit einbezogen. Ähnlich wie Quaid kann auch er sich nie sicher sein, ob es sich bei den Mars-Abenteuern nicht doch um eine computergenerierte Fiktion handelt.

Der Eindruck, es handele sich vielleicht doch um einen „Filmriß" bei Quaid wird in dem Maße verstärkt, wie das Vertrauen in den Helden vorübergehend schwindet, da dieser einen Identitätsverlust erleidet, sich nicht sicher ist, wer er eigentlich ist. Den Höhepunkt dieses Dilemmas bildet zweifelsohne die „Hotelzimmer-Szene". Ähnlich wie Quaid sich entschließen muß, ob er die Kapsel schluckt (Virtualität) oder die Pistole abdrücken soll (Realität), muß sich auch der Zuschauer zwischen „Filmriß" und „Bluff" entscheiden. Die Lösung des Rätsels gelingt auch hier nur mittels einer intellektuellen Überlistung. Die Schweißperle des vermeintlichen Hologramms wird zum Indiz der Realität. Doch auch nach dem Abfeuern des Revolvers ist man sekundenlang vom Zweifel geplagt. Mit Stanislaw Lem könnte man fragen, ob eine virtuelle Entwicklungsumgebung nicht auch die Bedrohung eines Hologramms durch einen Revolver einkalkulieren könnte, die Maschine folglich für eine solche Situation ein Hologramm mit einer Schweißperle in ihrem unendlichen Bildervorrat bereithält. Ein Spannungsbogen, der erst durch die hereinstürmenden Agenten der korrupten Marsregierung gelöst wird.

Der Film „Total Recall“ zeigt die Möglichkeiten eines völligen Identitäts- und Realitätsverlustes. Nicht nur Erinnerungen, sondern im Fall von Quaid bzw. Hauser sogar neue Identitäten können hier so implantiert werden, daß Menschen von ihnen überzeugt sind und sich an ihr ursprüngliches Ich nicht mehr erinnern können. Die Möglichkeit einer totalen Manipulation zeichnet sich so ab, ein düsteres Szenario im Stile der Cyberpunk-Literatur. „In den falschen Händen“, so die Message des Filmes, „könnte VR zu einem außerordentlich gefährlichen Instrument der Kontrolle und der Gehirnwäsche werden.“[67]

## „Tek War“

Tek War ist eine Art „Miami Vice“ der Zukunft: Ein weißer und ein schwarzer Polizist kämpfen gegen die Drogendealer. Die Designer-Droge der Zukunft heißt „Tek“ und wird in Form von Computerchips produziert. Tek beeinflußt mittels eines miniaturisierten Datenhelmes die Sinne und führt in eine von der Wirklichkeit nicht zu unterscheidende „virtuelle Realität“.

Die erste Folge der 1994 entstandenen vierteiligen Fernsehserie trägt den Titel „Tek War - Kampf um die verlorene Vergangenheit“.

Jake Cardigan wurde wegen angeblicher Zusammenarbeit mit den Tek-Dealern zu zehn Jahren Frostkammer verurteilt. Bereits nach vier Jahren wird er entlassen, findet sich aber in der durch den technischen Fortschritt veränderten Umwelt nur schwer zurecht. Er versucht seine Unschuld zu beweisen. Um seine Familie zurückzugewinnen, die ihn mittlerweile verlassen hat, setzt er sich mit den Cyber-Hackern in Verbindung. Die Consolencowboys sollen seine Familie im Netz ausfindig machen. Die Cowboys schließen sich via neuronaler Direktschaltung an die Matrix an und durchforsten die virtuellen Datenwelten. Es beginnt eine wilde Jagd durch das weltumspannende Netzwerk, da sich auch die Polizei einloggt, um die Cowboys an ihren Aktivitäten zu hindern. Im Jahre X patrouilliert die Polizei nicht mehr auf der Straße, sondern im Netz, und bestraft alle Hacker mit Stromstößen direkt ins Gehirn. Die Vernetzung ist global und total, Simulationen sind bis zur Perfektion entwickelt, aus allen Teilen der Welt können Hologramme projiziert werden, um mit ihnen zu kommunizieren. Die Hacker finden nur eine verwischte Spur von Cardigans Frau, können aber seinen Sohn ausfindig machen.

Auch Jake Cardigan benutzt die Droge „Tek“, um der Realität seines leeren Heimes zu entfliehen. Er speist die Droge ein und sieht sich und seine Familie, so wie es früher einmal war.

In der „Tek War“-Serie ist der Zuschauer vergleichsweise wie bei „Total Recall“ nicht mehr in der Lage, zu entscheiden, auf welcher Ebene der Akteur sich befindet, Virtualität und Realität überlagern sich so zu komplexen Gebilden.

„Tek War-Kampf um die verlorene Vergangenheit“ weist darauf hin, daß unter den Vorzeichen von VR sich das Drogenproblem in der Zukunft nur verschieben wird. Die Menschen sind genauso von der VR-Droge Tek abhängig, wie sie es früher von Kokain oder Heroin waren. Die Drogensüchtigen können in der virtuellen Realität Dinge erleben, die in der Wirklichkeit nicht vorkommen. Sie werden süchtig und wollen aus der VR-Welt nicht zurückkehren, es kommt zu einer Verhaltensabhängigkeit. Auch die Droge Tek hinterläßt dabei Schäden. Bei jeder Nutzung sterben Gehirnzellen ab, was früher oder später zu einer Gehirnschädigung führt.

„Tek War“ thematisiert in weiteren Folgen das Problem der Abhängigkeit ganzer Metropolen, ja Kontinente von weltweiten Datennetzen, die globale Bedrohung durch Virennetze und Datenkriminellen.

### „Tron“

Der erste Spielfilm in der Filmgeschichte, an dem mehr Elektronik-Experten und Computerkünstler mitgearbeitet haben, als Schauspieler war „Tron“.[68] Über die Hälfte des Steven Lisberger Films von 1982 wurde von Computern animiert. „Der Großteil der Handlung spielt dabei im Cyberspace, im Innern eines gigantischen Mega-Computers. Zum ersten Mal entfaltete sich vor den ungläubigen Augen des Zuschauers eine fremdartige, lichtlose Welt elektronischer Reizleitung, ein Labyrinth der Fraktale. Daß in diesem Universum die abstrakten Informationseinheiten durch Menschen verkörpert werden, die sich Wettrennen und Faustkämpfe liefern, macht den naiven Charme des damaligen Versuches aus, in den Cyberspace einzudringen.“[69]

Im Prolog des Filmes heißt es: „Dies ist die Geschichte zweier Welten und der Wesen, die in ihnen leben. Eine dieser Welten ist die uns vertraute, die wir sehen und fühlen können. Es ist die Welt der 'User', die Welt all derer, die Computer benutzen ... Auf dieser Seite des Videoschirms. Die andere Welt ist ein elektronischer Mikrokosmos, der unmittelbar neben uns atmet und lebt. Dies ist die Welt der Programme. Da wir, die 'User', diese Welt geschaffen haben, leben wir zum Teil auch in ihr ... auf der anderen Seite des Videoschirms ...“.

Unter Cyberspace wird somit im Film „Tron“ die Welt hinter dem Bildschirm verstanden, ein virtueller Raum, der zunehmend zu einem Bestandteil unserer Realität wird.

Im Jahre X herrscht das Master Control Programm (MCP)[70] über alle anderen Programme. Der Programmierer Flynn versucht, den Kampf mit dem Master Control Programm aufzunehmen. Durch eine Unachtsamkeit des Programmierers gelingt es dem MCP jedoch, ihn Stück für Stück zu rastern, einzuscannen und in das Innere des Rechners zu transformieren. Das MCP zwingt den nunmehr als normales Programm „verkleideten“ Flynn, auf dem Spielraster an Videospielen teilzunehmen, um ihn zu Grunde zu richten. „Er soll an den Spielen teilnehmen, bis er spielend stirbt“, so lautet die Anweisung des MCP an seine digitalen Untergegebenen. Flynn wird so in die Arena beordert und muß dort gegen andere Programme kämpfen. Er gewinnt das

Videospiel, will aber sein Gegenüber nicht töten. Doch das gnadenlose MCP sorgt dafür, daß kein Verlierer überlebt. Flynn gelingt es jedoch schließlich, sich mit anderen elektronischen Bauteilen zu verbünden, das MCP zu besiegen und die zu digitalen Sklaven degradierten Programme zu befreien.

„Tron" greift ein im Science Fiction Genre beliebtes Thema auf: die Maschine, welche übermächtig wird und sich über ihren Schöpfer, den Menschen, erhebt. Die Maschine, in diesem Falle das MCP, trifft eigenmächtige Entscheidungen, es plant, die ganze Welt zu kontrollieren und so über alle Programme des Globus zu herrschen. Vom Allmachtsanspruch erfüllt, zwingt das MCP die Programme, welche es gefangennimmt, ihren „Usern" abzuschwören. Das Abschwören wird so zu einem Akt des sich Erhebens über den Menschen. Die Auseinandersetzung zwischen Mensch und Maschine über die Vormachtstellung in der Welt findet dabei hinter dem Bildschirm statt. „Tron" ist so einer der ersten Spielfilme, der ein „Cyberspace-ähnliches" Thema behandelt und auf die Gefahr hinweist, daß der Mensch als Subjekt der EDV im weiteren Verlauf des evolutionären Prozesses zu einem elektronischen Baustein degradiert werden könnte. Die Dopplung von Virtualität und Realität wird hier schließlich aufgelöst, die Virtualität virtualisiert den Menschen, der Mensch wird eingescannt und so zu einem Bestandteil des Cyberspace. Nur mit großer Mühe gelingt es im Sinne eines Happy ends das Mensch-Maschine-Verhältnis wieder ins rechte Lot zu bringen.

## 3.5 Science Fiction als Social Fiction

Für den SF-Autoren, so Karlheinz Steinmüller, stellt der Cyberspace eine neue zu erobernde terra incognita dar, eine utopische Welt.[71] Nachdem die Erde territorial erschlossen und der Outerspace (Weltraum) nunmehr von abgedroschenen Phantasieprodukten besetzt sei, stelle der virtuelle Raum eine Herausforderung an die Phantasie dar.

Dem virtuellen Raum widmen sich vor allem Autoren wie William Gibson, Bruce Sterling, Herbert W. Franke und Stanislaw Lem. Für sie ist bei all ihrer Unterschiedlichkeit Science Fiction eine Denkmethode zur Erforschung der Welt, ein literarisches Genre, welches mit der Methode der Extrapolation vor aktuellen Trends warnt. Die Autoren thematisieren dabei die Konsequenzen neuer technologischer Entwicklungen, wie die der Kommunikationstechnologie, und ihre sozialen Konsequenzen. Science Fiction wird so zur Social Fiction, welche sich bemüht, durch die exakte Analyse heutiger Trends und Widersprüche, Zukunftsbilder vor historischem Hintergrund zu entwickeln. Science Fiction als Social Fiction steht in der Tradition einer wissenschaftlichen Zukunftsforschung im belletristischen Gewand, die den Freiraum der Spekulation, der Fiktionalität für sich in Anspruch nehmen darf. Die genannten Autoren stellen so Grenzgänger zwischen Science Fiction und Zukunftsforschung dar. Als wissenschaftliche Gedankenexperimente verstehen ihre literarischen Arbeiten Zukunft als einen Bereich zielgerichter Eingriffe, als ein gestaltbares Medium.

Science Fiction präsentiert sich in den vorgestellten literarischen und filmischen Werken als ein Genre, dessen phantastische Gedankenspiele neue Erkenntnisse über die Realität vermitteln können. Science Fiction, die den Anspruch einer wissenschaftlichen Utopie erhebt, schließt Technikfolgenabschätzung unter Berücksichtigung sozialer und emotionaler Aspekte ein. Science Fiction als Social Fiction ist der Wissenschaft und Technik zugewandt, technische Extrapolationen werden jedoch stets entschlüsselt als potentielle utopische Entwürfe, das Gestaltungsmoment bleibt präsent, der Mensch wird aus seiner Verantwortung für die soziale Gestaltung des Technischen, die auch ein kategorisches „Nein" einschließen kann, nicht entlasssen.

Wir wollen im folgenden die Kritiken an Vernetzung und virtueller Realität in den von uns präsentierten Filmen überblickshaft zusammenfassen.

| **Film** | **VR-Kritik** |
|---|---|
| Vernetzt/Johnny Mnemonic (Robert Longo, 1995) | Herrschaft globaler Monopole, dichotomische Gesellschaftsstruktur (High-Tech-Gewinner, High-Tech-Verlierer), Information als Ware, Elektrosmog, digitale Überreizung, Prothetisierung des Menschen, ökologische Katastrophe |
| Das Netz (Irwin Winkler, 1995) | Datenkriminalität, Vereinsamung und Kontaktarmut, Cyberterrorismus, globale Abhängigkeit von Netzen, Erstellen von Persönlichkeitsprofilen, gläserner Mensch, virtuelle Überlagerung der Realität |
| Der Rasenmähermann (Brett Leonard, 1991) | Einsatz von VR im militärischen Bereich, VR als Freizeitdroge, Realitätsverlust, Größenwahn, VR als Mittel der Gedankenmanipulation |
| Circuitry Man (USA, 1990) | Herrschaft der Maschine, VR als Superdroge, ökologische Katastrophe |
| Total Recall (USA, 1991) | „Filmrisse" und Psychosen, totale Manipulation, Virtualität und Realität nicht zu unterscheiden, völliger Realitäts- und Identitätsverlust, Implantation von Identitäten, VR als Instrument der Kontrolle und Gehirnwäsche |
| Tek War (Serie, USA, 1994) | VR als Superdroge, Suchteffekte, Abhängigkeit von weltweiten Datennetzen, Datenkriminalität |
| Tron (Steven Lisberger, 1982) | Herrschaft der Maschine, Digitalisierung des Menschen, postbiologisches Zeitalter |

Es lassen sich im wesentlichen sechs Kritiktheoreme herausfiltern:
*Erstens:* Realitätsverlust (Virtualität überlagert, verdrängt, ersetzt die Realität; Virtualität und Realität sind nicht mehr voneinander zu unterscheiden)
*Zweitens:* Theorem des fragmentierten Subjektes (Sprachverlust, Kontaktarmut, Kommunikationsverlust, Vereinsamung, Körperverlust, Identitätsverlust)
*Drittens:* Suchteffekte der VR (VR als Superdroge der Zukunft, gesundheitliche Schäden, Gewöhnungseffekte)
*Viertens:* Manipulationstheorem (VR als Herrschaftsmittel, VR als Kontrollinstrument, VR als Instrument der Gehirnwäsche)
*Fünftens:* Weltweite Abhängigkeit vom Netz (Bedrohung durch Cyberterroristen, Datenkriminelle, Netzausfall)
*Sechstens:* VR als Vorbote eines postbiologischen Zeitalters (Herrschaft der Maschine, Prothetisierung des Menschen, Cyborgs, KI)
Wir wollen diese sechs Kritiktheoreme, welche in den präsentierten literarischen und filmischen Werken angeführt werden, im Verlauf des Buches noch ausführlich aufgreifen und bewerten.

Um Gefahren und Chancen der Virtual Reality jedoch korrekt abzuschätzen, bedarf es zunächst einer näheren Analyse der Anwendungsgebiete der VR. Erst auf der Grundlage einer solchen Analyse ist es möglich, zu überprüfen, ob der negativen Utopie der Cyberpunk-Bewegung, den pessimistischen Visonen des Humanisten Lem oder den zumeist düsteren Visionen von VR-Filmen ein demokratisches Szenario gegenübergestellt werden kann. Wir wollen uns daher im folgenden Kapitel mit dem Stand und den Perspektiven der VR-Technologie beschäftigen, ausführlich die vielfältigen Anwendungsgebiete dieser Schlüsseltechnologie der CyberSociety betrachten.

# Anmerkungen

1 Stanislaw Lem: Summa technologiae, Berlin 1980, S. 311
2 a.a.O., S. 311
3 a.a.O., S. 313
4 a.a.O., S. 317
5 a.a.O., S, 318
6 a.a.O., S. 317/318
7 a.a.O., S.319/320
8 a.a.O., S. 317
9 a.a.O., S. 323
10 a.a.O., S. 323
11 a.a.O., S. 324
12 Stanislaw Lem, zitiert nach: Peter Diesler: Der Fluch der Tagtraum-Maschine, in: Chip 2/1996, S. 46
13 Stanislaw Lem: Summa technologiae, Berlin 1980, S. 326
14 a.a.O., S. 327
15 Stanislaw Lem im Interview mit Peter Diesler, in: Chip 2/1996, S. 48
16 Stanislaw Lem: Summa technologiae, Berlin 1980, S. 331
17 Siehe hierzu u. a.: Bernd Flessner: Weltprothesen und Prothesenwelten. Zu den technischen Prognosen Arno Schmidts und Stanislaw Lems, Frankfurt am Main 1991; ders.: Archäologie im Cyberspace. Anmerkungen zu Stanislaw Lems Phantomatik, in: Karlheinz Steinmüller (Hrsg.): Wirklichkeitsmaschinen. Cyberspace und die Folgen, Weinheim, Basel 1993
18 Stanislaw Lem: Transfer, München 1983, 7.Auflage 1995
19 Bernd Flessner: Archäologie im Cyberspace. Anmerkungen zu Stanislaw Lems Phantomatik, in: Karlheinz Steinmüller (Hrsg.): Wirklichkeitsmaschinen. Cyberspace und die Folgen, Weinheim, Basel 1993, S. 30
20 Stanislaw Lem: Transfer, München 1983, 7.Auflage 1995, S. 90
21 a.a.O., S. 117
22 a.a.O., S. 119/120
23 Herbert W. Franke: Sirius Transit, Frankfurt am Main 1979, S. 145
24 a.a.O., S. 59
25 a.a.O., S. 76
26 a.a.O., S. 16
27 a.a.O., S. 17
28 a.a.O., S. 80/81
29 a.a.O., S. 85
30 a.a.O., S. 161
31 a.a.O., S.169
32 a.a.O., S. 168
33 Stanislaw Lem: Der futurologische Kongreß, Frankfurt am Main 1979, S. 108/109
34 Bernd Flessner: Archäologie im Cyberspace. Anmerkungen zu Stanislaw Lems Phantomatik,

in: Karlheinz Steinmüller (Hrsg.): Wirklichkeitsmaschinen. Cyberspace und die Folgen, Weinheim, Basel 1993, S. 35

35 Stanislaw Lem: Der futurologische Kongreß, Frankfurt am Main 1979, S. 137

36 a.a.O., S. 136

37 Herbert W. Franke: Der Orchideenkäfig, Frankfurt am Main 1989, S. 86

38 a.a.O., S. 105

39 a.a.O., S. 111

40 a.a.O., S. 165

41 a.a.O., S.168/169

42 a.a.O., S. 169

43 Stanislaw Lem: Summa technologiae, Berlin 1980, S. 327/328

44 a.a.O., S. 164

45 Stanislaw Lem: Terminus und andere Geschichten des Piloten Pirx, Frankfurt am Main 1981, S. 46/47

46 a.a.O., S. 48

47 William Gibson: Neuromancer, München 1987

48 Herbert Marcuse: Der eindimensionale Mensch, Neuwied und Berlin 1970

49 Bruce Sterling: Vorwort zu William Gibson: Cyberspace, München 1986, S. 11

50 Erich Schneider: Frequently asked questions on alt.cyberpunk, *http://rtfm.mit.edu/pub/usenet/news.answers/cyberpunk_faq*

Der Text wird ferner über das Informationssystem ISIS zur Verfügung gestellt: *http://staff-www.uni-marburg.de/~buehlach/cpunk.htm* (lokaler mirror)

51 ebd.

52 Wolfgang Hesse: Zukunftsentwürfe der Informatik: Auf dem Weg in eine virtuelle Ersatzwelt? Vortrag beim interdisziplinären Seminar der Universität Marburg, Marburg 1995 (unveröffentlichtes, hektografiertes Manuskript), S. 5

53 USA 1995. R: Robert Longo. D: Keanu Reeves, Dolph Lundgren

54 abgedruckt in: William Gibson: Cyberspace, München 1988

55 a.a.O., S.15

56 a.a.O., S.31

57 Claudius Seidl: Erinnerungen an die Zukunft, Spiegel 42/95

58 USA 1995, R: Irwin Winkler, S: Sandra Bullock

59 folglich u.a. die Filmbesprechung von Daniel Blum: Lob der (Benutzer-) Oberfläche. Irwin Winklers Daten-Thriller „Das Netz" mit Sandra Bullock, Frankfurter Rundschau, 30. September 1995, S. 7

60 Claudius Seidl: Erinnerungen an die Zukunft, in: Der Spiegel Nr. 42/95

61 Bruce Sterling: Vorwort zu: William Gibson, Cyberpace, München 1988, S. 11

62 The Lawnmower Man, USA 1991, R: Brett Leonard, Gimel Everett, D: Pierce Brosnan, Jeff Fahey

63 zitiert nach: Dirk Manthey, Jörg Altendorf (Hrsg.): Science Fiction. Androiden, Galaxien, Ufos und Apokalypsen, Band III, Hamburg 1990, S. 31

64 zitiert nach a.a.O., S.31

65 Dirk Manthey, Jörg Altendorf (Hrsg.): Science Fiction. Androiden, Galaxien, Ufos und Apokalypsen, Band III, Hamburg 1990, S. 33

66 a.a.O., S. 35

67 Barrie Sherman, Phil Judkins: Virtuelle Realität. Computer kreieren synthetische Welten, Bern, München, Wien, 1993, S.251

68 Tron, USA 1982 R: Steven Lisberger. Der Spielfilm ist die Reaktion der Walt-Disney-Productions auf den Spielboom der 80er Jahre

69 Dirk Manthey, Jörg Altendorf (Hrsg.): Science Fiction. Androiden, Galaxien, Ufos und Apokalypsen, Band III, Hamburg 1990, S.30

70 Ein Begriff in Anlehnung an die Central Processiong Unit (CPU) eines Rechners, den Prozessor

71 Karlheinz Steinmüller: Duell im Netz. Vom Interesse eines Science-Fiction-Autors an Kommunikationsnetzen, in: Claudia von Grote, Sabine Helmers, Ute Hoffmann, Jeanette Hofmann (Hrsg.): Kommunikationsnetze der Zukunft - Leitbilder und Praxis. Veröffentlichungsreihe der Abteilung „Organisation und Technikgenese des Forschungsschwerpunkts Technik-Arbeit-Umwelt am Wissenschaftszentrum Berlin für Sozialforschung, WZB-Papers FS II 94-103, Berlin 1994, S. 45

# Kapitel 4
# Virtuelle Realität in der Praxis

Die Technologie der Virtual Reality wird in den nächsten Jahren einen großen Teil unseres alltäglichen Lebens bestimmen. Bereiche wie Schul- und Weiterbildung, Medizin, Kommunikation, Marketing und Werbung, Unterhaltung, Reisen, Einkaufen, Produktionsverfahren und Produktvertrieb, Berufstätigkeit und Freizeit werden tiefen strukturellen Wandlungsprozessen unterworfen sein. Wir wollen im folgenden einen Einblick in mögliche Anwendungsgebiete vermitteln. Dabei werden Anwendungen beschrieben, die in den Bereich der prävirtuellen Welten fallen, sowie solche, die zu den virtuellen Welten ohne und mit unmittelbarer Immersion zählen. Es werden ferner auch Entwicklungen beschrieben, die insgesamt das Bild der CyberSociety prägen werden.

Welche der diversen Anwendungsgebiete und Anwendungen in Zukunft gefördert und daher vor allem das Bild der Virtual Reality prägen werden, ist maßgeblich ein Prozeß der sozialen Gestaltung dieser Schlüsseltechnologie des 21. Jahrhunderts.

Wir wollen in diesem Kapitel ausgewählte Anwendungsbeispiele vorstellen. Die Präsentation der Beispiele soll rein deskriptorischer Natur sein, die Darstellung soll weitgehend unbewertet erfolgen. Eine Bewertung der Anwendungen, eine Analyse sowie kritische Einschätzung unter sozialen, wirtschaftlichen, ökologischen sowie subjektpsychologischen Gesichtspunkten soll den folgenden Kapiteln vorbehalten bleiben.

## 4.1 Militär

Der militärische Anwendungsbereich soll bewußt an erster Stelle genannt werden, weil hier der Ursprung der Virtual Reality zu verorten ist und weil befürchtet werden muß, daß ein großer Teil der Forschungsgelder auch in Zukunft vor allem in diesen Bereich fließen wird.

Das Militär, in den USA vor allem in Gestalt des Department of Defense (DOD), ist bereits maßgeblich an der Entwicklung der Virtuellen Realität beteiligt. Spätestens der Golfkrieg - im Sprachgebrauch der US-amerikanischen Militärs die Aktion „Desert Storm“ - hat die Position von Roger Smith, einem Experten in Sachen militärischer Simulationen bestätigt, daß Virtual Reality und Schlachtfeld-Simulationen eine natürliche Kombination bilden.

Die Ereignisse des Golfkrieges analysierend, spricht der französische Mediensoziologe Paul Virilio von einer „Teleaktion, bei der sich die Konfliktparteien dank der Ausstrahlung durch Fernsehanstalten ... vor aller Augen in einer Situation der absoluten Interaktivität befinden".[1] Beim Golfkrieg, so Virilio, handele es sich um einen „Krieg der Echtzeit", gewissermaßen um den ersten virtuellen Krieg überhaupt.

Der Golfkrieg kann insofern als virtueller Krieg bezeichnet werden, als die US-amerikanischen Piloten an dreidimensionalen Computergrafiken übten, die das zu überfliegende Gelände wiedergaben. Die Computergrafiken wurden anhand von Satellitenbildern erstellt und bei Nachtflügen auf Sichtgeräten eingeblendet.

Der Golfkrieg als Computerkrieg ist für den Computerkritiker Weizenbaum eine Art Probe gewesen, wie alles funktioniert. Aus der Sicht des Militärs, so Weizenbaum, habe es zum großen Teil sehr gut funktioniert. Man habe auch gesehen, wie mit Hilfe von Computern, Fernsehen und Satelliten die Menschen, die Beobachter der Kriegsszenerie, gesteuert werden können.

Die ersten erfolgreichen Anwendungen von Computersimulationen lassen sich bereits Anfang der achtziger Jahre bei der Ausbildung von Militärpiloten finden. HMDs wurden von der US-Air Force vor allem für Militärpiloten entwickelt, um diese angesichts der steigenden Anzahl zu beobachtender Kontrollinstrumente in Flugzeugcockpits zu entlasten. Zentrale Daten sollen den Piloten in visualisierter Form durch Bildschirmbrillen eingeblendet werden. Piloten von Kampfflugzeugen sollen ferner durch Augentracker und Spracherkennungssysteme entlastet werden. Da die Bedienung von Kampfjets zeitkritisch ist, sollen mittels der Virtual Reality-Technologie Echtzeit-Effekte erzielt werden, so soll z. B. das Anvisieren von Kriegszielen mit Hilfe von Augentrackern realisiert werden.

Eine Art Super-Cockpit stellt das Endziel des VR-Einsatzes in Kampfjets dar; dem Piloten wird eine virtuelle Welt generiert, die eine exakte Kopie der Außenwelt darstellt. Mittels winziger Kathodenstrahlröhren soll das zu überfliegende Gelände dreidimensional wiedergegeben werden. Der Pilot soll das Gelände unabhängig von der jeweiligen Wetterlage und der Tageszeit sehen können, als wäre es echt. Der US-amerikanische Wissenschaftsjournalist Howard Rheingold weist daraufhin, daß zu einer solchen Art Super-Cockpit auch die Auslösung von Waffensystemen durch Sprechen eines Schlüsselwortes gehört.[2] Schwache Warnlaute könnten dem Piloten wichtige Informationen übermitteln wie z. B. die Annäherung eines feindlichen Jets. Das Super-Cockpit-Programm ist ein wesentliches Ziel des VR-Einsatzes in diesem Bereich. Flugsimulatoren bereiten virtuell die Piloten auf ihre späteren Einsätze vor. Dem mit einem HMD ausgestatteten Piloten wird ein dreidimensionales Flugzeugcockpit vor Augen geführt. Das virtuelle Flugzeug kann mittels diverser Eingabegeräte gesteuert werden. Im militärischen Bereich existieren neben Flugsimulatoren schließlich auch Fahrsimulatoren für Panzerfahrer sowie Simulationsanlagen für U-Boot-Besatzungen.

Verläuft alles nach Plan, dann werden sich die Atommächte noch 1996 auf ein umfassendes Teststoppabkommen einigen. Der Teststoppvertrag wird jedoch in keinster Weise die Weiterentwicklung der Kernwaffen beenden, zumal er von den Kernwaffenländern auch gar nicht als Mittel der Abrüstung begriffen wird. Das eigentliche Ziel der Atommächte ist vielmehr die Aufrechterhaltung ihres Monopols an Kernwaffen. In über 2000 Atomtests seit 1945 haben sie mit ihren Meßgeräten umfangreiche Datenbestände angehäuft, digitale Daten mit denen in Zukunft Simulationsrechner gefüttert werden sollen.[3] Mit Hilfe von Computersimulationen können neue Sprengköpfe deutlich rascher entwickelt werden, als dies zur Zeit der Fall ist. Die virtuelle Bombe hat außerdem den Vorteil, daß sie kostengünstiger ist, sich beliebig oft zünden läßt und von seismografischen Meßstationen nicht erfaßt werden kann. Ein umfassendes Testverbot wird von den Atommächten im wesentlichen als Mittel betrachtet, ihren High-Tech-Vorsprung im atomaren Bereich weiter auszubauen. Atomwaffenneulinge wie Indien oder Pakistan wird so die Möglichkeit genommen, ihre Waffen unterirdisch zu testen und weiter zu perfektionieren. Die Atommächte selbst stellen sich bereits seit längerem auf die Zeit nach dem Teststoppabkommen ein. Virtuelle Atombomben als programmiertes Inferno werden in Zukunft bitweise in Mikrochips detonieren. Mit Simulationsprogrammen, Supercomputern, Laserexperimenten und radiografischer Methode sollen Atomtests in aller Ruhe im Labor imitiert werden. Die USA investieren gigantische Summen in ein wissenschaftliches Wartungs- und Forschungsprogramm, das „Stockpile Stewardship and Management Program" (SSMP). Vier Milliarden Dollar sollen es alleine 1996 sein. Mit Hilfe von Computersimulationen wollen Forscher Sicherheitslücken im Arsenal der alten Atomwaffen ausfindig machen. Doch Kritiker halten das SSMP im Kern für ein Programm, welches die Fortsetzung des Wettrüstens mit anderen Mitteln ermöglichen soll. Mit der Simulationstechnik lassen sich schließlich genausogut auch neue Bomben bauen. Auch Rußland experimentiert mit einem Elbrus-3-1-Computer, um in Zukunft weitere Atomtests überflüssig zu machen. Experten gehen davon aus, daß genügend Datenmengen existieren, um Atombombenexplosionen mit ausreichender Genauigkeit hochzurechnen.

In den USA werden so Atomblitze unter den Augen der Forscher am Bildschirm aufzucken. In einem Parallelrechner werden zuvor Hunderte Chips Milliarden von Informationen früherer Atomtests oder aus Versuchen mit Teilkomponenten einer Atombombe umrechnen. Mit Hilfe des Computers läßt sich so in Zukunft der Zündmechanimus einer Atombombe verfeinern. „Bei diesen Simulationen werden mit Röntgenblitzkameras, Gammadetektoren, Neutronenzählern sowie Druck- und Temperatursensoren die Vorgänge im Innern einer Bombe aufgezeichnet. In Los Alamos wird dafür ein 'Dual Axis Radiografic Hydrodynamic Test Facility' gebaut, mit der dreidimensionale Aufnahmen aus dem Bombeninnern während der Explosion des chemischen Sprengstoffs möglich sind. Die Daten werden dann für die Computerauswertung aufbereitet. Mit Hilfe dieses Datenmaterials lassen sich nun die Kettenreaktion und die Atomexplosion auf den Hochleistungsrechnern der Kernforschungslabors nachahmen."[4]

In der Kernforschungsstätte Sandia National Laboratories bauen die USA hierfür ein eigenes neues Simulations- und Computercenter auf. „Bis Ende 1996 soll dort für 46 Milliarden Dollar auch der mit 9000 Pentium-Pro-Prozessoren bestückte Supercomputer Intel Paragon installiert werden.“[5]

Geforscht wird schließlich auch intensiv an EMP-Kernwaffen (Electro Magnetic Puls), die mit ihrem elektromagnetischen Puls feindliche Computer lahmlegen können, aber sonst vergleichsweise wenig Zerstörung bewirken sollen.

Die Kernwaffen der Zukunft werden so nur noch am Rechner perfektioniert. Es ist jedoch kaum davon auszugehen, daß mit dem virtuellen Atompilz das nuklearwaffenfreie Zeitalter anbricht.

Der Computerkritiker Weizenbaum stellt fest, daß die militärische Forschung hinter allen Forschungen steckt, die im Bereich der Computer und Rechnernetze betrieben wird. Die Forschungsinstitute in den USA, so Weizenbaum, seien letztendlich durch das Militär gesteuert.

So dient denn auch ein weiteres, bereits ausgereiftes VR-System der Manöversimulation. Das von der DARPA (Defense Advanced Research Projects Agency) finanzierte Projekt SIMNET vernetzt über Telekommunikationsleitungen mehr als 200 Panzersimulationen in Deutschland, Washington, Kentucky und einigen anderen Orten miteinander. In Echtzeit können die vernetzten Stationen auf einem virtuellen Schlachtfeld an Manöversimulationen teilnehmen. Virtuelle Manöver sind wesentlich kostengünstiger, zumal aufwendige und landschaftszerstörende Großmanöver im realen Raum entfallen.

## 4.2 Raumfahrt

In der Raumfahrt existieren zahlreiche Möglichkeiten des Einsatzes der Virtual Reality. Die wichtigsten sind

- die Telerobotik und die mit ihr verbundene Teleexploration
- das Astronautentraining
- die Visualisierung astrologischer Daten und schließlich
- die Virtualisation in der Konstruktionsphase von Raumfahrzeugen.

Die NASA (National Aeronautics and Space Administration) erforscht in mehreren Projekten den Einsatz ferngesteuerter Roboter. Solche ferngesteuerten Roboter könnten etwa in Regionen eingesetzt werden, die aufgrund ihrer atmosphärischen Bedingungen oder auch aus Kostengründen von Menschen nicht direkt erforschbar sind. Im Bereich der unbemannten Raumfahrt könnten intelligente ROVs (Remote Operated Vehicles) zur Erkundung ferner Planeten eingesetzt werden. Die NASA plant bereits im Detail die Entsendung eines ROVs zum Mars. Dies wäre ein Novum, da zum erstenmal ein sich teils autonom, teils ferngesteuert fortbewegendes Vehikel auf einem

Planeten eingesetzt würde. Der Astronaut befände sich in solchen Fällen in einem Computerlabor auf der Erde und würde das intelligente Fahrzeug mit Hilfe von Rechnern und speziellen Eingabegeräten steuern. Bei einem ROV handelt es sich um einen astronautischen Roboterkollegen, der über motorgestützte Bewegungsvorrichtungen sowie über Sensoren verfügt. Motorgestützte Bewegungsvorrichtungen können zum Beispiel Räder, Beine oder Schiffssschrauben sein, als Sensoren werden meist Entfernungsmesser sowie Videokameras eingesetzt. Von seinem Anforderungsprofil her betrachtet, soll ein ROV ein intelligentes Fahrzeug sein, welches seine Umgebung selbständig wahrnehmen kann. Dies stellt hohe Anforderungen sowohl an die Rechenleistung solcher Systeme als auch an die Allokation komplexer Sensoren. Dem Stand in der künstlichen Intelligenz (KI)-Forschung entsprechend, sind dabei die Fähigkeiten sowie die Einsatzgebiete dieser intelligenten Vehikel zur Zeit noch außerordentlich beschränkt. Die steigende Leistungsfähigkeit von VR-Systemen eröffnet in diesem Bereich aber durchaus neue Möglichkeiten. „Durch die Echtzeitdarstellung von Computergrafik ist das Vehikel einfacher und besser zu steuern, andererseits lassen sich die Laufzeitunterschiede (zwischen Vehikel und Steuerzentrale) kompensieren.“[6]

Eine öffentliche Präsentation eines VR-gestützten ROVs fand anläßlich des Kongresses „Virtual Reality World '95" in Stuttgart statt. Ein von der NASA entwickeltes ROV namens MEL, welches sich in einem marsähnlichen Terrain in Kalifornien befand, wurde mit Hilfe von Computern und Eingabegeräten von Stuttgart aus ferngesteuert. Die Bewegungen des Vehikels in Kalifornien wurden in Stuttgart auf Videoschirmen übertragen. Ähnlich könnte sich dieser Vorgang schon in den nächsten Jahren in einer Kontrollstation abspielen.

Telepräsenz- bzw. Telerobotik-Systeme sind nicht nur in der Raumfahrt einsetzbar, sie könnten auch in speziellen Gefahrenzonen eingesetzt werden. Bei Wartungen oder gar Störfällen in Chemiefabriken oder Atomkraftwerken könnten ferngesteuerte Roboter Erkundungen vornehmen und Reparaturarbeiten leisten.

Auch die Europäische Raumfahrtagentur ESA ist in Gestalt des ROTEX-Projektes am Bau von Telerobotern beteiligt. [7]

Auf dem Gebiet des Astronauten-Trainings stellt die Hubble Mission ein interessantes Beispiel dar. Bei ihr wurde das bislang stärkste Teleskop in den Weltraum geschickt. Bereits nach dem ersten Einsatz stellte es sich heraus, daß eine Linse des Teleskops nicht korrekt geschliffen war. Daraufhin wurde die Hubble Repair Mission von der NASA mit dem Ziel gestartet, einen Spaceshuttle möglichst nah an das Weltraumteleskop heranzumanövrieren. Zur Reparatur war der Einsatz von Astronauten außerhalb des Raumschiffes geplant. Astronautenteams, bestehend aus je zwei Personen, deren Einsatz für mindestens sechs Stunden geplant war, sollten das Teleskop-Problem lösen. Hierfür wurde am Johnson Space Center Ende 1993 ein Trainingssystem in Betrieb genommen. Die erforderlichen Reparaturarbeiten wurden von den Astronauten wie auch vom Bodenpersonal mittels Virtual Reality in zahlreichen Trainingsstunden im Center geübt.

Ein weiteres Ziel, dessen Realisierung mit Hilfe von Virtual Reality anvisiert wird, ist die Visualisierung astronautischer Daten. Die NASA entwickelte hier ein System, welches große Datenmengen, die Sonden vom Mars funken, visualisieren soll. Die beteiligten Forscher sollen die Marsoberfläche dreidimensional und interaktiv in einem Computermodell erkunden können. Das System wurde schließlich so entwickelt, daß es sich beliebig auch auf numerische Daten anderer Planeten umstellen läßt und damit ein Werkzeug für die Planetenerkundung von der Erde aus darstellt.

Ein weiteres Einsatzgebiet in der Raumfahrt liegt schließlich in der Konstruktion von Raumfahrzeugen. Neue Formen etwa für die Verbesserung des Spaceshuttle werden von der NASA im virtuellen Windtunnel getestet.

## 4.3 Architektur und Städteplanung

Das in Deutschland zur Zeit größte Projekt im Bereich der virtuellen Städteplanung ist das Cyber City-Projekt in Berlin. Für die Hauptstadt entwirft die Firma „Art + Com" ein neues Stadtbild. Den Anlaß der Modellierung bildete der Regierungsumzug. Mit Hilfe des Projektes soll das zukünftige Regierungsviertel realisiert werden. Insbesondere Planer und Politiker sollen mit Hilfe virtueller Modelle eine bessere Vorstellung darüber bekommen, wie die bebauten und unbebauten Flächen dreidimensional aussehen werden, wie die jeweiligen Räume gestaltet sind. Mit Hilfe eines Softwareprogramms für Architekturdaten kann man sich per Joystick durch die räumlichen Szenen bewegen. Die jeweilige Betrachterposition kann man individuell festlegen. Die Firma „Art + Com" verwendet für die Bildausgabe einen Videogroßprojektor. Der Datenhelm hat zur Zeit noch den entscheidenden Nachteil, daß man nur alleine in die virtuelle Welt eintauchen kann. Architekten wollen die 3D-Modelle, an denen sie arbeiten, aber lieber mit ihren Kunden gemeinsam durchwandern. Die computererzeugten Bilder werden so auf Großflächen projektiert, ein entsprechender 3D-Effekt ergibt sich durch das Aufsetzen der klasssichen, bereits aus den sechziger Jahren bekannten 3D-Brillen. Diese sind auch um einiges billiger als HMDs.

Das digitale Stadtmodell für die Berliner Innenstadt hat den Anspruch, möglichst zentimetergenau, detailgetreu und wahrnehmungsadäquat den Stadtraum unter der Erde, auf der Oberfläche und im Luftraum zu repräsentieren. Es soll eine interaktiv begehbare virtuelle Analogie zur Realität entstehen. Simulieren ließen sich auch Betriebsabläufe und Umweltbelastungen.

Das Rechnermodell soll sich auch dazu eignen, „als dreidimensionale Stadtkarte mobil abrufbar zu sein."[8] Abrufbar sein sollen nicht nur sprachliche Erklärungen zu den einzelnen Standorten, sondern auch „die Begutachtung von Innenräumen, Sichtverhältnissen und Verkehrsverbindungen sowie Schadstoffbelastungen, Wetterprognosen und Straßenverhältnisse."[9]

Denkbar ist perspektivisch auch die Nutzung des Berliner Stadtmodells als digitaler Raum für telekommunikative Treffen. Verschiedene Nutzer könnten sich in Form beweglicher Repräsentationsfiguren treffen oder in Gestalt dreidimensionaler Hologramme miteinander interagieren. Der eigentliche Zweck begehbarer Stadtmodelle wird jedoch die Parallelisierbarkeit von Planungs-, Entscheidungs- und Realisierungsvorgängen sein.

Die interaktive Begehbarkeit des Computermodells, so die Entwickler, erlaube dem Stadtbewohner und Besucher einen virtuellen Spaziergang durch die Innenstadt. Da das Abbild der Stadt sehr realistisch sei, würden sich die Leute schnell zurechtfinden und könnten telepräsent Alltäglichkeiten erledigen - in Zukunft vielleicht auch telepräsent Gänge zu Ämtern und Behörden. Sie könnten auch einen Bummel mit Teleshopping und Telekiosking verbinden.

Der Zugang zum virtuellen Stadtmodell basiert auf der Grundlage der klassischen Virtual Reality-Technologie, d. h. eines „Head Mounted Displays“ sowie eines „Data Glove“, eines Datenhandschuhs. Virtual Reality wird so beim Cyber City-Konzept zu einer „räumlichen Situationsumgebung, in der auch Planungslaien Analysen, Konzepte und Verfahren realistisch erproben können. Architekten, Verwaltungen und Durchführungsfirmen können die Planungsvorgänge über diesen Datenraum vernetzt aufeinander abstimmen. Selbst die technischen, finanziellen Konsequenzen lassen sich in einem solchen Simulationsspiel erstaunlich komplex durchspielen.“[10]

Legt man die Erfahrungen der Berliner Stadtplaner zugrunde, entsteht auf diese Weise ein anschauliches Stadtmodell, an dessen Komplettierung und Weiterentwicklung unterschiedliche Kreise Interesse haben. Neben zahlreichen Planungs- und Verwaltungsbereichen sind auch Wirtschaftszweige wie der Tourismus, Verkehr und Dienstleistungsbetriebe interessiert.

Das Darmstädter Fraunhofer-Institut verfügt über eine der modernsten Virtual Reality-Anlagen in Europa. Architekten und Städteplaner können hier z. B. testen, ob geplante Häuser ins Stadtbild von Darmstadt passen. Hierfür wurde ein umfangreiches Computermodell der Stadt erstellt; alle Gebäude wurden vermessen und per Computer nachkonstruiert. Über Datenleitungen werden alle Bewegungen des Cybernauten an den Rechner geschickt. Dieser berechnet innerhalb von Sekundenbruchteilen das neue Bild. Auf diese Weise können Innenarchitekten schon einmal ein Büro besuchen und einrichten, das vielleicht erst in ein Paar Monaten gebaut wird. Der Cybernaut kann hier Gegenstände mit einem Finger des Datenhandschuhs bewegen.

Im Bereich der Architektur ist Virtual Reality auch für Historiker interessant, die einmal ein Gebäude begehen wollen, das nicht mehr existiert, um sich in die Lage der damaligen Zeit zu versetzen. Die Rekonstruktion der Dresdner Frauenkirche von IBM ist hierfür ein Beispiel oder die Nachbildung des Petersdoms von einem italienischen Architekturbüro. Vom Fraunhofer Institut in Darmstadt wurde die historische Kaiserpfalz rekonstruiert, die nicht mehr existiert. Mit Hilfe historischer Zeichnungen wurden Pläne erstellt und in den Computer eingegeben. Geschichtsforscher und Archäologen können so durch die Kaiserpfalz spazieren und einen völlig neuen Eindruck von der seit Jahrhunderten zerstörten Anlage gewinnen. In Frankreich wurde in einem vergleichbaren Projekt die Klosteranlage von Cluny umfassend rekonstruiert, so daß man nun die erhaltenen Gebäudeteile besichtigen kann sowie die virtuell rekonstruierten, welche erstmals für eine „Begehung" zur Verfügung stehen.

Historische Gebäude, welche neu aufgebaut werden sollen, wie etwa die Frauenkirche in Dresden, können zunächst in dreidimensionalen, virtuell begehbaren Modellen rekonstruiert werden. Die Modelle können vor ihrer Realisierung mehrfach von Mediävisten, Architekten, Politikern und Stadtplanern auf der Grundlage eines plastischen, begehbaren Bildes diskutiert werden. Über zwei Monitore erhält der Cybernaut auf diese Weise dreidimensionale Bilder von historischen Räumen, die es gar nicht mehr gibt.

Architectural Engineering wird in Zukunft eingesetzt werden, um Häuser und Gebäude zu planen. Mittels VR-Techniken kann der Anwender sich bereits in der Planungsphase aktiv an der Entwicklung beteiligen. Walkthroughs in Echtzeit eröffnen dem Architekten neue qualitative Möglichkeiten bei der Abstimmung mit dem Auftraggeber. Der Cyberspace bietet auch vielfältige Möglichkeiten bei der Koordinierung von Architektenteams, deren einzelne Mitglieder in verschiedenen Orten, ja Kontinenten ansässig sein können. „Der Cyberspace wäre dann vielleicht ein großer Raum mit einem Tisch in der Mitte. Auf dem Tisch liegt ein Bauplan. Die beiden Architekten könnten sich sehen, gemeinsam den Plan betrachten und auf diese oder jene Stelle auf dem Plan zeigen, während sie sich unterhalten. Danach würden sie in ein dreidimensionales Modell umschalten, das den Plan als fertiges Gebäude zeigt, und gemeinsam hindurchgehen, Einzelheiten diskutieren, Wände verschieben usw."[11]

Neben dem Cyber City-Projekt arbeitet die Firma „Art + Com" noch an einem zweiten, vergleichbaren räumlichen Projekt. Das Projekt „Terra Vision" soll die ganze reale Welt virtuell erschaffen. Die Daten des Projektes sind zusammengesetzt aus Satellitenbildern und Luftaufnahmen. Als Eingabegerät dient ein großer drehbarer Globus. Mit Hilfe dieses Eingabegerätes kann sich der Betrachter in der virtuellen Welt des Terra Visions-Projektes hin- und herbewegen. Alles, was prinzipiell auf einem bislang bekannten Globus abgebildet werden kann, kann auch auf dem virtuellen Globus gezeigt werden. Der Globus des Projektes Terra Vison besitzt jedoch einen entscheidenden Vorteil. Man kann beliebig nah herangehen, so können zum Beispiel auf Berlin bezogen einzelne Straßenviertel und Straßenzüge betrachtet werden; der Betrachter kann sogar einzelne Elefanten im Berliner Zoo erkennen.

## 4.4 Maschinenbau, Konstruktion und Design

Mechanical Engineering kann die Montage virtueller Maschinen testen. Nicht nur in der Automobilindustrie eröffnen sich durch VR-gestützte Konstruktionstechniken neue Bereiche. Prototypen in der Automobilindustrie sowie weiteren Industriezweigen werden zukünftig ohne VR-Techniken kaum mehr denkbar sein.

### 4.4.1 Prototypen im Automobilbau

Wissenschaftler einer Forschungsabteilung von Mercedes Benz testen bereits die Einsatzmöglichkeiten virtueller Realität für die ergonomische Beurteilung künftiger Fahrzeugmodelle. Für den deutschen Autohersteller hat die Firma „Art + Com" einen virtuellen Mercedes gebaut. Auf diese Weise kann die Innenausstattung verschiedener Autotypen erprobt werden inclusive solcher, die es bislang nur im Rechner gibt.

Beim Autohersteller Ford kommt der Spin, ein bislang unveröffentlichtes Modell, aus dem Computer. Laut Angaben des Managements ist das Modell zur Zeit nicht in Arbeit. In den fünfziger Jahren war die Anfertigung eines solchen Modells arbeits- und kostenintensiv, sie dauerte ca. einen Monat. Die Anfertigung eines Computermodells, wie die des Spin, dauert heutzutage lediglich zwei bis drei Tage.

In der Ford Zentrale in Detroit werden Prototypen mit Hilfe des „global designing" erzeugt. In einem ersten Schritt entstehen zweidimensionale Modelle auf dem Computer. Als kompliziert erweist sich in einem weiteren Schritt die Anpassung an die Dreidimensionalität. Die Designer entwerfen hierfür am Bildschirm eine Art Drahtgerüst, an dem jede Kurve und Bewegung in Biegung und Länge verändert werden kann. Sind alle Linien berechnet, widmen sich die Designer der Außenstruktur und schließlich dem Design der Karosserie. Das auf diese Weise erstellte Computermodell, welches aussieht wie echt, ist ein amerikanisch-europäisches joint venture. Das „global designing" des US-amerikanischen Autoherstellers realisiert die Möglichkeit, Kollegen aus Deutschland und den USA über den Datenhighway via Konferenzschaltung miteinander zu verbinden. Für solche Konferenzschaltungen hat der Hersteller von Computerchips Intel das Videosystem „Pro share" entwickelt. Die Gesprächspartner können sich am Bildschirm nicht nur sehen, sondern auch gemeinsam Dokumente bearbeiten. Die Bilder der beteiligten Partner werden von Kleinbildkameras aufgenommen, die auf den PCs installiert sind. Der amerikanische Kollege in Detroit sieht so das Bild seines deutschen Kollegen aus Köln im Fenster der Desktop-Oberfläche seines Rechners. Der Kölner Kollege kann mit ihm die virtuell erzeugten Modelle betrachten und durchdiskutieren. Nimmt einer der an der Konferenzschaltung beteiligten Partner eine Änderung am Modell vor, ist diese für beide sichtbar und kann akzeptiert oder verworfen werden. In der Münchener Niederlassung von Intel wird das Videosystem von den MitarbeiterInnen auch benutzt, um von zu hause aus zu arbeiten.

Mit Hilfe des „global designing" kann rund um die Uhr gearbeitet werden. Der Kölner Kollege, welcher seinem US-amerikanischen um sechs Stunden voraus ist, kann zum Beispiel Verbesserungen an der Aerodynamik vornehmen, und diese Stunden später seinem US-amerikanischen Kollegen vorführen. Sind alle Änderungen besprochen, kann das US-amerikanische Team in Detroit am Modell weiterarbeiten. Die Daten können Stunden später von den Designern in Ford Tokio in Japan übernommen werden. Das Auto ließe sich schließlich in Italien produzieren. Ford hofft mit Hilfe des „global designing", die Entwicklungsdauer eines Modells von bislang 37 auf 24 Monate senken zu können. Eine „Produktion rund um die Uhr" spart Geld, da sich die Herstellungskosten auf die weltweiten Filialen verteilen lassen. Es läßt sich so ein- und derselbe Autotyp auf alle Märkte bringen. Unterschiede, die auf die regionalen Märkte abgestimmt sind, könnte es trotzdem geben, so hat z. B. das sogenannte Weltauto „Mondeo" in Deutschland eine andere Front- und Heckpartie als in den USA.

Dem Beispiel von Ford vergleichbar, konstruiert die Firma Opel in Rüsselsheim gemeinsam mit Brasilien. Derartige Beipiele für eine Verbundproduktion zeigen auch, wie austauschbar die Produktionsstandorte werden. Virtual Prototyping in Verbindung mit Telekonferenzsystemen führt zu einer verschärften Standortkonkurrenz auch innerhalb eines globalen Unternehmens. Sind erst einmal die Einzelteile eines Autos völlig kompatibel, kann an jedem beliebigen Produktionsstandort produziert werden.

Im BMW-Werk in München läuft seit einiger Zeit ein Pilotprojekt zur Optimierung der Abstimmung mit den Zulieferfirmen. Eingesetzt wird das Videosystem „Pro share" der Firma Intel, an das auch Zulieferfirmen angeschlossen sind. Ein BMW-Ingenieur kann auf dieseWeise mit seinem Kollegen bei einer Zulieferfirma z. B. diskutieren, wie ein Teil eines Stoßdämpfers verändert werden muß. Um offene Fragen zu klären, kann das entsprechende Teil kurz vor die Kamera gehalten werden. Die Firma BMW hofft auf diese Weise, die Logistik zu verbessern, Arbeitsprozesse zu optimieren und die Entwicklungszeiten zu senken.

Die Gesprächspartner können an jedem beliebigen Ort der Welt sein, die Möglichkeiten von Telekonferenzsystemen sind scheinbar unbegrenzt. Da ein gemeinsames Dokument bearbeitet wird, sind Übertragungsfehler ausgeschlossen. Die Daten bei einer Online-Konferenzschaltung werden über ISDN-Telefonleitung übertragen.

### 4.4.2 Simulatortechnik

Am Stuttgarter Fraunhofer-Institut für Produktionstechnik und Automatisierung (IPA) haben Ingenieure und Informatiker vollkommen detailgetreu eine komplizierte Abfüllanlage mit sechs verschiedenen Flaschengrößen für Medikamente nachgebildet.[12]

In der virtuellen Welt greift der Roboterarm nach leeren Flaschen. Die Behälter schwenken millimetergenau unter die Einfüllstutzen und werden genau bis zum Rand gefüllt. Der Industrie-Roboter schwenkt die vollen Flaschen Richtung Abstelltisch. Die Techniker des Fraunhofer-Instituts können auf dem Monitor verfolgen, wie die Cyber-Konstruktion eine Flasche nach der anderen füllt und prüfen, ob es noch Mängel oder zu beseitigende Probleme gibt. Mit Hilfe eines HMD, dessen zwei eingebaute Mini-Bildschirme ein räumliches Bild vermitteln, können die Techniker die Anlage aus jedem gewünschten Blickwinkel betrachten. Werden Fehler der virtuellen Abfüllanlage festgestellt, werden diese programmiertechnisch behoben.

Bevor die Anlage real produziert wurde, konnte mit Hilfe dieser nur im Hochleistungsrechner des Institus existierenden virtuellen Anlage getestet werden, wie die reale später einmal optimal funktionieren wird. Mit Hilfe der Virtual Reality konnte die Entwicklungszeit von sieben auf vier Monate verkürzt werden.

## 4.5 Medizin

Eines der wichtigsten Anwendungsgebiete für Virtuelle Welten wird in Zukunft die Medizin sein. Beim Fraunhofer Institut in Darmstadt kann z. B. eine chirurgische Ausbildung am künstlichen Knie vorgenommen werden. Mit Hilfe eines VR-Trainingssystems können angehende Chirurgen Knie-Untersuchungen üben. Die momentane Position der chirurgischen Instrumente im Knie zeigt der Rechner an. Der Chirurg kann so überprüfen, ob jeder Handgriff sitzt. Erzeugt wird ein dreidimensionales Magnetfeld, innerhalb dessen jede Bewegung millimetergenau erfaßt wird.

Virtual Reality, Vernetzung und Digitalisierung sind auch in der High-Tech-Medizin die zentralen Schlüsselwörter. Bereits seit einigen Jahren zählt die minimal-invasive Chirurgie zur High-Tech-Medizin. Inzwischen gehören endoskopische Operationen zum Alltag. In den USA wird bereits dreimillionenmal im Jahr endoskopisch operiert.[13] Soll z. B. eine Gallenblase entfernt werden, muß nicht mehr wie bei konventionellen Operationstechniken der Bauch geöffnet werden. Die gezielt eingesetzten Bestecke bei der minimal-invasiven Chirurgie besitzen einen Durchmesser von wenigen Millimetern. „Eine Miniaturkamera und Glasfaserbündel mit bis zu 200.000 Fasern bringen Bilder aus dem Körperinneren auf den Monitor. Der Arzt sieht am Bildschirm, wie er das zweite endoskopische Besteck bedienen muß. Leise surrende Motoren bewegen die chirurgischen Instrumente, mit denen Gallenblasen entfernt, innere Blutungen gestillt oder Gallensteine herausgenommen werden."[14] Die Endoskope werden dabei zunehmend kleiner und können mittlerweile stecknadelkopfgroße Ultraschallsonden aufnehmen und mit Hilfe von Laserstrahlen arbeiten. „Die Vorteile dieser Technik liegen auf der Hand: Es entstehen weniger Schmerzen nach der Operation, die kleineren Wunden heilen besser, die Zeit des stationären Aufenthalts im Krankenhaus wird drastisch reduziert."[15] Die minimal-invasive Chirurgie kann mit anderen Technologien, wie u. a. der Virtual Reality, kombiniert werden. Die Umstellung auf minimal-invasive Methoden erfordert vom Chirurgen eine völlig neue Arbeitsweise. Die Beobachtung des Operationsortes ist für den Chirurgen nur noch über die Endoskope möglich, was ein ausgeprägtes räumliches Vorstellungsvermögen seitens des Arztes voraussetzt. Sonst besteht die Gefahr, daß es zu Verletzungen von Organen kommt. Es besteht ferner die Gefahr, daß der Chirurg sich bei der Bedienung der Endoskope regelrecht innerhalb des Patienten verläuft. „Virtual Reality bietet viele Vorteile für die minimal-invasive Chirurgie, z. B. die bessere Visualisierung des Operationsortes, die Steuerung von chirurgischen Werkzeugen und die Simulation zur Operationsvorbereitung sowie zur Ausbildung.“[16] Ein Virtual Reality-System erlaubt es ferner, Bewegungen bei der Simulation aufzuzeichnen „sowie Kollisionen mit markierten Bereichen, z. B. in der Nähe von wichtigen Organen, anzuzeigen.“[17]

Der Operationssaal der Zukunft könnte einer elektronischen Schaltzentrale gleichen, jeder chirurgische Eingriff wird mit umfassenden Patientendaten abgestimmt, die der Rechner liefert. Die Computertechnologie soll auf diese Weise eine effektivere und kostengünstigere Patientenversorgung ermöglichen.

Ein wichtiges Beispiel ist der Aufbau elektronischer Patientenakten. Die konventionelle Patientenakte stellt eine unübersichtliche Anzahl von Befunden, Labordaten und Röntgenbildern dar, die von Untersuchung zu Untersuchung anwächst. Die Folge für den Patienten sind meist belastende Mehrfachuntersuchungen, bei denen zusätzliche Kosten für die Krankenkassen anfallen. Die elektronische Patientenakte als ein zentral abrufbares Archiv, das die Untersuchungsdaten in digitalisierter Form speichert, könnte hier Abhilfe schaffen. Doch es gibt auch kritische Stimmen. Lägen die Daten eines Patienten erst einmal in digitalisierter Form vor, so warnen Fachärzte, besäßen diese für den behandelnden Arzt häufig einen höheren Wahrheitsgehalt als etwa handschriftliche Unterlagen. Erforderliche Überprüfungen bisheriger Untersuchungsergebnisse könnten auch zum Nachteil des Patienten entfallen.

Im deutschen Herzzentrum in Berlin arbeitet man bereits mit der elektronischen Patientenakte. Daten über Herzkranzgefäße können zusammen mit Daten des EKG-Bildes oder Aufnahmen des Brustkorbes betrachtet werden. Der Vorteil einer elektronischen Patientenakte besteht darin, daß sie für Kliniksärzte, den Facharzt und für den niedergelassenen Hausarzt gleichermaßen zugänglich ist. Der jeweilige Arzt hat immer den kompletten und aktuellsten Stand der Daten zur Verfügung. Kritische Stimmen warnen angesichts der elektronischen Patientenakte vor dem „gläsernen Patienten“. Zwar könnten Sicherheitssysteme eingebaut werden, um Unbefugten den Zugriff zu verhindern, offen sei aber, ob sich in Zukunft nicht etwa öffentliche Stellen einen Zugriff verschaffen könnten. Eine Problematik, die im Kontext von Planungen, Lohnfortzahlungen im Krankheitsfalle nur noch dann zu zahlen, wenn keine „Selbstverschuldung“ vorliegt, nicht so leicht von der Hand zu weisen ist.

Die Existenz einer elektronischen Patientenakte setzt voraus, daß die medizinischen Daten in digitalisierter Form vorliegen. Die Übertragung der Befunde ist mit einem erheblichen Arbeitsaufwand verbunden und kostenintensiv.

Der Einsatz virtueller Welten in der Medizin ermöglicht es, in kürzester Zeit weltweit medizinische Expertenmeinungen zusammenzubekommen. Im medizinischen Bereich könnten z. B. Videokonferenzen zum Einsatz kommen. Der Arzt kann sich prinzipiell an jeder beliebigen Stelle der Welt befinden. Erprobt wird dies zur Zeit am Rudolf Virchow-Klinikum in Berlin. Bundesweit gibt es einige regionale Versuchsobjekte u. a. am Klinikum für Neurochirurgie der Ernst-Moritz-Arndt-Universität in Greifswald. Hier wurde ein Bildtelefon installiert, an das Kliniken aus der Umgebung angeschlossen sind. Wird z. B. im Krankenhaus in Güstrow ein schwer verletzter Motorradfahrer eingeliefert, so kann ein Computertomogramm erstellt werden, „das mit Hilfe der Telebildkommunikationstechnik über ein Glasfaserkabel zusammen mit den Befundbeschreibungen zu den Neurochirurgen nach Greifswald übermittelt wird. Die Spezialisten können die Diagnose am Bildschirm erstellen und per Telefon den behandelnden Krankenhausarzt in der neurochirurgischen Therapie unterstützen. Bei Schädei-Hirn-Verletzten kann so entscheiden werden, ob

- sofort ein Eingriff erfolgen muß
- der Patient im neurochirurgischen Zentrum behandelt wird und transportfähig ist
- der Neurochirurg per Hubschrauber zum Patienten gebracht werden muß
- oder die Operation zu einem späteren Zeitpunkt erfolgen kann.“[18]

In Greifswald und den angeschlossenen Kliniken Mecklenburg-Vorpommerns wird mit einem Glasfaser-Verbundsystem gearbeitet, welches eine Zweiwegeübertragung bewegter Bilder mit voller Farbqualität ermöglicht. Der Direktor der Neurochirurgischen Klinik in Greifswald, Professor Gaab, beschreibt den Nutzen der Technik wie folgt: „Vor der Einführung des Systems mußten ca. 80 Prozent aller notfallmäßigen Zuweisungen und Verlegungen nach Greifswald wieder rückverlegt werden, weil ein neurochirurgischer Eingriff nicht notwendig war. Jetzt, seit der Einführung der Telebild-Ferndiagnose, konnte bei 40 Prozent der Schädel-Hirntrauma-Patienten eine Überweisung nach Greifswald vermieden werden. Durch die Beratungen mit Hilfe der neuen Technik wird für die Patienten ein oft gefährlicher Transport überflüssig.“[19]

Der medizinische Bereich ließe sich, wie alle anderen Bereiche des alltäglichen Lebens auch, komplett vernetzen. Eine Vernetzung von Arztpraxen, Apotheken, Kliniken und Krankenkassen könnte den Kommunikationsfluß um vieles beschleunigen. Die Unterstützung des Arztes bei der Therapie, die medizinische Dokumentation sowie das Beschaffen von Informationen über Online-Datenbanken könnten zu Bestandteilen einer Telemedizin werden, genauso wie die digitale Verarbeitung und das Archivieren von Patientendaten und das Abrechnen zwischen Arzt und Krankenkassen. Diagnosen, Behandlungsergebnisse, Rezepte und Krankschreibungen könnten in Zukunft über den Datenhighway erfolgen. Für die Patienten könnte dies eine raschere Diagnostik und das Einsetzen einer rascheren Therapie bedeuten.

Auf diese Weise ließe sich auch eine weltweit verbundene Medizin mit grenzüberschreitenden Datenflüssen realisieren. Die Neurochirurgie der Universitätsklinik in Mainz ist in Deutschland einer der Vorreiter. Präzise Videobilder eines endoskopischen Eingriffs in das menschliche Gehirn zeigen jeden Handgriff des Operateurs an. Die Bildübertragungen schaffen die Möglichkeit, Chirurgen auch von außerhalb einzubeziehen. Weltweites medizinisches Fachpersonal läßt sich in Konsultationen einbeziehen. Auch für die medizinische Ausbildung bietet dies neue Perspektiven.

Die „Information Society Conference" der G7 in Brüssel hat unter den elf „Pilotprojekten" auch ein Modellvorhaben zur Einbeziehung des Gesundheitswesens in die Datenautobahn beschlossen.[20] Aufgebaut werden soll ein globales Gesundheitsnetz, Beschäftigten im Gesundheitswesen und Institutionen sollen einen öffentlichen Zugang zu relevanten Informationen über Infektionskrankheiten und Gesundheitsrisiken erhalten.

Vorbild beim weiteren Ausbau der Telemedizin sind die USA. Hier werden bereits Krankenhäuser in die bundesstaatlichen Highways einbezogen, laufen zahlreiche Forschungsprojekte im Bereich der Strahlentherapie-Planung sowie der chirurgischen Simulation.[21] Virtuelle chirurgische Eingriffe könnten in Zukunft auch von außerhalb vorgenommen werden. Das medizinische Expertenteam könnte sich an einem anderen Ort befinden als der Patient. Ob dies erstrebenswert ist, wird neben vielen anderen Entscheidungen eine Frage der sozialen Gestaltung der VR-Technologie im medizinischen Bereich sein.

Auf der Virtual Reality Messe in Stuttgart 1996 war im medizinischen Bereich vor allem ein in Stahl gebetteter Zeigefinger zu bewundern. Dieser revolutioniert die Computerwelt insofern, als man mit ihm nicht nur auf Dinge zeigen, sondern sie auch spüren kann, z. B. wie es sich anfühlt, einen Schalter zu drücken. Mit diesem System kann ein Arzt nicht nur die Bewegung einer Operation üben, sondern gleichzeitig auch das Skalpell spüren, mit dem er schneidet. Da die Hände eines Arztes genauso wichtig sind, wie seine Augen, ergeben sich mit dem elektronischen Zeigefinger neue Möglichkeit in der medizinischen Ausbildung und Simulation von chirurgischen Eingriffen.

Von der Ausbildung Medizinstudierender an virtuellen Leichen über die Telekonsultation bis hin zur Teleoperation könnte die Virtual Reality das Bild der Medizin in absehbarer Zeit entscheidend verändern.

## 4.6 Wissenschaft, Forschung und Technik

Neue Untersuchungsmethoden erlauben es den WissenschaftlerInnen unterschiedlichster Disziplinen, in bislang unerforschte Gebiete vorzustoßen. Dabei fallen häufig große Datenmengen an, deren Verarbeitung nur noch über Modellbildungen möglich ist. Virtual Reality kann hier helfen, Daten zu komprimieren und zu visualisieren.

Betrachten wir hierfür ein Beispiel aus der Pharmakologie.[22] In modernen Laboratorien werden heutzutage chemische Zutaten, die für eine Synthese neuartiger Moleküle notwendig sind, von Robotern in Reaktionskolben zusammengebraut. Die Erstprüfung der Wirkstoffe findet hier nicht mehr am Tier statt, sie wird von automatisierten molekularen Testsystemen durchgeführt. Dabei schütteln maschinelle Systeme die zu prüfenden Substanzen auf Zellkulturen und untersuchen, ob an ihnen Veränderungen auftreten. Das Verfahren, welches Substanzen mit Hilfe von Testrobotern auf bestimmte Effekte hin untersucht, nennt man „Screenen" (screen, Englisch für „Bildschirm").

Bei der Firma Boehringer wurden auf der Suche nach einem Hemmstoff für ein Schlüsselenzym des HIV-Virus innerhalb von zwei Jahren 20.000 Proben mit automatisierten Systemen durchgecheckt. Von den Substanzen zeigten im Test 29 eine deutliche Hemmwirkung gegen das Aids-Virus. Die mit Hilfe der Roboter, welche quasi die Evolution imitieren, gefundenen Moleküle werden mit „rationalem Design" am Computer verbessert. „Arzneimittel wirken, indem sie sich an bestimmte Bestandteile des Körpers und seine Zellen binden und so Reaktionen verstärken, verändern oder unterdrücken. Computergestütztes Wirkstoffdesign (CADD - Computer Aided Drug Design) ermöglicht es den Forschern, die Angriffsstellen eines Medikaments zu simulieren und seine 'Bindungsfähigkeit' am Bildschirm zu optimieren."[23] Die Pharmaforscher können die per Computer optimierten Moleküle mit Helm und Datenhandschuh „begreifen". Sie begeben sich in die virtuelle Miniaturwelt und können die virtuellen chemischen Molekül-Modelle drehen. Die Ergebnisse werden ihnen dreidimensional in Echtzeit auf den Displays angezeigt. Die Datenhandschuhe ermöglichen es ihnen ferner, die Stabilität und Elastizität eines Moleküls zu spüren. Der Pharmaforscher kann so prüfen, wie gut eine neue Verbindung auf ihr körpereigenes Zielmolekül paßt. Mit Hilfe zahlreicher vergleichender Computer-Studien der 29 gefundenen Hemmstoffe wurde so bei der Firma Boehringer ein dreidimensionales Modell für einen optimalen Hemmstoff entworfen. Bei der US-amerikanischen Firma Agouron etwa befindet sich ein vollständig elektronisch entworfener Anti-Tumor-Wirkstoff in der Endphase der klinischen Erprobung. CADD hilft zur Zeit vor allem dann, wenn Enzyme nachgebessert werden sollen. „Für die Nierenfunktionsdiagnostik wurde das in der Natur sehr schnell zerfallende Enzym Kreatinase so verändert, daß es über Stunden stabil bleibt."[24] Noch ist das computergestützte Design von Molekülen recht aufwendig, die Strukturberechnungen überfordern selbst die modernsten Computersysteme, doch die Kombination von CADD und VR-Technik beschleunigt das Aufspüren von pharmakologisch interessanten Substanzen um mehrere Größenordnungen. Virtuell gestützte Screening-Verfahren ermöglichen so der Pharmakologie einen tieferen Einblick in das Wesen der Moleküle.

## 4.7 Ausbildung und Lehre

Der Bildungsbereich stellt für VR-Technologien ein weites Betätigungsfeld dar. Flugsimulatoren gelten als die erste Anwendung von VR-Techniken auf diesem Gebiet. Neben Flugsimulatoren gewinnen aber auch Fahrsimulatoren zunehmend an Bedeutung, z. B. wenn es um das Erlernen des Autofahrens geht. Bereits in den fünfziger Jahren existierten in Schweden erste Vorläufer solcher Automaten. FahrschülerInnen konnten hier in Autokabinen Platz nehmen, die mit Lenker, Gas-, Brems- und Kupplungspedal sowie Blinkern ausgestattet waren. Die SchülerInnen sahen auf der Leinwand diverse Übungswege und sollten sich dementsprechend verhalten. Die Fahrkabinen waren mit einem Fehlerautomaten verbunden, so daß die Fahrleistung der SchülerInnen individuell ausgewertet werden konnte.

Im Cyberspace-Zeitalter kann der Fahrschüler mehrere Male virtuell die Autofahrt proben, bevor er erste Fahrstunden im wirklichen Straßenverkehr erhält. Im Unterschied zum schwedischen Vorläuferbeispiel handelt es sich bei den Straßenaufnahmen jedoch nicht um echte Filmaufnahmen, sondern um computergenerierte Szenen, deren Echtheitsgrad durch ihre Dreidimensionalität deutlich höher liegt. Mit Hilfe von HMDs wird ein Immersionseffekt erzielt, so daß die Szenen noch realistischer wirken.

Die größte Anlage zur Fahrsimulation in Deutschland ist die „Schiffsführungs- und Simulationsanlage" der Hamburger Fachhochschule, kurz „Susan" genannt.[25] Im Simulator kann hier getestet werden, wie sich riesige Containerfrachten im Hafen manövrieren lassen. Das Simulationsprogramm besteht aus einer komplett nachgebildeten Kommandobrücke eines Schiffes. „Durch 19 Fenster geht der Blick auf das 140 Meter lange Vorschiff, auf dem sich bunte Container türmen. Sanft kräuseln sich die Wellen - alles von elf Video-Projektoren auf eine weiße Wand gezaubert."[26] Wirft der Kapitän den Simulator an, erzittert die Brücke durch Hydraulikzylinder im Takt des mächtigen Diesels. Die Brücke schwankt im sanften Rhythmus eines großen Schiffes. „Auf Knopfdruck erscheint die Hafeneinfahrt. Schiffe und Kräne ähneln einfachen Scheerenschnitten, vom Computer blitzschnell zusammengesetzt. Kurz vor der Kaimauer nimmt der Kapitän den Gashebel zurück. Im Rückwärtsgang wird gebremst - mit 32.000 PS. Doch 33.000 Tonnen Schiffsrumpf lassen sich nicht so leicht zum Stillstand bringen, wenn sie einmal in Bewegung sind."[27] Eine von vielen Situationen, welche sich mit „Susan" kostengünstig üben lassen, ohne daß es zu einem realen Crash kommen kann.

Ein weiteres wichtiges Anwendungsgebiet im Bildungswesen ist die Aneignung von Wissen selbst. Virtual Reality besitzt hier durch immersive Techniken den Vorteil, Erfahrungen zu vermitteln, die ins reale Leben übertragen werden können. VR-gestützte Computerlernprogramme können das Lernpensum an die individuellen Fähigkeiten des jeweiligen Schülers anpassen. Intelligente Programme können unterschiedliche Profile anlegen, die diverse Charakteristika einzelner SchülerInnen erfassen. Interaktive Rückkoppelungen ermöglichen es dem Schüler, im Unterschied zum bisherigen starren Computereinsatz kreativ in den Programmablauf einzugreifen.

Die Multimedia-Branche hat die Schulen bereits für ihre Marktinteressen entdeckt. Der Bertelsmann-Konzern finanziert z. B. die multimediale Ausstattung des Evangelisch-Stiftischen Gymnasiums in Gütersloh mit 10 Mio. DM in 10 Jahren.[28] Der US-amerikanische Computerhersteller Apple sponsert mit 1 Mio DM pro Jahr die technische Ausstattung der staatlichen Stevens Creck School im kalifornischen Cupertiano in Silicon Valley und übernimmt auch die Schulung der LehrerInnen dieser Schule.[29]

In Anlehnung an Modellversuche in den USA und in Skandinavien ist in Berlin unter dem Namen „Comenius“ ein 8 Millionen DM teures medienpädagogisches Pilotprojekt der Firma DeTeBerkom, einer Telekom-Tochter, angelaufen. Seit dem Schuljahr 1995/96 nehmen zwei Oberschulen, eine Gesamtschule, eine Grundschule und eine Jugend-Kunstschule an dem Projekt teil. Die Schulen sind über ein Hochleistungsdatennetz miteinander und mit der Landesbildstelle Berlin verbunden. In jeder Schule sind etwa 12 multimediale PC-Lernplätze eingerichtet, über die in digitale Welten eingetreten werden kann. SchülerInnen, LehrerInnen und Eltern können hier an unterrichts- und schulübergreifenden Projekten arbeiten. Auf jeden PC ist eine Videokamera installiert, so daß die TeilnehmerInnen multimedial über Videokonferenzen oder aber auch per E-mail miteinander kommunizieren können. Sie haben Zugang zum Internet sowie zu diversen Archiven.

Die SchülerInnen sollen im Rahmen des Projektes auf ein virtuelles Klassenzimmer vorbereitet werden, sich mit der Technik vertraut machen und sich mit Chancen und Risiken der modernen Kommunikationstechnologien auseinandersetzen. Neben dem „klassischen“ Unterricht sollen die SchülerInnen selbständig über den Computer miteinander kommunizieren, sich kennenlernen und konkrete Projekte in Gruppenarbeit bearbeiten. Das Projekt wird multimedial unterstützt, Text-, Ton-, und Bilddokumente sowie Filme und Musik werden in den Unterricht integriert. Das virtuelle Klassenzimmer von „Comenius“ präsentiert sich als ein dreidimensionaler Kommunikationsraum. Im virtuellen Konferenzraum können LehrerInnen und SchülerInnen, welche durch Pyramiden und Würfel symbolisiert sind, miteinander in Kontakt treten. Im virtuellen Projekthaus können z. B. von den SchülerInnen gedrehte Videos zur Stadtteilarchitektur eingebunden werden, oder es kann ein Zugriff auf den Medienserver der Landesbildstelle erfolgen, um Materialien nachzuschauen.

Informationen sollen „just in time“ verfügbar sein und im virtuellen Klassenzimmer ausgetauscht werden. LehrerInnen sollen dabei nicht mehr den Stoff vortragen, sondern primär eine aktive Gruppenarbeit steuern. Die Software, welche dem „Comenius“-Projekt zugrundeliegt, wurde von der Ponton European Media Art Lab entworfen und ist stark an Bedienelementen von Computerspielen orientiert, um Ängste vor den neuen Technologien bei den SchülerInnen abzubauen. Das „Comenius“-Projekt wird von PädagogInnen begleitet und ausgewertet.

Der Sponsor, die Deutsche Telekom, verspricht sich von dem Projekt präzise Erkenntnisse darüber, „welche Teile der Infrastruktur der Deutschen Telekom in Schulen besonders effektiv einsetzbar und welche Dienste am attraktivsten sind.“[30]

Virtual Reality erweist sich insbesondere im Sprachunterricht für Lernbehinderte als geeignetes Hilfsmittel. Das Virtual Reality Applications Research Team (VIRART) an der Nottingham Universität hat eine Software für ein Desktop VR-System für den Sprachunterricht schwer lernbehinderter SchülerInnen entwickelt.[31] Das System wurde erstmals an der Shepard Schule eingesetzt. Die PädagogInnen des Projektes gehen davon aus, daß der wichtigste Grund für die Verzögerung der kognitiven Entwicklung eines Kindes der Verlust der Fähigkeit ist, mit der Welt physisch zu interagieren. Gesucht wurde daher nach alternativen Kommunikationsformen, die dem Individuum Erfahrungen der Interaktion mit anderen erlauben. Auf diesem Hintergrund halten PädagogInnen der Shepard Schule das Potential von VR für enorm, „sei es, um sprachverzögerten SchülerInnen die Kommunikation zu ermöglichen oder denjenigen mit motorischem Kontrollverlust ein Gefühl der Bewegungsfreiheit zu gestatten."[32]

Das englische VR-Projekt orientiert sich am sogenannten Makaton-System, einem Lernsystem, welches darauf abzielt, SchülerInnen anhand von Handzeichen und ikonischen Symbolen Sprache und Kommunikationsbegriffe beizubringen. Der Vorteil einer gleichzeitigen Benutzung von Zeichen und Symbolen besteht darin, daß sich Individuen mit sehr verschiedenen Fähigkeiten auf gleicher Basis verständigen können. SchülerInnen, welche motorisch nicht in der Lage sind, sich mit Zeichen zu verständigen, können so auch in die Kommunikationsstruktur integriert werden. Die Anwendung von Virtual Reality zielt hier wesentlich darauf ab, das etablierte Makaton-System zu vermitteln.

Die Vorteile für die Anwendung von Computern bei Lernbehinderten bestehen für die Projektorganisatoren vor allem darin, daß SchülerInnen stärker zum Lernen motiviert werden. Computer seien in bestimmten Einsatzbereichen gute Lehrer, da sie keinen Druck auf die SchülerInnen ausübten. SchülerInnen könnten mit ihrem eigenen Tempo arbeiten, ohne Angst vor Tadel. Die Benutzung von Animations- und grafisch erweiterter Software ermögliche den SchülerInnen die Erfahrung von Interaktion, so daß sie das Gefühl hätten, mehr Kontrolle auszuüben. In dieser Hinsicht sei VR eine Technologie ohnegleichen, wenn es ihr gelänge, eine grafische Oberfläche zu konstruieren, die ein Gefühl von Kontrolle und Interaktionsfähigkeit vermittle.

In der Sonderpädagogik existiert eine Debatte darüber, ob beim elementaren Sprachunterricht Bilder oder eher echte Objekte benutzt werden sollen, um die Generalisierungsfähigkeiten der SchülerInnen zu fördern. Eine der vielversprechendsten Möglichkeiten der Anwendung von VR in diesem Kontext besteht in der Chance zur Überwindung solcher Dichotomien. Im Falle der Wahl zwischen echten Objekten und Bildern bietet die Anwendung von VR eine Vermittlungsposition an. Die Objekte, die von VR dargestellt werden, sind auf einer Ebene bildliche Darstellungen, zugleich aber auch Darstellungen, die mehr die Eigenschaften von echten Objekten haben als herkömmliche Bilder. VR kann darauf hinsteuern, den Abstand zwischen dem Lernen durch aktive Beteiligung und dem Lernen mit Bildern zu überbrücken, da sich hier die Gelegenheit bietet, durch Einbeziehung von Bildern zu lernen. „Dazu kommt, daß VR die Möglichkeit bietet, Informationen darzustellen, die zuvor nur von der realen Welt abgeleitet werden konnten, wie zum Beispiel die Makaton Handzeichen."[33]

Die Shepard Schule ist eine Schule mit nahezu 200 schwer oder sehr schwer behinderten SchülerInnen. Während einer zweiwöchigen Beobachtungsperiode wurden 25 SchülerInnen bei der Benutzung des Systems beurteilt. Zehn SchülerInnen der äußerst heterogen gebildeten Gruppe hatten Schwierigkeiten beim Navigieren in der virtuellen Welt. Diese Probleme waren auf mangelnde motorische Fähigkeiten zurückzuführen, mit Eingabegeräten wie Joystick oder Maus umzugehen. Es wurde daraus die Schlußfolgerung gezogen, das Projekt durch die Einbeziehung von anderen Geräten, wie z. B. Touch Screens, weiterzuentwickeln. Die Möglichkeit, daß es bereits fundamentale Hürden bei der Benutzung von VR bei behinderten SchülerInnen gibt, ist bei solchen Projekten noch stärker zu reflektieren. Ein wichtiger Gesichtspunkt bei der Beurteilung des VR-Systems war die Art, wie SchülerInnen mit Objekten, die sie in der virtuellen Welt vorfanden, interagieren konnten, ob sie die virtuellen Objekte identifizieren und mit echten Objekten, die sie darstellen, in Verbindung setzten konnten. Hier erwies es sich, daß ein Großteil der SchülerInnen von den virtuellen Objekten begeistert war und angeregt wurde. Die virtuelle Welt gab den SchülerInnen das Gefühl der Kontrolle, ihr Selbstvertrauen wuchs. Aus der Beobachtungsphase wurde die Schlußfolgerung gezogen, daß VR ein Mittel ist, das auf dem Gebiet des Schulunterrichts für Lernbehinderte wichtige Beiträge leistet. „Ein Zauberstab ist es allerdings nicht.“[34]

Telelearning heißt das Stichwort beim Einsatz der VR-Technologie im Bildungsbereich und Telelearning gewinnt nicht nur im Schulbereich an Bedeutung, sondern auch bei der beruflichen Bildung und Weiterbildung sowie im universitären Bereich.

In Deutschland werden jährlich rund 50 Milliarden DM für Schulung und Weiterbildung ausgegeben. Ein Einsatz der VR-Technologie in diesem Bereich soll die Bildung effektiver machen und zugleich Kosten senken. Die „Multimedia Teleschool“ ist ein Projekt, welches insgesamt 1.400 Beschäftigte internationaler Unternehmen aus zwölf Ländern umfaßte, darunter Frankreich, Polen und Rußland. Die virtuelle Schule unterrichtete die Fächer Englisch für Banker, ISDN für Ingenieure, Umwelt und Innovationsmanagement. Die Lernenden saßen zwischen 1992 und 1994 bei insgesamt dreizehn Distance-learning-Kursen entweder im Trainingszentrum ihres Unternehmens, an ihrem Arbeitsplatz oder zu Hause. Sie trafen sich mittels „computer conferencing“ und interaktivem Live-Fernsehen. Das Projekt nutzte Euro-ISDN und Satellitenverbindungen. Ergebnisse und Technik der Multimedia School wurden Anfang 1995 von der Berlitz Sprachschule in ein kommerzielles Projekt umgesetzt.

Das TeleScopia Projekt erprobt Komponenten für ein europäisches Aus- und Fortbildungsnetz. In Zusammenarbeit mit acht europäischen Partnern entwickelte die Deutsche Telekom ein Online-System für computergestützte Lernprogramme. Die technische Plattform (ISDN, Euro-ISDN) wird von der Deutschen Telekom sowie der France Telekom gestellt. „Offline“ werden hier Lektionen abgerufen, die am PC durchgearbeitet werden können. „Inline“ können Lehrende und Lernende interaktiv mit Videokonferenztechnik zusammenkommen, gemeinsam Dokumente live bearbeiten oder im Dialog Lösungen erarbeiten. Außer dem Training-on-the-job gibt es bei TeleScopia auch ein breites Angebot für Sprachen, Betriebswirtschaft und Umweltmanagement. Als Videokonferenztechnik wird ProShare eingesetzt, ein Telekooperationssystem von Intel. Multimediale, mit Kameras ausgestattete PCs sind über das ISDN-Netz verbunden. Die Partner können miteinander sprechen, einander sehen und am Monitor gemeinsam arbeiten.

„Global Teach" ist ein gemeinsames Projekt der Deutschen Telekom, der schweizerischen PTT und der spanischen Telefonicà mit dem Ziel, eine Software-Plattform für das Fernlernen zu entwickeln. Institute und Verlage präsentieren hier online Lehrangebote vornehmlich für Unternehmen und Selbständige. Jeder Lernende kann Kontakt zu einem Tutor aufnehmen, welcher ihn interaktiv über eine Videokonferenz unterstützen kann. Bei Global Tech existieren ferner E-mail-Funktionen sowie „Schwarze Bretter".

Auf der Basis von Global Tech ensteht in Zusammenarbeit mit Schulbuchverlagen eine elektronische LehrerInnenbibliothek mit Text- und Bilddatenbanken. Das Pilotprojekt „Lehrerbibliothek" soll außerdem Programme zur Verfügung stellen, mit deren Hilfe Lehrer am häuslichen Schreibtisch fremde und eigene Materialien für die Unterrichtsvorbereitung und -gestaltung aufbereiten können.

Das Projekt LINGO der Siemens Nixdorf AG erprobt multimediale Sprachlern- und Übersetzungsdienstleistungen auf der Basis eines globalen elektronischen Marktplatzes für Tele-Dienste, insbesondere für Telelearning. Das System führt Kunden und Anbieter zusammen und unterstützt das Sprachenlernen mit einem Sprachtrainer. Es werden ferner Dienstleistungen wie z. B. maschinelles Übersetzen oder Dolmetschen am Telefon ermöglicht.

Das Projekt „Multimedia-Controlling" bildet MitarbeiterInnen aus vierzehn kleinen und mittelständischen Unternehmen interaktiv zu Controlling-Experten aus. Telelearning wird hier mittels ISDN an den Arbeitsplatz gebracht. Das Projekt des Berliner Instituts für Wirtschaftsberatung und der Berlitz Sprachschule wendet sich insbesondere an Unternehmen mittlerer Größe.

Das „Akubis"-Projekt ermöglicht Unternehmen, ihren Informationsfluß im Servicebereich „just in time" mittels Buisness-TV zu gestalten. Demonstrationen können z. B. aus einer Werkhalle via Satellit übertragen und europaweit empfangen werden. Die Interaktion zwischen Lehrenden und Lernenden geschieht hier über Telefon, Telefax und Videoconferencing. Das Unternehmen Mercedes Benz informiert über dieses System der Deutschen Telekom seine MitarbeiterInnen am Arbeitsplatz „live" über technische Neuerungen.

Auch im universitären Bereich soll Telelearning in Zukunft zunehmend eingesetzt werden. In holländischen Fernuniversitäten wird die Betreuung von Fernstudierenden bereits online übernommen, der Betreuer kann am Bildschirm mit dem entfernt sitzenden Studenten seine Hausarbeit durchgehen und besprechen. Hohe Versandkosten und lange Wartezeiten entfallen so, das Fernstudium erfährt durch neue didaktische Möglichkeiten eine Aufwertung.

In den USA sind z. B. in North Carolina zahlreiche Schulen und Universitäten an den elektronischen Highway angeschlossen[35], man erhofft sich eine bessere schulische Ausbildung, insbesondere in den entlegenen Regionen.

In Deutschland soll es einen Vorlesungsverbund zwischen den Universitäten Heidelberg und Mannheim geben. Vorlesungen sollen einschließlich multimedialer Demonstrationen von einer Hochschule an die andere übertragen werden. Die Studierenden sollen sich interaktiv in das Geschehen einschalten können.[36] Auch die Universitäten Freiburg und Karlsruhe wollen Teleteaching einsetzen, um Studienangebote zu verbessern. Die Universität Hohenheim plant gemeinsame Vorlesungen und Lehrveranstaltungen mit ihren Partneruniversitäten in den USA und in Europa.

Computersimulationen wie z. B. das Programm Mc Frog, welches die virtuelle Sezierung eines Frosches in der Biologieausbildung ermöglicht, können in der universitären Lehre umstrittene Tierversuche ablösen.

In Ausbildung und Lehre bietet die VR-Technologie von virtual chemistry im Chemieunterricht, dreidimensionalen Begehungen historischer Szenarien im Geschichtsunterricht bis hin zum Telelearning bei der beruflichen Weiterbildung sowie der virtual university ein weites Einsatzgebiet.

## 4.8 Wirtschafts- und Dienstleistungsbereich

Im Wirtschafts- und Dienstleistungsbereich sind gravierende Konsequenzen vor allem im Kontext der Telearbeit zu erwarten. Die ZDF-Sendung „Verfolgung auf der Datenautobahn" präsentierte diesbezüglich jüngst ein plastisches Beispiel. Vorgestellt wurde ein US-amerikanischer Grafiker, welcher in Richmond, Virginia, lebt und arbeitet, in einer Vorstadt im Grünen, zwei Autostunden von der amerikanischen Bundeshauptstadt Washington D.C. entfernt. Das Spezialgebiet des Grafikers ist die Erstelllung von Grafiken zu medizinischen Themen. Die sehr aufwendigen Zeichnungen werden von ihm am Computer erstellt und seinem Auftraggeber einfach über die Telefonleitung geschickt. Sein Auftragggeber ist das tausende von Kilometern entfernte Münchner Magazin Focus. Feinabstimmungen erfolgen via Konferenzschaltung. Der Münchner Arbeitskollege und der US-amerikanische Grafiker können sich die fertige Zeichnung gemeinsam anschauen, kleine Korrekturen werden besprochen, ausgeführt und erneut begutachtet. Der US-amerikanische Kollege war zwei Jahre lang in der Münchner Redaktion tätig, zog dann aus persönlichen Gründen in die USA um, blieb aber unter Vertrag von Focus Magazin und arbeitet weiterhin für die Münchener Redaktion. Mit Hilfe moderner Kommunikationstechniken erweist es sich als genauso einfach, in den USA zu arbeiten, wie in Deutschland. Gleich wo ein Unternehmen sitzt, ein Telefonanschluß genügt, und Arbeitskräfte können in fernen Ländern beschäftigt werden. Ein klassischer Fall von Telearbeit, welcher aufzeigt, daß Arbeitsplätze in neuen Dimensionen durch moderne Kommunikationstechniken betroffen sind. Telearbeit, davon ist auszugehen, wird in den nächsten Jahren qualitativ an Umfang zunehmen.

Dies zeigt auch das Beispiel der Lufthansa. Tagtäglich werden tausende von Flugtickets ausgegeben, Daten erfaßt. Doch nicht alles bekommt der Computer alleine in den Griff, manchmal muß nachgebessert werden, damit die Daten wieder stimmen. Die deutsche Airline läßt dies in Indien machen. Hier entstehen schon seit einigen Jahren immer neue Technologie- und Computerzentren mit hochspezialisierten, aber billigen Fachkräften. Programmieren in Indien ist auch bei vielen Softwarehäusern bereits seit Jahren gang und gäbe. Seit Juli 1992 läßt auch die Lufthansa hier Daten erfassen und korrigieren. Viele Firmen nutzen bereits den Computerservice aus Indien. Die Unternehmen können sich insbesondere seit dem Zusammenbruch der bipolaren Weltordnung weltweit etablieren und ausdehnen. Damit verbunden ist auch eine Globalisierung der Informationswelt, des Informations- und Datenaustausches.

Auch der Heidelberger Fachbuchverlag Springer nutzt bereits die Datenautobahn. Hier werden Manuskripte für wissenschaftliche Bücher von einem Scanner in Computerdateien verwandelt und diese per Standleitung ins indische Bangalore übertragen. Dort wird der Text erfaßt und korrigiert, entsteht das Layout, der Photosatz. Dann treten die Datenpakete die Heimreise an und werden in Heidelberg als fertige Druckvorlage benutzt. Bei zahlreichen internationalen Verlagen ist dies bereits zur Alltagsroutine geworden, viele Verlage lassen in Asien, vor allem in Hongkong fertigen, amerikanische Verlage sehr stark in der Karibik.

## 4.9 Freizeit und Unterhaltung

Der Freitzeit- und Unterhaltungssektor wird neben der Telekommunikation in absehbarer Zeit der größte Markt für VR-Produkte sein, dies läßt das große Interesse an Cybercafes, Cyberdiskos und Cybersex bereits jetzt erahnen. Nahezu alle namhaften Videospielhersteller sind in den VR-Markt eingestiegen, um Trends nicht zu verpassen. Im Herbst 1991 sind in den USA die ersten VR-Automaten auf den Markt gekommen.[37]

### 4.9.1 Spielautomaten und Heimsysteme

Es gibt in Deutschland zur Zeit nur wenige Spielhallen, in denen VR-Systeme zu finden sind. Dies liegt vor allem an den hohen Anschaffungskosten, an der Störanfälligkeit der Systeme sowie der aufwendigen technischen Wartung. Computerspiele haben sich jedoch längst zu einer akzeptierten Spielform entwickelt, sie üben ihre besondere Faszination durch ihre lebendigen Bilder und filmartigen Handlungsfolgen aus, die dem Spieltrieb des Benutzers entgegenkommen. Bereits 1990 wiesen diejenigen Haushalte, in denen 14- bis 18jährige lebten, mit 26% die größte Computerverbreitung auf. Der kleine Spielcomputer „Gameboy" der Firma Nintendo, welcher seit 1991 vertrieben wird, erwies sich als ein „Verkaufsschlager"; Ende 1992 sollen bereits über 3,4 Millionen Stück verkauft worden sein. Simulationsspiele üben einen besonderen Reiz aus, da hier z. B. gefährliche Situationen ohne unmittelbare Konsequenzen erlebt werden können. VR-Spielsysteme, die Simulationsspiele auf einer perfektionierten Stufe ermöglichen, dürften auf großes Interesse stoßen. Der Bereich der Spielautomaten und Heimsysteme wird sich bei zukünftig sinkenden Preisen und robusteren Systemen voraussichtlich als ein wichtiger Produktionszweig erweisen.

Die Geschichte der VR-Systeme beginnt in den USA Ende der 80er Jahre. Die Firma Autodesk, welche eine entscheidende Rolle bei der Entwicklung der CAD-Programme spielte, entwickelte mehrere Sport-Spielsysteme.

Der „Virtuelle Schlagball", welcher dem Klassiker der Computerspiele „Ping" ähnelte, war das erste öffentlich vorgestellte VR-System. Der Spieler wurde mit Hilfe eines stereoskopischen Monitorhelms und eines Datenhandschuhs auf ein virtuelles Schlagballfeld versetzt. In der Hand hält er einen echten Schläger, der mit Magnetsensoren ausgestattet ist. Schwingt der Spieler den Schläger, so vollführt ein computergenerierter Schläger dieselbe Bewegung im virtuellen Raum. Der Ball fliegt von hinten am Spieler vorbei ins Feld, prallt von der Wand am anderen Ende ab und kann mit dem virtuellen Schläger zurückgeschlagen werden. „Die Reaktion der Leute auf dem virtuellen Spielfeld ist faszinierend zu beobachten. Obwohl sie durch einen klobigen Monitorhelm ständig daran erinnert werden, daß sie nur an einem virtuellen Spiel teilnehmen, reagieren sie ebenso emotional wie echte Spieler. Und kommt ein virtueller Ball auf sie zugeflogen, ducken sie sich wirklich!"[38]

Auch das „High Cycle" stammt von Autodesk. Es ist ein normales Heimtrainerfahrrad, auf dem man, mit einem HMD und Kopfhörern ausgestattet, durch virtuelle Landschaften radeln kann. Der Name „High Cycle" stammt davon, daß bei einer hohen Fahrgeschwindigkeit dem Radler der Eindruck vermittelt wird, er hebe samt dem Fahrrad vom Boden ab und würde fliegen. Im Vergleich etwa zum Datenhandschuh erweist sich das virtuelle Radeln bei der Navigation als leichtere und natürlichere Methode, den Cyberspace zu erschließen. Virtuelle Landschaften können so auf bequeme Weise erschlossen werden.

Der virtuelle Schlagbail und das High Cycle gelangten nicht zur kommerziellen Vermarktung, sie stehen lediglich bei Vorführungen zur Verfügung. Als erste kommerzielle Simulation eroberte das VR-System „Virtuality" den Markt. Der Prototyp wurde von der britischen Firma „W. Industries" 1988 fertiggestellt, eine weiterentwickelte Version ging 1991 in Serie. „Virtuality" existiert in zwei Fassungen, als Sitz- und Standkonsole. 1992 sollen 70 Systeme weltweit verkauft worden sein. Der Preis belief sich pro Konsole auf 76.000 bis 92.000 DM. Die dazugehörigen Spiele kosten jeweils um die 3.000 DM. Bei der Stehversion betritt der Spieler eine Plattform und schließt einen Sicherheitsring um die Hüfte, damit bei möglichen Orientierungsverlusten Stürze von der Konsole vermieden werden. Die virtuelle Welt wird dem Spieler über einen mit stereoskopen Monitoren und Lautsprechern ausgestatteten Datenhelm präsentiert. Eine Art Joystick wird als virtuelle Pistole eingesetzt; richtet der Spieler den „Joystick" in den Cyberspace, so sieht er eine Hand mit einer Waffe. Mit dem einen der beiden Knöpfe des Joysticks kann der Spieler feuern, mit dem anderen kann er sich in die Richtung bewegen, in die er zeigt.

Das erste VR-Spiel der Welt „Dactyl Nightmare" stammt ebenfalls von der Firma „W. Industries" und wurde im Juli 1991 der Öffentlichkeit vorgestellt. Das Spiel bekam rasch eine Art Kultcharakter in der Cybernautenszene. Die Beliebtheit des Spiels läßt sich vor allem darauf zurückführen, daß es mehrere Spieler miteinander, als auch gegeneinander spielen können, dem Multiuser-Effekt somit Rechnung getragen wird. Das Spiel zeichnet sich durch einen relativ hohen Grad an Interaktivität aus. Ziel des Spieles ist es, die anderen Mitspieler oder die vom Computer generierten Figuren mit einer virtuellen Pistole zu treffen. Das Spiel findet in einem virtuellen Weltraum mit einer quadratischen Grundfläche und mehreren Plateaus statt, die durch Treppen miteinander verbunden sind. Die Bewegungen in der virtuellen Welt erfolgen mit Hilfe eines Joysticks. Jeder Spieler kann seine Figur beliebig auf den verschiedenen Plateauebenen steuern. Es existieren freischwebende Lifte, um die Spieler von Plattform zu Plattform zu transportieren. Die Plattformen sind nach allen Seiten hin offen, so daß ein Spieler virtuell abstürzen kann. Der Spieler wird in einem solchen Falle „aufgelöst", an einer ganz anderen Stelle wieder „materialisiert" und muß sich im virtuellen Raum neu orientieren. Der Feind ist entweder eine vom Rechner gesteuerte Figur oder er befindet sich auf einer anderen Spielkonsole und spielt zur gleichen Zeit „Dactyl Nightmare". Die Spielkonsolen sind miteinander vernetzt, so daß abhängig von ihrer Anzahl mehrere Spieler das Spiel gleichzeitig miteinander oder gegeneinander spielen können. Die Spieler können während des Spieles über in das HMD integrierte Kopfhörer und Mikrofone miteinander sprechen. „Feinde" sind dabei die jeweiligen Mitspieler sowie ein über den Plateaus kreisender archäopterix-ähnlicher Vogel, nachdem das Spiel seinen Namen hat. Der Dactyl (Flugsaurier) wird mit den Worten „Bird is hungry", „Bird is coming" angekündigt und greift von Zeit zu Zeit Spieler an, die zu lange auf einer Stelle verweilen, um sie in die Luft zu heben. Gekämpft wird mit der virtuellen Pistole, die durch den Druck auf den unteren Joystickknopf abgefeuert wird. Jeder erzielte Treffer bringt Punkte, so gilt es z. B., den Flugsaurier in seiner Angriffsphase abzuschießen.

Ein beliebtes VR-Spiel ist ferner „Legend Quest", ein Fantasy-Rollenspiel. Der Spieler kann hier zunächst entscheiden, ob er eine Elfe, einen Zauberer oder einen Krieger spielen möchte. Der Spieler kann das Aussehen und die Haarfarbe des gewählten Charakters festlegen. Im virtuellen Raum kann man ein Schloß durchstöbern, Mutproben bestehen und zum Schluß die gefangene Prinzessin befreien. Das Spiel kann sich über mehrere Stunden erstrecken, der Spielstand kann abgespeichert werden, das Spiel kann zu einem anderen Zeitpunkt fortgesetzt werden. Die Aktualität des Spielers beruht wohl in der Existenz einer richtigen Spielgeschichte sowie der Möglichkeit, Charaktere zu generieren, d. h. zwischen multiplen Identitäten zu wählen.

In den USA gibt es seit 1990 sogenannte „BattleTech Center", die das Erleben virtueller Schlachten in Anlehnung an die SIMNET-Panzersimulation ermöglichen. Dabei spielen zwei Gruppen à vier Personen gegeneinander. Die Spieler nehmen in einer Kabine Platz und bedienen virtuelle Kampfroboter. Sie sehen die virtuelle Umgebung auf einem Großbildschirm, können sich über Mikrofon miteinander verständigen und ihre Aktionen aufeinander abstimmen. Die Steuerung des Roboters erfolgt über zwei Fußpedale. Lautsprecher, welche die Kabinen umgeben, simulieren Kampfgeräusche. Der Spieler wählt mit einem Steuerknüppel virtuelle Waffen aus und kann diese bedienen. „Um eine gewisse haptische Rückkoppelung zu erreichen, befindet sich in dem Sitz des Spielers ein Tieftonlautsprecher, der Treffer auf den eigenen Kampfroboter durch Rütteln simuliert.“[39]

In Anlehnung an den Spielfilm „Der Rasenmähermann“ existiert eine Art Rhönrad, „CyberTron“ genannt, welches den Spieler in eine virtuelle Welt versetzt. Auf der Virtual Reality Messe 1996 in Stuttgart konnten u. a. VR-Systeme ausprobiert werden, die virtuelle Autofahrten und Autorennen ermöglichen, ein Basketballspiel im Cyberspace sowie den Besuch einer virtuellen Schießbude auf einem Jahrmarkt.

Insgesamt existieren bereits zahlreiche Möglichkeiten, die Virtuelle Realität spielerisch zu erleben. VR-Systeme sind jedoch aufgrund ihrer Anschaffungskosten meist nur in Großstädten, wie etwa im Berliner Cyberspace-Café anzutreffen. Es ist jedoch davon auszugehen, daß bei sinkenden Preisen und einer verbesserten Leistungsfähigkeit der Rechner VR-Spiele deutlich mehr Cybernauten in ihren Bann ziehen werden, als dies bisher der Fall ist.

## 4.9.2 Freizeit- und Vergnügungsparks

Freizeit- und Vergnügungsparks zählen bereits zu den nennenswerten Abnehmern von VR-Systemen. In den USA war Disneyland ein Vorreiter mit der Simulation „StarTours“. Hierbei handelt es sich um ein Simulatorsystem mit Science-Fiction-Themen, die dem „Krieg der Sterne“ entnommen sind. Die Simulatoren sind mit dreidimensionalen Projektoren, Bewegungssimulation und Geräuschkulisse ausgestattet. Die Besucher sitzen in gepolsterten Sesseln in einer Kabine, die der Kommandozentrale eines Raumschiffes nachempfunden ist. Videomonitore zeigen Bilder von Galaxien oder fremden Planeten; die virtuelle Umgebung tritt so an die Stelle der Fenster.

In jüngster Zeit wirbt vor allem Eurodisney in Paris mit virtuellen Reisen zu Raumstationen. Der Benutzer der Simulation „SpaceRace“ nimmt in einer Art Flugzeugkabine Platz und blickt auf eine große Leinwand. „Die besondere Attraktivität dieser Simulationen besteht in der kinästhetischen Rückkopplung durch die hydraulische Plattform, mit der auch Beschleunigung oder Abbremsen simuliert werden können.“[40]

Auch das Phantasialand in Brühl bei Köln verspricht mit der Simulation „Galaxy“ sensationelle Flüge durch das Universum.

Solche Simulationen in Freizeitparks können nur im weiteren Sinne als virtuelle

Welten verstanden werden, da sie nur eine passive Benutzung erlauben. Der Benutzer kann weder eingreifen noch mitbestimmen, eine Interaktion liegt nicht vor. Zum Teil handelt es sich bei den Simulatoren lediglich um Weiterentwicklungen früherer 3D-Allroundkinos.

## 4.9.3 Fernsehen und Filmindustrie

Die audio-visuelle Mediennutzung nimmt einen großen Teil der Freizeit ein, das Fernsehen rangiert dabei mit deutlichem Abstand an erster Stelle. Im Bereich der Fernsehindustrie stellen virtuelle Studios in Zukunft eine wichtige Anwendung dar. Im Bereich der Filmindustrie stehen insbesondere Produktionen wie „Terminator II" oder „Jurassic Park" für den Einzug von Computeranimationen in den filmischen Produktionsprozeß. In Zukunft werden rein synthetische Filme an Bedeutung gewinnen. Computertrickverfahren werden teure Stunt-Szenen oder Modellbauten ersetzen. Bereits der Film „Roger Rabbit", dessen Bilder mit Hilfe von Computern erzeugt wurden, hat die Möglichkeiten moderner Animation verdeutlicht. Die Möglichkeiten der Virtualisation reichen jedoch weit darüberhinaus.

**Virtuelle Studios**

In der interaktiven Gameshow „Hugo" auf Kabel 1 ist nur noch die Moderatorin echt. Alle anderen Bestandteile des Studios, wie das Sofa, der schiefe Tempel, die Buddha-Statue oder das magische Auge werden von Grafik-Computern mit extrem hoher Rechenkapazität als dreidimensionale Bilder erzeugt. Die Kunstfigur „Hugo" wird in Echtzeit zum Sprechen und Springen gebracht und mit der realen Moderatorin zusammengemischt. Die Kunstfigur wird von einem Schauspieler bewegt, der über diverse Kabel mit einem Rechner verbunden ist. Die Moderatorin bewegt sich in Wirklichkeit in einem leeren, blau eingefärbten Raum, der als Projektionsfläche für die Computerbilder dient. Ein- und dasselbe Studio kann verschiedenen Zwekken dienen, ein Umbau ist innerhalb weniger Sekunden möglich. Die virtuelle Manipulation sorgt für die Einsparung bei teuren Umbauarbeiten und kostspieligen Studioräumen. Verschiedene Sender testen bereits den Einsatz virtueller Studios in großem Umfang, so plant z. B. die ARD die Sendung ihres Nachtmagazins aus einem virtuellen Studio. Um das virtuelle Studio perfekt zu machen, kann auch der „Moderator Mensch" durch einen virtuellen Moderator ersetzt werden.

Der virtuelle Moderator war eine Premiere in der im Jahr 1995 laufenden Computersendung „X-Base-Computer Future Club" im ZDF. Neben zwei realen Moderatoren begleitete ein computeranimierter Moderator namens „Eddy" die Zuschauer durch die Sendung. Bei „Eddy" handelte es sich um einen comicartigen, sprechenden Moderatorkopf, der insbesondere bei der Erklärung von Begriffen sowie bei Ankündigungen eingesetzt wurde. In Zukunft sind virtuelle Studios und virtuelle Moderatoren denkbar, die dem Zuschauer als ganz normale Studiokulisse erscheinen.

Studio- und Filmwelten waren sicherlich schon immer künstliche Wirklichkeiten, die virtuelle Realität läßt jedoch Manipulationen in bisher nicht bekanntem Ausmaß zu, reale Figuren können durch virtuelle Welten wandern, virtuelle Objekte können in reale Welten projiziert werden, tote Schauspieler können wieder auferstehen und zu Hauptdarstellern neuer Produktionen werden, aus kleinen Hügeln können riesige Berge werden, Studiogäste können in einen Studiosessel quasi hineingebeamt werden. Verglichen mit den Möglichkeiten, die virtuelle Welten eröffnen, wirken bislang bekannte Animationen, Masken und Effekte wie die Stummfilmzeit der Zelluloidtricks.

Das Projekt „Terra Vision“ der Berliner Firma „Art + Com“, welches im Auftrag der Telekom durchgeführt wurde, bietet zahlreiche Einsatzmöglichkeiten auch im Bereich des Fernsehens. Mit Hilfe eines Grafikhochleistungsrechners kann man z. B. in Echtzeit auf Nordamerika zusteuern, um die Bucht von San Franzisko zu betrachten. Der Berliner Rechner holt hierfür die Daten aus einer Datenbank in San Franzisko und rechnet diese in das Modell ein. Wettersatelliten übermitteln stündlich die aktuelle Wetterlage. Der Benutzer kann die globale Wolkendecke betrachten, er kann diese auch ausblenden. Der drehbare Globus folgt jeweils den Mausbewegungen des Benutzers. Eine Anwendung des Projektes „Terra Vision“ könnte z. B. darin bestehen, daß bei Wetterberichten der Globus mit dem in Echtzeit vorhandenen Wetter eingeblendet wird. „Terra Vision“ ließe sich auch in Nachrichtensendungen bei der Berichterstattung einsetzen. Im Rahmen von Kriegsberichtserstattungen oder Katastrophenberichten könnte auf das entsprechende Gebiet hingezoomt werden. Der Berliner Projektleiter hält auch eine Rekonstruktion von Flugzeugabstürzen für realisierbar, indem die Daten des Flugschreibers in die Simulation eingespeist werden. Auf diese Weise könnte dem Fernsehzuschauer dreidimensional in Echtzeit all das präsentiert werden, was auf der Welt geschehen ist.

Die total manipulierte Welt erhielte auf diese Weise Einzug in die Nachrichtenstudios. Auch die Gesellschaft für mathematische Datenverarbeitung (GMD) in Sankt Augustin bei Bonn testet Möglichkeiten und Perspektiven virtueller Studios. Moderatoren von Nachrichtensendungen könnten sich in Zukunft in Bruchteilen von Sekunden in unterschiedliche Kulissen befinden. Verschiedene Räume könnten nachgebildet werden, in denen sich der Moderator, der in einem virtuellen Studio agiert, hineinblenden läßt. Die jeweiligen Objekte existieren nur als Modelle im Rechner. Dieser kennt ihre Maße, ihre Farbe und ihre Formen und setzt sie bei Bedarf als Hintergrund in die virtuelle Kulisse ein. Das Bild wird bis zu 50 mal in der Sekunde errechnet, für den Fernsehzuschauer läßt es sich von der Wirklichkeit nicht mehr unterscheiden. Bei der GMD wurde z. B. ein großer Saal des Schlosses Birlinghoven nachmodelliert, der sich als virtuelle Kulisse verwenden läßt.

## Virtuelle Effekte

Vielfältige virtuelle Effekte stehen der Fernseh- und Filmindustrie zur Erzeugung künstlicher Wirklichkeiten bereits zur Verfügung. Eine dieser Techniken heißt Warping; sie ermöglicht die Einfügung der am Bildschirm gezeichneten Elemente mittels Computeranimation. Das Ergebnis ist z. B. bei der Tschibo-Werbung ein grinsendes Rindviech. Damit dieser Effekt zustande kam, wurde einem Kuhkopf ein am Bildschirm gezeichnetes Kuhmaul eingefügt.

Computererzeugte Bilder können auf diese Weise synthetisiert werden; sie können aber auch aus realen Vorlagen erzeugt oder gänzlich neu kreiert werden. Schweizer Animationskünstler haben z. B. eine virtuelle Marilyn Monroe erschaffen. Hierfür wurde zunächst am Bildschirm eine Rohform aus Kegeln und Zylindern erzeugt. Die Rohform wurde zu einem 3D-Drahtmodell verfeinert. Den einzelnen Bildpunkten, den sogenannten Pixeln, wurden in einem weiteren Schritt farbliche Eigenschaften zugewiesen. Von lebenden Personen können schließlich bereits mit Hilfe von Ganzkörper-Scannern sogenannte Hologramme erzeugt werden, die dann in Animationen Verwendung finden.

Mittels Spiegel-Effekten lassen sich bei Filmproduktionen Modelle in den Hintergrund schieben, die ganz woanders aufgebaut wurden. Bei sogenannten Front-Axial-Projektionen etwa werden lebensgefährliche Schauplätze über einen Spiegel auf eine stark reflektierende Leinwand übertragen. Der Schauspieler agiert vor dieser Leinwand; Kameras und Projektor werden so aufeinander abgestimmt, daß die Illusion eines echten Bildes entsteht.

Häufig werden bereits bekannte Techniken mit virtuellen Elementen verbunden; ein Beispiel ist hierfür die „Blue Screen-Technik“. Bei diesem Verfahren wird eine Kamera eingesetzt, die mit einem Blaufilter ausgestattet ist. Der Schauspieler agiert in einem blauen Raum. Da dieser von der Kamera nicht wahrgenommen werden kann, ist außer ihm für die Kamera nichts zu sehen. In die so erzeugte Leerfläche können nun mit Hilfe leistungsstarker Rechner dreidimensionale Bilder einkopiert werden.

Ein weiteres Beispiel für die Möglichkeiten virtueller Manipulation stellt die zur Zeit wohl bekannteste Computeranimation, das Morphing, dar. Ein reales Bild wird hier Pixel für Pixel in den Computer eingelesen, d. h. digitalisiert. Die so erzeugten digitalen Daten können danach beliebig manipuliert werden. In dem Fantasy-Spektakel „Die Maske“ kann der Schauspieler so seine meterlange Zunge ausrollen, er kann seine Augen aus den Höhlen springen lassen und Bündel Dynamitstangen verschlucken. Beim Morphing kann das digitalisierte Bild stufenlos in ein anderes verwandelt werden, so daß z. B. aus Bill Clinton sein republikanischer Herausforderer Bob Doyle wird.

Virtuelle Techniken lösen schließlich auch bislang bewährte Tricks in der Filmindustrie ab. Dies gilt vor allem für Modellbauten, mit deren Hilfe bislang ganze Städte im Meer versanken oder einer Feuersbrunst zum Opfer fielen. Anstelle der Modellbauten aus Holz und Plastik treten nunmehr dreidimensionale computergenerierte Scheinwelten.

## Virtuelle Schauspieler

Mögliche Dimensionen der Virtualisierung des Fernsehens verdeutlicht jüngst „Toy Story“, der erste vollständig am Computer animierte Trickfilm.[41] Hierfür schloß die Walt-Disney-Compagny mit der auf digitale 3D-Animation spezialisierten Firma Pixar einen Kooperationsvertrag. Die Zahlen des Filmes sprechen für sich: „Über 800.000 Rechnerstunden benötigten die Pixar-Profis für mehr als 600 Milliarden Bytes puren Animationsspaß, dessen Daten auf 1.000 CD-ROMs gespeichert wurden. Allein für Woody mußten 723 Bewegungsabläufe definiert werden, davon 212 nur für sein Gesicht - filigrane Feinarbeit per Mausklick.“[42] Vier ganze Jahre dauerte die Produktion, für ein einziges Bild kalkulierten die Programmierer von Pixar dreieinhalb Stunden pure Rechenzeit. „Toy Story“ als erster ausschließlich im Rechner erzeugter Trickfilm könnte nur die Spitze des Datenberges sein, einer revolutionären technischen Entwicklung, die tiefe Auswirkungen auch auf die Trickfilm-Studios hat. Trotz der beeindruckenden Zahlen, zeichnet sich nämlich die folgende Tendenz mit aller Deutlichkeit ab: „Die Produktion gezeichneter Trickfilme ist im Gegensatz zu der am Rechner sowohl personell als auch finanziell ungleich aufwendiger (am mit 45 Millionen Dollar budgetierten ‘König der Löwen’ arbeiteten rund 800 Zeichner, ‘Toy Story’ dagegen kostete ‘nur’ 30 Millionen und beschäftigte 110 Animatoren).“[43] Ein aktuelles Beispiel für diesen Trend ist die Produktion des Filmes „Mars Attack“. Hierfür wurde bereits ein hundertköpfiges Team von Puppenexperten angeheuert. Dann kam „Toy Story“ und die Puppenexperten wurden entlassen.[44] Kritiker sehen eine Zukunft voraus, in der die Zeichentische verwaist darstehen, da sich in absehbarer Zeit solche Filme auch zu Hause auf dem PowerBook animieren ließen.

„Noch vor 15 Jahren, als Disney mit ‘Tron’ die ersten Gehversuche im Cyberspace machte, waren solche Möglichkeiten der digitalen Tricktechnik undenkbar. Heute läßt die perfekte 3D-Computeranimation von ‘Toy Story’ die bisherigen Zeichentrickabenteuer der Compagny aussehen wie Höhlenmalereien.“[45] Das Geheimnis des Erfolges von ‘Toy Story’ liegt dabei u. a. im perfekten Prozeß des Renderns, der den 3D-Effekt hervorruft: „Für jede Figur wird anhand von Modellen ein digitales Drahtskelett im PC konstruiert, das mit einem feinen Raster versehen wird. Mit Hilfe der Pixar-Software werden dann die digitalen Informationen für ein 3D-animiertes Bild zusammengetragen. Farbe, Licht, Schattierung und Oberflächenkonturen werden hinzugefügt, danach wird die körperliche Darstellung generiert.“[46]

Der Trickfilm „Toy Story“ ist auch ein Beispiel auf dem Weg zum virtuellen Schauspieler. Im WDR-Magazin „Markt“ sahen die Zuschauer bereits innerhalb einer Satire den Kopf eines neuen, virtuellen Bundestagsabgeordneten, der ungewohnt klare Worte, Kritik, Spott und Witz im Plenarsaal äußerte. Bei dem virtuellen Redner handelte es sich um eine Kunstfigur, welche an der Kölner Kunsthochschule für Medien entwickelt und von der Filmproduktion Tag/Traum produziert wurde. Die Kunstfigur aus dem Projekt „MdB“ ist keine Gummipuppe, auch keine Animation, sondern ein künstlicher Darsteller. „Wie richtige Darsteller soll er spontan operieren. Seine Rede ist kein Ergebnis stundenlanger Aufzeichnungen einer Animation, sondern echte

Aktion. Im Fernsehen sagt man dazu 'live'. Bei Computern nennt man das Echtzeit."[47] Die Kölner Produktionsfirma erweckte für den WDR bereits Adenauer als 3D-Animation wieder zum Leben, und kreierte für den Privatsender VOX mit „Traugott" den ersten digitalen Lifestyle-Fernsehmoderator zum künstlichen Leben. Gemeinsam mit der Kunsthochschule für Medien wurde auch eine Modellierungs- und Animationssoftware entwickelt. Der Kopf des künstlichen MdBs dreht sich so auf einem Monitor, entworfen wurde er von einem Cartoonisten. Von der etwa dreißig Zentimeter hohen Plastik wurde ein 3D-Scan gemacht. Ein Laser tastete die Skulptur Millimeter für Millimeter ab, ein Rechner speicherte die dreidimensional ermittelten Meßwerte. Die Oberflächenstruktur des Kopfes ergaben 250.000 künstliche Dreiecke, sogenannte Polygone, wieder. Das auf diese Weise erzeugte Gittermodell diente als Grundlage für die Animation. Der virtuelle MdB soll in Zukunft noch lebendiger erscheinen. Zur Zeit werden hochkomplexe neuronale Netze trainiert, welche die komplexe Problematik der Synchronbewegung der Lippen zum Gesprochenen lösen sollen. Die neuronalen Netze sind mit Hilfe einer programmierten Wissensdatenbank selbtlernend. Das Ziel ist die Ganzkörperanimation in Echtzeit zum Zweck des interaktiven Einsatzes in Liveprogrammen. „Es bleibt also nicht beim bewegten Kopf, Gliedmaßen und Rumpf müssen gleichermaßen gestaltet und animiert werden. Das MdB-Projekt gilt als Einstiegsprojekt und profitiert von den weiteren Entwicklungen dergestalt, daß Rumpf und Arme sowie später vielleicht Beine hinzukommen."[48]

Synthetische Schauspieler lassen sich bereits erzeugen. Hierfür wird eine Puppe auf dem Bildschirm kreiert, welche live bewegt werden kann. Ein Schauspieler zieht einen Datenanzug an, seine Bewegungen werden in Echtzeit auf den synthetischen Charakter übertragen. Hebt der Schauspieler den Arm, hebt auch der synthetische Charakter den Arm, fängt er an zu tanzen, tanzt auch die Figur. Dabei geschieht alles live, die synthetische Figur bewegt sich so, wie der Schauspieler. Mit Hilfe eines Mimiktrackers läßt sich auch die Gesichtsmimik des Schauspielers auf den „virtuellen Kollegen" übertragen, lacht der tatsächliche Schauspieler, lacht auch der Charakter, hebt er die Augenbrauen oder blinzelt, tut es auch der virtuelle Schauspieler. Der reale Schauspieler hat hierfür einen Helm mit Mikrofon und Trackern auf, seine Mimik wird so auf die synthetische Figur in Echtzeit übertragen. Wird das Ganze noch mit den Körperbewegungen verkoppelt, so bewegt sich schließlich der ganze Körper live.

Die Virtualisierung des Fernsehens könnte ein Prozeß sein, der auch zum weitgehenden Verzicht auf Sets und SchauspielerInnen führt. Während bislang aufgrund des Drehbuchs sogenannte Storyboards gezeichnet wurden, die Kameraposition, Blickwinkel und Bewegung der Schauspieler dokumentieren, um beim eigentlichen Dreh als detaillierter Ablaufplan vorzuliegen, kann dies heutzutage ein Softwareprogramm übernehmen, das virtuelle Storyboard ersetzt so das reale. Beim virtuellen Storyboard spielen die Schauspieler testweise eine Szene durch, „wobei die Bewegungsabläufe der Akteure über einen Datenhandschuh oder sogar einen ganzen Datenanzug erfaßt und für den Computer verständlich aufbereitet werden. Der Rechner zeigt aufgrund dieser Daten die Schauspieler in stilisierter Form auf dem Bildschirm an. Sie bewegen sich wie die realen Vorbilder vor einem fotorealistischen Hintergrund."[49] Das System bewirkt so eine totale Flexibilität der Kamera. Innerhalb des virtuellen Raums kann diese an jede nur vorstellbare Position bewegt werden. Der Regisseur kann aufgrund dieser Flexibilität mit allen denkbaren Schnittfolgen so lange experimentieren, bis er den optimalen Ablauf gefunden hat.

## Videospielsendungen

Im Fernsehen der Zukunft könnten Videospielsendungen insbesondere im Vormittags- und Nachmittagsprogramm eine größere Rolle spielen. Der Britische Sender BBC startete 1993 die erste Virtual-Reality-Fernsehshow namens „Cyberzone". Dabei traten zwei Teams mit je zwei Leuten gegeneinander an. Die Teams bestanden jeweils aus einem „Läufer" sowie einem „Lenker". Der „Läufer" konnte auf druckempfindlichen Platten durch den virtuellen Raum „laufen". Sein Mitspieler, der „Lenker" hatte den Überblick über die Räume und mußte ihm den richtigen Weg weisen. Das gegnerische Team hatte die Aufgabe, die beiden bei ihrem Vorhaben zu behindern. Die Spieler wurden im virtuellen Raum als einfache Figuren dargestellt.

Bei Videospielsendungen können auch mehrere Personen am interaktiven Spielgeschehen beteiligt werden. Die Zuschauer können sich mittels Telefon einschalten und durch die Wahl entsprechender Nummern mit dem Partner interagieren. Auf diese Weise könnten verschiedene Spielvarianten von 2D-Brillen bis hin zu 3D-Adventure-Spielen realisiert werden.

## Interaktives Fernsehen

Interaktives Fernsehen, korrekterweise sollte es digitales Fernsehen heißen, ist vor allem Pay-TV, d. h. Abonnenten-Fernsehen. Unterschieden wird zwischen Pay-per-channel, Pay-per-view und Near-video on demand. Bei Pay-per-channel abonniert der Zuschauer gegen eine Monatsgebühr das komplette Programm, bei Pay-per-view zahlt er pro Übertragung. Near-video on demand „bezeichnet das zeitversetzte Ausstrahlen ausgewählter Videofilme auf mehreren Kanälen. Bei allen drei Varianten ist es mit dem interaktiven Moment nicht weit her."[50]

Als eine weitere Anwendung des interaktiven Fernsehens gilt Teleshopping. Die ganze Medien- und Konsumwelt soll übers Kabel-TV frei Haus kommen. In Deutschland sind 1995 erste Versuche angelaufen. Per Fernbedienung und Joystick soll das ganze Warenangebot eines Kaufhauses betrachtet und geordert werden können. 50 Berliner Haushalte testen bereits das interaktive Fernsehen in Gestalt des Teleshopping sowie des Fernsehens als Videothek. Teleshopping setzt Kabelanschluß sowie den Besitz eines Decoders voraus. Erst im Jahr 2000 kann von einer flächendeckenden Versorgung mit Kabelanschluß ausgegangen werden. Der Decoder entschlüsselt die Programme und rechnet sie ab. Die Kataloge von Otto und Quelle sollen in Zukunft nicht mehr nur als CD-ROM zu haben sein, sondern auch als Fernsehversion. Bei der CD-ROM gibt es bereits die Möglichkeit, Waren über BTX zu ordern. Die normalen Kataloge, davon ist auszugehen, wird es jedoch auch in Zukunft weiterhin geben, da niemand zur Zeit abschätzen kann, ob die neue Technik überhaupt auf Akzeptanz stößt. Zweifel sind angebracht; in den USA waren z. B. im Frühjahr 1995 nur ein Paar Familien bereit, interaktives Fernsehen zu testen. Für den US-amerikanischen Medienkonzern Time Warner wurde der Testversuch ein Flop, zumal eine Beteiligung von 4.000 Haushalten geplant war. Auch der Teleeinkauf erbrachte in den USA nicht den erwarteten Erfolg. In Deutschland ist das Interesse ebenfalls eher gering. Aus einem Stuttgarter Pilotprojekt hat sich IBM gar ganz zurückgezogen.

Eine weitere Anwendung sind interaktive Filme, in denen mitmachen angesagt ist. Der Zuschauer kann selbst bestimmen, wie sich die Handlung entwickelt. In den USA ist im Frühjahr 1995 der erste interaktive Kinofilm mit dem Titel „Mister Payback" angelaufen. Der Titelheld „Mister Payback" ist eine Art Charles Bronson-Verschnitt. Geworben wird für „self justice". Fünfundzwanzig Minuten lang zahlt es „Mister Payback" diversen Übeltätern zurück, es ist „payback time". Im Unterschied zu normalen Filmen kann der Zuschauer bestimmen, auf welche Weise Mister Payback einen Übeltäter bestrafen soll. Dem Kinobesucher steht hierfür eine Fernbedienung mit drei bunten Knöpfen zur Verfügung. Entscheiden kann der Cineast auch, welchen Übeltäter die Hauptfigur als nächsten treffen soll. Drei Möglichkeiten gibt es, die Wahl wird per Knopfdruck mitgeteilt. Die Stimmen werden in Sekundenschnelle ausgezählt, die Zuschauermehrheit entscheidet, die Handlung läuft entsprechend weiter. In den USA erwies sich der Film, für den fünfzig Kinos umgebaut werden mußten, als Flop. Die Kosten des Umbaus beliefen sich auf 3 Millionen DM. Aufgrund der stupiden Handlung und der Realpersiflage auf den Begriff der „elektronischen Demokratie" war der Film nicht nur ein Ladenhüter, Mitproduzent Sony stieg sogar aus dem Geschäft aus. Bis zu achtzig verschiedene Versionen einer Szene mußten aufgrund der vielen Fortsetzungsvarianten gedreht werden. Das Drehbuch von Mister Payback ist daher doppelt so dick, wie bei einem normalen Film. Trotz aller Kritik ist „Mister Payback" ein Beispiel dafür, wie die Digitalisierung dafür sorgt, daß auch ein bekanntes Medium, wie das Kino, sich verändern kann. Spannendere Drehbücher vorausgesetzt, könnten interaktive Erzählweisen, sei es per Computer, Fernsehen oder Kino, in Zukunft ein größeres Gewicht erlangen.

### 4.9.4 Tourismus

Der Tourismus nimmt einen bedeutenden Teil unserer Freizeit ein. Die Wachstumsraten der Tourismusbranche sind aufgrund günstiger Flug- und Reisekosten weiterhin ungebrochen. Der Trend bei der Präsentation von Reiseangeboten geht von den bislang statischen Katalogbildern hin zu „lebendigen" Videobildern. Reisen werden zunehmend über Reisevideos, CD-ROMs und Diashows präsentiert. Dafür sprechen schon allein die gut besuchten Multimedia-Shows von Globetrottern. Für die Tourismusbranche sind daher Multimedia und Virtual Reality von großem Interesse.

Mit Hilfe der Virtuellen Realität könnte ein Urlauber seine Reise bereits vor der Buchung virtuell erleben, Hotelanlagen besichtigen, sich über Einzelheiten informieren und organisatorische Fragen im Cyberspace vorab klären. Die jeweiligen Reiseziele könnten künstlich bis hin zur Detailtreue nachgebildet werden. Starke Rechner vorausgesetzt und deutliche Verbesserungen bei der grafischen Auflösung, stünde einem virtuellen Herumwandern nichts mehr im Wege.

Bei der Produktion touristischer VR-Systeme könnte auf topologische Daten von Landschaften zurückgegriffen werden. „Da die topologischen Daten Details wie Bauwerke, Pflanzenwuchs etc. nicht beinhalten, muß hier nachmodelliert werden. Der wichtigste und umfangreichste Teil der Produktion ist die detailgetreue Nachbildung der näheren Umgebung wie zum Beispiel der Bauwerke mit ihrer Einrichtung.“[51]

Touristische Systeme könnten auch Akustik sowie Interaktion in den Modellierungsprozeß einbeziehen. Einfache individuelle Interaktionsmöglichkeiten könnten es dem virtuellen Reisenden z. B. ermöglichen, einen Gegenstand anzutippen, um weitere Informationen oder weitere Videofilme zu erhalten.

Prinzipiell stehen zwei immersive Präsentationstechniken zur Verfügung: das Head-Mounted Display sowie Computer Audio-visual Environment (CAVE)-Systeme. Im Unterschied zum HMD bieten CAVE-Systeme mehreren Personen gleichzeitig ein immersives Erlebnis. CAVE-Systeme stellen eine Umgebung aus hintergrundbeleuchteten Leinwänden dar. Dabei können mehrere Personen bzw. ganze Reisegruppen von solchen Leinwänden umgeben sein.

„Beim originalen CAVE der University of Illinois in Chicago ist der Anwender von fünf Projektionswänden umgeben und mit einer LCD-Shutterbrille ausgestattet. Seine Kopfbewegungen werden durch einen auf der Brille angebrachten Empfänger eines Trackers registriert, woraufhin die jeweils richtige Perspektive errechnet wird. So kann der Anwender scheinbar um Gegenstände herumgehen und diese von allen Seiten ansehen.“[52]

## 4.9.5 Cybersex

Das Thema Cybersex ist eines der Themen im Bereich der virtuellen Welten, welches in den Medien starke Beachtung gefunden hat. Von Cybersex kann dann gesprochen werden, wenn Rechner und moderne Telekommunikationstechniken im Freizeitbereich eingesetzt werden. Ausgangspunkt vieler Entwicklungen ist der Telefonsex. Eine telefonische, anonym gehaltene Verbindung soll für erotische Stimulierung sorgen. In Deutschland findet man unter den 0190-Nummern, den sogenannten Sprachmehrwertdiensten, die unterschiedlichsten Party- und Sex-Angebote. Party- und Sexlines erfreuen sich einer ständig wachsenden Beliebtheit. Dabei dürfen in Deutschland alle 0190-Nummern und sonstigen Sonderdienste auf gar keinen Fall eine Mensch-zu-Mensch-Kommunikation herstellen. Diese Art der Nutzung ist zur Zeit noch das alleinige Recht der Telekom. Konferenzschaltungen sowie andere Zwiegespräche sind für die Sprachmehrwertdienste tabu. Bei der Hälfte der deutschen Mehrwertdienste handelt es sich um reine digitale Partnervermittler.

Spätestens 1998 wird es jedoch mit dieser Beschränkung durch die deutsche Telekom vorbei sein. Mit der Öffnung des EG-Marktes fällt auch die Vormachtstellung der Telekom in diesem Bereich. Die Telekom muß sich dann den Markt der Sprachmehrwertdienste mit anderen Konkurrenten teilen.

Viele Anbieter solcher Dienste weichen zur Zeit aufgrund der Beschränkung auf das europäische oder außereuropäische Ausland aus, so ist z. B. Sex via Telefon in Holland gestattet, d. h. die Gesprächspartner können hier wirkliche Menschen im Unterschied zu Voice-Mailboxen bzw. Voice-Computern sein. Auch Konferenzschaltungen mit drei und mehr TeilnehmerInnen sind hier möglich, so daß Gespräche in gedachten, virtuellen Räumen stattfinden können.

Verglichen mit dem klassischen Telefonsex stellen Erotik-CD-ROMs eine visuelle Weiterentwicklung dar. Diese tragen Namen wie „Virtual Valery", „Voyeur" oder „Dream Machine". Eine der ersten interaktiven Erotik CD-ROMs war „Virtual Valery".[53] Der Benutzer hat hier die Möglichkeit, per Anklicken die entsprechenden stereotypen Aktionen auszulösen. Zu sehen sind bei Erotik-CD-ROMs in der Regel computeranimierte Frauen, bei den Nachfolgeprodukten mittlerweile in dreidimensionaler Qualität, sowie digitalisierte Ausschnitte aus Sexfilmen.

Die Vervollkommnung des Cybersexes im Sinne einer Stimulation des ganzen Körpers durch einen virtuellen Geschlechtspartner wurde zunächst von Künstlern angestrebt. An der Hochschule für Medien in Köln setzten die Künstler Kirk Woolford und Stahl Stenslie Virtuelle Realität für einen „Taktilen Dialog" ein. Zwei sich an unterschiedlichen Orten befindende Menschen, die einen elastischen Ganzkörper-Latexanzug trugen, waren über Telekommunikationsleitungen miteinander verbunden. Die Latexanzüge waren in der Lage, elektrische Reize zu übermitteln, Körperpartien des Partners konnten mit Hilfe der Maus über den Monitor gereizt werden. Die akustisch per Telefon verbundenen Partner des „Taktilen Dialogs" waren auf Großleinwänden zu sehen.

Im amerikanischen Raum wird die futuristische Kluft aus Kabeln, Metall und Leder auch als „Teledildonics" bezeichnet.[54] Teledildonik ist ein Neologismus, der sich aus dem englischen Wort dildo, was für Vibrator steht, ableitet. Der amerikanische Wissenschaftsjournalist Howard Rheingold sieht in der Synthese von VR-Techniken und Telekommunikationsnetzen die Möglichkeit, einen anderen Menschen in bislang nie erlebten Formen berühren und betasten zu können. Die Innenseite des Anzugs der Zukunft, so Rheingold, müsse dabei mit einer Unmenge von intelligenten Effektoren ausgestattet sein. „Diese Effektoren sind winzige Vibratoren unterschiedlicher Härtegrade, Hunderte in einem Quadratzentimeter, die ein realistisches Gefühl taktiler Gegenwart empfangen und vermitteln können ... Man kann einen virtuellen Bauklotz in seine virtuelle Hand nehmen, mit den Fingern darüberfahren und mittels der Effektoren, die Gegenkräfte auf die Haut ausüben, die Oberflächen und Kanten fühlen. Die Gegenkräfte entsprechen den Kräften, mit denen man es zu tun hätte, wenn man einen nichtvirtuellen Gegenstand entsprechender Form, Schwere und Textur anfassen würde.“ [55]

Für Rheingold wird es jedoch noch Jahrzehnte dauern, bis ein feines Netz winziger, extrem schneller, sicherer und leistungsstarker taktiler Effektoren zur Verfügung steht. Die heutigen Vibratoren, so Rheingold, befinden sich auf dem ENIAC-Stand, auf dem Stand der Großrechner der 40er und 50er Jahre. Einen direkten genitalen Kontakt im virtuellen Raum hält Rheingold in Zukunft jedoch keinesweg für ausgeschlossen.

In einem Bürogebäude in San Diego in Kalifornien hat sich ein virtueller Sexdienst etabliert. Die Teleprostituierten tippen anzügliche Worte in den Computer. Der Computersex findet statt vor allem mit Personen, die kilometerweit entfernt in ihren Büros sitzen. Der Mann oder die Frau am anderen Ende der Leitung kann die Teleprostituierte sehen, aber nicht hören. Auf dem Computerterminal der Teleprostituierten ist eine Kamera positioniert, der Kunde bleibt anonym. Der Benutzer der Computerpeepshow kann sich an jedem beliebigen Ende der Welt befinden, was er braucht, sind ein Zugang zum Internet sowie eine Kreditkartennummer. Jeder Mann, jede Frau, kann vom Heimcomputer aus mit der Teleprostituierten in Verbindung treten. Der Service der Firma „Virtual Dreams“ kostet knapp sechs Dollar pro Minute. Über seinen Terminal teilt der Kunde mit, was die Teleprostituierte tun soll. Rund 20 verschiedene junge Frauen erfüllen bei „Virtual Dreams“ vor den Computerterminals die Wünsche der Kunden. Viele der jungen Frauen sind ehemalige Nachtclubstriperinnen, die es satt hatten, von Männern angefaßt zu werden. Jede Konversation, jede Aktion an den Terminals wird vom Inhaber der Firma überwacht. Den US-amerikanischen gesetzlichen Regeln entsprechend sind sadistische und masochistische Gesten sowie Konversationen über Sex mit Kindern oder mit Tieren verboten. Der Vibrator und andere Sexspielzeuge dürfen nicht benutzt werden. Computerstriptease über das Internet - auch dies gehört zur globalen Vernetzung. Die sexuelle Nummer ohne Berührung, die Computerpeepshows ins Zimmer bzw. ins Büro holt, sorgt für ein boomendes Geschäft. Der Service wird bald ausgebaut werden, so der Geschäftsführer. Der Markt für Computerstriptease scheint groß zu sein.

Im Bereich der Telefonpartys existiert der Begriff der Audio Reality, womit künstliche Welten bezeichnet werden, die nur aus Sprache, Geräuschen und Klängen bestehen. Teilgenommen wird an solchen Welten per Telefon. Die virtuelle Welt baut sich vor dem geistigen Auge mittels der eigenen Fantasie auf. Ein bekanntes Projekt in diesem Bereich stellt „Die Villa“ dar.[56]

Die Villa ist ein virtueller Raum, der von einem Cybernauten per Telefon besucht wird. Mit Hilfe von Computern konstruierte die Hamburger Firma Audioland eine dreistöckige Villa, die nur im Cyberspace existiert. Man betritt die Villa durch die Eingangstür, hört, wie sich diese schließt, und kann verschiedene Räume wie den Partykeller, den Salon, das Tonstudio oder die Küche erkunden. Kontakt kann man mit jeder Person aufnehmen, die sich im gleichen Raum befindet.

## 4.10 Verkehrsführung und Verkehrsüberwachung

Die Luftverkehrsüberwachung kann mittels VR-Techniken deutlich effektiviert werden. Der Flugverkehr ließe sich so einfacher und sicherer gestalten. Der Fluglotse, der zur Zeit nur auf den Radarbildschirm schaut, könnte durch einen Air Traffic Controller ersetzt werden. Dieser kann in einem Cyber-Raum aus Radarinformationen die Flüge überwachen. Air Traffic Controller begeben sich virtuell an Bord eines Flugzeuges, fliegen mit und überwachen den Flug bei der Landung. Mit Hilfe der Bildschirmbrille „schwebt" der Controller quasi über dem gesamten Flugplatz; das Display seines Helmes blendet alle wichtigen Informationen sowie die dreidimensionalen Modelle der Flugzeuge ein. Entfernungen und Höhe können vom Controller deutlicher abgeschätzt werden, bei Bedarf kann er sich die Werte einblenden lassen. Der Controller kann den Flugverkehr insgesamt überblicken und die Wetterlage beobachten.

Bei der amerikanischen Fluggesellschaft US-Air haben Computer entscheidende Wartungsaufgaben übernommen. Der Zentralrechner kennt die genauen Betriebsstunden jedes einzelnen Teils in jedem Flugzeug. Beim Start eines Jets wird der Rechner mit den neuen Flugdaten gespeist. Die Techniker von US-Air sind jeder Zeit informiert, wann welches Teil ersetzt werden muß. Noch während sich das Flugzeug in der Luft befindet, fordert der Rechner in den Materiallagern die erforderlichen Ersatzteile an. Die Monteure können die Teile ordern, so daß sie bei der Landung des Flugzeugs bereit liegen. Wartungs- und Standzeiten der Jets konnten bei US-Air so erheblich verkürzt werden. Kosteneffizienz paart sich hier mit einer Erhöhung der Sicherheitsstandards. Eine solche Wartung wäre ohne moderne Kommunikationstechnologie nicht möglich.

Wählen wir ein weiteres Beispiel aus dem Bereich der Verkehrsführung und Verkersüberwachung: Im thüringischen Saalfeld lief 1995 die Produktion für die Straßenkarte der Zukunft an. Das travel book lotst den Autofahrer satellitengesteuert auf den besten Weg zum Ziel, auf 50 Meter genau.

## 4.11 Psychologie und Psychotherapie

„Software für die Seele" ist bereits seit dem von Joseph Weizenbaum entwickelten Computerprogramm „ELIZA" ein relevantes Thema in der Psychologie geworden. Der KI-Experte und heutige Computerkritiker Weizenbaum entwickelte Mitte der sechziger Jahre am Massachussets Instutitute of Technology (MIT) in den USA das Simulationsprogramm, welches auf Fragen, die der Benutzer in den Computer eingab, direkt antwortete. Viele Benutzer glaubten damals, sie würden sich mit einem wirklichen Menschen unterhalten, und kamen nicht auf den Gedanken, daß sich hinter „ELIZA“ ein aus heutiger Sicht betrachtet relativ simples Computerprogramm verbarg. „ELIZA“ ging so in die Geschichte als erste „virtuelle Therapeutin“ ein, obwohl das Programm lediglich zu Demonstrationszwecken gedacht war und nie im Therapiebereich zur Anwendung kam. Eine Anzahl praktizierender Psychiater glaubte damals allerdings, das Computerprogramm könne zu einer fast völlig automatischen Form der Psychotherapie ausgebaut werden. Die Befürworter sprachen sich dafür aus, das Programm weiterzuentwickeln, um es als Werkzeug in der klinischen Therapie einzusetzen. Aufgrund der Simultanrechenfähigkeit gegenwärtiger und zukünftiger Computer könnten, so die Protagonisten, in einer Stunde mehrere hundert Patienten von eigens dazu entwickelten Programmen behandelt werden.

Mit der Virtuellen Realität scheinen sich erneut Therapiemöglichkeiten anzubieten. Insbesondere Psychoanalytiker erhoffen sich von VR-Techniken Unterstützung bei der Behandlung depressiv Kranker. Traumata sollen in virtuellen Räumen rekonstruiert und verarbeitet werden können. Phobienbelastete Patienten könnten z. B. in Situationen versetzt werden, vor denen sie Angst haben. Sie könnten sich virtuell mit ihren Ängsten auseinandersetzen und sie anhand ausgewählter Problemsituationen meistern. In den USA haben derartige Programme bereits Erfolg, wobei Wert darauf gelegt wird, daß sie den Psychotherapeuten nicht ersetzen sollen, sondern lediglich ein Therapiewerkzeug darstellen.

Depressionen schließlich gelten als die am weitesten verbreitete menschliche Bewußtseinsstörung. Virtuelle Welten, so argumentieren in den USA zahlreiche Analytiker, könnten Depressiven neue Kraft geben, „liefern ihnen unzählige Möglichkeiten, etwas zu schaffen oder zu konstruieren, mit positiven Aktionen zu experimentieren.“[57]

VR-Systeme eröffnen Patienten auch die Möglichkeit, Streß- und Angstsituationen zu erleben. So könnte ein Psychotherapeut z. B. Patienten mit Höhenangst eine Datenbrille aufsetzen und sie in eine dreidimensionale virtuelle Welt eintauchen lassen. Die Patienten könnten dort „auf einer Holzplanke eine Bucht überqueren.“[58] Bereits nach einer Woche sollen 90 Prozent der Patienten mit Höhenangst ihre Phobie überwunden haben und im wirklichen Leben ohne Probleme eine Leiter hochklettern können. Virtuelle Welten seien, so die Befürworter eines VR-Therapieeinsatzes, in der Lage, Phobien sicher und kontrollierbar zu entschärfen. Es könnten ferner Biofeedbacks im Cyber-Raum eingesetzt werden, um jedem direkte Indizien zu liefern, anhand deren er sein Verhalten überprüfen und ändern kann.

Virtuelle Welten könnten als digitaler, streßfreier Raum auch dort eingesetzt werden, wo die Entspannung oder Ablenkung eines Patienten für den Therapieerfolg unerläßlich ist.

# 4.12 Verwaltung

Die „Information Society Conference" der G7 in Brüssel hat in diesem Bereich das Pilotprojekt „Government Online" beschlossen. Das Projekt soll Regierungen bei der Reduktion von Kosten und bei der Effektivierung von Verwaltungtätigkeiten helfen. Eine bürgernahe und schlanke Verwaltung ist das Ziel des Pilotprojektes, der Informationsfluß zwischen Verwaltungen und zwischen Regierungen soll deutlich effektiviert werden.

In Bayern läuft ein Pilotprojekt mit Steuerberatern und Finanzämtern. „Die Steuererklärung Online" soll dazu führen, daß sämtliche steuerrelevanten Daten eines Mandanten nur noch einmal erfaßt werden müssen. Die Daten sendet der Steuerberater über eine Online-Verbindung zu DATEV nach Nürnberg. Im DATEV-Rechenzentrum werden die Daten gesammelt und an die zuständigen Finanzämter weitergeleitet. Beim Finanzamt angelangt, werden die Daten zum Steuerbescheid weiterverarbeitet. Dieser wird in ausgedruckter Form an den Steuerzahler und den Steuerberater geschickt. In Zukunft soll der Steuerbescheid in elektronischer Form vorliegen. Bei einem flächendeckenden Verfahren, so hoffen die Befürworter, könnten Unternehmen Millionen einsparen, da zeitaufwendige Arbeiten auf diese Weise entfielen.

# 4.13 Kultur

Im Bereich der Kunst existieren bereits konkrete Anwendungen, so stellt z. B. das virtuelle Museum ein praktisches Beispiel für die Verknüpfung von Virtueller Realität und Kunst dar. Teile des Louvre in Paris lassen sich bereits in Gestalt des Web-Museums elektronisch im Internet besichtigen.[59] In Deutschland gibt es ein ähnliches Projekt der Firma „Art + Com", die „Stoa of Berlin". Es handelt sich dabei um eine virtuelle Ausstellung in einem Computermodell der Berliner Neuen Nationalgalerie. Die vier klassischen Elemente Erde, Feuer, Wasser und Luft werden hier in Gestalt von vier Häusern verräumlicht dargestellt.

An der Universität in Pittsburgh wurde die Idee von einem multinationalen Kunstmuseum entwickelt, mehrere Nationen sollen jeweils einen eigenen Museumsflügel virtuell und computergestützt gestalten und darin Kunstwerke ausstellen können.[60] Das Kunstmuseum kann via Modem angewählt werden, dem Anrufer wird ein immersiver Gang durch das Gebäude ermöglicht.

Der 3dimensionale Kunstgenuß wird zunehmend zu einer Anwendung im Bereich der virtuellen Welten. So ist etwa das Begehen römisch-katholischer Kathedralen auf der Virtual Reality Messe in Stuttgart im Februar 1996 bereits kein Problem mehr gewesen.

Die „Information Society Conference" der G7 in Brüssel hat im kulturellen Bereich einen Schwerpunkt gesetzt, zwei der elf Pilotprojekte sollen sich diesem Bereich widmen. Diverse Museen und Galerien sollen über Multimedia integriert werden. Den Museen soll geholfen werden, ihre Werke zu digitalisieren, um sie einem breiteren Publikum via Datenautobahn präsentieren zu können. Integriert werden sollen Text, Grafik, Bildmaterial, Ton- und Videoinformationen. Ein zweites Projekt soll ein elektronisches Bibliotheksnetz aufbauen, welches Werke der Weltliteratur zur Verfügung stellen soll. Die ausgewählten Werke sollen in der jeweiligen Landessprache präsentiert werden.

Neben dem virtuellen Museum stellt das virtuelle Theater ein weiteres interessantes Kunst-Projekt dar. In den Universal Studios in Los Angeles wird ein interaktives Theatersystem aufgebaut. Vorgesehen sind zwei Darsteller, welche mit HMD und Datenhandschuh ausgerüstet sind. Die Zuschauer sollen das Geschehen auf Großleinwänden verfolgen und mit eigenen Datenhandschuhen in das Geschehen eingreifen können. Zwischen den Schauspielern auf der Bühne und den Zuschauern sollen diverse Interaktionen möglich sein, um das Gefühl eines gemeinsamen virtuellen Erlebnisraumes zu erzeugen. Das virtuelle Theater knüpft damit an Traditionen des experimentellen Theaters an, der Zuschauer soll einbezogen und direkt angesprochen werden, die Barriere zwischen Schauspielern und Zuschauern soll durchbrochen, der Zuschauer zum Schauspielerkollegen werden.

Virtuelle Musikinstrumente stellen im künstlerischen Bereich ein weiteres interessantes Anwendungsfeld dar. Der bislang größte Erfolg ist die an einem Pariser Forschungsinstitut entwickelte Geige.[61] Bewegungen und Gesten der Hand werden zur virtuellen Tonerzeugung und Klangmodulation benutzt. Der Hand werden taktile Informationen übermittelt, so daß die Führung eines Geigenbogens über eine straff gespannte Seite auch sensitiv wahrgenommen werden kann. Neben der Simulation traditioneller Musikinstrumente können auch ganz neue Musikinstrumente geschaffen und virtuell gespielt werden.

Virtual Reality findet schließlich auch bei Video- und bei Performance-KünstlerInnen, wie etwa bei Laury Anderson, zunehmend Verwendung. Die Werke zahlreicher Videokünstler finden jährlich auf der „Ars Electronica" in Linz Beachtung. Künstlerische Entwicklungen werden hier auch theoretisch reflektiert. Computeranimierte Filme wiederum werden auf der alljährlich in Monte Carlo stattfindenden „Imagina" vorgestellt. Es zeigt sich, daß Computersimulationen der Realitätsabbildung durch die Kamera bereits sehr nahe kommen. Auf der Imagina 1995 war ein vom Computer erstellter Delphin von echten Filmaufnahmen eines Delphins nicht mehr zu unterscheiden.

# 4.14 Alltägliche Anwendungen

In Zukunft soll es mittels Datenbrille und Datenhandschuh zum Shopping gehen. In einem materielosen Einkaufszentrum können Waren wie z. B. Konserven, CDs und Disketten in einen virtuellen Warenkorb gelegt werden. Die Bezahlung erledigt der Kunde auf elektronischem Wege. Die ausgewählten Produkte werden nach Hause geliefert.

Tragende Technologien für Teleshopping sind zur Zeit eine möglichst breitbandige Telekommunikation wie etwa ISDN und Multimedia-Technologien. „Der Anwender verfügt über einen multimedialen Computer oder eine sogenannte Settop-Box, die eine preiswerte Variante zum Computer darstellt. Sie empfängt den Datenstrom und wandelt das Bildsignal in ein für den Fernseher verständliches PAL-Signal um.“[62] Die Eingabe des Telekäufers werden per Fernbedienung an die Rechner des Teleshopping-Centers weitergeleitet.

Die Verbindung zur Technologie der Virtual Reality liegt hier vor allem in der Dreidimensionalität und der „Begehbarkeit“. Für computerbasiertes Online-Shopping wie es im kleinen Maßstab bereits im Internet, im World Wide Web existiert, liefert VR eine interessante und attraktive Benutzeroberfläche. Aus Online-Shopping wird durch die VR-Technologie Teleshopping. Die Anbieter hoffen den Kunden auf diese Weise wesentlich stärker zum Konsum anregen zu können.

Geht es nach der Werbewelt der Netzbetreiber, so ist Online-Shopping das Einkaufen der Zukunft. Das folgende Szenario dürfte dann zur Realität werden: „Sonntagabend: Gemütlich sitzt die Familie im High-Tech-Wohnzimmer. Mutter und Tochter ordern am Breitbandbildschirm aktuelle Sommermode. Der Sohn surft online durch die Speisekarten sämtlicher Pizza-services der Stadt, Vater bestellt einen Auspuffkrümmer für die Familienkutsche.“[63] Verglichen mit überfüllten Kaufhäusern, Warteschlangen an den Kassen und Verkehrschaos in den Innenstädten, so werben die Anbieter, finde Online-Shopping in der entspannten Atmosphäre der eigenen vier Wände statt. Wie groß das Interesse seitens der Konsumenten ist, läßt sich zur Zeit schwer abschätzen. „Bei einer Umfrage des Wirtschaftsmagazins 'DM' konnten sich nur 16 Prozent der Deutschen vorstellen, ihre Bekleidung vom heimischen Fernsehsessel aus zu bestellen.“[64] Das Projekt „Infoland Baden-Württemberg“ schrieb für einen Feldversuch 9.500 potentielle Testhaushalte an. Doch die Initiatoren taten sich schwer, genügend Tester für die Homeshopping-Pilotstudie zu finden, es reagierten gerade 2.500 positiv.[65] Dies ist auch kein Wunder, zumal neben den Ängsten vieler Käufer, überfordert zu sein, sich die Katalogseiten quälend langsam aufbauen und der Einkauf stärker ermüdet als beim Sommerschlußverkauf. Horst Opaschowski, Leiter des B.A.T.-Freizeitforschungsinstituts in Hamburg hält den Freizeitmenschen der Zukunft für einen rastlosen Erlebniskonsumenten. „Homeshopping, so Opaschowski, ersetzt nicht die schillernde Erlebniswelt des Einkaufens, sondern wird aus Zeitnot gewählt. Da kann das Einkaufsspektakel auf dem Bildschirm noch so schön gestaltet sein."[66] Die Anbieter hoffen so auf die VR-Technologie, sie soll viele Akzeptanz-Probleme des Online-Shoppings lösen helfen. Im Kontext einer weiteren Leistungssteigerung der Rechner hofft man, daß Teleshopping zu einem echten „Einkaufsspektakel" wird. Datenhelm und Datenhandschuh würden dann den Einkaufsbeutel ablösen.

Viele VR-Anwendungen werden in den nächsten Jahren das Alltagsleben entscheidend verändern. Teleshopping und Telebanking sind nur zwei Stichworte. Geht es nach dem Willen der Informations- und Telekommunikationsindustrie, wird der Computer noch stärker in unser alltägliches Leben eingreifen und es grundlegend verändern. Im kalifornischen Silicon Valley entwickelt der Chip-Produzent Intel Visionen für das Haus der Zukunft. Dieses ähnelt einer elektronischen Intensivstation, alle Elektrogeräte sind verkabelt und werden zentral überwacht und elektronisch gesteuert. Im vollelektronischen Haus des Jahres 2000 regiert der drahtlose Ferncomputer. Die Eltern können von jedem beliebigen Ort der Erde den Stand der Hausaufgaben ihres Nachwuchses am PC kontrollieren, die Heizkörper regeln, die Belichtung ein- und ausschalten sowie beim interaktiven Fernsehen Filme ordern. In einem Pilotprojekt in einem Ort bei San Franzisco sind an 50 Häusern neben Gas- und Elektrozähler bereits wasserdichte Computer installiert worden. Elektronische Kabel verbinden den Rechner mit allen Stellen im Haus, die Energie verbrauchen. Vom größten Energieunternehmen in den USA haben die Bewohner übers Kabelfernsehen Mitspracherechte erhalten. Die vernetzten Hausbewohner können per Fernbedienung über den Bildschirm Rechnungen bezahlen, billige Tarife ausnutzen und überprüfen, an welchen Stellen der Wohnung übermäßig viel Energie verbraucht wird. Sie können ihr vollelektronisches Heim auch per Fernwartung steuern.

Bei Intel im US-amerikanischen Portland versuchen ca. 20.000 Ingenieure die Vision des elektronischen Hauses weiter zu optimieren. Sie arbeiten an einer Konzeption, um alle elektronischen Geräte über eine zentrale Schnittstelle miteinander zu verknüpfen. Das Kabelgewirr am Computer soll dann der Vergangenheit angehören. Die Mini-Schnittstelle der Zukunft soll den Fernseher, die Stereoanlage, die Kaffeemaschine, den elektronischen Grill sowie die Alarmanlage steuern. Der Rechner soll selbständig erkennen, was wo angeschlossen ist.

Nach der Jahrtausendwende könnten auf diese Weise alle Computer der Welt miteinander verbunden sein und miteinander kommunizieren. Visionäre und Kritiker stimmen dahingehend überein, daß dies unseren Alltag, die Art zu arbeiten, zu leben, zu studieren und die Freizeit zu gestalten radikal verändern würde.

Ein Beispiel für alltägliche Anwendungen stellen auch multimedial aufgemachte elektronische Zeitungen dar. Wem das elektronische Lesen der Neuigkeiten vom Tage nicht ausreicht, kann zusätzliche Videos ablaufen lassen. Elektronische Zeitungen sind zur Zeit zwar noch nicht ausgereift, doch es könnte sein, daß bereits in zehn Jahren die Rechnerkapazität ausreicht und sich die optische Qualität deutlich verbessert hat, so daß ein Großteil der Bevölkerung auf diese Weise die Zeitung lesen und zugleich sehen wird.

Im alltäglichen Leben ist auch das elektronische Geld, die virtuelle Brieftasche, im Kommen. Die elektronische Geldbörse wird in England bereits ausprobiert. Ein kleiner englicher Ort zahlt in einem Testversuch nicht mehr in der herkömmlichen Weise bar, sondern mit elektronischem Bargeld, welches auf einer Chipkarte gespeichert ist. Jeder Nutzer verfügt über eine solche Karte sowie über eine elektronische Brieftasche. Mit Hilfe der virtuellen Brieftasche kann Geld direkt von der Karte abgebucht und gespeichert werden. Das elektronische Bargeld wechselt ohne Umwege und Kosten den Benutzer. Die Chipkarte stellt folglich keine zusätzliche Kreditkarte dar und steht so in der Gunst der Händler weit über dem „Plastikgeld". Im Jahre 1995 besaßen ca. 6.000 Einwohner eine solche Karte, insgesamt sollen es einmal 40.000 Personen sein, die in dem Testversuchs-Städtchen elektronisches Bargeld besitzen werden.

Für die Chip-Karte wurden Geldausgabe-Automaten umgebaut. Ausgegeben wird von den Cash-Maschinen jedoch kein Bargeld, die Chipkarte wird stattdessen um einen gewünschten Betrag elektronisch aufgeladen. Die Karteninhaber können zur Zeit bei ca. 750 Geschäften des englischen Städtchens mit der elektronischen Brieftasche bezahlen. Ausgegeben werden kann nur soviel, wie auf der Karte ist. Verglichen mit einer Kreditkarte liegen die Vorteile auf der Hand, der Benutzer muß keine Checks ausfüllen, keine Unterschrift leisten oder sich eine Geheimnummer merken. Die Händler nehmen das elektronische Geld zwar gerne, in Stoßzeiten dauert das Kartensystem jedoch noch zu lange, bezahlen mit Bargeld wird dann vorgezogen. Es ist auch möglich, Geld zu transferieren. Fehlt einem beim Bezahlen einer Rechnung Geld, so kann man sich einfach ein Paar Pfund bei einem Bekannten leihen. Der Verleiher nimmt seine Karte aus der elektronischen Brieftasche und führt die fremde Karte ein und gibt den entsprechenden Betrag an. Es ist auch möglich, per Telefon Geld auf das Bankkonto einzuzahlen oder umgekehrt Geld auf die Karte zu laden.

Elektronische Geldbörsen könnten in Zukunft auch zum weltweiten Einsatz kommen. Die englische Chipkarte kann bereits verschiedene Währungen gleichzeitig speichern. Ende 1995 waren es fünf: englische Pfund, französische Franc, US-Dollar, japanische Yen und deutsche Mark. Auf diese Weise könnte auch bei Urlaubsreisen das Geldtauschen entfallen. Geschäfte sollen schließlich in Zukunft direkt vom PC aus rund um den Erdball in unterschiedlichen Währungen erfolgen.

Soll das World Wide Web als Medium für Online-Geschäfte dienen, so bedarf es vor allem eines sicheren elektronischen Geldtransfers. Erste Schritte in diese Richtung sind bereits geschehen. Ein Zusammenschluß aus rund 200 Banken und Firmen hat sich an die „Plastik-Geld"-Produzenten VISA und MasterCard gewandt, um einen einheitlichen Standard für den Geldtransfer durchzusetzen. VISA und MasterCard haben sich auf ein gemeinsames Verfahren für den zuverlässigen und sicheren Austausch von Cyber-Geld geeinigt: „SET" für Secure Electronic Transactions.[67] SET soll den Online-Kommerz bereits in diesem Jahr deutlich ankurbeln.

## 4.15 Resümee

Die Anwendungsbereiche ließen sich beliebig erweitern. Ihre Vielfalt zeigt vor allem, daß VR keiner herkömmlichen Technologie gleicht. Virtual Reality und dies macht gerade den revolutionären Charakter dieser Technologie aus, ist auf unterschiedlichen Gebieten einsetzbar. In der Kopplung mit zahlreichen prävirtuellen Welten, die z. B. in Gestalt des elektronischen Geldes in diesem Kapitel vorgestellt wurden, ergibt sich ein fast grenzenloser Einsatzbereich. Dies ist ein wesentliches Charakteristikum, welches diese Technologie von allen uns bislang bekannten Technologien unterscheidet. Virtual Reality kann als eine Art Technologietool verstanden werden, ohne klar umrissene Anwendungsgebiete.

# Anmerkungen

1 Paul Virilio: Krieg und Fernsehen, München, Wien 1993, S. 16

2 Howard Rheingold: Virtuelle Welten. Reisen im Cyberspace, Hamburg 1992, S. 316

3 Siehe hierzu im folgenden: Peter Diesler: Programmiertes Inferno, Chip 1/96, S. 48 ff.

4 a.a.O., S. 50

5 a.a.O., S. 50

6 Christian Bauer: Nutzerorientierter Einsatz von Virtual Reality in Unternehmen, München 1996, S. 56

7 Tom Sperlich: Virtuell im All - Europäer bauen ersten Weltraum-Teleroboter, in: c't, 10/92, S. 44-48

8 Edouard Bannwart: Cyber City, in: Computerwoche Verlag GmbH (Hrsg.): Virtual Reality World '95. Conference Documentation, München 1995, S. 134

9 a.a.O., S. 134

10 a.a.O., S. 134

11 Steve Aukstakalnis, David Blatner: Cyberspace. Die Entdeckung künstlicher Welten, Köln 1994, S. 29

12 Testlauf für die Zukunft, in: Der Spiegel 10/95, S. 96

13 Angabe nach: Rainer Otte: High-Tech-Medizin, Hamburg 1995, S. 32

14 a.a.O., S. 32

15 a.a.O., S. 32

16 Matthias Wapler: Virtual Reality zur intelligenten Sichtsteuerung in der Endoskopie, in: H.-J. Warnecke, H.-J. Bullinger: Virtual Reality '94. Anwendungen & Trends, Berlin, Heidelberg, New York, 1994, S. 218

17 a.a.O., S. 224/225

18 Ohne Autorenangabe: Diagnose und Therapie via Datenautobahn. Telemedizin revolutioniert die Behandlung von Schädel-Hirn-Verletzungen, in: Barmer (Zeitschrift für Mitglieder der Barmer Ersatzkasse), 1/1996, S. 13

19 a.a.O., S. 13

20 Handelsblatt, 27.2.1995

21 Steve Aukstakalnis, David Blatner: Cyberspace. Die Entdeckung künstlicher Welten, Köln 1994, S.184 ff.

22 Vgl. dazu Ludger Wess: Darwins Enkel. Bei der Suche nach neuen Wirkstoffen für Arzneimittel imitieren Roboter die Evolution, in: Die Woche, 10. März 1995, S. 38

23 a.a.O., S. 38

24 a.a.O., S. 38

25 Thomas Borchert, Peter Thomsen: Testlauf für die Zukunft, in: Der Spiegel, 10/95, S. 94ff.

26 a.a.O., S. 102

27 a.a.O., S. 102

28 a.a.O., S. 102

29 Eva-Maria Hartmann: Multimediales Lernen in virtuellen Klassenzimmern, in: Wechselwirkung, Februar/März 96, S. 22

30 Telelearning - Werbematerial der Deutschen Telekom, in: Spiegel Spezial „Die Multimedia Zukunft", Nr. 3/1996

31 B. Cleal, W. Giles, R. Schroeder: Virtual Reality im Sprachunterricht für Lernbehinderte, in: H.-J.Warnecke, H.-J. Bullinger (Hrsg.): Virtual Reality '94. Anwendungen und Trends, S. 227 ff.

32 a.a.O., S. 233

33 a.a.O., S. 235

34 a.a.O., S. S. 239

35 Die Zeit, 24. 2. 1995

36 Stuttgarter Zeitung, 25.3.95

37 Sven Bormann: Virtuelle Realität. Genese und Evaluation, Bonn 1994, S.166

38 Steve Aukstakalnis, David Blattner: Cyberspace. Die Entdeckung künstlicher Welten, Köln 1994, S. 176

39 Sven Bormann: Virtuelle Realität. Genese und Evaluation, Bonn 1994, S. 167

40 a.a.O., S. 168

41 Toy Story, USA 1995, R.: John Lasseter, D.: Woody und andere virtuelle Figuren des Kinderzimmers

42 Eric Stahl: Toy Story. Technischer Aufbruch ins 21. Jahrhundert, in: Cinema, 4/96, S. 38

43 a.a.O., S. 38

44 Angaben nach: Roland Huschke: Die Computer Crux, in: Cinema 4/96, S. 44

45 Eric Stahl: Toy Story. Technischer Aufbruch ins 21. Jahrhundert, in: Cinema, 4/96, S. 38

46 Scott Orlin, Eric Stahl: Revolution aus dem Rechner. Leidenschaft für das Leben im Cyberspace, in: Cinema, 4/96, S. 43

47 Joachim Freiburg: Der Weg zum künstlichen Schauspieler, in: Computer&Co. Das Computer- & Kommunikationsmagazin in der SZ, Ausgabe 1/September 1995, S. 38

48 a.a.O., S. 40

49 a.a.O., S. 40

50 Hans-Jürgen Michalski: Datenautobahn und Multimedia, in: Z, Nr. 23, September 1995, S. 30

51 Christian Bauer: Nutzenorientierter Einsatz von Virtual Reality im Unternehmen, München 1996, S. 119

52 a.a.O., S. 120

53 Wilfried Lindo: Cybermania. Der atemberaubende Reiseführer durch den digitalen Raum, Düsseldorf 1994, S. 119

54 Das Wort „Dildonik" wurde 1974 von dem visionären Computerpapst Ted Nelson geprägt, dessen Software-Projekt „Xanadu" in der Konzeption ein Gerät beschrieb, das Schall in taktile Eindrücke umwandeln kann. Das „Xanadu"-Projekt wurde allerdings nie fertiggestellt.

55 Howard Rheingold: Teledildonik: Die totale Erotik, in: Manfred Waffender (Hrsg.): Cyberspace. Ausflüge in virtuelle Wirklichkeiten, Hamburg 1993, S. 179

56 Die Villa zählt zu den Sprachmehrwertdiensten der deutschen Telekom und ist über die Nummer 0190-337337 erreichbar. Kostenlose Informationen sind über 0130-190190 erhältlich.

57 William Bricken: Cyberspace 1999. Ein Katalog zur Jahrtausendwende, in: Manfred Waffender (Hrsg.): Cyberspace. Ausflüge in virtuelle Wirklichkeiten, Hamburg 1993, S. 285

58 Ohne Autorenangabe: Software für die Seele, in: Der Spiegel 36/1994, S. 119

59 Die entsprechende Adresse lautet: *http://mistral.enst.fr/louvre/paint*

60 Sven Bormann: Virtuelle Realität. Genese und Evaluation, Bonn 1994, S. 176

61 Howard Rheingold: Virtuelle Welten. Reisen im Cyberspace, Hamburg 1992, S. 505 ff.

62 Christian Bauer: Nutzenorientierter Einsatz von Virtual Reality im Unternehmen, München 1996, S. 112

63 Nikola Pfeiffer: Online Shopping ist das Einkaufen der Zukunft. Beitrag zum Report „Die Lügen der Informationsgesellschaft, in: Chip 4/96, S. 44

64 a.a.O., S. 44

65 Angaben nach: a.a.O., S. 44

66 a.a.O., S. 44

67 Ingo T. Storm: Das große Fressen, in: c't 4/1996, S. 135

# Kapitel 5
# Politische Ökonomie des Internet

Die Verfolgungsjagd auf der Datenautobahn hat bereits begonnen. Zwar sind viele Gestaltungsfragen der „Informationsgesellschaft“ noch unklar und strittig, die Akteure sind sich jedoch in einem einig: Die Datenautobahn und ihre Anwendungen sind das große Geschäft von morgen, mit dem blitzschnellen Datentransport rund um den Globus ist eine Menge Geld zu verdienen. Euphorische Wachstumshoffnungen und Profiterwartungen haben zu einer Art „Goldgräberstimmung“ nicht nur in der Multimedia-Branche geführt. Die global players, die weltweiten Akteure, sitzen in ihren Startlöchern und teilen die Meinung des US-Vizepräsideten Al Gore, für den die Datenautobahn „das größte Geschäft auf dem wichtigsten und lukrativsten Markt des 21. Jahrhunderts“[1] ist.

Kongreßveranstalter, Konsulting-Firmen und Prognose-Institute verdienen schon heute an dieser Aufbruchstimmung. Phänomenale Umsatz- und Gewinnerwartungen werden prognostiziert, die in den seltensten Fällen auf soliden Ausgangsdaten beruhen. In Deutschland wurden im Jahr 1994 mit multimedialen Anwendungen lediglich 440 Millionen DM verdient. Zum Jahr 2000 wird hingegen mit einem Marktvolumen von 13 Mrd. DM gerechnet. TV-gestützte Dienstleistungen wie Video-on-demand, Teleshopping oder elektronische Informationsdienste sollen im Jahr 2000 zusätzliche 6 Mrd. DM Umsatz erwirtschaften.[2] „In Europa soll der Multimediamarkt, der 1994 auf 1,5 Mrd. US-Dollar fixiert wurde, zur Jahrtausendwende bereits einen Jahresumsatz von 37 Mrd. US-Dollar ausmachen.“[3] Adri Baan geht davon aus, daß die multimediale Wertschöpfungskette schneller wachsen wird als das Bruttoinlandsprodukt aller OECD-Länder.[4] „Ähnlich rasante Zuwächse werden auch für die USA vorhergesagt: Wurden dort 1994 knapp 7 Mrd. US-Dollar umgesetzt, so soll sich das jährliche Marktvolumen im Jahr 2000 auf mehr als 22 Mrd. US-Dollar belaufen. Der Multimediamarkt in Japan wird nach Erwartungen des dortigen Ministeriums für Post und Telekommunikation im Jahr 2000 bereits rund 900 Mrd. DM und im Jahr 2010 gar ein Volumen von zwei Billionen DM umfassen.“[5]

So unsicher und tendenziös all diese Schätzungen auch sein mögen, sie verdeutlichen die Dynamik des Prozesses, die der Datenhighway mit sich bringt. Die folgenden Ursachen können für diese Dynamik ausgemacht werden:

- Die weltweite neoliberale Deregulierungspolitik hat im klassischen Fernmeldewesen zu einem massiven Privatisierungsdruck geführt. Das Bereitstellen und das Betreiben der Transportnetze für Telekommunikationsdienste wird zunehmend „von einer öffentlichen Infrastruktureinrichtung zu einem Gebiet der Kapitalanlage und -verwertung.“[6]

- Angesichts zahlreicher Krisenerscheinungen gilt der Bereich der Telekommunikation aufgrund der in den nächsten Jahren erforderlichen Primär-Investitionen für die Realisation der technischen Basis der „Informationsgesellschaft" als einer der wenigen soliden Wachstumsmärkte.
- Weltweite Privatisierung der Telekommunikationsmärkte bedeutet auch für branchenfremde Unternehmen eine Möglichkeit, sich auf dem entstehenden Markt zu positionieren. Dies ist in Zeiten, in denen kein Mangel an Kapital, aber ein Mangel an profitablen Anlagemöglichkeiten besteht, um so wichtiger.
- Die Deregulierung der Telemärkte führt zu einem globalen, branchenübergreifenden Substitutionsprozeß. Die global players der multimedialen Wertschöpfungskette „können sich teilweise gegenseitig ersetzen, bzw. man kann auf das Gebiet des anderen übergreifen. Zum Beispiel Telefonie kann über Kabel-TV-Netze ablaufen statt über Telefonnetze, Multimedia PCs werden verwendet als Fernsehgerät, PCs werden verwendet für Kommunikation statt Telefon oder Fax."[7]
- Im Kontext der Deregulierung der Telemärkte und weiterer Globalisierungstendenzen der Weltwirtschaft steht eine globale Neuaufteilung der Märkte bevor. Konzentrations- und Zentralisationstendenzen verschärfen die weltweite Konkurrenzsituation.

Aus all dem folgt, daß der gegenwärtige Multimedia-Boom „keineswegs nur von neuen technischen Möglichkeiten und optimistischen Visionen der 'Informationsgesellschaft' bestimmt" wird, sondern „in erster Linie mit handfesten ökonomischen Interessen zu tun"[8] hat.

Der Boom zeichnet sich zur Zeit vor allem durch eine Neu-Formierung der Unternehmen zu branchenübergreifenden Konsortien aus, durch eine gigantische Kooperations- und Konzentrationswelle, bei der im wesentlichen vier Akteursgruppen unterschieden werden können:

- „Die Anbieter von Multimedia-Inhalten (Filme, Fernsehprogramme, Videospiele, elektronische Zeitungen und Bücher, Softwareprogramme für alle Arten von Anwendungen, CD-ROMs u. a.),
- die Träger multimedialer Technik-Infrastrukturen (Telekommunikations- und Kabel-TV-Netze),
- die Produzenten von Multimedia-Geräten (PC, Fernsehapparat, Bildtelefon u. a.),
- die Unternehmen mit bislang medienfremden Geschäften, die am Boom durch Kapitalengagements teilhaben wollen."[9]

Die „Deutsche Telekom AG", welche 1994 einen Umsatz von 64,1 Mrd. DM erwirtschaften konnte, will auf dem Weltmarkt mitspielen und versucht sich auf dem entstehenden Markt zu positionieren. „Die Deutsche Telekom ist startbereit für die Zukunft. Mit der weltweit modernsten Infobahn. Deutsche Telekom - unsere Verbindungen bewegen die Welt" so heißt es in einem Werbespot. Die Rolle der Deutschen Telekom AG auf dem Infohighway wird jedoch konträr eingeschätzt. Johann Welsch zählt die klassischen Betreiber von Telefonnetzen zu den Verlierern des Multimedia-Rennens. „Durch die fortschreitende Deregulierung der angestammten Fernmeldemonopole büßen sie mehr und mehr ihre Haupteinnahmequellen ein und müssen sich sowohl bei den Netzen als auch bei den Telekommunikationsdiensten einem wachsenden Wettbewerb stellen."[10] Andere Autoren, wie Hans-Jürgen Michalski sehen die Telekom als „langfristige Gewinnerin, da sie noch weitgehend die Kontrolle über die Netze ausübt."[11]

Die „Deutsche Telekom AG" scheint in der Tat für den sich entwickelnden Multimedia-Markt gut gerüstet zu sein und wohl alles andere als auf der Verliererseite des Datenhighways zu stehen. „Sie besitzt das größte Breitbandkabelnetz der Welt, hat bereits 80.000 km Glasfaserkabel verlegt und ist größter Anteilseigner der beiden führenden Satellitensysteme in Europa. Ihre Stärke liegt in der weltweit einmaligen Kombination von Telephonleitungen und Kabel-TV-Netz, die der Telekom eine ausgezeichnete Startposition im Pay-TV-Geschäft verschafft. An diese Netze sind 34 Mio. Privatkunden, von denen Ende 1994 14,65 Millionen über einen Kabelanschluß verfügten, und 1,7 Millionen Geschäftskunden angeschlossen."[12]

Der ehemals staatliche Telefongigant ist den Herausforderungen des Datenhighways alleine jedoch nicht gewachsen, es fehlt an Kapital, um im erforderlichen Maße investieren zu können, sowie an know how in wichtigen Multimedia-Bereichen. Die Telekom versucht daher weitreichende Kooperationen zu schließen und wird neben der „Informationsinfrastruktur" auch in anderen Bereichen wie etwa in der Software-Produktion aktiv. Auf dem Gebiet der Multimedia-Technologien hat sie im Oktober 1994 mit Microsoft eine strategische Kooperation vereinbart. Gegenstand des Abkommens ist u. a. Software für interaktives Fernsehen sowie die Ausstattung des Microsoft Betriebssystems Windows mit ergänzenden Features für Telekom-Dienste wie ISDN und Datex-J. Mit dem weltweit größten Hersteller Intel besteht bereits seit März 1994 eine Kooperation. Die Deutsche Telekom hat ferner mit der France Telekom das Joint Venture „Atlas" gegründet. Das Unternehmen „Atlas" soll den Datenhighway vor allem für Geschäftskunden öffnen. Gleichgültig, wo der Kunde in Europa ansässig ist und welche Art von Unternehmen er betreibt, soll für ihn der weltweite Datentransport mit einer Geschwindigkeit vonstatten gehen, als fände er in einem lokalen Netz statt. Weltweite Multimedia-Kommunikation soll für Geschäftskunden so auf eine Rechnung erfolgen. Auf der Grundlage der Zahlen der bisherigen Auslandsgeschäfte der beiden Partner beabsichtigt das Joint Venture-Unternehmen, bereits im ersten Jahr einen Umsatz von 3,5 Mrd. DM bei rund viertausend Beschäftigten zu erwirtschaften. „Atlas" plant, auch in den USA mit Hilfe des Partners „Sprint International" aktiv zu werden. „Sprint International" ist zur Zeit mit Dienstangeboten in 48 Ländern präsent und öffnet der Telekom gleichzeitig den Zugang zum US-Markt. Das transatlantische Bündnis der Deutschen Telekom, der France Telekom und Sprint International heißt „Phönix".

Nicht nur der internationale, sondern auch der deutsche Telemarkt wird immer härter umkämpft. Konkurrenten der Telekom auf dem deutschen Markt sind u. a. Siemens sowie Newcomer in der Telekommunikation wie die Deutsche Bank, Mannesmann, Thyssen, Veba, Viag und die Energiekonzerne RWE und VEW.

Siemens erwirtschaftete im Jahr 1994 einen Umsatz von 82 Mrd. DM und ist als weltweit führender Glasfaserkabel-Hersteller Hauptlieferant der Telekom. Der Konzern produziert private wie öffentliche Breitbandkommunikationstechnik und hat 1995 ein PC-TV-Multimedia-Gerät auf den Markt gebracht. Um den Einstieg in den weltweiten Telemarkt nicht zu verpassen, ist auch Siemens Kooperationen eingegangen. Gegenstand einer Kooperation mit dem Computerhersteller Apple, der IBM sowie dem US-amerikanischen Telefonriesen AT&T sind Multimedia-Standards. Inhalt einer Kooperation mit Scientific Atlanta und Sun Microsystems ist eine Architektur für Multimedia-Netzwerke. Auch mit PictureTel, einem führenden Hersteller von Videokonferenzsystemen sind die Münchener eine Multimedia-Kooperation eingegangen. PictureTel soll Siemens-PCs zu „Videokonferenzstudios" ausbauen.[13]

Newcomer in der Telekommunikation wie u. a. Mannesmann erwerben vor allem im Kontext der weltweiten Liberalisierung des Telekommunikationsmarktes im Jahre 1998 Lizenzen für den Netzbetrieb sowie für Telefondienste. Mannesmann Mobil-Funk entwickelt sich bereits zu einem ernstzunehmenden Konkurrenten der Telekom. Veba „soll beim NRW-Projekt 'Infocity' bis Ende 1996 15.000 Teilnehmer interaktiv verdrahten. Zum jetzigen Zeitpunkt verfügt Veba über ein konzerneigenes Glasfasernetz von 2.000 km, RWE über rd. 4.500 km und die Deutsche Bahn AG über 2.000 km.[14]

Auf dem Sektor der elektronischen sowie der Printmedien sind die Bertelsmann- sowie die Kirch-Gruppe führend. Mit einem Umsatz über 20 Mrd. DM gilt Bertelsmann als zweitgrößter Medienkonzern der Welt. Die Telekom, öffentlich-rechtliche Sender, RTL und Bertelsmann planen für das digitale Fernsehen eine Gemeinschaftsfirma zu gründen. „Das Gemeinschaftsunternehmen soll für einen einheitlichen Standard sorgen und die Set-top-Boxen auf den Markt bringen. Kirch hingegen verfolgt mit Nokia ein eigenes Konzept für eine Set-top-Box."[15]

Wer Schrittmacher im Kampf um die neuen Telemärkte sein wird, ist noch offen. Der Medienwissenschaftler Horst Röper glaubt, daß nur die ganz Großen echte Chancen besitzen: „Schrittmacher sind dabei nicht länger die Medienunternehmen, denn selbst der weltweit größte Medienkonzern, Time Warner, verblaßt gegen die ökonomischen Riesen wie AT&T, US West, Sony, Matsushita, IBM, Apple oder Microsoft. Nur Konzerne dieser Größe verfügen über die liquiden Mittel, die heute im Kampf um die Märkte von morgen eingesetzt werden."[16]

AT&T ist ein solcher ökonomischer Riese. American Telephone and Telegraph besitzt in New Jersey sein „network operation center". Im Jahre 1995 beschäftigte AT&T über 300.000 MitarbeiterInnen bei einem Umsatz von 67 Milliarden US-Dollar. Geschaltet wurden täglich ca. 236 Millionen Telefonverbindungen in über 200 Ländern. Mit dieser Bilanz ist AT&T nicht nur in den USA, sondern weltweit die Nummer 1 der Netzbetreiber. Ähnlich wie die Telekom spätestens 1998 verstärkt Konkurrenz bekommen wird, gilt dies für AT&T bereits seit 1982. Der Firma gelang es jedoch trotzdem, ihre Gewinne zu steigern und ihre Markposition auszubauen. Mit der geplanten gesetzlichen Beseitigung auf dem Gebiet der Telefon- und der neuen Kommunikationsdienste in zahlreichen Staaten, konzentriert der Telefongigant seine Aktivitäten ganz auf diesen Bereich und hofft so, seine Führung auf dem

Weltmarkt weiter zu festigen. Mit AT&T kooperiert „Unisource", eine Verbindung der Telefongesellschaften der Schweiz, der Niederlande, Schwedens und Spaniens. Ähnlich wie die Telekom drängen auch sie auf den US-amerikanischen Markt. AT&T wiederum hat sich mit acht asiatischen Telefongiganten verbündet und so ein weltumspannendes Konsortium, die „World Partner" gebildet. Den Kampf um Weltmarktanteile auf dem information highway will auch die britische Telekom aufnehmen und hat sich mit dem amerikanischen MCI-Konzern zusammengeschlossen.

Der Prozeß der Konkurrenz unter den Anbietern wird voraussichtlich erst mit der Öffnung der europäischen Märkte 1998 so richtig einsetzen. Weitere Konzentrationen und Zusammenschlüsse werden dann an der Tagesordnung sein. Firmen dürfen bereits seit einiger Zeit private Netze nutzen, sie sind nicht mehr auf die Dienste der Telekom angewiesen. Mannesmann nutzt Telefondienste von CNI aus Frankfurt, einem privaten Anbieter. Die Mitarbeiter sowie 30.000 Kunden telefonieren, faxen und schicken ihre Daten über die private Leitung von CNI. In der elektronischen Schaltzentrale von CNI leiten Computer Telefonate, Faxe und Daten auf Kabelwege, bei denen weniger Gebühren entstehen. Das alte Postkabel wird meist nur noch im Orts- und Nahbereich benutzt. Least cost routing ist ein Verfahren, welches der Telekom Konkurrenz macht. Der Computerversand „Gateway 2000" liefert in Deutschland PCs auch übers Telefon aus. Der deutschsprachige Bestellservice und die deutsche Hotline wurden jedoch ins irische Dublin verlegt. Die irische Telekom bot einen Preisnachlaß von 40% an. Für den Computerversand, den täglich 10.000 Anrufe belasten, ein entscheidendes Kriterium. Die irische Telekom verfügt außerdem über hohe Sicherheitsstandards und bietet in Europa die günstigsten Tarife für gebührenfreie Nummern an. Auch Kleinunternehmer, Freiberufler und Privatleute versuchen in zunehmendem Maße, das deutsche Telefonnetz zu umgehen. Eine Möglichkeit besteht darin, sich zum halben Preis der deutschen Telekom von einem ausländischen Computer zurückrufen zu lassen. Das Verfahren heißt call back. Schließlich ist auch das Versenden von Faxen über das Internet für Personen möglich, die über eine E-mail-Adresse verfügen, auch für BTX-Kunden der Telekom. Das Fax über das Internet kommt weltweit, Sekunden später, für ein Zehntel des Telekompreises an.

Least cost routing, Tarifflucht und call back bewirken jetzt schon Marktanteilsverluste der Deutschen Telekom. Solche Einbußen dürften 1998 noch steigen. Wie hoch diese Verluste ausfallen werden, läßt sich kaum vorhersagen. Für die These, daß die Deutsche Telekom trotz dieser Entwicklung recht gut dasteht, sprechen die Erfahrungen auf dem bereits seit längerem liberalisierten britischen Telekommunikationsmarkt. Die Britische Telekom verfügt weiterhin über einen Marktanteil von 80%. In Deutschland scheint der Postminister „einen Marktanteil der Telekom im Jahr 2000 von 70 vH anzupeilen."[17]

Kritiker fürchten als gesellschaftliche Folgen der geschilderten Konzentrationsprozesse und Entwicklungen eine zunehmende Ausweitung der Telearbeitsplätze, eine mögliche Klassen-Informationsgesellschaft neuer Art sowie den Trend zur Telekratie, „die laut- und gewaltlose Herrschaft des Medienverbunds, ein intelligentes

Regime von Werbung, Warenhäusern, Fernsehsendern, Verlagen, Versicherungen, Telekommunikationskonzernen und Sport."[18] Inwieweit solche Befürchtungen berechtigt sind, werden wir im folgenden noch analysieren.

# Anmerkungen

1 Al Gore, zitiert nach: Der Siegel, Nr. 50/1994

2 Laut Prognosen der Telekom AG, in: Wirtschaftswoche Nr. 45/1994

3 Michael Schwemmle: Das große Geschäft des 21. Jahrhunderts, in: Kurt van Haaren, Detlef Hensche (Hrsg.): Multimedia. Die schöne neue Welt auf dem Prüfstand, Hamburg 1995, S. 17

4 Adri Baan: Elektronische Produkte und Märkte der Zukunft, in: Alfred Herrhausen Gesellschaft für internationalen Dialog (Hrsg.): Multimedia: Eine revolutionäre Herausforderung. Perspektiven der Informationsgesellschaft, Stuttgart 1995, S. 73

5 Michael Schwemmle: Das große Geschäft des 21. Jahrhunderts, in: Kurt van Haaren, Detlef Hensche (Hrsg.): Multimedia. Die schöne neue Welt auf dem Prüfstand, Hamburg 1995, S. 17

6 Michael Schwemmle, Hans-Jürgen Sattler: Steuerung durch Regulierung? Post- und Telekommunikationspolitik nach der Privatisierung der Deutschen Bundespost, in: WSI Mitteilungen, 3/1995, S. 189

7 Adri Baan: Elektronische Produkte und Märkte der Zukunft, in: Alfred Herrhausen Gesellschaft für internationalen Dialog (Hrsg.): Multimedia: Eine revolutionäre Herausforderung. Perspektiven der Informationsgesellschaft, Stuttgart 1995, S. 73

8 Helmut Fangmann, Michael Schwemmle: Multimedia - Von der Telematik zur elektronischen Medien-Integration, in: Blätter für deutsche und internationale Politik, 2/1995, S. 206

9 a.a.O., S. 207

10 Johann Welsch: Multimedia und die Angst vor dem Ende der Arbeit, in: Blätter für deutsche und internationale Politik, 7/95, S. 874

11 Hans-Jürgen Michalski: Datenautobahn und Multimedia, in: Z, Heft 23, September 1995, S. 33

12 a.a.O., S. 33/34

13 Georg Weishaupt: US-Hersteller will den PC zu einem Mini-Videokonferenzstudio ausbauen, in: Handelsblatt, 22.3.1994, S. 17

14 Hans-Jürgen Michalski: Datenautobahn und Multimedia, in: Z, Heft 23, September 1995, S. 35

15 a.a.O., S. 35

16 Horst Röper: Formationen deutscher Medienmultis 1993, in: Media Perspektiven, 3/1994, S. 125

17 Hans-Jürgen Michalski: Die Transformation des Telekommunikationskomplexes. Der Telekommunikationsmarkt der Bundesrepublik vor einer neuen Stufe der Liberalisierung und Regulierung, in: WSI Mitteilungen, 8/1995, S. 535

18 Peter Glotz: Der unheimliche Mogul, in: Die Woche vom 21.7.1994

# Kapitel 6
# Androiden, Cyborgs, Roboter und Replikanten

Die Virtualisierung der Gesellschaft zieht eine Reihe moralischer, ethischer, politischer und juristischer Fragen nach sich. Die Problematik des Aufenthalts im Nicht-Raum des Cyberspace wird jedoch noch komplizierter, wenn VR-Systeme mit anderen technischen Systemen verkoppelt werden. Die engste Verwandtschaft existiert zu den Systemen der künstlichen Intelligenz. Wir wollen im folgenden das Verhältnis von VR und KI thematisieren sowie mögliche symbiotische Formen analysieren.

## 6.1 Historie der KI-Forschung

Der Begriff der künstlichen Intelligenz (KI) geht auf den Wissenschaftler John McCarthy zurück, der den Ausdruck erstmals 1956 bei der Einladung zur legendären Konferenz von Dartmouth benutzte. Die Konferenz gilt heute als die Geburtsstunde der KI-Forschung. John McCarthy beabsichtigte mit dem Namen „Artificial Intelligence" eine Forschungsrichtung zu bezeichnen, welche sich mit der Frage beschäftigen sollte, wie man intelligente Maschinen konstruieren könne. Die optimistische Haltung der Organisatoren des Kongresses kommt in der folgenden Erklärung zum Ausdruck: „Jeder Aspekt des Lernens wie auch jedes andere Merkmal der Intelligenz läßt sich grundsätzlich so genau beschreiben, daß man eine Maschine dazu bringen kann, sie nachzuahmen."[1] Der Begriff der künstlichen Intelligenz setzte sich durch, obwohl es gut 40 Jahre nach der Konferenz noch immer keine allgemein akzeptierte Definition des Forschungsgebietes der KI gibt und der Begriff der Intelligenz nicht genügend definiert ist.[2] Einen Konsens stellt bei der Mehrheit der KI-Forscher lediglich die historisch bedeutsame Definition von Alan Turing dar.

Der 1912 geborene britische Mathematiker Turing gilt als Urvater der elektronischen Datenverarbeitung. Im Jahre 1936 erschien sein Aufsatz „On Computable Numbers", in dem er den Beweis liefert, daß jede systematische Prozedur zur Verarbeitung von Zahlen als Abfolge elektronischer maschineller Operationen codierbar ist. Eine solche zu konstruierende Maschine nannte Turing „Universalmaschine". Die Universalmaschine, dessen praktische Verwirklichung der heutige Digitalrechner darstellt, sei in der Lage, eine unbegrenzte Anzahl von Problemen zu lösen. Die Allzweckmaschine könne schließlich auch aus sich selbst heraus Neues schaffen.

Für Turing gab es keinen hinreichenden Grund daran zu zweifeln, daß man intelligente Maschinen konstruieren könne. Als 1950 der Elektronenrechner bereits Wirklichkeit geworden war, beschäftigte sich Turing in seinem Aufsatz „Computing Machinery and Intelligence“ mit der Frage, ob man Maschinen das Denken beibringen könne. Zur Beantwortung dieser Frage entwickelte er den berühmt gewordenen Turing-Test. In der Versuchsanordnung ist eine Testperson mit einem Terminal über Datenleitung mit einem Computer sowie mit einem Menschen verbunden. Der Mensch sowie der Computer dienen als Kommunikationspartner und befinden sich in getrennten Räumen. Die Testperson ist räumlich von den Gesprächspartnern getrennt und kann folglich nicht sehen, wer der jeweilige Gesprächspartner ist. Die Kommunikation erfolgt ausschließlich über Texte, welche auf Zetteln geschrieben oder per Tastatur auf dem Bildschirm eingegeben werden. Die Testperson hat die Aufgabe herauszufinden, ob sie mit einem Menschen oder mit einem Computer kommuniziert, wobei der Versuch mit einer Vielzahl von Testpersonen wiederholt wird. Gelingt es mindestens 30 Prozent der Testpersonen nicht, innerhalb einer vorgegebenen Zeit zu entscheiden, ob der Gesprächspartner ein Mensch oder aber ein Computer ist, dann kann das Verhalten der Maschine als intelligent bezeichnet werden. Der Turing-Test gilt heute noch vielen KI-Forschern als Erfolgskriterium. „Turings ursprüngliches Ziel bei seinem Vorschlag lag jedoch weniger darin, die Technik zu testen, als vielmehr zu beweisen, daß Intelligenz eine unabhängige Eigenschaft des Umgangs mit Symbolen ist - des Umgangs mit Sprache.“[3] Für Turing folgte daraus, daß alles, was Symbole auf menschliche Weise manipulieren könne, auch zu intelligentem Verhalten in der Lage sei. Turings Modell des Gehirns lag dabei die Behauptung zugrunde, daß das Gehirn alles, was es tut, kraft seiner Struktur als logisches System tut. Die Teilnehmer der Konferenz von Dartmouth einte der zugrundeliegende Gedanke, daß Denken mit wissenschaftlichen Methoden formalisiert werden könne.

Gegen den Turing-Test erhoben jedoch Abtrünnige aus der KI-Gemeinde, wie u. a. der Computer-Experte Joseph Weizenbaum, immer wieder Einwände.[4] Sie argumentierten, der Computer könne lediglich scheinbar intelligente Antworten geben; er habe jedoch vom Inhalt dessen, was er auf dem Monitor oder dem Drucker ausgäbe, keine Ahnung und kein Verständnis. So teilten z. B. Wissenschaftsjournalisten einem Rechner den folgenden Satz mit: „Der Rhabarber pokert leise“. Der Rechner antwortete daraufhin: „Warum sind Sie der Meinung, daß der Rhabarber leise pokert?“ Zweifellos ein Beispiel dafür, daß der Rechner lediglich auf von Programmierern eingespeiste Verknüpfungen zurückgreift, den Sinn der Worte jedoch nicht versteht.

Nach Anfangserfolgen in den fünfziger Jahren, prognostizierte Herbert Simon, der auf dem Dartmouth-Kongreß von 1956 als einziger Teilnehmer bereits über ein funktionierendes KI-Programm verfügte, daß binnen zehn Jahren ein Computer Schachweltmeister wird, ein wichtiges mathematisches Gesetz entdecken würde und ansprechende Musik komponieren könnte. In den 60-er und 70-er Jahren hielt man an Forschungsprojekten fest, die das Ziel hatten, einen maschinellen Kandidaten für den Turing-Test zu finden. Getestet werden brauchte jedoch keiner, sprechende Computer waren hinsichtlich ihrer linguistischen Fähigkeiten nicht besser als Roboter beim Laufen. Deutlich wurde vor allem, daß Fortschritte ohne Beachtung der Semantik einer Sprache, der Art und Weise, wie Bedeutung erzeugt wird, nicht zu erwarten waren. So war denn auch Noam Chomskys Buch „Aspekte der Syntax-Theorie“[5] nicht nur für Linguisten, sondern auch für KI-Forscher von fundamentaler Bedeutung. Chomsky versuchte der Erforschung der Sprache eine wissenschaftliche Grundlage zu geben und ging davon aus, daß es möglich sei, eine Universalgrammatik zu erstellen, die allen Sprachen der Menschheit gemeinsam ist. Chomsky beabsichtigte, eine formale Sprache zur Beschreibung dessen zu liefern, was mit Sprache gesagt werden kann. Unter dem Begriff „generative Grammatik“ verstand er eine Art Turing-Maschine, mit der alle grammatikalischen Sätze einer Sprache erzeugt werden können. Chomsky spezifizierte die Maschine dergestalt, daß sie nicht nur Regeln enthielt, wie in einer Sprache Wörter anzuordnen seien, d. h. syntaktische Regeln, sondern auch semantische Aspekte. In Anlehnung an die Arbeiten Chomskys bemühten sich Computerwissenschaftler, eine Art universeller grammatikalischer Zergliederungsmaschine zu entwickeln. Erste Maschinen waren zwar in der Lage, grammatikalisch äquivalente Sätze in verschiedenen Sprachen aufzufinden, aber übersetzen konnten sie nicht. Die Fähigkeit mit Wörtern umzugehen, fehlte den Maschinen nicht, was ihnen fehlte, war weiterhin die Fähigkeit, diese auch zu verstehen.

Das Ziel der vollautomatischen Sprachübersetzung wird heutzutage vor allem in den USA, Japan und Europa weiterverfolgt. „Im nächsten Jahrzehnt will der Bundesminister für Forschung und Technologie im Rahmen des Leitprojekts 'Verbmobil' die automatische Übersetzung gesprochener Sprache über eine Telefonleitung realisieren.“[6] Nach Industrieangaben wurden in die maschinelle Sprachübersetzung bereits rund zwei Milliarden US-Dollar investiert. Die Forschungen blieben jedoch bis Mitte der 90er Jahre weitgehend erfolglos. Trotz der Rückschläge angesichts hochgesteckter Ziele, geht ein Großteil der KI-Forscher weiterhin davon aus, daß es nur noch eine Frage der Zeit ist, bis sich u. a. die Sprache dem mathematischen Modell gänzlich füge.

Die Rückschläge der frühen Jahre verdeutlichten vor allem die ungeheure Komplexität kognitiver Vorgänge des menschlichen Gehirns. Von führenden KI-Forschern wird die ungeheure Komplexität der menschlichen Intelligenz keineswegs in Abrede gestellt, sie lassen jedoch keinen Zweifel daran, daß es gelingen wird, eine Maschine zu entwickeln, die über einen höheren Bewußtseinsgrad verfügen wird als der Mensch. Eine These, die eine Spaltung unter den Wissenschaftlern bewirkt hat, welche sich in der sogenannten starken und schwachen These der KI widerspiegelt.

Die starke These der KI geht davon aus, daß alle kognitiven Fähigkeiten des Menschen maschinell nachgebildet werden können. Die Maschine, so die Vertreter der starken KI-These, wird das Problemlösungsvermögen des Menschen in Zukunft übertreffen. Zwischen der Informationsverarbeitung im Gehirn und der maschinellen Verarbeitung wird kein prinzipieller Unterschied gesehen. Die Konstruktion eines

„Maschinengehirns“ scheitere zur Zeit lediglich an technischen Unzulänglichkeiten. Die starke These der KI ist prozeßorientiert; im Unterschied zu früheren Jahren hält man sich jedoch meist, was zeitliche Prognosen anbelangt, zurück. Die Kernaussage lautet: Der Computer ist prinzipiell in der Lage, jedes kognitive Vermögen des Menschen zu simulieren; die Realisation ist eine Frage des historisch-technischen Prozesses. Die Prozesse, die Geist und Intelligenz erzeugen, sind für die Vertreter der starken künstlichen Intelligenz letztendlich mechanischen Ursprungs, was ihre Berechenbarkeit intendiert.

Die schwache These der KI behauptet, daß Computer intelligentes Verhalten nachahmen können. Auf diese Weise könnten bestimmte Aufgabenstellungen und Probleme, zu deren Lösung intellektuelle Fähigkeiten erforderlich seien, auf Maschinen übertragen werden. Die schwache These der KI orientiert sich damit am Ergebnis und erhebt nicht den Anspruch, den Menschen mit der Gesamtheit seiner Hirnleistungen nachbilden zu wollen. Der qualitative Unterschied der beiden Thesen, so weist Benjamin Woolley hin, besteht darin, ob Computer Intelligenz simulieren oder bloß imitieren können.[7] Gehe man davon aus, daß der menschliche Geist letztendlich eine Maschine sei, so könne der Rechner Intelligenz simulieren, während er auf der Grundlage der Prämissen der schwachen künstlichen Intelligenz diese lediglich imitieren könne. Zwischen Simulation und Imitation verläuft die Scheidelinie in der KI-Forschung.

Auf der Suche nach neuen Zugangswegen wurden in den letzten Jahren Ansätze bedeutsam, welche nicht mehr den Geist und die Sprache, sondern das Gehirn als Schlüssel zur Erzeugung von Intelligenz in Erwägung ziehen. Das Turingsche Paradigma von der Symbolverarbeitung, welches die KI-Forschung fast drei Jahrzehnte dominierte, verliert zunehmend zugunsten von Forschungen über neuronale Netze und biologische Modelle des Gehirns und seiner evolutionären Entwicklung an Bedeutung. Die KI-Forschung hofft mit Hilfe der Idee der logischen Modellierung von Nervennetzen vielfältige Probleme durch die Programmierung sich selbst optimierender Netzstrukturen umgehen zu können. Der zugrundeliegende Gedanke, daß die Rechner selber lernen müssen, mit den jeweiligen Problemen zurecht zu kommen, findet sich bereits in Turings Aufsatz „Computing Machinery and Intelligence“.

In Auseinandersetzung mit der harten Linie der KI wollen wir im folgenden zwei Autoren exemplarisch betrachten: Marvin Minsky, Professor am Massachussets Institute of Technology (M.I.T.) und Hans Moravec, Direktor des Mobile Robot Laboratory der Carnegie Mellon University. Beide werden von Joseph Weizenbaum spöttisch dem Clan der „Artificial Intelligentsia“ zugeordnet.“[8]

## 6.2 Die „Simulation des Geistes" bei Minsky

Marvin Minsky gehört zu den Pionieren der Computerwissenschaft und der „künstlichen Intelligenz". Er war Präsident der „American Association for Artificial Intelligence" und Mitbegründer des „Artificial Intelligence Laboratory" am M.I.T. Den Menschen hält der mittlerweile 70jährige für zu langsam, unaufmerksam und konzentrationsschwach. Angesichts riesiger Mengen nutzloser Informationen, die unser Gehirn speichere, wundere er sich, daß wir überhaupt noch denken können. Als KI-Hardliner möchte Minsky die uns blockierenden „bugs", d. h. evolutionäre Fehlkonstruktionen, ausschalten. Der MIT-Professor „stellt sich beispielsweise einen in das Gehirn verpflanzten Neurochip vor, der Menschen zu den Gedächtnisleistungen eines Computers befähigt."[9] „Wenn Sie dann Probleme haben", so Minsky in einem Interview, „brauchen Sie keine Psychotherapie mehr. Sie rufen einfach nur mit einem Computer Ihr Programm auf und schreiben am Bildschirm die Teile um, die Ihnen nicht gefallen."[10] Der sich selbst programmierende Mensch - ein Wunschtraum Minskys. So hält Minsky es denn durchaus für möglich, daß man Programme schreiben kann, die schlauer sind als man selbst. Trotz diverser Rückschläge in der KI-Forschung verkündet Minsky in seinen Seminaren am MIT provokativ: „Wir Menschen können froh sein, wenn die Roboter uns in 50 Jahren als ihre Haustiere akzeptieren."[11] Sich auf Simon beziehend, der 1957 behauptete, in zehn Jahren werde ein Computer Schach-Weltmeister werden, führt Minsky aus: „Er wurde ausgelacht, als sich seine Prophezeiungen nicht erfüllten. Heute haben die Computer Großmeister-Niveau, sie haben das Ziel fast erreicht. Und da behaupten die Leute immer, KI-Forscher würden übertreiben. Tatsache ist, daß sich Simon nur um den Faktor vier geirrt hat."[12] Es könne schon sein, so Minsky, daß die Erfolge der Schachcomputer allein auf ihre bloße Rechenkraft basierten, und sie nicht wüßten, was sie eigentlich tun, dafür machten sie ihre Sache aber recht gut. Schach sei es vielleicht auch gar nicht wert, genau verstanden zu werden, seitdem mit den Schachcomputern eine einfache Lösung bereit stünde.

In seiner Studie Mentopolis[13] versucht Minsky zu erklären, auf welche Weise der Geist funktioniert, und Intelligenz aus Nicht-Intelligenz entstehen kann. „Um diese Frage zu beantworten", so Minsky, „werde ich zeigen, wie man Geist aus kleinen Teilen zusammensetzen kann, die jedes für sich ohne Geist sind."[14] Seinen Entwurf nennt der KI-Forscher „Mentopolis", die „Geistesgesellschaft", da ihm zufolge jeder Geist aus vielen kleineren Prozessen entstanden ist. Die kleineren Prozesse bzw. Teile nennt er „Agenten". „Jeder mentale Agent ist für sich allein genommen nur zu einfachen Tätigkeiten fähig, die weder Geist noch Denken erfordern. Wenn wir diese Agenten jedoch auf eine ganz bestimmte Weise zu Gesellschaften zusammenfassen, ist das Ergebnis echte Intelligenz."[15] Die Zusammenfassung der Agenten zu größeren, aufsichtführenden Agenturen, stellt für Minsky einen Weg dar, Maschinen doch noch mit einer Art „gesunden Menschenverstand" auszustatten. Minsky vertritt die These, daß der Mensch einem Computer gleiche, wenn es gelänge, sein gesamtes Verhalten als zusammengesetzt aus kleinen programmähnlichen Bausteinen zu erklären. In Gestalt von 308 Kapitel-Bausteinen versucht er diesen Beweis anzutreten, und auf diese Weise seine These zu verifizieren, daß der menschliche Geist durch Maschinen simuliert werden kann. Die Quintessenz für Marvin Minsky lautet: „Ich glaube wir haben [nun] begriffen, daß wir wahrscheinlich Computer sind."[16] „Ist der Geist eine Maschine?", so fragt Minsky und antwortet „Daran habe ich nicht den geringsten Zweifel; für mich stellt sich nur die Frage: Was für eine Maschine ist der Geist? Und obwohl es die meisten Leute immer noch entwürdigend finden, als Maschinen betrachtet zu werden, hoffe ich, daß sie den Gedanken angenehm finden werden, wie wundervoll es doch ist, eine Maschine mit derart wunderbaren Fähigkeiten zu sein."[17]

Minsky ist so ein radikaler Vertreter der reduktionistischen Position: alle Dinge der objektiven Realität lassen sich für ihn formal beschreiben und damit maschinell bearbeiten, was auch für den menschlichen Geist gilt. Das Descartesche Prinzip des „cogito ergo sum" ist für ihn gleichbedeutend mit einer klaren Entscheidung für den formalen, synthetisch arbeitenden Geist. Das Prinzip des Descartes weitet Minsky auf die Maschinen aus. „Der Geist wird selbst zum Gegenstand der Modellbildung, zur Veränderung, zur Manipulation freigegeben. Der Körper fristet bei Minsky ein kaum beachtetes Schattendasein."[18] Emotionen werden bei Minsky mit ihrer Beschreibung gleichgesetzt, so ist es kein Wunder, daß die Entwicklung von Maschinen, die denken, fühlen, empfinden und Bewußtsein entwickeln können, in seiner Studie lediglich eine technische Herausforderung darstellt. Der Gefühls- und Bewußtseinschip weckt im Roboter menschliche Gefühle; Haß und Leidenschaft, Witz und Ironie, Angst und Furcht, Selbstkritik und Überheblichkeit gehören in Zukunft auch für Androiden wie etwa dem „Bordingenieur Data" zum „automatischen Repertoire".

Natürlich, so gibt Minsky zu, sei man noch weit davon entfernt, Maschinen mit umfassenden menschlichen Fähigkeiten zu bauen, aber dies bedeute doch nur, daß man bessere Theorien für die Denkfähigkeit brauche. Mit der „Theorie der Agenten" erhebt die „Mentopolis"-Studie den Anspruch, den Schlüssel für verbesserte Theorien des Geistes bereitzustellen. Erkennen müsse der Mensch, so Minsky, daß die Menschheit sich immer noch in einer frühen Ära der Maschinen (nicht der Menschheitsgeschichte, sic !) befände und sie buchstäblich nicht die geringste Ahnung darüber habe, wohin sich die Maschinen (nicht die Menschheit, sic !) entwickeln würden. Die Evolution der Maschinen, die sich bei Minsky einer sozialen Steuerung weitgehend entzieht, tritt als quasi biologischer Prozeß an die Stelle der Menschheitsgeschichte. Beachten müsse man bei der Beurteilung der bisherigen Ergebnisse der KI-Forschung, so Minsky, vor allem die Beschleunigung der Entwicklung. „Die Maschinen haben in den letzten hundert Jahren in ihrer Arbeitsweise einen Fortschritt erzielt, für den die Biologie und das Verhalten der Lebewesen eine Milliarde Jahre gebraucht hat."[19] Zu berücksichtigen sei stets auch, daß man sich in Bezug auf das Verstehenlernen der Qualitäten sehr komplizierter Maschinen noch im Mittelalter befände. Gegenargumente solle man so getrost beiseite schieben und sich „statt dessen bemühen, zu begreifen, wie der riesenhafte, unbekannte Mechanismus des Gehirns funktioniert. Dann werden wir die Selbstachtung aus dem Wissen schöpfen, welch wunderbare Maschinen wir sind.“[20]

## 6.3 Der „Unsterblichkeitsmythos“ bei Moravec

Hans Moravec, gebürtiger Österreicher, der mit vier Jahren nach Kanada und später in die USA kam, gilt als eine Art „shooting star“ in der US-amerikanischen KI-Szene. Der Descartesche Satz „Cogito ergo sum“ kennzeichnet für Moravec die beispiellose Vormachtstellung des menschlichen Gehirns. Das Gehirn stelle ein kompliziertes und effizientes vernetztes System dar, welches eine hunderttausend Jahre währende Evolution geschaffen habe. Doch mit dieser beispiellosen Vormachtstellung des Menschen sei es gegen Ende des 20. Jahrhunderts vorbei. Moravec prophezeit den Anbruch einer postbiologischen Ära, die von hyperintelligenten Robotern verkörpert wird. Hyperintelligente Roboter könnten in Zukunft die intellektuelle Kapazität des Menschen nahezu perfekt simulieren, auch wenn das Robotergehirn anders funktioniere als das menschliche. Der Prolog seiner Studie „Mind Children“ beginnt mit dem zynischen Satz: „In Jahrmilliarden unermüdlichen Wettrüstens ist es unseren Genen endlich gelungen, sich selbst auszubooten.“[21] Den Wettlauf zwischen menschlicher und künstlicher Intelligenz entscheidet für Moravec allein die Zeit zugunsten der KI-Wesen. „Heute sind unsere Maschinen“, so Moravec, „noch einfache Geschöpfe, die wie alle Neugeborenen der elterlichen Pflege und Fürsorge bedürfen und kaum als ‘intelligent’ zu bezeichnen sind. Doch im Laufe des nächsten Jahrhunderts werden sie zu Gebilden heranreifen, die ebenso komplex sind wie wir selbst, um schließlich über uns und alles, was wir kennen, hinauszuwachsen, so daß wir eines Tages stolz sein dürfen, wenn sie sich als unsere Nachkommen bezeichnen. Wir Menschen werden eine Zeitlang von ihrer Arbeit profitieren. Doch über kurz oder lang werden sie, wie biologische Kinder, ihre eigenen Wege gehen, während wir, die Eltern, alt werden und abtreten.“[22]

Ist die genetische Wachablösung erfolgt, wird die kulturelle Evolution von intelligenten Robotern fortgesetzt. Die Maschinen selbst, so prognostiziert Moravec, werden einst so klug sein, „daß sie sich ohne fremde Hilfe instandhalten, reproduzieren und vervollkommnen können.“[23]

Im postbiologischen Zeitalter, so Moravec, werden Roboter so gut wie jede Funktion des menschlichen Geistes übernehmen, jede wichtige körperliche oder geistige Funktion des Menschen wird ihr künstliches Pendant haben. Was aber hat der Mensch von der „genetischen Wachablösung“, so könnte man den Autor fragen. Der KI-Forscher hält hier eine Antwort parat, die das eigentliche Leitmotiv seiner Überlegungen darstellt. Für Moravec existieren Alternativen jenseits der Biologie, diese ist mit „ihren Eiweißstrukturen nur eine von mehreren möglichen Techniken - eine, die sich aus einfacher Chemie entwickeln konnte. Das ist das eigentliche wunderbare Leben. Leider aber eignet sich dieses Material nicht für die Unsterblichkeit."[24] Mit Computern könne man jedoch heute völlig andere Strukturen entwerfen, so daß wir bald in der Lage seien, unseren Geist auf die Maschine zu übertragen. Wie diese „Geist-Übertragung" praktisch ablaufen soll, beschreibt Moravec in seinem Buch im Abschnitt „Seelenwanderung" ausführlich.[25] Der Mensch wird in einen Operationssaal geschoben. Ein Roboterchirurg öffnet die narkotisierte Schädeldecke und legt seine Sensorhand auf die Oberfläche des Gehirns. Die Instrumente der Roboterhand tasten die Hirnoberfläche ab. Der Roboterchirurg, der über ein umfassendes Verständnis der menschlichen Neuronenstruktur verfügt, erzeugt für die oberste Schicht des abgetasteten Hirngewebes ein Simulationsprogramm und lädt dieses in den Computer des bereitstehenden Roboterkörpers. Der Mensch, welcher bei vollem Bewußtsein ist, überprüft zusammen mit dem Chirurgen die Genauigkeit der Simulation. Die Simulation wird, falls erforderlich, korrigiert, bis die Übereinstimmung nahezu vollkommen ist. Der Roboterchirurg trägt auf diese Weise die Hirnschicht Schritt für Schritt ab, bis er zum Hirnstamm vorgedrungen ist. Der Schädel ist schließlich leer, der Geist des Menchen, der während der Operation weder das Bewußtsein noch den Faden seiner Gedanken verliert, ist in die Maschine übertragen worden. Der sich selbst überlassene Körper verfällt, die übriggebliebene „Sülze" wird von einem „Absauggerät" geschluckt. „Einen Augenblick lang", so schreibt Moravec, „empfinden Sie nur Ruhe und Dunkelheit. Dann können Sie die Augen wieder öffnen. Ihre Perspektive hat sich verändert. Die Kabelverbindung zwischen der Computersimulation und der Hand des Chirurgen ist unterbrochen worden. Ihr Geist ist jetzt an den glänzenden neuen Körper angeschlossen, dessen Form, Farbe und Material Sie selbst ausgesucht haben. Ihre Metamorphose ist abgeschlossen."[26]

Die Geist-Körper-Dichotomie, die wir schon bei Marvin Minsky finden, ist bei Hans Moravec bis ins Extrem ausgeprägt, der ältere Minsky stimmt Moravec anerkennend zu: „Moravec hat die Idee nur konsequent zu Ende gedacht ... Der Naturwissenschaftler hat keine Angst vor der Idee, ewig zu leben. Der Humanist aber denkt, das wäre furchtbar. Wir können heute nur deshalb nicht ewig leben, weil der Aberglaube von der Seele die Leute 2000 Jahre davon abgehalten hat, die Naturwissenschaft voranzutreiben. Hätte man früher angefangen, dann gäbe es KI seit 1500 Jahren, und jeder von uns wäre heute in der Lage, eine Sicherheitskopie von sich zu machen! Wer Religion und Aberglauben akzeptiert, betrügt sich um die Chance seines Lebens!"[27]

Im Unterschied zum Neuromancer-Roman ist die Vorstellung einer genetischen Wachablösung des Menschen durch intelligente Roboter bei Moravec nicht mit düsteren Visionen verbunden, sondern mit dem Mythos einer verheißungsvollen Unsterblichkeit. Durch intelligente Maschinen wird für Moravec die Aufhebung der Bindung des menschlichen Geistes an den Körper erst möglich und damit die materielle Grundlage für die Unsterblichkeit geschaffen. Derartige Vorstellungen mögen sich blasphemisch anhören, man könnte allerdings fragen, ob sie nicht doch in einer christlichen Tradition stehen, die ihrerseits stark durch Geist-Körper-Dichotomien geprägt ist, wie sie etwa in der Auferstehungsvorstellung zum Ausdruck kommen. So betrachtet könnte man Cyberspace als einen modernen christlichen Auferstehungsmythos im Zeitalter der Maschinendominanz verstehen, womit wir beim Zusammenhang von Virtual Reality und KI angelangt sind.

## 6.4 Virtual Reality und KI

Der Zusammenhang von künstlicher Intelligenz und virtuellen Welten spielt im VR-Kultfilm „Der Rasenmähermann“ eine große Rolle. Intellektuell allmächtig und größenwahnsinnig geworden, versucht der „Virtual Reality Man“ in den dramatischen Schlußszenen des Filmes sich seinen Traum zu verwirklichen: das Downloaden seines Geistes auf die Maschine, das Eindringen in weltweite Netze, um diese zu beherrschen, und sich so zum unsterblichen und allmächtigen Gott des Internets zu verewigen. Man könnte Hans Moravec als eine Art „Cyberjobe“ betrachten. Künstliche Intelligenz, so gesehen, wäre dann lediglich eine konsequente Variante der Virtual Reality, welche die totale Virtualisierung des Menschen nicht ausspart. Der downgeloadete Mensch wäre in dieser Hinsicht der virtuelle Mensch par excellence, der von seiner körperlichen Hülle und damit seinen menschlichen Sinnesorganen „befreit“, sich die Unsterblichkeit sichert. Die Horrorvision des „Orchideenkäfigs“ von Herbert W. Franke wird hier sichtbar: Eine Menschheit, die in einer Art „Superphantomatik“ des Stanislaw Lem sich von ihrer organischen Körperlichkeit „befreit“. Im Unterschied zu Herbert W. Frankes „Orchideenkäfig“ ist der downgeloadete Mensch bei Moravec sogar von jeglichem körperlichen Stoffwechsel unabhängig, das einzige, was er noch benötigt, ist die Energiezufuhr. Er begibt sich jedoch in eine totale Abhängigkeit von den intelligenten Maschinen des übermorgen, die ihn als eine Art Urahn achten. Die technische Entwicklung macht uns selbst zu Maschinen, die Mensch-Maschine-Symbiose wird zum nächsten Evolutionsschritt. Was der gesunde Menschenverstand als einen alptraumhaften Verlust der Menschlichkeit betrachtet, für den Computerkritiker Weizenbaum gar eine faschistoide Wahnvorstellung einer Art „Endlösung der Menschheitsfrage“[28], wird bei Moravec zu einer eschatologischen Verheißung.

In seiner jüngeren Studie „Mind Age: transcendence through robots“[29] stellt Moravec die Verbindung seiner Position zur Virtual Reality unmittelbar her. Der transplantierte Geist, so Moravec, müsse, um gesund zu bleiben „ein konsistentes sensorisches und motorisches Bild erhalten, das von einem Körper oder einer Simulation stammt.“[30] Ein transplantierter menschlicher Geist würde zwar ohne Körper existieren können, nicht jedoch ohne die Illusion, einen zu besitzen. So kommt die Technologie der Virtual Reality für Moravec wie gerufen. Mit ihrer Hilfe kann er den Vorwurf parieren, seine Visionen liefen einfach nur auf einen Zustand des Nichts hinaus, den z. B. Herbert W. Franke in seiner SF-Erzählung „Präparat 261“ plastisch schildert. Zum Zeitpunkt der Erzählung hat sich die Operationstechnik weiterentwickelt. An die Stelle des Skalpells sind Elektroden getreten. Die Gehrinchirurgie hat es ermöglicht, das Gehirn aus einem Körper zu entfernen. Der Geist lebt in einer Nährflüssigkeit als Organ weiter. Ein Professor führt das Präparat den Studierenden in einem Hörsaal vor. Die Operation, so sagt er, sei erst vor wenigen Stunden vorgenommen worden, das Organ lebe noch. Die angehenden Mediziner applaudieren. Der Zustand des „körperlosen Patienten“ wird in der Erzählung wie folgt geschildert: „In das unbeschwerte, freie Denken hinein drang etwas Unangenehmes - ein dumpfer Schmerz legte sich wie ein Reifen um ihn. Sein Wunsch, das Problem seiner Situation zu lösen, wurde dringender. Sein Wille bäumte sich auf. Es waren Fragen, keine Antworten: Wo bin ich? Was ist mit mir geschehen? Warum empfinde ich nichts von der Außenwelt? ... Ein Vibrieren wollte in ihm aufkeimen, aber es ging ohne Bewegung vor sich, es erstickte am Fehlen jegliches Greifbaren ... Leere griff nach ihm. Noch lebte das einsame Bewußtsein, aber was es empfand, war nur noch Angst. Angst, namenlose, unendliche, schreckliche Angst.“[31]

Virtual Reality ermögliche in der Zukunft, so Moravec, den Menschen quasi in einen Kokon einzuwickeln. Optische, akustische, mechanische, chemische und elektrische Apparaturen würden die Sinne des Menschen reizen und alle Handlungen messen. „Die Maschine“, so Moravec, „liefert Ihren Augen Bilder, Ihren Ohren Töne, Ihrer Haut Druckempfindungen und Temperaturen, Ihren Muskeln Kräfte und sogar Ihrer Nase Gerüche und Ihrer Zunge Geschmacksempfindungen.“[32] Mit Hilfe der Telepräsenz ließen sich schließlich die Inputs und Outputs mit einem menschenähnlichen Roboter an einem entfernten Ort verschachteln. Die bewußte Wahrnehmung würde so an einen Ort wandern, wo sich der Roboter befände. Menschen könnten umfassende, „außerkörperliche“ Erfahrungen machen. Die virtuellen Wirklichkeiten, so prognostiziert Moravec, werden jedoch bald die körperlichen und sensorischen Beschränkungen überschreiten, es würde sich daher empfehlen, sensorische sowie motorische Nerven direkt mit elektonischen Schnittstellen zu verbinden. „Direkte neuronale Schnittstellen“, so Moravec, „machen viel von der Hardwareausstattung, aber auch der Sinnesorgane und Muskeln und sogar den Großteil des Körpers überflüssig. Der ‘Heimatkörper’ mag verlorengehen, aber virtuelle Erfahrungen an entfernten Orten könnten wirklicher als jemals zuvor werden.“[33]

„Stellen Sie sich“, so Moravec, „ein ‘Gehirn in einem Tank’ vor, das von einem Versorgungssystem am Leben gehalten wird und durch wunderbare elektronische Links mit einer Reihe von künstlichen Leihkörpern an entfernten Orten und mit simulierten Körpern in Virtuellen Realitäten verbunden ist.“[34] Dieses Gehirn sei durch ein optimales materielles Umfeld über seine natürliche Lebenszeit hinaus haltbar gemacht worden. Da aber auch ein solches biologisches Gehirn nicht ewig halte, gebe es keinen Grund, die graue Hirnsubstanz nicht schließlich Bit für Bit durch überlegene elektronische Implantate zu ersetzen. Fortgeschrittene elektronische Links könnten eingesetzt werden, um das Gehirn mit der Außenwelt zu verbinden. Die elektronischen Implantate seien so in der Lage, unsere Persönlichkeit und unsere Gedanken klarer als jemals zuvor hervortreten zu lassen, obwohl nach einer bestimmten Zeit keine Spur unseres ursprünglichen Körpers und unseres biologischen Gehirns mehr übrigbleiben werde. Da es keinen Körper mehr gebe, könne man zwar nicht mehr von außerkörperlichen Erfahrungen sprechen, dies hieße aber keinesfalls, daß es sich um einen körperlosen Geist handele.

Der „Unsterblichkeitsmythos" des Hans Moravec führt so vom Head Mounted Display der Virtual Reality über die neuronale Direktschaltung zur Superphantomatik des Stanislaw Lem, zur Vision des „ewigen" Geistes im postbiologischen Zeitalter. Auch wenn man die Position vertritt, daß es sich hier weder um einen evolutionären Prozeß noch um einen gesetzmäßigen Zusammenhang handelt, so bleibt zu konstatieren, daß es doch eine gedankliche Verbindung gibt. Hinter dem Prozeß einer fortschreitenden Virtualisierung steckt der Gedanke einer radikalen Entkörperlichung des Menschen, so verdeutlichen die Gedankengänge des Hans Moravec trotz seiner Beteuerungen, es werde sich nicht um einen körperlosen Geist handeln, vor allem seine mentalistische Position in der KI-Debatte: Der menschliche Geist, welcher die Welt in Raum und Zeit dominiert, ist das entscheidende, die Körperlichkeit ist gänzlich austauschbar, sie ist eine Randerscheinung. Die Persönlichkeit des Menschen wird so auf ein intellektuelles Substrat verkürzt, Virtual Reality degeneriert zu einem elektronischen Mittelchen, damit der „erhabene Geist" nicht die Einsamkeit des „Präparates 261" in der Erzählung Herbert W. Frankes verspürt.

Man mag die Gedanken von Hans Moravec einfach nur für unrealistisch halten, doch solche Gedanken haben Macht, so der Kritiker Joseph Weizenbaum. „Sie können gefährlich sein, auch wenn sie nicht stimmen. Denn Gott spielen ist eine starke Droge, stärker noch als Heroin."[35] So warnt auch der Philosoph Hans Jonas vor einer Bedrohung des Menschen durch die moderne Hochtechnologie. „Selbst wenn alle Gehirnfunktionen beim Menschen verstanden wären" so Jonas, „bliebe es unmöglich, Bewußtsein zu erzeugen."[36] In einem Interview auf den Roboter-Forscher Hans Moravec und dessen Vorstellung einer Wachablösung durch intelligente Roboter angesprochen, antwortet Jonas: „Die Roboter führen immer nur Befehle aus, die ihnen ein Programmierer eingegeben hat. Damit die Handlungen eines Roboters oder der Output eines Computers überhaupt erst als intelligent interpretiert werden können, bedarf es folgender Voraussetzungen: Am Anfang muß ein Mensch den Auftrag erteilen, und am Ende muß wieder ein Mensch dasein, der die Handlung oder den Output als Lösung des eingangs formulierten Problems deutet. Die Maschine hat erst 'gedacht', wenn ein Denkender das Resultat entgegennimmt."[37]

## Die „Zukunft der Intelligenz" bei Luc Steels

Interessante Zusammenhänge zwischen Virtual Reality und Künstlicher Intelligenz zeigt auch der belgische KI-Forscher Luc Steels auf. In seinem Artikel „Die Zukunft der Intelligenz"[38] stellt er Spekulationen darüber an, wie sich auf der Erde die Intelligenz weiterentwickeln könnte. Luc Steels sieht prinzipiell drei Möglichkeiten:

Erstens: Der „Homo Cyber Sapiens"
Zweitens: Der „Robot Hominidus Intelligens" und
Drittens: Die „Software-Agenten".

Der „Homo Cyber Sapiens" ist eine qualitativ neue Gattung Mensch, dessen neugewonnene biologische Fähigkeiten der Anschluß künstlicher sensorischer Apparate, elektronischer Speichereinheiten, Computerprozessoren und mechanischer Antriebe ermöglicht. Der „Homo Cyber Sapiens", so Steels, wird so zunehmend von der „biologischen Wetware" unabhängig. Die Technik, um neue Intelligenzformen zu entwickeln sei bereits vorhanden, zumal künstliche Gedächtnisse deutlich an Speicherkapazität zugenommen hätten und ihre Miniaturisierung eine Verwendung in Form von Implantaten gestatte. Da eine weitere natürliche Vergrößerung des menschlichen Gehirns unwahrscheinlich sei, käme nur eine „elektronische Erweiterung" in Frage. „Wenn wir uns eine Möglichkeit vorstellen könnten, so Steels, „leistungsstarke Gehirn-Computer-Schnittstellen zu konstruieren, mit deren Hilfe ein biologisches Gehirn mit einem zusätzlichen Gedächtnis, größerer Verarbeitungskapazität und weiteren Sensoren sowie motorischen Systemen ausgestattet werden kann, dann ließe sich die gewünschte signifikante Steigerung der Gehirngröße realisieren."[39] Luc Steels verweist darauf, daß über Gehirn-Computer-Schnittstellen bereits intensiv geforscht wird, und Erfolge mit Gehörimplantaten Grund zum Optimismus darstellten. Nicht geforscht würde jedoch über eine allgemeine Schnittstelle mit dem Gehirn, z. B. um die Sprachkapazität oder das Gedächtnis zu steigern. Die Prothese könne so geschaffen sein, daß sie die Arbeitsweise der menschlichen Neurophysiologie nachahme. Die neuronale Modellierung habe in den letzten Jahren eine künstliche Erweiterung des Gehirns in greifbare Nähe gerückt. Neuronale Netzwerke hätten jedoch den Nachteil, daß ihre Leistung beschränkt bliebe, da sie sich nicht zu weit von den natürlichen Systemen entfernen könne. „Wenn wir unser Gehirn beispielsweise mit einer Recheneinheit erweitern wollen", so Steels, werden wir jedoch „zweifellos eine haben wollen, die Berechnungen in einer mit gegenwärtigen Computern vergleichbaren Geschwindigkeit und Genauigkeit durchführt und nicht wie eine Recheneinheit, die so langsam und fehleranfällig ist, wie das menschliche Gehirn."[40] Insbesondere im Bereich des Computerschachs seien die Leistungen ja beeindruckend und gerade hier würde die „Hardware des Gehirns" nicht nachgeahmt. Ein künstliches Gehirn könne also auch ganz anders beschaffen sein, als das natürliche Gehirn. Es reiche aus, Brücken zwischen beiden zu schaffen, so daß beide Systeme wechselseitig Zugang auf die Inhalte und das, was prozessiert werde, besäßen.

Die Verbindungslinie zur Virtual Reality skizziert Steels wie folgt: „Menschen beispielsweise, die bereits zwei Augen besitzen, könnten mit zusätzlichen Kameras ausgestattet werden, um den Sichtbereich zu vergrößern ... Falls irgendwie Verbindungen zwischen dem Gehirn und der elektronischen Datenautobahn eingerichtet werden könnten, dann gäbe es die fesselnde Möglichkeit, daß das Gehirn zu riesigen

Informationsmengen Zugang hat und im Gegenzug Handlungen über die Entfernung hinweg durch die Vermittlung von elektronischen Geräten ausführen kann."[41]

Auf diese Weise könnten wir, so Steels, in Zukunft elektronisch Post direkt „lesen", Botschaften an andere Geräte „senden" ohne eine sensorische Vermittlung oder den Gebrauch von Sprache. Wir könnten im Cyberspace reisen und Erfahrungen sammeln, die unsere bisherige Wahrnehmung von Raum und Zeit revolutionieren würden. Es könnten auch „Plug-in-Geräte" eingebaut werden, die uns mit dem Wortschatz von Fremdsprachen ausstatten. Der Prozeß der künstlichen Vergrößerung des menschlichen Gehirns ist für Steels eine natürliche Entwicklung, „da die Evolution der Intelligenz auch in der Vergangenheit kontinuierlich erfolgt ist."[42]

Der „Homo Cyber Sapiens" bei Steels entspricht so der Figur des Cyborgs in der Science Fiction Literatur. Der Mensch wird in der Vision von Steels zu einem kybernetischen Organismus, indem eine größere Anzahl seiner Organe durch leistungsfähigere Apparate ersetzt wird und er zusätzliche künstliche Organe erhält. Die Prothetisierung des Menschen, in der Science Fiction in der Regel ein Alptraum, wird bei Steels zu einem wissenschaftlichen Forschungsprogramm. Der Cyborg, welcher zu den wichtigsten und sinnträchtigsten Symbolen der modernen Science Fiction zählt, und meist vor der Gefahr warnt, daß die Technik den Menschen zur Maschine macht, wird bei Steels als eine konsequente Mensch-Maschine-Symbiose gepriesen, die den nächsten, gesetzmäßigen Evolutionsschritt einleitet. Die Direktschaltung des Johnny Mnemonic wird zu einem von Menschen auf der Grundlage einer „Höher, Schneller, Weiter-Ideologie" bewußt unternommenen Evolutionsschritt. Der Cyborg als Zwitterwesen aus Technik und Biologie, welcher der Feministin Donnah Harraway in ihrem „Manifest vor a cyborg"[43] primär als fiktionale Vorlage dient, um mit dem Mythos von der Frau mit einer biologisch eindeutig fixierbaren Identität zu brechen, welche aus sich heraus den Ort kultureller Zuschreibung erzeugt[44], wird bei Steels zum Paradigma der Lösung für eine verzweifelte Welt, zu einer Gesetzmäßigkeit aufgrund „ökologischer Zwänge".

Der „Robot Hominidus Intelligens" stellt für Steels die zweite Möglichkeit für andere Intelligenzformen dar. Es handelt sich dabei um eine künstliche Gattung mit einer menschenähnlichen Intelligenz. Zwar gäbe es, so Steels, in der Konstruktion von Robotern und künstlicher Intelligenz in den letzten Jahren deutliche Erfolge, doch die Beschränkungen der gegenwärtigen Technik seien noch immer sehr groß, so daß die Frage berechtigt sei, ob die Menschheit jemals über intelligente Roboter verfügen würde. Ursachen der Schwierigkeiten lägen in drei ungelösten Problemfeldern:

Erstens: Die zur Konstruktion eines wissensbasierten Systems erforderliche Arbeit ist sehr groß, Wartungs- und Anpassungskosten sind ziemlich teuer.

Zweitens: Wissensbasierte Systeme (wie etwa Schachprogramme) sind Beispiele entkörperter Intelligenz. Erforderlich sind jedoch Roboter, die unabhängig in ihrer Umgebung arbeiten können. Essentiell sind Schnittstellen mit der wirklichen Welt, durch die Herstellung einer direkten Koppplung von Wahrnehmung und Ausführung.

Drittens: Gegenwärtige wissensbasierte Systeme sind wie Roboter Maschinen, die durch sich selbst keine Existenzbegründung haben. Gegenwärtige KI-Systeme sind Werkzeuge für Menschen und keine unabhängig existierenden, autonomen Einheiten aus eigenem Recht.

Daher ist es, so Steels, völlig unklar, wie man einem Roboter Selbstgefühl, das Recht auf Initiative und die Verantwortung für sein eigenes Handeln geben kann. Die Entwicklung des „Robot Hominidus Intelligens" sei die logische Schlußfolgerung aus den drei ungelösten Problembereichen. „Der gegenwärtige Stand der Elektronik, der Computertechnik und der Mechanik", so Steels „erlaubt die Konstruktion des Körpers und des Gehirns eines Humanoiden. Forschungen in dieser Richtung finden statt. Das wirkliche Hindernis ist das Fehlen einer Theorie der Intelligenz und besonders einer Theorie, die erklärt, wie eine in einer Umgebung der wirklichen Welt verwurzelte Intelligenz zustandekommt."[45] Hilfreich sei hier vor allem ein neuer Ansatz in der KI, welcher die Abwendung von der ingenieursmäßigen Perspektive und die Hinwendung zur Biologie vollzöge, ein Ansatz, der die These vertritt, man müße erst „künstliches Leben"[46] schaffen, bevor künstliche Intelligenz möglich sein wird. Es gelte, so der KI-Forscher, die Prinzipien zu verstehen, mit denen biologische Systeme arbeiten, um diese für künstliche Systeme fruchtbar zu machen. Künstliche Systeme müßten sich in einem Wechselspiel von natürlicher Selektion, Anpassung und Entwicklung herausbilden. In einem ähnlichen Prozeß habe sich schließlich auch die Intelligenz in der Natur entwickelt. Für die Evolution höherer Intelligenz habe man bereits wichtige Schritte nachvollzogen. Erste Experimente zeigten, „daß das spontane Wachsen komplexen Verhaltens bei Roboteragenten im kommenden Jahrzehnt zu einer Realität werden und daß dieser Forschungsansatz vielleicht zu Formen künstlicher Intelligenz führen könnte."[47]

So zieht auch der US-amerikanische Biologe Thomas Ray aus Experimenten mit einer künstlichen Umwelt, die er „Tierra" nannte, den Schluß, „daß virtuelles Leben irgendwo da draußen existiert und darauf wartet, daß wir die Welten schaffen, in denen es sich entwickeln kann."[48]

Neben der Roboterisierung des Menschen und der Humanisierung des Roboters stellen für Steels Software-Agenten die dritte Möglichkeit für andere Intelligenzformen dar. „Ein Agent ist ein vom Computer gesteuerter Darsteller, der im Auftrag des (menschlichen) Benutzers in einer virtuellen Umgebung handelt. Dazu muß der Agent die Bedürfnisse und Ziele des Benutzers kennen. Er muß diese Ziele in Aktionen umsetzen und die Aktionen ausführen können. Das Ergebnis seiner Aktionen soll der Agent dem Benutzer in verständlicher Weise darstellen und falls erforderlich weitere Informationsdefizite erkennen und beheben."[49]

Der Cyberspace, so Steels, könnte in Zukunft in zunehmendem Maße von komplexeren und intelligenteren Lebewesen bewohnt sein. Eine konkrete Anwendung der Software-Agenten bestünde darin, daß ein Agent das World Wide Web durchsucht, um für seine Auftraggeber Informationen z. B. über Hotels und Reisemöglichkeiten zu finden. Software-Agenten, die im Internet arbeiten, könne man unterschiedliche Stufen der Autonomie verleihen. Es ginge dabei vor allem um die Autonomie, herumzuwandern und sich auf anderen Maschinen einzuklinken. Software-Agenten müßten auch in dem Sinne mobil sein, daß sie ihren Auftrag unterbrechen und durch die Benutzung des Internet auf eine andere Maschine übertragen, um ihn dort fortzusetzen. Sofern dies möglich sei, müsse ein Software-Agent über die Fähigkeit verfügen, das entsprechende Programm an neue Gegebenheiten anzupassen, er müße auch seine Funktionalität erweitern können, während er in dynamisch wechselnden, offenen Umgebungen handelt. Die Software-Agenten, so Steels, sollten auch soweit autonom sein, daß sie als Repräsentanten handeln können, was bedeuten würde, „daß der Agent mentale Einstellungen wie Überzeugungen und Verpflichtungen sowie die Autorität für Verhandlungen besitzt.“[50]

Die Verbindungslinien der künstlichen Intelligenz zur Thematik der virtuellen Welten sind vielfältig. Für virtuelle Welten stellt die KI u. a. eine bedeutende Basistechnologie dar. Künstliche Intelligenz wird z. B. in Computersimulationen zunehmend bei der Animation von Figuren und Menschen eingesetzt. Dieses Verfahren könnte in Zukunft auch in VR-Systemen benutzt werden, um den Cyberspace visuell attraktiver zu gestalten. Neuronale Netze, welche intelligentes Verhalten auf dem Computer simulieren sollen, könnten in der VR z. B. für Gestenerkennungen eingesetzt werden. Unabhängig davon, wie realistisch man die Simulation menschlicher Intelligenz in absehbarer Zukunft hält, so steht fest, daß Imitationen schon recht bald in zahlreichen relevanten gesellschaftlichen Bereichen eingesetzt werden könnten. Ein solcher Einsatz hätte gravierende Konsequenzen für unser alltägliches Leben, insbesondere für den Arbeitsbereich. Konsequenzen ergeben sich aber auch in juristischer Hinsicht, so betrachten einige US-Staaten heute schon KI-Programme als eigenständige juristische Wesen.[51] Die Verwandschaft von künstlicher Intelligenz und Virtueller Realität vor allem im Hinblick auf Expertensysteme hat im französichen Sprachgebrauch dazu geführt, daß aus den Kürzeln VR und AI („Artificial Intelligence“) das Wort „vrai“ gebildet wurde, was soviel wie „echt“ bedeutet, man könnte folglich auch von VRAI-Systemen sprechen.[52]

Die Verbindung von Virtual Reality und künstlicher Intelligenz liegt bei zahlreichen Theoretikern in einem besonders kritischen Punkt: der Prothetisierung des menschlichen Körpers, der Entwertung menschlicher Körperlichkeit überhaupt. Der Druck auf die Physis des Menschen könnte in Zukunft ungeahnte Ausmaße annehmen. Da der Mensch nicht mehr in der Lage ist, die Unmengen der Daten einer Infobahn mit seinen zwei Augen visuell zu verarbeiten, braucht er eben mehr als zwei Augen, so lautet die simple Schlußfolgerung Luc Steels. Der „Mut zur Langsamkeit“ erscheint so als Technikfeindlichkeit ewig Gestriger. Die Thematik der Prothetisierung des menschlichen Körpers, die drohende Zerstörung biologischer Lebensrhythmen wollen wir im folgenden Kapitel unter postmodernen Vorzeichen noch einmal aufgreifen.

# Anmerkungen

1 Die Organisatoren des Kongresses von Dartmouth, 1956. Zitiert nach: Daniel Crevier: Eine schöne neue Welt? Die aufregende Geschichte der künstlichen Intelligenz, Düsseldorf, Wien 1994, S. 46

2 So heißt es bei Roger Schank: „We all agree that we would like to endow machines with an attribute that we really can't define. Needless to say, AI suffers from this lack of definition of its scope." Zitiert nach: Jürgen Friedrich, Thomas Herrmann, Max Peschek, Arno Rolf (Hrsg.): Informatik und Gesellschaft, Heidelberg, Berlin, Oxford 1995, S. 275

3 Benjamin Woolley: Die Wirklichkeit der virtuellen Welten, Basel 1994, S. 115

4 Siehe vor allem: Joseph Weizenbaum: Die Macht der Computer und die Ohnmacht der Vernunft, Frankfurt am Main 1994

5 Naom Chomsky: Aspekte der Syntax-Theorie, Frankfurt am Main 1969

6 Jürgen Friedrich, Thomas Herrmann, Max Peschek, Arno Rolf (Hrsg.): Informatik und Gesellschaft, Heidelberg, Berlin, Oxford 1995, S. 277

7 Benjamin Woolley: Die Wirklichkeit der virtuellen Welten, Basel 1994, S. 125

8 „Die 'künstliche Intelligentsia' behauptet, wie wir festgestellt haben, daß es keinen Bereich des menschlichen Denkens gibt, der nicht maschinell erfaßbar ist." Joseph Weizenbaum: Die Macht der Computer und die Ohnmacht der Vernunft, Frankfurt am Main 1994, S. 274; zur Minsky-Kritik siehe auch: Weizenbaum, a.a.O., S. 307ff.

9 Nick S. Martins: Denn sie wissen nicht, was sie tun, in: GEO „Intelligenz und Bewußtsein", Hamburg 20/94, S. 134

10 zitiert nach: a.a.o., S. 134

11 zitiert nach: a.a.O., S. 136

12 zitiert nach: a.a.O., S. 136

13 Marvin Minsky: Mentopolis, Stuttgart 1994

14 a.a.O., S. 17 (Prolog)

15 a.a.O., S. 17 (Prolog)

16 Zitiert nach: Wolfgang Hesse: „Zukunftsentwürfe der Informatik: Auf dem Weg in eine virtuelle Ersatzwelt?, hektografiertes Vortragsmanuskript, Marburg 1995, S. 7

17 Marvin Minsky: Mentopolis, Stuttgart 1994, S. 324/325

18 Wolfgang Hesse: „Zukunftsentwürfe der Informatik: Auf dem Weg in eine virtuelle Ersatzwelt?, hektografiertes Vortragsmanuskript, Marburg 1995, S. 8

19 Marvin Minski: Maschinen sind mehr als sie scheinen, in: Robert Jungk und Hans Josef Mundt (Hrsg.): Maschinen wie Menschen, Frankfurt am Main 1973, S. 10

20 Marvin Minsky: Mentopolis, Stuttgart 1994, S. 30

21 Hans Moravec: Mind Children. Der Wettlauf zwischen menschlicher und künstlicher Intelligenz, Hamburg 1990, S. 9

22 a.a.O., S. 9/10

23 a.a.O., S. 13

24 Zitiert nach: Nick S. Martins: Denn sie wissen nicht, was sie tun, in: GEO „Intelligenz und Bewußtsein", Hamburg 20/94, S. 142/143

25 Hans Moravec: Mind Children. Der Wettlauf zwischen menschlicher und künstlicher Intelligenz, Hamburg 1990, S. 151-156

26 a.a.O., S. 154

27 Zitiert nach: Nick S. Martins: Denn sie wissen nicht, was sie tun, in: GEO „Intelligenz und Bewußtsein", Hamburg 20/94, S. 136; 138

28 Joseph Weizenbaum, zitiert nach: a.a.O., S. 136

29 Es handelt sich hierbei um eine Arbeit aus dem Jahre 1994. Grundgedanken finden sich in einer Übersetzung von Florian Rötzer, auf die wir uns im folgenden beziehen. Hans Moravec: Körper, Roboter, Geist, in: Stefan Iglhaut, Armin Medosch, Florian Rötzer (Hrsg.): Stadt am Netz. Ansichten von Telepolis, Mannheim 1996, S. 91-117

30 a.a.O., S. 115

31 Herbert W. Franke: Der grüne Komet. Science Fiction Erzählungen, Frankfurt am Main 1989, S. 47/48

32 Hans Moravec: Körper, Roboter, Geist, in: Stefan Iglhaut, Armin Medosch, Florian Rötzer (Hrsg.): Stadt am Netz. Ansichten von Telepolis, Mannheim 1996, S. 112

33 a.a.O., S.114

34 a.a.O., S. 114

35 Zitiert nach: Nick S. Martins: Denn sie wissen nicht, was sie tun, in: GEO „Intelligenz und Bewußtsein", Hamburg 20/94, S. 141

36 a.a.O., S. 143

37 a.a.O., S. 142

38 Luc Steels: Die Zukunft der Intelligenz. Es handelt sich um einen Text des Telepolis-Archives: *http://staff-www.uni-marburg.de/~buehlach/steels.htm* (lokaler Mirror)

39 a.a.O.

40 a.a.O.

41 a.a.O.

42 a.a.O.

43 Donna Harraway: Die Neuerfindung der Natur. Primaten, Cyborgs und Frauen, Frankfurt, New York 1995

44 Siehe hierzu: Claudia Wuttke: Mit fiction Fakten schaffen. Donna Haraways „Neuerfindung der Natur", in: Freitag, 11. August 1995, S. 14; Ines Kappert: Im Jenseits der Realität. Die feministische Science-fiction greift der Theorie unter die Arme, in: Freitag, 11. August 1995, S. 14; Ute Hoffmann: Donna Haraway. Die Neuerfindung der Natur (Rezension), in: Wechselwirkung, Oktober/November 1995, S. 79/80

45 Luc Steels: Die Zukunft der Intelligenz: *http://staff-www.uni-marburg.de/~buehlach/steels.htm* (lokaler Mirror)

46 Siehe zur Thematik des künstlichen Lebens vor allem: Steve Levy: Künstliches Leben aus dem Computer, München 1993

47 Luc Steels: Die Zukunft der Intelligenz: *http://staff-www.uni-marburg.de/~buehlach/steels.htm* (lokaler Mirror)

48 Steve Levy: Künstliches Leben aus dem Computer, München 1993, S. 283

49 Sven Bormann: Virtuelle Welten. Genese und Evaluation, Bonn, Paris 1994, S. 118

50 Luc Steels: Die Zukunft der Intelligenz: *http://staff-www.uni-marburg.de/~buehlach/steels.htm* (lokaler Mirror)

51 Barrie Sherman, Phil Judkins: Virtuelle Realität, Bern, München, Wien 1993, S. 22

52 a.a.o., S. 171

# Kapitel 7
# Virtuelle Welten und Postmoderne

Postmoderne Theorieansätze sind vielfältiger und schillernder Natur; es existiert weder ein einheitlicher Begriff der Postmoderne noch eine Art Minimalkonsens bezüglich der Zäsuren der Epoche der Moderne. Aus der Sicht einiger postmoderner Autoren „hat die Gesellschaft als Begriff abgedankt, sie ist allenfalls noch ein Konstrukt zur Erklärung relationaler Beziehungen“[1], bei anderen Autoren wiederum markiert die postmoderne Gesellschaft den epochalen Wandel des „Postindustrialismus“.

Auf die Frage, ob es überhaupt eine postmoderne Gesellschaft gibt, lautet unsere Antwort schlicht und einfach „Ja“. Die Postmoderne beginnt jedoch nicht mit der Sprengung der Bauten der klassischen Moderne in St. Louis (1973), welche oftmals als Zäsur herangezogen wird oder gar schon in den dreißiger Jahren, sie beginnt erst mit der Existenz und Entfaltung virtueller Welten. Subjekttheoretische Aspekte der Postmoderne wie das fragmentierte Ich, das Leben als System von Variablen, die Auflösung des cartesianischen Ichs des „cogito ergo sum“ zugunsten eines pluralen Ichs sind als Phänomene einer sich forcierenden Virtualisierung zu deuten und lassen sich anhand der alltäglichen Praxis „virtueller Gemeinschaften“ des Internets nachweisen.[2] Die Epochenzäsur der Moderne zur Postmoderne verkoppeln wir dergestalt weitgehend mit der Existenz computervermittelter Kommunikation und betrachten virtuelle Welten als reale postmoderne Phänomene in Kultur und Gesellschaft. Die CyberSociety erweist sich als radikalisierte Postmoderne, die Postmoderne als eine Epoche, die unter zunehmenden Druck der Virtualisierung gerät.

Eine Analyse virtueller Welten kann zu einer präziseren Fassung des Begriffes der Postmoderne[3] beitragen, kann postmoderne Theorieansätze bereichern und zur Klärung führen, was eine Soziologie der Postmoderne[4] zu leisten hat, die sich nicht vom Gesellschaftsbegriff verabschiedet, sondern kritische Gesellschaftsanalyse bleibt. Eine Skizzierung des Phänomens der virtuellen Welten unter postmodernen Vorzeichen wollen wir im folgenden anhand von vier Begriffspaaren vornehmen. Es sind dies:

- Bild und Abbild
- Raum und Zeit
- Geist und Körper
- Geschwindigkeit und Stillstand.

Die Begriffspaare weisen daraufhin, daß postmoderne Ansätze in all ihrer Heterogenität die Eigenschaft besitzen, Kategorien zu thematisieren, die in klassischen Gesellschaftsanalysen bislang eher wenig Beachtung gefunden haben. So sind die

Begriffe Zeit und Raum zwar nicht spezifisch postmodern, doch die Soziologie hat sich bislang „nur wenig mit der Frage beschäftigt, welche Rolle Zeit und Raum in der sozialen Erfahrung spielen und wie die Erfahrung von Raum und Zeit sozial geprägt ist.“[5]

## 7.1 Bild und Abbild

In seiner Arbeit „Die Sehmaschine“[6] unterscheidet Paul Virilio drei Bildzeitalter. Das erste Bildzeitalter nennt Virilio das Zeitalter der formalen Logik des Bildes. Es ist geprägt durch Malerei, Radierung und Architektur und kann auch als Realität (réalité) bezeichnet werden. Das zweite Zeitalter nennt Virilio das Zeitalter der dialektischen Logik des Bildes, es ist vor allem durch die Photographie und die Kinematographie geprägt, das Zeitalter der Aktualität (actualité). Das dritte Bildzeitalter ist das Zeitalter der paradoxen Logik des Bildes, welches vor allem durch die Videographie, die Holographie und die Infografie bestimmt ist und auch als Zeitalter der Virtualität (virtualité) betrachtet werden kann. Bei Virilio finden wir somit in Gestalt des ersten und des dritten Bildzeitalters eine Gegenüberstellung der Begriffe formaliter und realiter, die auch bei der Definition der „virtuellen Welten“ eine große Rolle spielen. Das Zeitalter der Postmoderne kann, Virilio folgend, als das Zeitalter der paradoxen Logik des Bildes verstanden werden.

Dieses Zeitalter der paradoxen Logik des Bildes ist vor allem durch eine qualitative Änderung in der Form der Wissensexistenz charakterisiert. Wissen existiert historisch in drei Formen: Sätzen, Ziffern und Bildern. Das Zeitalter der Virtualität bedeutet eine qualitative Aufwertung der Wissensform des Bildes[7]. In aktuellen Diskussionen und elektronischen Texten im Internet wird vom Übergang von der Gutenberg Galaxis zur Turing Galaxis[8] gesprochen. Bereits 1962 vertrat der kanadische Mediensoziologie Marshall McLuhan die Ansicht vom „Ende des Buchzeitalters“.[9]

Die Ablösung der Buchform als bislang dominanter Form der Wissensvermittlung durch die Bildform wird mit gravierenden Konsequenzen für Wissenschaft und Weltbild einhergehen, die zur Zeit erst in Ansätzen erkennbar sind.

### 7.1.1 Philosophie des Bildes

In der antiken und neuzeitlichen Philosophie gibt es starke Strömungen, die bezogen auf erkenntnistheoretische Fragestellungen dem Bild mißtrauen, so vor allem die platonische Philosophie. So läßt zum Beispiel im Symposion, dem Gastmahl, Platon den Sokrates zu Alkibiades sagen: „Der Blick des Verstandes fängt erst an scharf zu sehen, wenn der Blick der Augen an Schärfe verliert." Im Staat, der Politeia, heißt es „Das Auge der Seele, vergraben in einem barbarischen Morast, muß sich emporrichten zu den beständigen und wahrhaften Dingen". Im Sophistes schließlich lesen wir „Bei den gewöhnlichen Menschen sind die Augen der Seele nicht kräftig genug, um den Anblick des Göttlichen zu ertragen." Bei Platon ist der Antagonismus zwischen der sinnlichen und der wissenschaftlichen Erkenntnis besonders stark ausgeprägt. Die sinnliche Erkenntnis wird mit einem „barbarischen Morast" verglichen. Das Bild von den Augen des Geistes kehrt bei Platon stets wieder. Philosophieren wird verstanden als der gezielte Versuch über die sinnliche Wahrnehmung hinauszukommen, über das, was der trügerische Anschein bietet, zu dem, was der Geist als das Eigentliche und Wesentliche der Welt erkennen kann. Über die Sinnerfahrung hinausstreben wird zum Sinn und Zweck der Philosophie. Das Beständige und Wirkliche wird dem Vergänglichen und den wechselnden Erscheinungen der irdischen Dinge gegenübergestellt. Das Beständige ist nur mit den Augen des Geistes zu sehen, die Idee wird zum höchsten Ziel des geistigen Schauens. Im berühmten Höhlengleichnis[10] gleicht die menschliche Erkenntnis, so Platon, der aus sinnlichen Wahrnehmungen von Schattenbildern gefolgerten Wirklichkeit.[11]

Der Begriff ist das Höchste, Wort und Zahl werden im mainstream der antiken Philosophie bevorzugt, dem Bild wird mißtraut. Die Dichotomie zwischen sinnlicher und wissenschaftlicher Erkenntnis finden wir zum Teil noch bei Descartes. Das berühmte „cogito ergo sum" im „Discours de la methode", das „Ich denke, also bin ich" als wichtigstes Argument und Ausgang des neuzeitlichen Philosophierens wird über die Methode des Zweifelns an der sinnlichen Erkenntnis gewonnen. „Da wir als Kinder auf die Welt kommen und über sinnliche Gegenstände urteilen, bevor wir den vollen Gebrauch unserer Vernunft erlangt haben, so werden wir durch viele Vorurteile an der Erkenntnis der Wahrheit gehindert, und es scheint kein anderes Mittel dagegen zu geben, als einmal im Leben sich zu entschließen, an allem zu zweifeln, wo der geringste Verdacht einer Ungewißheit angetroffen wird." Die Descartesche Methode des Zweifelns enthält in ihrer Kernsubstanz eine Dichotomie zwischen sinnlicher und wissenschaftlicher Erkenntnis, ein Mißtrauen in das Bild. „cogito ergo sum" nicht aber „video ergo sum" wird zur Kernsubstanz cartesianischen Philosophierens.

Das Mißtrauen in das Bild ändert sich in dem Maße, wie dem Auge im Verlaufe der technischen Entwicklung Dinge zugänglich gemacht werden, welche bislang unzugänglich waren. In der Renaissance wird die Dreidimensionalität in der Malerei eingeführt, im 16. Jahrhundert Verfahren des technischen Zeichnens. Die modernen Sehtechniken wie Mikroskope, Teleskope und Röntgenstrahlen führen zu einer Aufwertung des Bildes und vermittelt auch zu einer Aufwertung der sinnlichen Erkenntnis, die sich in der philosophischen Richtung des Empirismus niederschlägt. Neue Quellen der Bildinformation haben nunmehr deutlich an Gewicht gewonnen.

Mit dem Computer und erst recht mit der Technologie der Virtual Reality erleben wir, was die erkenntnistheoretische Fragestellung anbelangt, eine neue Stufe. Der Computer ist ein technisches Sinnbild für das Zeitalter der paradoxen Logik des

Bildes, er bietet die technischen Grundlagen der Paradoxie. Das Zeitalter der paradoxen Logik des Bildes ist das Zeitalter der grenzenlosen Bildmanipulation, das Zeitalter des manipulativen Einsatzes von Bildern. Bilder unterschiedlicher Herkunft können miteinander vermischt werden, jeder Bildpunkt ist der Manipulation zugänglich, Pixel für Pixel. Im Zeitalter der paradoxen Logik des Bildes werden Bilder bei der juristischen Beweisaufnahme nicht mehr zugelassen. Photos als Beweismittel, sofern sie als elektronische Datei existieren, sagen rein gar nichts aus. Mit der Virtualität wird die platonische Frage in neuer Schärfe aufgeworfen: Was sehe ich überhaupt? Was kann im Zeitalter der paradoxen Logik über sinnliche Erfahrungen noch gesagt werden? Es stellt sich die Frage nach dem Wahrheitsgehalt von Bildern. Können wirkliche von künstlichen Bildinformationen unterschieden werden, wie ist der Wahrheitsgehalt von Bildern zu ermitteln, wie die in einem Bild erhaltene wissenschaftliche Information? Was schließlich ist eine Bildstörung? Denken wir an die Dimensionen möglicher Manipulationen, so wirkt der Begriff der Störung in der Luhmannschen Kommunikationstheorie[12] vergleichsweise harmlos.

Bildfälschungen hat es sicherlich schon immer gegeben.[13] So wurde z. B. nach dem Einmarsch der Truppen des Warschauer Paktes der Prager Reformer Dubcek aus vielen Bildern wegretuschiert; in der Stalinära geschah dies mit Trotzkij, der sich auf Bildern häufig neben Lenin befand. Schon unter den ersten veröffentlichten Bildern befanden sich Fälschungen, in der wilhelminischen Ära z. B. zeigte eine Aufnahme Bismarck beim Spaziergang. Die Aufnahme des Kanzlers war eine Fälschung, der Photograf hatte sie mit einem Freund nachgestellt. Die Geschichte der bildenden Künste sowie die Geschichte der Medien bietet vielfältige Beispiele für Kopien, illegale Nachdrucke, Bildmanipulationen und -fälschungen. Doch im Unterschied zu früheren Phasen der Bildmanipulation gibt es heute einen qualitativen Unterschied. Mit der technischen Entwicklung des digitalen Fotos steuert die Menschheit auf die Welt der totalen Täuschung zu. „Durch die Möglichkeiten programmierter Manipulation der Zahlenkolonnen und formalen Strukturen eines digitalen Bildes wie durch seine praktisch perfekte Kopierbarkeit werden verfälschende Manipulationen einfacher. Vereinfachung der Mittel zerstört endgültig die naiv-realistische Vorstellung, ein Foto sei ein korrektes Abbild der Wirklichkeit und es wird unbestreitbar: Jedes Bild ist eine Auswahl, eine Konstruktion."[14] Die Erwartung des Zuschauers, in Fernsehreportagen gerade im Unterschied zu Werbesendungen ein möglichst originalgetreues Abbild zu erhalten, war bislang ein journalistischer Konsens, der durch die Entwicklung des digitalen Fotos bedroht ist. Es besteht die Gefahr, daß sich die Fernsehwelt von der politischen und alltäglichen Wirklichkeit entfernt. Ein Paradebeispiel für eine bereits heute mögliche mediale Desinformation ist der Golfkrieg, von vielen Medienwissenschaftlern die „Schlacht der Lügen" genannt.

„Ich sehe die irakischen Soldaten. Die kamen mit ihren Gewehren in die Krankenhäuser und haben die Babys aus den Brutkästen geholt. Die Brutkästen haben sie mitgenommen und die Babys auf dem kalten Boden sterben lassen. Es war entsetzlich."

Die Bilder einer weinenden, verzweifelten jungen Frau werden weltweit übertragen. Sie lösen in der ganzen Welt Empörung aus. Doch es ist eine Fälschung. Bei der Frau, wie sich später erst herausstellen wird, handelt es sich nicht um eine Krankenschwester, sondern um die Tochter des Kuwaitischen Botschafters in den USA. Sie war Hauptakteurin einer millionenschweren Werbekampagne, welche die westliche Welt zum Kriegseintritt bewegen sollte. Falsch war im Golfkrieg auch das Bild eines ölverschmierten Kormorans, der als Beleg für die von Saddam Hussein ausgelöste Umweltkatastrophe dienen sollte. Der Kormoran war in Wirklichkeit Opfer eines Tankerunglücks geworden. In der posthumen Betrachtung erscheint der Golfkrieg als ein elektronisches Verwirrspiel, welches den Zuschauer blenden soll. Medial wird der Golfkrieg verkauft als ein sauberer Krieg, als ein elektronischer Eingriff, ohne Folgen für die Zivilbevölkerung. Bilder von Opfern sind kaum zu sehen, stattdessen Computerbilder, die das Anvisieren feindlicher Objekte zeigen. Der Krieg wird zu einer Computersimulation, die Distanz beim Betrachter erzeugt. Betroffenheit weicht dem Interesse für die „Errungenschaften moderner Präzisionswaffen", Technikphobie statt Menschlichkeit. Ein schmutziger Krieg mit einem alles vernichtenden Flächenbombardement wird zu einem sauberen Krieg ummodelliert, zu einem chirurgischen Eingriff, zur „Operation Wüstensturm". Angesichts einer orientierungslosen Bilderflut ist der einzelne nicht mehr in der Lage, die Eindrücke zu sortieren, und die Frage nach der Wahrheit zu beantworten. Informationen werden zu Desinformationen, dokumentarische Bilder zu Falsifikaten.

Man könnte an dieser Stelle einwenden, Desinformationen seien historisch betrachtet nichts neues und auf den Überfall der deutschen Faschisten auf den Sender Gleiwitz verweisen oder auf den Reichstagsbrand. Ein gravierende Unterschied besteht jedoch darin, daß Fälschungen früher häufig durchschaubar waren, sie nur denjenigen täuschten, der sich täuschen lassen wollte, gewisssermaßen eine aktive Mittäterschaft bei der Bildfälschung voraussetzten. Im Zeitalter der digitalen Bildbearbeitung hingegen ist nicht nur alles möglich, sondern eine Qualität erreicht, die das Erkennen einer Fälschung nicht mehr zuläßt.

Betrachten wir Photos des Münchener Künstlers Matthias Wähner, welcher sich der „Mann ohne Eigenschaften" nennt in Anspielung an Musils gleichnamigem Werk, welches der Postmoderne als Beispiel für ein sich fragmentierendes, pluralisierendes Subjekt diente.[15] In einer Sammlung von vierzig bekannten, zu Emblemen der Zeitgeschichte geronnenen Pressefotos, hat der Künstler sich selbst als Kunstfigur digital einkopiert. Der Künstler ist überall präsent. „Neben Willy Brandt in Warschau kniet nun ein zweiter Mann. Interessiert blickt ein Unbekannter auf Che Guevaras Leiche. Neben Superman steht, mit skeptischem Blick und einer die Superman-Gestik lakonisch kommentierenden Körperhaltung, ein Normalo, eben der Mann ohne Eigenschaften."[16] Da es sich um „Ikonen der Pressefotografie" handelt, um Bilder, die jedem geläufig sind, läßt man sich nicht so leicht täuschen. Doch für Irritationen sorgen die vierzig Bilder schon, zumal der Mann im dunklen Anzug erst durch die Häufung seiner Auftritte im gesamten Bilderzyklus kenntlich wird. Das spielerische Unterfangen des Zyklus hinterläßt die Frage, was Bilder überhaupt noch Wert sind. Doch „Wähner stellt durch sein additives und zyklisches Verfahren die

Welt der vertrauten Bilder noch grundsätzlicher in Frage."[17] Gerade dadurch, daß seine Bilder in ihrer Kunsthaftigkeit erkennbar sind, er in der Überzahl der Fälle keine Personen substituiert, sondern sich als Betrachter einer Szene hinzufügt, das Erkennen der Bildmanipulation damit bewußt zuläßt, stellt sich die Frage, was Bilder, die ihre Fälschungen nicht mehr zu erkennen geben, für Auswirkungen auf unser Bewußtsein und unserer Weltbild haben. Bilder aus der digitalen Dunkelkammer, so verdeutlicht der vierzigteilige Zyklus „Mann ohne Eigenschaften/Man without Qualities", „taugen jedenfalls nicht mehr als authentische Chronik und als Beweis für Augenzeugenschaft."[18] Wähners Foto-Montagen verweisen noch auf eine weitere wichtige Tatsache: Würden in unserer Gesellschaft die Originalphotos vernichtet, so würden die folgenden Generationen die manipulierten Photos für echt halten, der Münchener Künstler, welcher sich in den Pressefotos verewigt hat, würde zur dokumentarischen Gestalt. So abwägig ist dieser Gedanke keinesfalls, verweist er doch auf die Geschichte der Bilder. Matthias Wähner fand das Material für seinen Zyklus im Bildarchiv der Illustrierten Quick. Nach dem ruhmlosen Ende der einst auflagenmäßig zu den führenden Blättern dieses Genres in den fünfziger und sechziger Jahren zählenden Illustrierten, „gelangte das Bildarchiv zu Beginn der neunziger Jahre in das Fotomuseum im Münchner Stadtmuseum. Es mußte buchstäblich vor der Entsorgung auf einer Müllkippe gerettet werden. Daß auf dem kommerziellen Bildermarkt für ein klassisches Papierbildarchiv kein Interesse mehr bestand, erscheint symptomatisch. Im beginnenden Zeitalter der digitalen Fotografie erweist sich ein Berg von mehreren hunderttausend Papierbildern nur noch als Ballast."[19]

Manipulationen wie die von Matthias Wähner sind im Zeitalter der digitalen Bildverarbeitung innerhalb von Sekundenschnelle am Bildschirm zu bewerkstelligen. Digitale Kollagen ermöglichen eine beliebige Manipulation des Bildmaterials. Verschiedene Bilder können miteinander kombiniert werden, wobei ihre unterschiedlichen Helligkeitsstufen einander angepaßt werden. Digitale Kollagen ermöglichen nach Belieben eine Vergrößerung oder Verkleinerung von Händen, Nasen und Mundpartien von Personen.

Einige Bildfälschungen haben für Aufsehen gesorgt. Während der Koalitionsverhandlungen der SPD mit den Grünen in Hamburg hatte man z. B. in der TAZ Herrn Voscherau die Mundwinkel nach unten gezogen. Berühmt wurde auch der Nachwuchs der Steffanie von Monaco. Während der Andrucktermin der Boulevardblätter immer näher rückte, dauerten die Wehen noch an. Rund ein Dutzend verschiedener Boulevardblätter konkurrierten darum, das erste Photo des Babys herauszubringen. Da dies nicht möglich war, entschieden zahlreiche Redakteure „Baby gleich Baby" und gaben die Anweisung heraus, in den Armen der Steffanie ein „Leihbaby" zu legen; in einigen Boulevardblättern war es ein Sechsmonatskind, in anderen ein Baby ohne Haare in anderen wiederum ein Baby mit Haaren.

„Die Ambivalenz der technischen Bilder wirft alte Fragen in neuer Weise auf. Wie steht es um die Glaubwürdigkeit der Institutionen, die damit umgehen. Was ist überhaupt noch authentisch?"[20] Im Zeitalter der digitalen Bildverarbeitung geraten auch

Dokumentationen und Informationssendungen zunehmend unter den Druck der Aktualität. Der Griff nach dem digitalen Bild könnte zum Ende des Dokumentarischen überhaupt führen. Damit Bildfälschungen insbesondere im dokumentarischen Bereich in Zukunft ausgeschlossen werden, müßte der Gesetzgeber eine Art Kennzeichnungs-Pflicht für manipulierte Photos, Photomontagen und Photokollagen beschließen. Denkbar wäre es auch, per Gesetz die Ausstrahlung bearbeiteten, manipulierten Filmmaterials in Nachrichtensendungen zu verbieten.

Der Film „Forrest Gump" verdeutlicht, daß nicht nur in stehenden, sondern auch in bewegten Bildern manipuliert werden kann.[21] Zahlreiche Bilder des Filmes, wie etwa gleich zu Beginn eine weiße, vom Himmel fallende Vogelfeder, stammen aus dem Rechner. In „Forrest Gump" werden jedoch nicht nur Computeranimationen eingesetzt, es wird auch Dokumentarmaterial manipuliert. Berühmt ist vor allem die Szene, in welcher der Hauptdarsteller Tom Hanks den Präsidenten John F. Kennedy trifft. Der Präsident fragt: „Wie fühlen Sie sich denn?" woraufhin Hanks antwortet „Ich, ich glaube, ich muß pinkeln." Der Präsident wendet sich daraufhin um, lacht und sagt: „Ich glaube, er hat gesagt, ich muß pinkeln".

Bei der Produktion dieser Szene wurde eine Frau aus den Originalaufnahmen herausgeschnitten (vielmehr herausgerechnet) und an ihre Stelle der Schauspieler Tom Hanks gesetzt. Um die Szene zu realisieren, wurde auf die „Blue Screen-Technik" zurückgegriffen. Tom Hanks markierte vor einem blauen Hintergrund Händeschütteln. Die Bildsequenz wurde aufgezeichnet, elektronisch ausgestanzt und in den Kennedy-Film eingefügt. Nun blieb nur noch ein Problem: Wie bringt man einen ermordeten Präsidenten der Vereinigten Staaten dazu, das Wort „Pinkeln" zu sagen, das er an dieser Stelle nie gesagt hatte. Mit Hilfe von Computeranimationen wurden auf der Grundlage der Dokumentaraufnahmen die Lippen des Präsidenten verformt und dem Wort „Pinkeln" angepaßt, die elektronisch erzeugte Wortsequenz wurde an der entsprechenden Stelle eingefügt.

Auf diese Weise können wie bei „Forrest Gump" aus Tausend Statisten mühelos zweitausend werden. Einem Schauspieler können ohne Probleme virtuell die Beine amputiert werden, der Rechner fügt einfach den Hintergrund, der durch die real existierenden Beine des Darstellers verdeckt ist, Bild für Bild hinzu. Der chinesiche Sportpalast samt Zuschauer kommt aus dem Rechner, der Tischtennisball ist digital hergestellt, die Schauspieler spielen einfach ohne Ball. Der Tischtennisball wird erst nachträglich vom Rechner hinzuaddiert.

Manipulationen wie bei „Forrest Gump" sind zur Zeit nur mit großem Zeit- und Geldaufwand möglich und müssen noch vorprogrammiert werden. Bereits in absehbarer Zeit wird sich dies ändern, so daß die Produktionskosten für solche Szenen deutlich fallen werden.

Die Hinterfragung des Verhältnisses zwischen Fotografie, Gedächtnis und Wahrheit ist ein zentrales Thema des Science Fiction Filmes „Blade Runner".[22] Themen und visueller Stil des Filmes haben Kritiker oft dazu veranlaßt, „Blade Runner" als exemplarischen postmodernen Film zu analysieren. Ridley Scotts „Blade Runner" dreht sich um den Polizeidetektiv Rick Deckard, welcher den Auftrag erhält, vier

Replikanten ausfindig zu machen und zu eliminieren. Die Replikanten sind künstlich hergestellte Menschen, Androiden, die in Weltraumkolonien eingesetzt werden und dort Sklavenarbeit verrichten. Einige dieser künstlichen Menschen kapern ein Raumschiff und tauchen in den Slums des Los Angelos des Jahres 2019 unter. Die Rebellen unter ihrem hünenhaften Anführer Roy Batty versuchen ihren Schöpfer ausfindig zu machen und ihre programmierte Lebensdauer um vier Jahre zu verlängern. Die Replikanten sind auf Grund ihrer menschlichen Gestalt schwer zu entlarven und die Gefahr, einen Menschen statt einen Androiden zu töten, ist groß. „Im Verlauf der Geschichte begegnet Deckard Rachel, einer Replikantin, der so viele falsche Erinnerungen eingepflanzt wurden, daß sie denkt, sie sei ein Mensch. Als er sie mit den Fakten konfrontiert, besteht sie darauf, daß diese nicht wahr sein könnten, weil sie sich nicht nur an ihre Kindheit erinnere, sondern zum Beweis auch eine Fotografie besitze. Sie versucht, ihm ein Foto von ihr als Kind in den Armen ihrer Mutter zu zeigen. Deckard weigert sich, das Bild auch nur anzuschauen, und setzt ihr zu, den Status als Replikantin zu akzeptieren, indem er sie den Sachverhalt anzuerkennen zwingt, daß er intime Geheimnisse und ungeäußerte Gedanken von ihr kennt - Dinge aus ihrer Vergangenheit, von denen er nur wissen kann, wenn er Zugang zu den gespeicherten Daten hat, mit denen sie programmiert wurde. Daraufhin läßt sie die Fotografie fallen und flieht aus der Wohnung."[23]

Der Android, welcher mit dem Herstellungsetikett „menschlicher als menschlich" verkauft wird, glaubt an die Beweiskraft der Fotografie, an ihren dokumentarischen Wert, an die Authentizität des Bildes. Er ähnelt so einem Menschen, den die Realität der Digitalisierung noch nicht erreicht hat. Der Mensch des digitalen Zeitalters in Gestalt des Polizeidetektiv Deckards verfügt bereits über die historische Erfahrung der Bildmanipulation. Bilder haben für ihn keine Beweiskraft mehr, das Bild hat an Authentizität verloren, es ist bedeutungslos geworden, es wird nicht einmal mehr beachtet.

Als Deckard die von der Replikantin fallengelassene Fotografie aufhebt, füllt das Bild die ganze Leinwand, die Fotografie wird deckungsgleich mit dem Filmbild. „In diesem Augenblick ereignet sich etwas Außerordentliches: Das statische, fotografische Einzelbild beginnt sich zu bewegen - ein Lichtstrahl erzittert, als würde er von einer Wolke überschattet, und das Mädchen und ihre Mutter scheinen sich ganz leicht zu bewegen. Dieses kurze Rucken läßt sich als Zeichen für ein neues Zeitalter des Bildes verstehen: die sichtbar gemachte Ästhetik des Veränderbaren im elektronischen Zeitalter."[24] Die hologrammartige Virtualisierung des Bildes wird zu einer Metapher für das paradoxe Zeitalter des Bildes.

Der Film „In the line of fire" ist neben „Forrest Gump" ein zweites Beispiel für die Paradoxie des virtuellen Bildes. Clint Eastwood spielt einen altgewordenen Leibwächter, der in jungen Jahren John F. Kennedy beschützen sollte. Der Mörder Kennedys ruft ihn Jahrzehnte später an, und droht auch Eastwoods jetzigen Schützling, den amtierenden Präsidenten, umzubringen. Laut Drehbuch mußte Eastwood also während des Attentates in der Nähe Kennedys gewesen sein. Eastwood wurde einfach in die damaligen Originalaufnahmen hineinmontiert. Die Montage war jedoch komplizierter als angenommen. Um Eastwood glaubwürdig in die Dallasszene von 1963 hineinzukopieren, wurde Filmmaterial benötigt, wo er noch jung aussah. Es gab aber aus dieser Zeit nur Bilder von Clint Eastwood, auf denen er Cowboyklamotten trägt - für einen Leibwächter des Präsidenten eine unpassende Bekleidung. Schließlich wurde eine Sequenz aus dem Film „Dirty Harry" von 1971 herauskopiert. In diesem Film trägt Eastwood aber breite Krawatten und Revers, er hatte lange Haare und Koteletten. Die Krawatten und Revers wurden per digitaler Schneiderarbeit verändert, Clint Eastwood selbst bekam den ersten digitalen Haarschnitt in der Geschichte des Films verpaßt.

Auf diese Weise wird letzlich Geschichte manipuliert. Desto öfter man die konstruierte Dallasszene von 1963 mit Clint Eastwood betrachtet, umso stärker prägt sich diese ein. Die Fälschung gewinnt an Wahrheitsgehalt, bis sie dem Betrachter echter erscheint als die historischen Originalaufnahmen. An die Stelle des Dokumentes tritt die digitale Fiktion. So betrachtet ist das Zeitalter der paradoxen Logik des Bildes das Ende der dokumentarischen Fotografie. Die US-amerikanische Firma „Corel Draw" wirbt beim Vertrieb ihres Produktes damit, daß man seine Kamera beiseite legen könne. Das Produkt „Corel Draw" liefere so viele Bilder mit, wie man benötige. Anstelle der Fotografie tritt die Numerik der Bits und Bytes.

Die amerikanische Firma „Medio Multimedia" hat eine CD-ROM mit dem Titel „Das Attentat auf John F. Kennedy, eine visuelle Untersuchung" herausgebracht.[25] Fünf verschiedene computergenerierte 3D-Animationen geben verschiedene Versionen des Attentats wieder. In die Filmbilder von Zapruder wurden die verschiedenen Varianten der Geschosse und die möglichen Positionen der wirklichen oder imaginären Attentäter eingebaut. Die CD-ROM nimmt zwar nicht explizit Partei für die eine oder andere Version, aber man kann sagen, daß die Hypothese der „magischen Kugel" der Warren-Kommission nicht wahrscheinlich ist. Auf diese Weise kann mit realistischen Simulationen jeder beliebigen Arbeitshypothese eine visuelle Konsistenz verliehen werden. Die Methode wird in den USA bereits von der Justiz zur Rekonstruktion von Fällen eingesetzt, u. a. geschah dies bei der Mordanklage gegen Simpson. „Die Tatsache, daß man eine einfache, in Bilder übersetzte Hypothese *sieht*, verleiht dieser die Kraft einer unbezweifelbaren Tatsache. Der Angeklagte, der die Möglichkeiten des digitalen Bildes am besten zu nutzen weiß und über die begabtesten Regisseure der virtuellen 'Inszenierung' verfügt, wird die Geschworenen auf seine Seite bringen können. Die Simulation wird zu einem wirksamen rhetorischen Mittel, aber auch zu einem Mittel der geistigen Manipulation."[26] Zwar hat schon Thomas von Aquin gesagt, „Kein Bild ist wahr", im Unterschied aber zu früheren Bildern wirken virtuelle Bilder real auf die Welt ein. „Sie sind Werkzeuge, um die Wirklichkeit zu verändern."[27]

Im Zeitalter der paradoxen Logik des Bildes besteht das Paradoxon darin, daß das Verlassen auf Bilder zunimmt, während die Manipulationsmöglichkeiten ins Unermeßliche steigen. Die Katastrophenforschung hat längst belegt, daß Bilder die Wirklichkeit verdrängt haben. Der Absturz des Flugzeuges der „Birgen Air" ist hierfür ein Beispiel. Der elektronische Höhenanzeiger, welcher auf Grund eines Defektes falsche Werte lieferte, wurde zu einer verhaltensbestimmenden Größe und führte zur Katastrophe. Angesichts der Macht der Bilder, die ein mit dem Mythos der Unfehlbarkeit verliehener Rechner liefert, wird die Erfahrung eines Piloten geradezu bedeutungslos.

Der Absturz des Flugzeuges der „Birgen Air" in der Dominikanischen Republik ist alles andere als ein Einzelfall. So führte die Analyse eines Flugzeugabsturzes in Südamerika zu folgendem Ergebnis: Der Pilot des Flugzeuges bat den Tower um eine Kursänderung, um einer Gewitterfront auszuweichen. Die Kursänderung wurde genehmigt, kurz darauf verschwand die Maschine vom Radarschirm; sie war abgestürzt, Überlebende gab es nicht. Nach mühseeliger Suche gelang es, die Maschine im Urwaldgebiet ausfindig zu machen und die Toten zu bergen. Die Einzelteile der Maschine wurden in die USA gebracht und dienten in einer Flugzeughalle zur Rekonstruktion der Katastrophe. Die Analyse des Flugschreibers sowie der Einzelteile ergaben, daß ein Wakelkontakt die Katastrophe ausgelöst hatte. Der Pilot flog bei seinem Manöver eine scharfe Linkskurve. Um die Maschine anschließend wieder auf Position zu bringen, orientierte er sich am „künstlichen Horizont", welcher jedoch falsche Werte anzeigte. Der erfahrene Pilot verriß die Maschine, die innerhalb von Sekunden zerschellte.

Medienkritiker warnen bereits davor, daß die Herrschaft über Bilder auch zur Herrschaft über die Köpfe führe. Angesichts der zur Zeit stattfindenden Aufkäufe, wenn es um Bildrechte geht, kann dies in der Tat zu einem größeren gesellschaftlichen Problem werden. Die Firma Microsoft etwa sichert sich zur Zeit die Rechte zahlreicher Bilder. Im Zeichen des Internets und der Hypermedien sind solche Konzentrationsprozesse bereits zum Alltagsgeschäft geworden.

Mit der Technologie der Virtual Reality gibt es jedoch eine weitere neue Qualität: man kann den virtuellen Bildraum betreten. Das Bild öffnet sich als dreidimensionaler Raum dem Betrachter. Der Betrachter wird in das Bild involviert, in Echtzeit wird er selbst zu einem Teil des Bildes, die Distanz zum Bild, die Möglichkeit es als Bild zu dechiffrieren, schwindet in einem bislang nicht überschaubaren Ausmaß.

Für eine Sensation sorgte das Experiment mit dem Astronauten Ulf Meerbold. In einem künstlichen, rechnergenerierten Weltraum schwebt ein virtuelles Houble-Teleskop. Meerbold begibt sich in Deutschland virtuell in diesen Raum, während gleichzeitig in Houston/Texas ein amerikanischer Astronaut den Weltraum virtuell betritt. Der deutsche und der amerikanische Astronaut geben sich virtuell die Hand, arbeiten zusammen und tauschen eine defekte Schublade aus. Der digitale Händedruck im digitalen Weltraum wird zum Symbol für eine sich virtualisierende Welt.

Der Cyberspace, in dem sich die beiden Astronauten bewegen, verweist auf den eigentlichen Kern der neuen Qualität virtueller Welten. Projiziert man mit einem Diaprojektor ein Bild an die Wand, welches einen Meeresstrand zeigt, an dem ein Hund herumtollt, so läuft ein Kleinkind auf das projizierte Bild zu, der Hund fängt an zu bellen. Das Kleinkind und der Hund haben sich beide vom Bild täuschen lassen, sie haben das Bild nicht als Bild dechiffriert. Während das Kleinkind im ontogenetischen Prozeß die Fähigkeit der Dechiffrierung erlernen wird, verfügt der

Hund in seinem Leben vermutlich nicht über das Vermögen der Negation. „Der Betrachter eines Bildes", so Reinhard Brandt, „sieht weder das physische Objekt mit seinen Farben und Formen noch faßt er das Dargestellte fälschlich als Realität auf wie jemand, der durch eine Attrappe getäuscht wird; sondern er betrachtet den Gegenstand als Bild: Als die optische Darstellung - von etwas, was mit diesem Gegenstand selbst nicht identisch ist. Er muß somit als Betrachter diese paradoxe Negation selbst vollziehen können. Wesen, die über die Reflexion der Verneinung nicht verfügen, sind somit unfähig, ein anschaulich gegebenes Etwas als Bild zu betrachten."[28]

Der Medienforscher Klaus Kreimeier sieht einen kulturellen Bruch in der Geschichte der Bildmedien bei jenen synthetischen Bildern, die zwar noch sind, aber nichts mehr abbilden. „Wenn wir die Bilder als Abbilder nicht mehr benutzen können", so Kreimeier, „wird die Frage spannend, was wir künftig mit ihnen anfangen werden."[29] Den kulturellen Bruch in der Geschichte des Bildes wollen wir anders verorten als Kreimeier. Er liegt im Cyberspace, bei begehbaren Bildern, die eine Tiefe von Sinneseindrücken hinterlassen, die zum Verlust des Vermögens der Negation führen können. Virtuelle Welten streben per definitionem zur Perfektion der Sinneseindrücke, sie intendieren eine perfekte Illusion, die gleichzusetzen ist mit dem Verlust des Cybernauten, die Täuschung zu durchschauen, die Negation zu vollziehen. Der Verlust der Dechiffrierung wäre dialektisch betrachtet die Negation der Negation. Der perfekte Cyberspace, welcher den Betrachter in das bildliche Double der Wirklichkeit hineinzieht, raubt ihm die Möglichkeit, die Täuschung zu durchschauen. Die phantomatische Maschine des Stanislaw Lem kann als eine Apparatur betrachtet werden, die eine Bild-Distanz nicht mehr zuläßt, als eine Negationnegations-Maschine. „Der Cyberspace kann bei geschickter Verwendung die Person, die in ihn involviert ist, infantilisieren und zurückversetzen in die Phase ihrer Menschwerdung, in der sie Bilder noch nicht als Bilder zu durchschauen und distanziert zu betrachten vermochte. Die Kraft der Negation, die das Bild als Bild erkennen läßt, wird durch geschickte Manipulation außer Kraft gesetzt."[30]

Gegen die Vorstellung vom Cyberspace, welcher die Gefahr einer Infantilisierung der Menschheit einschließt, sind u. a. zwei Einwände möglich. Zum einen kann argumentiert werden, die Geschichte der Bildmedien zeige, daß die Menschen zum Zeitpunkt der Einführung eines neuen Mediums stets ein Stückweit Distanz missen ließen. Auch die Distanz zum bewegten Bild haben die Menschen erst im Umgang mit dem neuen Medium gelernt. Bei ersten Kino-Vorführungen mit Bildern eines brennenden Hauses sind Zuschauer aus Furcht, Opfer der Flammen zu werden, von den Sitzen aufgesprungen. Zum anderen kann von den Befürwortern des Cyberspace argumentiert werden, daß dieser, selbst wenn eine solche Gefahr prinzipiell bestünde, auch immer zugleich das Gegenteil sei: „Die souveräne Überwindung der Körperbindung im Hier und Jetzt durch die virtuelle Realität. Architekten, präsent in ihren jeweiligen Büros in verschiedenen Kontinenten, entwerfen im Cyberspace den gemeinsam geplanten Bau, besteigen im optischen Schein das projizierte Gebäude, präsentieren die künftige Ansicht. Das Bild ist für alle Zwecke des Architektenteams manipulierbar, weil es nicht ist, was es darstellt: Ein fertiges Gebäude aus Beton,

Stahl, Glas. Hier bleibt die Distanz gewahrt, weil das Bild als Bild durchschaut und als solches benutzt wird."[31]

Die beiden Sichten auf den Cyberspace verweisen nicht nur auf die Erfordernis einer möglichst präzisen Technologiefolgenabschätzung, auf eine der VR-Technologie immanente Dialektik von Gefahren und Chancen, die einer politischen Steuerung im Sinne regulativer und deregulativer Maßnahmen mit demokratischen Zielvorgaben einer sozialen Gestaltung bedarf, sondern auch auf den qualitativen Unterschied zwischen einer virtuellen Realität und der zentralen Phantomatik eines Stanislaw Lem, der Erzeugung von Sinneseindrücken durch unmittelbare Hirnreizung. Eine neuronale Direktschaltung, wie sie etwa in William Gibsons Roman „Neuromancer" beschrieben wird, stellt eine qualitativ neue Situation dergestalt dar, daß die kritische Distanz nicht mehr erlernt werden kann. Der Mensch im Cyberspace einer Mensch-Maschine-Direktschaltung kann sich, so wie es Stanislaw Lem beschrieben hat, nie über den wahren Gehalt seiner Sinneseindrücke sicher sein. Realität und Illusion sind auf eine vielfältige, verhängnisvolle Weise miteinander verkoppelt. Dechiffriert der Cybernaut der phantomatischen Maschine einen Sinneseindruck als Illusion, so kann dies ein verhängnisvoller Irrtum sein, da es sich um eine reale Situation handelt, hält er einen Sinneseindruck für die Realität, so kann es sich um eine bildliche Illusion handeln, die für manipulative Zwecke eingesetzt wird. Der Mensch mit eingebauter Direktschaltung im Gehirn erweist sich in der Tat als ein infantilisierter Mensch, er wird zurückgeworfen auf den Zustand eines Kleinkindes, ohne je die Fähigkeit der Dechiffrierung (zurück) zu erlangen.

Der Pilot einer Maschine, welcher die fehlerhafte Anzeige für die Wirklichkeit hält, begeht einen menschlichen Fehler, den er vielleicht erst in Sekundenbruchteilen vor dem Absturz gewahr wird, wenn es bereits zu spät ist. Unabhängig davon, ob er sich seines Fehlers noch bewußt wird oder nicht, so verfügt er zumindest über die Chance, die Katastrophe zu verhindern. Bei einem zunehmenden Komplexitätsgrad moderner Hochtechnologie wird selbst die Existenz einer solchen Chance zu einer fragwürdigen Angelegenheit. Im Unterschied zum Piloten ist die totale Abhängigkeit des Cybernauten von der phantomatischen Maschinen einer neuronalen Direktschaltung perfekt, er verfügt über keinerlei Spielräume, selbst die intellektuelle Überlistung der Maschine scheidet bei ihrer zunehmenden Perfektionierung aus.

Solange keine Direktschaltung vorliegt und die Bilderqualität des Cyberspace keine qualitativen Durchbrüche erzielt, ist eine Gefahr solchen Ausmaßes sicherlich nicht gegeben. Ansätze zu einer Verwechselung des Bildes mit der Wirklichkeit bestehen jedoch bereits, sind vielfältiger Natur, und nehmen an Umfang durch den Prozeß der Digitalisierung deutlich zu.

Im Zeitalter der paradoxen Logik des Bildes kann auch der Mensch digitalisiert werden, das Original wird eingescannt und in einen Datensatz verwandelt. Vom Kopf des Menschen existiert nunmehr ein dreidimensionales Modell, bestehend aus Punkten und Polygonen, welches im Raum gedreht und beliebig manipuliert werden kann. Augenpartien, Mund und Nase, alles kann entsprechend den jeweiligen Erfordenissen ummodelliert werden. Das dreidimensionale Modell kann so oft dies gewünscht wird in den Rechner eingeladen werden. „Digitale Bilder simulieren das Reale eher als daß sie es repräsentieren.“[32]

Mit Hilfe dreidimensionaler Lasererfassungsmethoden kann das komplette Aussehen eines Schauspielers, seine Gesichtszüge, seine Hautfarbe innerhalb von wenigen Sekunden eingerechnet werden. Ein anderer Schauspieler, der einen Sensoranzug trägt und einen Mimiktracker aufhat, kann an das Computergrafik-Modell angeschlossen werden. Bewegt sich der Schauspieler, so bewegt sich auch das mit Hilfe der Laser-Scan-Technologie erzeugte synthetische Double. Der gesamte Schauspieler kann auf diese Weise ferngesteuert werden. Das synthetische Double kann eine beliebige Szene spielen, der reale Schauspieler wird so entlastet. Es wäre möglich, auch Politiker einzuscannen und auf diese Weise zu animieren. Der Zuschauer wäre nicht mehr in der Lage zu unterscheiden, ob es der synthetische oder der echte Kohl ist. Der synthetische Schauspieler ist längst vor der Existenz einer phantomatischen Maschine ein Beispiel dafür, daß die Grenzen zwischen Realität und Illusion zerfließen. Fritz Wolf irrt so, wenn er angesichts der glatten, körperlosen Bilder vieler Computeranimationen meint schlußfolgern zu können: „Verwechselungen mit der Wirklichkeit sind nahezu unmöglich.“[33]

Martin Emele von der Hochschule für Gestaltung in Karlsruhe verdeutlichte auf der Tagung „Trau-Schau-Wem“ (1996) im Haus des Dokumentarfilms in Stuttgart die tiefgreifende Wirkung digitaler Bilder. Laut Emele benutzen TV-Kulturfeatures bereits immer häufiger archäologische Simulationen. Archäologische Schauplätze, Fundstücke aus Grabungen lassen sich virtuell rekonstruieren und vermitteln dem Zuschauer ein plastisches Bild historischer Vergangenheiten. Die Folgen seien jedoch einschneidender Natur. „Der Glaube“, so Emele, „daß die Vergangenheit tatsächlich so ausgesehen habe, dürfte auf Seiten der Zuschauer über Bleistiftskizze, Pappmodell bis hin zur Computeranimation steil ansteigen.“[34] Während es bei der erzählten Geschichte noch klar gewesen sei, daß Bilder der Vergangenheit immer Projektionen sind, gehe dieses Bewußtsein bei virtuellen Rekonstruktionen verloren. Der Magie des Virtuellen würden selbst Wissenschaftler erlegen, die auf Grund eigener Forschungen bislang von ganz anderen Realitätsbildern ausgegangen seien. „Wenn die Bilderwelt zu konkret wird“, so Emele, „verstellt sich der Blick auf das Mögliche“.[35] Permanente Computeranimationen führten so „zur Verflüchtigung von Geschichtszeit und Geschichtsraum. Die eigentliche Sensation eines Archäologiefilms, die historische Dimension, schwindet.“[36]

Die „Gesellschaft für mathematische Datenverarbeitung“ (GMD) in Sankt Augustin bei Bonn, beschäftigt sich mit verschiedenen VR-Projekten, u. a. einem Videokonferenzprojekt. TeilnehmerInnen, die sich an verschiedenen Orten der Welt befinden, sollen in einer virtuellen Gesprächsrunde zusammengeführt werden. Außer der Sprache sollen bei der virtuellen Runde auch Gestik und Mimik eine Rolle spielen. Die „Bonner Elefantenrunde“ mit einem zugeschalteten CSU-Vorsitzenden könnte so in Zukunft in einer realistischeren Atmosphäre stattfinden. Die TeilnehmerInnen inclusive des Moderators müßten keine lange Anreise in Kauf nehmen, sie könnten es sich zu Hause in einem „Videosessel“ bequem machen. Videokonferenzsysteme, so der GMD-Projektleiter, würden in ein Paar Jahren so selbstverständlich benutzt werden, wie man heutzutage zum Telefonhörer greift.

Virtuelle Studios, synthetische Schauspieler und Videokonferenzsysteme könnten in wenigen Jahren Einzug in die Nachrichtenstudios erhalten. Echtzeitgrafiken und wachsende Rechenleistungen scheinen in absehbarer Zukunft all das in einem Normalbetrieb eines Nachrichtenstudios zu ermöglichen, was im Film „Forrest Gump" noch lange vorweg gerechnet werden mußte. In den Sog einer total manipulierten Welt, der Echtzeit-Verflüchtigung von Gegenwart und Gegenwartsraum, könnten auch Dokumentationen und Informationssendungen geraten. „Allein die Tatsache technischer Machbarkeit erzeugt Sensation", so Emele, „erzeugt Einschaltquote, erzeugt Produktionsrealität. Und die Tatache, daß die Technik die Sendeform beeinflußt, gilt selbst für die scheinbar so eherne Form der Nachrichtensendung."[37]

Die synthetische Studiowelt und digital bearbeitete Bilder werden die Rezeptionsgewohnheiten des Zuschauers revolutionieren. Der Wahrheitsanspruch, der zumindest als Anspruch bei Dokumentationssendungen noch besteht, könnte sich im virtuellen Raum ins Nichts verflüchtigen. Setzt sich die Virtualität im Studiobereich durch, so fürchten Kritiker, könnten Wahrhaftigkeit und Glaubwürdigkeit zu ethischen Floskeln eines Fernsehens von gestern werden.

Im Roman „Die Nacht der Händler" von Gert Heidenreich existiert in Anlehnung an die Ludditenbewegung die Bewegung der Antimagisten.[38] Die Antimagisten, eine Sekte und in ihrer späteren Entwicklung eine Terrorgruppe, sind gewissermaßen die Maschinenstürmer des Informationszeitalters. Mit dem Schlachtruf „realité, verité, felicité" rufen sie zum Kampf gegen die globale Medienwelt auf. „Wirklichkeit, Wahrheit, Glück" wird so zum Programm einer Bewegung, welche die Spiegel zerschlagen will, um Bild und Abbild wieder voneinander unterscheiden zu können. Der Roman „Die Nacht der Händler" geht davon aus, daß sich irgendwann einmal gegen die Bilderflut, die auf uns zukommt, und in der wir leben, ein Widerstand regen wird. Die Antimagisten sagen. „Uns wird eine zweite Welt aufgebaut, die erste, in die wir alle geboren sind, die verlieren wir vielleicht dadurch. Wir verwechseln die Welt und daher müssen wir gegen diese Medien vorgehen."

In einem Interview verdeutlich der Autor Heidenreich seine eigene Position. „Wir steuern fürchte ich tatsächlich im Moment auf eine philosophische und kulturelle Krise zu mit diesen Medien. Denn wir leben ja alle davon, daß wir uns in der Welt vergewissern durch das Sehen. Was ich weiß oder wissen will, das muß ich gesehen haben. Die Wörter wissen und sehen haben eine gemeinsame wortgeschichtliche Wurzel. Wenn wir aber jetzt inzwischen wissen, daß wir das Instrument durch das wir am ehesten und am meisten Welt aufnehmen, nämlich den Bildern, überhaupt nicht mehr vertrauen können, weil sie in beliebigerWeise manipulierbar geworden sind, dann haben wir kein Instrument mehr uns in der Welt zu vergewissern wie bisher, es ist uns genommen. Das, was Photografie war, nämlich die Vergewisserung des Augenblicks, hat sich selbst ad absurdum geführt."[39]

Virtuelle Welten erweisen sich so als Negationsnegation. Führten moderne Sehtechniken wie Mikroskope und Teleskope zur Aufwertung der sinnlichen Erkenntnis, zum Empirismus eines „video ergo sum“, das den platonischen Skeptizismus untergrub, so bewirkt die Technologie der Virtual Reality ein radikales Infragestellen jeglicher sinnlicher Erfahrung.

## 7.1.2 Konsequenzen für die Wissenschaften

Der Übergang zur Turing Galaxis ist für Einzelwissenschaften mit dem realen Zwang verbunden, Beiträge zur Bilderwelt der Zukunft zu leisten. Diese Beiträge sollten zunächst einmal darin bestehen, den Prozeß der Dominantwerdung des Bildes als Wissensform kritisch zu analysieren. In den USA entwickelt sich in dieser Richtung ein neues Studiengebiet, die imaging science[40]. Das Studiengebiet imaging science analysiert, wie das Verhältnis von Wissen und Macht bei der Bilderproduktion zu bestimmen ist, was ein gutes Bild ist, was ein schlechtes, wie die in einem Bild enthaltene Information wissenschaftlich zu ermitteln ist, wie die Bildkompression, die Bilderverwaltung, die Bildervernichtung und das Bildervergessen auf der Seite des Subjektes vonstatten geht. In Deutschland gibt es hierfür in Anlehnung an das französische Beispiel der Visionik die interdisziplinäre Fachrichtung der Visualistik in Berlin.

Die bildliche Darstellung muß zum Gegenstand systematischer fachwissenschaftlicher Überlegungen werden. WissenschaftlerInnen kann es nicht gleichgültig sein, wenn heutzutage, wo das Zeitalter der Virtualität gerade erst beginnt, ein Drittel der Kinder im Vorschulalter der Meinung sind, Kühe seien lila.

Das Zeitalter der paradoxen Logik des Bildes bedeutet auch, daß die Simulation neben der Theorie und dem Experiment zur dritten Säule der Wissenschaftsmethodik wird. Simulation wird mit Multimedia übermächtig werden und dies bedeutet insbesondere für die Geisteswissenschaften nicht nur eine kritische Analyse dieser Prozesse, sondern auch die Notwendigkeit, selbst demokratische Bilder zu produzieren. Gefragt sind in Zukunft Überlegungen, wie Inhalte der Einzelwissenschaften über Simulationen oder gar Virtualisationen sinnvoll vermittelt werden können, wie eine wissenschaftlich fundierte Theorie der Simulation beschaffen sein muß[41]. Denkbar ist hier etwa ein verstärkter Einsatz von Simulationen über netzwerkförmige, ökologische Zusammenhänge, wie sie etwa in Vesters Spiel „Ökolopoly“[42] in Konturen sichtbar werden oder im Spiel „Civilisation“, welches sicherlich keinerlei wissenschaftliche Ambitionen verfolgt. GeisteswissenschafterInnen sollten sich z. B. daran beteiligen per Virtualisation Jugendlichen Ursachen des Rassismus zu vermitteln. Auch die geisteswissenschaftliche Forschung wird in Zukunft ohne die Virtualisation nicht mehr auskommen. Der kritische Umgang mit visuellen Informationen und die Produktion kritischer Visualisierungen wird zu einer Herausforderung insbesondere für die Geisteswisenschaften werden. Mit Virtual Reality tritt Wissen prinzipiell in eine neues Zeitalter und damit auch das Wissen und die Wissensgrundlagen der Einzelwissenschaften.

## 7.1.3 Intermediale Wirklichkeitszersetzung

Was das Begriffspaar Bild und Abbild anbelangt, so wollen wir abschließend ein Beispiel aus der Intermedia-Kunst wählen. Die Intermedia-Kunst will bewußt Mischformen zwischen den bislang existierenden Medien erzeugen, den Betrachter dynamisch, prozeßorientiert in die Verlaufsform einbeziehen. Zum Teil handelt es sich um skulpturale Videoinstallationen mit gigantischen Ausmaßen. Das Medium rückt dem Zuschauer bewußt direkt auf den Leib, ja es ergreift gewissermaßen physisch Besitz vom Betrachter. Auf der anderen Seite verstehen Intermedia-Künstler Video aber auch als eine Möglichkeit, Fernsehen mit eigenen Mitteln zu handhaben und verbinden damit die Konzeption eines teilnehmenden Zuschauers, erheben die Forderung nach selbstbestimmten und selbstgestalteten Programmen. Durch die Intermedia-Kunst werden bereits Erlebnisräume geschaffen, welche erahnen lassen, was mit Virtual Reality erst auf uns zukommt.

Einer der interessantesten Künstler auf diesem Gebiete ist Nam June Paik, der zunächst als Aktionskünstler begonnen und sich dann der Videokunst zugewandt hat.[43] Seine bekannteste Installation ist der „TV-Buddha" aus dem Jahre 1974.[44] Der „TV-Buddha" besteht aus einer Gegenüberstellung einer Buddhastatue und eines Monitors. Eine Livekamera steht der Buddha-Skulptur gegenüber und überträgt das Bild des Buddhas auf den Monitor. Der Buddha betrachtet jetzt gleichsam sein eigenes, stets gleichbleibendes Abbild. Die Veränderung in der Zeit, welche die Videokamera einfängt, wird aufgehoben. Das flüchtige Medium Video stellt stets dasselbe Bild her. Video wird so zu einem Spiegel, genauer einem virtuellen Spiegel, der im Unterschied zum realen Spiegel stets ein seitenrichtiges Bild wiedergibt. Ausgehend von der buddhistischen Philosophie, wird die der Meditation zugewandte Statue zu einem Sinnbild der Suche nach absoluter Leere außerhalb von Raum und Zeit, die Installation verweist gewissermaßen auf sich selbst. Es existiert nunmehr eine Gleichzeitigkeit von Gegenstand und dessen medialem Abbild. Gewohnte Formen der Realitätsaneigung und Realitätsverfügung werden auf diese Weise hinterfragt. Der Künstler Nam June Paik versucht zu zeigen, daß die Bilder der Medien die Wirklichkeit überlagern und daß sie beginnen, sie zu ersetzen. Paik übt Kritik an der Austauschbarkeit von Bild und dessen medialem Abbild, an der Wirklichkeitszersetzung. Dieses Theorem ist auch eine der häufigsten Kritiken an der Virtual Reality. Kritiker meinen, daß virtuelle Welten zum Realitätsverlust, zur Verdrängung der Wirklichkeit, zum Wirklichkeitsersatz führen.

# 7.2 Raum und Zeit

Als Ausgangspunkt für die Betrachtung des Begriffspaares Raum und Zeit wählen wir im folgenden die Arbeit des US-amerikanischen Futurologen Alvin Toffler „Die Dritte Welle. Perspektiven für die Gesellschaft des 21. Jahrhunderts“[45] sowie die Studie von Anthony Giddens „Consequences of Modernity“.[46]

## 7.2.1 Raum und Zeit in Tofflers Wellen-Theorie

In seiner Studie „Die Dritte Welle“ unterscheidet Alvin Toffler drei Wellen. Die Erste Welle bezeichnet er als „Agrargesellschaft“, die Zweite Welle als „Industriegesellschaft“ und die Dritte Welle als „Informationsgesellschaft“. Die Postmoderne ist - Toffler folgend - vor allem als Informationsgesellschaft zu charakterisieren. An dieser Stelle interessieren uns vor allem die Charakteristika für Raum und Zeit in der Zweiten und Dritten Welle. Für den Raum in der Zweiten Welle, der Industriegesellschaft, sind für Toffler vor allem folgende Erscheinungen typisch: funktionale Raumtypen, hochgradig zweckgebundene Räume, räumliche Koordinaten, die Ausweitung des Raumes, Raumprobleme in den Städten, flächenextensive Kulturen, die Raumpolitik, die Standortwahl, Grenzziehungen und Kartierungen, ein System horizontaler und vertikaler Linien, strikt rechtwinklige Baueinheiten, eine hohe räumliche Mobilität. Diese Erscheinungen könnte man dahingehend zusammenfassen, daß die Linearisierung des Raumes die Raumrealität und das Raumverständnis in der Zweiten Welle prägen. Für die Zeit in der Zweiten Welle sind für Toffler vor allem folgende Erscheinungen typisch: die Welt wird in Zeitzonen aufgeteilt (Greenwich Time), der Rhythmus der Maschine als Taktgeber, die Synchronisierung der menschlichen Arbeit mit cybernetischen Erfordernissen, die Durchsetzung der Pünktlichkeit. In der Zweiten Welle explodiert für Toffler die Zeit, die Welt wird verzeitlicht, die Zeit verweltlicht, das Verstreichen der Zeit wird drastisch erlebt, Zeit wird zum Investitionsgut, der Raum wird der Zeit untergeordnet, Vorher und Nachher existieren als zeitliche Fixpunkte. Die oben benannten Erscheinungen könnte man dahingehend zusammenfassen, daß sich mit der Industriegesellschaft auch ein neuer Zeitbegriff und ein neues Zeitbewußtsein durchsetzt: der lineare Zeitbegriff. Der lineare Zeitbegriff bildet gewissermaßen das Pendant zum linearen Raumbewußtsein.

Für die Dritte Welle, die Informationsgesellschaft, prognostiziert Toffler bezüglich des Raumes die Auflösung der Trennung von Arbeitsplatz und Wohnung. Die Wohnung, so Toffler, wird zum zentralen Raum und Mittelpunkt, zum elektronischen Heim, von dem aus produziert, konsumiert und kommuniziert wird. Die Subjekte der Informationsgesellschaft werden sich durch ein stark ortsgebundenes und globales Raumverständnis auszeichnen, da sie zu Hause produzieren, dies aber in weltweiten Verbünden etwa in Gestalt virtueller Firmen geschieht.

In der Informationsgesellschaft, so Toffler, werden Landkarten aufkommen, welche nicht mehr statisch, sondern filmisch sind. Virtual Reality-Landkarten werden uns ein ständig wechselndes Bild der Geographie vermitteln. Die Menschen der Informationsgesellschaft werden so dynamischere und relativistischere Raumvorstellungen gewinnen. Konventionelle Landkarten auf der Basis der Mercatorschen Projektion werden abgelöst durch virtuelle Projektionsmethoden. In der Informationsgesellschaft, so Toffler, gibt es keine einzelne richtige Landkarte, sondern lediglich unterschiedliche Bilder vom Raum.

Für die Zeit-Kategorie der Dritten Welle sieht Toffler voraus, daß die Produktion nicht mehr primär von der Pünktlichkeit abhängt, job on time an Bedeutung verliert, die Folgen eines Zuspätkommens nicht mehr so krass sind, die mechanische Synchronisierung an den Maschinentakt auf dem Rückzug ist, die Synchronisationsraster des Industrialismus aus den Fugen brechen. In der Informationsgesellschaft sind Vorher und Nachher nicht mehr unabhängige Fixpunkte im Zeitbegriff, die Zeit ist nicht mehr absolut, sondern relativ, es wird alternative und plurale Zeiten geben.

Bezugnehmend auf postmoderne Raum-Zeit-Debatten kann man ergänzen, daß die Dritte Welle, die Postmoderne, Zeit nicht mehr linear konzipiert, unterschiedliche Zeitrhythmen vielmehr miteinander verkoppelt sind, individuelle Lebenspläne und Lebensläufe nicht mehr eindimensional sind, der polyzyklische Zeitbegriff den linearen ablöst, die Gleichzeitigkeit des Ungleichzeitigen bestimmend ist und die midlife crisis eher zum Normalzustand wird. Das Zeit- und Raumverständnis der Postmoderne scheint deutlich vom linearen, eindimensionalen Raum- und Zeitverständnis, von den rationalistischen Raum- und Zeitmustern der Zweiten Welle (Moderne) abgrenzbar zu sein.

## 7.2.2 Die Entleerung von Raum und Zeit bei Anthony Giddens

In seiner Arbeit „Consequences of Modernity" hält Anthony Giddens die Trennung, die Separierung von Raum und Zeit in der Moderne für typisch. Charakteristisch ist, so Giddens, daß die Menschen nicht mehr in einem konkreten, überschaubaren Zeit-Raum-Verhältnis plaziert sind. Typisch ist die Entleerung von Raum und Zeit (disembedding). Mit elektronischen Medien überspringen die Menschen Raum- und Zeitgrenzen. Ein typisches Lebensgefühl der Moderne, so Giddens, ist es, sich an einem Ort zu befinden und ganz woanders zu sein.

In der Tat trifft die letzte Beschreibung sehr stark auf die mit der Virtual Reality verbundenen Konsequenzen zu. Mittels Virtual Reality kann man sich auf einem Computersessel befinden und z. B. im Internet in acht Sekunden um die Welt E-mailen, auf elektronische Texte zugreifen, sich an Newsgruppen beteiligen oder in der Zukunft in dreidimensionalen Entwicklungsumgebungen eintauchen und mit anderen Menschen, die sich in ganz anderen Städten, eventuell auch auf anderen Kontinenten befinden, gemeinsam produzieren. Zu kritisieren ist an den Raum- und

Zeitvorstellungen von Anthony Giddens jedoch zweierlei: zum einen würden wir die von ihm dargelegten Charakteristika eher der Postmoderne als der Moderne zuordnen, zum anderen halten wir die Vorstellung, das Typische an den neuen elektronischen Medien sei es, Zeit und Raum zu separieren, zu entleeren, für inkorrekt.

Festzuhalten ist zunächst einmal, daß die moderne Computer- und Satellitenkommunikation neue Zeiten und neue Räume schafft, eben virtuelle Zeiten und virtuelle Räume. Für die Postmoderne charakteristisch scheint es eher zu sein, daß virtuelle Zeiten und Räume reale Zeiten und Räume überlagern. Durch Computersimulationen können z. B. Ereignisse und ihre Folgen durchgespielt und wieder rückgängig gemacht werden, Zeit und Ort können in virtuellen Welten beliebig miteinander kombiniert und rekombiniert werden. Statt des Giddenschen Begriffes der Entleerung ist daher eher von einer Rekombination auszugehen.

Im „Neuromancer-Roman“ von William Gibson werden Rekombinationen auch für manipulative Zwecke eingesetzt. Der Consolencowboy Case muß mehrmals, d. h. jeweils zu verschiedenen Zeiten, den Mord an seiner Freundin durchleben, da die Künstliche Intelligenz die Todesbilder bewußt mehrmals einspeist, um ihn zu manipulieren.

Ein Beispiel für Rekombinationen ist auch die Möglichkeit, sich via Simulationsprogrammen in historische Vergangenheiten und Zukünfte zu versetzen. Filmisch etwa im Film „Total Recall“ mit Arnold Schwarzenegger aufgegriffen. Die Simulation von Räumen spielt auch in postmodernen Filmen eine Rolle, so z. B. in Wim Wenders „Bis ans Ende der Welt“.

Virtuelle Zeit-Raum-Kopplungen werden in Zukunft Städte miteinander vernetzen, welche in ganz anderen Zeitzonen liegen. Typisch für die Postmoderne scheint uns gerade unter dem Vorzeichen virtueller Welten eher eine Überfüllung, eine Überlagerung oder Interferenz der Dimensionen von Raum und Zeit zu sein statt deren Entleerung, wie dies Anthony Giddens sieht.

Virtual Reality bzw. virtuelle Welten können daher in diesem Sinne als Synonym für ein postmodernes Zeit-Raum-Verhältnis, für die Überwindung zeitlicher und räumlicher Grenzen verstanden werden. Typisch postmodern wäre es dann, sich über räumliche Grenzen hinwegzusetzen, ohne das eigene Zimmer zu verlassen. Verschiedene Räume werden so in das eigene Wohn- und Arbeitszimmer geholt. Zugespitzt könnte man formulieren, es kommt eher zu einer Implosion von Raum als zu einer Entleerung. Für postmoderne Zeit-Raum-Konstellationen scheint daher die Flexibilisierung von Zeitstrukturen (etwa im Dienstleistungsbereich) eher typisch, die Kontraktion, das Zusammenziehen unterschiedlicher Zeiten an einem Ort, etwa in Gestalt virtueller Museen, die Verräumlichung von Geschichte, etwa in Gestalt von 3D Zeit-Videos.

Der Datenfluß nimmt keine Rücksicht auf nationale Grenzen, auch nicht, was die Arbeitszeit betrifft. Er verkürzt Entwicklungszeiten dramatisch und läßt es fast bedeutungslos erscheinen, wo auf der Welt ein Experte, ein Wissenschaftler oder sonst jemand an einem Projekt mitarbeitet. Die alten Vorstellungen von Raum und Zeit haben praktisch ihre Bedeutung verloren.

# 7.3 Geist und Körper

Für die Betrachtung des Begriffspaares Geist und Körper spielt die Metapher der Prothese eine herausragende Rolle. Der Begriff der Prothese begegnet uns an zentralen Stellen bei William Gibson,[47] bei Stanislaw Lem,[48] beim Kybernetiker Joseph Weizenbaum[49] wie auch bei den postmodernen Medienkritikern Jean Baudrillard[50] und Paul Virilio.[51]

Im Neuromancer-Roman von William Gibson finden wir auf der einen Seite eine systemische Extension der Maschine, diese nimmt Teile der Physis des Menschen in Besitz und dies via Implantaten und Prothesen, auf der anderen Seite stellen künstliche Intelligenzen maschinelle Inkarnationen eines Downloadings des menschlichen Geistes auf die Maschine dar. Die Subjekt-Objekt-Dialektik kehrt sich im Neuromancer-Roman um, die Prothese stellt nicht mehr eine Verlängerung des menschlichen Armes dar, sie ist vielmehr Ausdruck der maschinellen Ausdehnung auf den Körper, nicht der Mensch bemächtigt sich der Prothese, sondern die Prothese bemächtigt sich des Menschen. Der Neuromancer-Roman steht so in einer kulturkritischen Traditionsrichtung, die Anthropogenese als einen Prozeß der Prothetisierung begreift. In diesem Verständnis stellen Klinge und Faustkeil erste Prothesen dar, die Kleidung ersetzt das natürliche Fell, der Bagger hat die Form und Funktion des menschlichen Armes, das Auto stellt eine Fortbewegungsprothese dar - für manche auch eine Persönlichkeitsprothese -, Medien schließlich prothetisieren Wirklichkeit, die Resultate unserer Wahrnehmungsorgane.

Der Schweizer Dramatiker Friedrich Dürrenmatt hat den Computer als Universalprothese bezeichnet, da er omnipotent sei und auch zur Erweiterung rationaler Fähigkeiten des Menschen beitrage.

In diesem Verständnis stellt Anthropogenese einen Prozeß der zunehmenden Prothetisierung der Welt dar. Anthropogenese ist also nicht per se eine permanente Erweiterung des menschlichen Könnens und Wissens, sondern eher eine Übereignung verschiedener Fähigkeiten, schließlich eine Digitalisierung individueller Erfahrungen in Expertensystemen. Anthropogenese ist somit immer auch eine Verlustgeschichte.[52]

Die Umgestaltung der vorgefundenen Natur in Prothesen bedeutet, daß immer mehr Fähigkeiten wie Handwerk, Denken, Phantasie und schließlich auch die zwischenmenschliche Kommunikation den Maschinen anvertraut werden.[53] Medien erweitern und schränken die bislang unmittelbar wahrgenommene Wirklichkeit ein, Fernsehbilder stellen sich vor die Welt. Der Prozeß der Prothetisierung ist somit ein Prozeß der Entäußerung, ein Prozeß des Verzichts auf eigene, unmittelbare Wahrnehmung, auf Erfahrung und Erkenntnis.

In dieser Hinsicht kann Cyberspace bzw. Virtual Reality als Wirklichkeitsprothese mit dem bislang höchsten Grad an technischer Entwicklung verstanden werden. Für die Kritiker der virtuellen Welten stellt der damit verbundene Prozeß der Prothetisierung einen Prozeß der Entwirklichung dar, ein Verzicht auf Realität. Virtual Reality als Wirklichkeitsprothese wäre so betrachtet eine Prothese, welche die gesamte wahrnehmbare und ausdenkbare Welt in Perfektion simulieren und tendenziell zu ersetzen vermag. Cyberspace als Wirklichkeitsmaschine führe, da die Wirklichkeitsebenen ständig wechseln, zu einer allgemein akzeptierten Verwechslung von Original und Abbild, ja das Abbild als perfekte Prothese würde uns als noch schöner und kurzweiliger offeriert als die Realität, so die Kritiker. Cyberspace wird kritisiert als eine Abkürzung auf dem Weg zu einer vollständig kontrollierten Welt. Im Cyberspace triumphiere der Mythos von der Herrschaft des Menschen über die Welt und dies trotz eines offensichtlichen Scheiterns.

Der Gedanke der Prothese wird auch im Science Fiction-Roman „Killobyte“ von Piers Anthony aufgegriffen.[54] Die Romanfigur Walter Toland ist ein Gehbehinderter, welcher sich durch Virtual Reality eine Erweiterung seines räumlich eingeschränkten Bereiches erhofft. Ausgelöst durch einen Computervirus ist er eines Tages nicht mehr im Stande, das aktive Computerprogramm und damit den Cyberspace als Raum hinter dem Bildschirm zu verlassen. Da er in seiner Wohnung niemanden zur Hilfe rufen kann, beginnt für ihn ein Überlebenskampf; er versucht, in weltweiten Netzen Personen zu finden, um diese auf seine Lage aufmerksam zu machen und um Hilfe zu bitten. Der Gehbehinderte Walter Toland wird in diesem Science-Fiction Roman so zu einer Metapher für den Realzeitbehinderten.[55] Im Unterschied zum Gehbehinderten vollzieht der Realzeitbehinderte - so Paul Virilio - jedoch die Behinderung selbst, er ist nicht Opfer einer Krankheit oder eines Verkehrsunfalls. Vergleichbar dem Körperbehinderten erhofft auch er sich eine Erweiterung seines räumlichen Bereichs durch virtuelle Welten. Während jedoch der Körperbehinderte Walter Toland ausgelöst durch den Computervirus die virtuelle Welt als eine dramatische Einschränkung seines bisherigen räumlichen Bereiches erfährt, erliegt der Realzeitbehinderte dem Simulakrum Virtualisation, er erkennt die reale Einschränkung nicht und lebt in der Illusion, es handle sich um eine reale Erweiterung, fort.

Die Betrachtung des Begriffspaares Geist und Körper verweist auf zwei wichtige Tendenzen: dem zunehmenden Verlust des Realkörpers sowie der Überbetonung des Geistes, was wir bereits bei Marvin Minsky und Hans Moravec gesehen haben. Prothestisierung des Körpers und Hypostasierung des Geistes bilden so eine dialektische Einheit.

## 7.4 Geschwindigkeit und Stillstand

Betrachten wir das Begriffspaar Geschwindigkeit und Stillstand, so lohnt es sich auf die Arbeiten des französischen Mediensoziologen Paul Virilio einzugehen. Virilio hat sich in seinen Arbeiten stark mit der Kategorie der Geschwindigkeit beschäftigt, welche für ihn das Maß des Sozialen und der Geschichte ist. Die von ihm begründete Theorie der Geschwindigkeit nennt er selbst Dromologie (von griechisch dromos, Lauf, Schritt). In der Lehre von der Geschwindigkeit überlagern sich bei Virilio Technikgeschichte, Kriegsstrategie, Urbanistik, Physik und Metaphysik.

Die Postmoderne ist für Virilio ein Zeitalter, das durch eine sich verselbständigende Beschleunigung hin zur absoluten Geschwindigkeit charakterisiert ist. In dromokratisch verfaßten Gesellschaften - wie der Postmoderne - ist für Paul Virilio Macht identisch mit Macht über Geschwindigkeit. Der Gedanke der Identität von Macht mit Macht über Geschwindigkeit wirft für unsere Thematik die Frage auf, wer aktuell und in Zukunft über Macht in virtuellen Welten verfügt, wer die Träger der Macht in weltumspannenden Netzen wie dem Internet sind. Zu untersuchen ist auch die spezifische Frage, wie Macht und Herrschaft in internationalen Netzen eigentlich ausgeübt wird, wie sich die Träger der Echtzeit und damit der von Paul Virilio angesprochenen absoluten Geschwindigkeit konstituieren. Soziologische Analysen von Macht und Herrschaft in weltweiten Netzen stehen noch aus.

Für Paul Virilio legt in der Moderne die Geschwindigkeit den Sinn und die Bedeutung der Geraden fest. Mit der zunehmenden Geschwindigkeit der Fahrzeuge tauche die Linearität als Prinzip immer stärker auf. Die großen Kommunikationswege wie die Eisenbahnlinien oder die Autobahnen exekutieren die Linearität in Gestalt ihrer an der Geraden orientierten Strukturen. Die Gerade ist für Virilio das absolute Zeichen der Linearität. Mit der Geschwindigkeit des industriellen Zeitalters verschwindet für Virilio auch die erste Realität: der Raum und der Gegenstand der Erfahrung.

Mit der Virtual Reality und der mit ihr verbundenen Echtzeit verschärft sich dies qualitativ, die Entfernung wird nur noch zu einer ideellen Größe, der Raum nur noch zu einer metaphysichen Entität, dem jegliche Realität abhanden gekommen ist. Die Beschleunigung, so stimmen Virilio und Baudrillard überein, ist buchstäblich das Ende der Welt. Virtual Reality stellt für Virilio das Merkmal einer Gesellschaft dar, welche dazu übergeht, die Mittel der Übertragung für den eigentlichen Zweck, das eigentliche Ziel zu halten.

Die hohen Geschwindigkeiten, so Virilio, führen dazu, daß uns unser Körper immer unerträglicher wird, ein bleierner Balast, zu dem wir keine positiven Bezüge mehr aufbauen. Wir erfahren den Körper nicht mehr im Sinne einer positiven Geist-Körper-Dialektik als einen Teil unseres Selbst. Virtuelle Welten beinhalten in der Tradition dieser Kritiker eine paradoxe Dialektik von Mobilität und Immobilität. Echtzeit-Bewegungen in virtuellen Welten, die uns in Lichtgeschwindigkeiten mit ganzen Kontinenten verbinden, werden erkauft durch eine vollkommene körperliche Erstarrung, der weltenwandernde Cybernaut bewegt höchstens den Finger im Datenhandschuh. Cybersex könnte so begriffen werden als Ausdruck gerade dieser Distanz zum eigenen Körper. In dem Maße wie dieser zum Fremdkörper wird, in dem Maße, wie Kommunikation nur noch maschinenvermittelt geschieht, kann auch Sexualität nur noch über die Vermittlung von Maschinen gelebt werden. Körperbewußtsein und Körpererfahrungen sind damit in der Postmoderne durch unterschiedliche Extreme geprägt, zum einen durch den Wunsch, Körper ganz neu zu erfahren, etwa in Gestalt von Extremsportarten, durch das Interesse Leistungsgrenzen des Körpers zu vermessen, den Körper auch in bislang ungewohnter physikalischer Umgebung zu erleben, zum anderen durch qualitativ neue Formen eines körperlichen Distanzaufbaus, einer Ablehnung von Körperlichkeit.

Hohe Geschwindigkeiten sind bei Virilio wie auch bei Baudrillard mit dem Phänomen der Hyperkommunikabilität verbunden. Hyperkommunikabilität sei im Kern dadurch geprägt, daß die sofortige Präsenz des Wissens nicht mehr helfe, zu entscheiden, was wichtig sei und was nicht. Im Zeitalter der Echtzeit würde so jede neue Quelle des Wissens zu einer neuen Quelle der Ungewißheit. Virtuelle Welten sind so bei vielen Kritikern gleichbedeutend mit einer globalen Desorientierung, die Subjekte würden über keinerlei Anhaltspunkte mehr verfügen, sie seien Implosionen und Explosionen hilflos ausgeliefert, die Relativität führe in die Irre.

Die hohen Geschwindigkeiten, so Baudrillard und Virilio, würden die Bedeutungen ineinander schieben, bis sie diese schließlich ganz auflösen wie das Licht die Farben. Baudrillard verwendet hierfür häufig die Metapher der Überblendung. Virtual Reality, in hohen Dosen genossen, so die Kritiker, führe an den Rand der Bewußtlosigkeit, zu Filmrissen, zu Psychosen und psychotischen Störungen. Der Boden der realen Erfahrung löse sich auf. Virilio verwendet hierfür häufig die Metapher von der Ablösung der Netzhaut, die zur Erblindung führe.

Die Metapher scheint gar nicht so weit hergeholt zu sein. Gut zehn Jahre nach Beginn der Einführung von Computer-Arbeitsplätzen zeigen sich in Deutschland die ersten Resultate einer Dauerbelastung durch Bildschirmtätigkeit. Beschwerden reichen dabei von „trockenen Augen", entzündeten Lidern bis hin zu gefährlichen Hornhauttrübungen. Der Bildschirm bei einem PC-Arbeitsplatz steht in der Regel in Augenhöhe, der Blick des Anwenders ist meist starr geraudeaus gerichtet. Messungen haben ergeben, daß die Folgen vor allem in einer deutlichen Verringerung des Lidschlages bestehen. Die Immobilität des Körpers, in diesem Fall des Augenlides, hat seinen Preis: Es wird nicht mehr genug Tränenflüssigkeit über die Augenoberfläche verteilt, in Extremfällen kann es so zu chronischen Lidentzündungen und zu einer Linsentrübung des Auges kommen.

Die Dialektik von Mobilität und Immobilität zeigt sich auch in den USA anhand von Krankheitsbildern sehr konkret. Für bereits 60 Prozent aller Arbeitsausfälle wird RSI (Repetitive Strain Injury) verantwortlich gemacht.[56] Bei RSI handelt es sich um ein Leiden, welches durch geringfügige, aber eintönige Bewegungen ausgelöst wird. „RSI fängt meist harmlos an: mit müden Armen und leichtem Ziehen in Gelenken und Muskeln. Es steigert sich dann rasch zu starken Schmerzen und Taubheitsgefühlen in den Fingern. Die Krankheit kann leicht chronisch werden und bis zur Invalidität führen."[57] Auslöser der Krankheit scheint vor allem im wachsenden Maße die Bildschirmtätigkeit zu sein. „Während das Gerät in Bruchteilen von Sekunden Millionen von Rechenoperationen ausführt und Hunderte von Informationen auf den Bildschirm projiziert, bleibt die Aktivität des Nutzers auf zwei Bereiche beschränkt: Augen und Händen. Mit angespannter Konzentration und angespanntem Körper sitzt der User vor dem Gerät, das ihn bis zur Unbeweglichkeit fesselt. Doch der Mensch ist nicht zum Sitzen gemacht. Hunderttausende von Jahren hat die Evolution daran gearbeitet, ihn zum aufrecht gehenden Säugetier zu entwickeln. Sein Körper - Knochen und Muskeln, Organe und Blutkreislauf - ist dafür konstruiert, zu laufen und sich zu bewegen - oder sich hinzulegen und auszuruhen. Stundenlanges Sitzen hat die Natur nicht eingeplant.“ [58]

In dieser Hinsicht besteht die Problematik virtueller Welten vor allem darin, die Anzahl der Blickzielsprünge und Fokuswechsel dramatisch zu erhöhen. Trotz eines alltäglicher werdenden Internet-Surfens sind Richtwerte jedoch nicht in Sicht. Das Projekt „Arbeit und Sehen“ des Bundesforschungsministeriums soll klären, was dem Auge überhaupt zugemutet werden kann. Ab 1.7.1997 soll ein Gesetz die Unternehmen zwingen, ihre Bildschirmarbeitsplätze nach ergonomischen Gesichtspunkten zu überprüfen. „Eine entsprechende EU-Richtlinie existiert bereits seit fünf Jahren, doch auf Druck der Arbeitgeberverbände und des Wirtschaftsministeriums wurde sie bisher nicht umgesetzt.“[59]

# Anmerkungen

1 Klaus von Beyme: Theorie und Politik im 20. Jahrhundert. Von der Moderne zur Postmoderne, Frankfurt am Main 1992, S. 160

2 Siehe hierzu vor allem: Howard Rheingold: Virtuelle Gemeinschaft. Soziale Beziehungen im Zeitalter des Computers, Bonn 1994

3 Siehe zum Begriff der Postmoderne vor allem: Klaus von Beyme: Theorie und Politik im 20. Jahrhundert, Frankfurt am Main 1992

4 Siehe hierzu: Heinz-Günther Vester: Soziologie der Postmoderne, München 1993

5 a.a.O., S. 49

6 Paul Virilio: Die Sehmaschine, Berlin 1989

7 Siehe hierzu vor allem: Gero von Randow: Die neue Macht des Auges, Die Zeit Nr. 14, 13. März 1995, S. 49ff.

8 Alan Turing, ein Mathematiker aus Cambridge, spielte beim Entwurf der begrifflichen Grundlage moderner Computer eine entscheidende Rolle. Turings berühmte Abhandlung aus dem Jahre 1937 „On Computable Numbers with an Application to the Entscheidungsproblem“, skizzierte den „Universalautomaten“, eine Allzweckmaschine, die zur Lösung endlicher mathematischer und logischer Probleme progammiert werden konnte.

9 Marshall McLuhan: Die Gutenberg-Galaxis. Ende des Buchzeitalters, Bonn 1995 (Neuauflage)

10 Das Höhlengleichnis findet sich im siebten Buch der Politeia. Platon: Der Staat. Deutsch von August Horneffer, Stuttgart 1955, S.226 ff.

11 „Die Menschheit lebt gefesselt in einer unterirdischen Höhle. Ihr Blick ist einseitig in das Dunkel gerichtet. Nur ein weit entfernt in ihrem Rücken leuchtendes Feuer erhellt die Felsenhöhle, an deren Wänden die Schattenbilder von Gestalten erscheinen, die sich in endlosem Zuge vorüberbewegen und vielerlei Gegenstände mit sich führen. Die in der Höhle Gefesselten glauben mangels Erfahrung in dem vom fluktuierenden Licht verzeichneten Schattenbildern die Wirklichkeit zu erblicken. Gelänge es den Gefesselten, den Blick dem entfernten Feuer oder gar dem strahlenden Sonnenlicht vor der Höhle zuzuwenden, so wären sie zuerst geblendet, bevor sie allmählich im Stande wären, die Wirklichkeit zu erkennen, von der sie bisher nur die Schatten wahrgenommen hatten. Diese Schatten sind das unvollkommene Erfahrungswissen, das mit dem Heraustreten der Menschen aus der Höhlenfinsternis zur Wirklichkeit und wahren lichtdurchfluteten Erkenntnis führt. Aus dem Halbdunkel kommend und über Sinnestäuschungen und Trugschlüsse hinweg erreicht die Menschheit den aufwärtsführenden Pfad zum Licht der Idee des Guten.“ Zusammenfassung des Höhlengleichnisses nach: Kurt M. Jung: Europäische Geistesgeschichte, Berlin 1958, S. 58

12 Niclas Luhmann: Ökologische Kommunikation, 3. Aufl. Opladen 1990; Niclas Luhmann: Soziale Systeme, 5. Aufl. Frankfurt am Main 1994

13 Sie hierzu: Wolfgang Coy: Mit fotografischem Gedächtnis, in: Hubertus von Amelunxen, Stefan Iglhaut, Florian Rötzer (Hrsg.): Fotografie nach der Fotografie, München 1995, S. 67-72; Paul Werner: Die Skandalchronik des deutschen Films, Bd.1: Von 1900 bis 1945, Frankfurt am Main 1990; William J. Mitchell: When is seeing believing?, in: Scientific American, Band 270, Februar 1994, S. 44-49

14 Wolfgang Coy: Mit fotografischem Gedächtnis, in: Hubertus von Amelunxen, Stefan Iglhaut, Florian Rötzer (Hrsg.): Fotografie nach der Fotografie, München 1995, S. 72

15 Siehe hierzu: Ludger Derenthal: Matthias Wähner. Mann ohne Eigenschaften/Man without Qualities, in: Hubertus von Amelunxen, Stefan Iglhaut, Florian Rötzer (Hrsg.): Fotografie nach der Fotografie, München 1995, S. 282-287

16 Fritz Wolf: Wiederkehr der Allegorien. Dokumentarische Bilder und die Folgen der Digitalisierung, in: Fritag, 29. März 1996, S. 11

17 Ludger Derenthal: Matthias Wähner. Mann ohne Eigenschaften/Man without Qualities, in: Hubertus von Amelunxen, Stefan Iglhaut, Florian Rötzer (Hrsg.): Fotografie nach der Fotografie, München 1995, S. 284

18 Fritz Wolf: Wiederkehr der Allegorien. Dokumentarische Bilder und die Folgen der Digitalisierung, in: Freitag, 29. März 1996, S. 11

19 Ludger Derenthal: Matthias Wähner. Mann ohne Eigenschaften/Man without Qualities, in: Hubertus von Amelunxen, Stefan Iglhaut, Florian Rötzer (Hrsg.): Fotografie nach der Fotografie, München 1995, S. 282

20 Fritz Wolf: Wiederkehr der Allegorien. Dokumentarische Bilder und die Folgen der Digitalisierung, in: Freitag, 29. März 1996, S. 11

21 Das Drehbuch zum Film wurde nach dem Roman „Forrest Gump“ von Winston Groom erstellt. Das Drehbuch weicht jedoch inhaltlich in einigen Passagen von der Handlung des Romans ab. Winston Groom: Forrest Gump, München 1995

22 Blade Runner, USA 1982, R.: Ridley Scott, D.: Harrison Ford, Sean Young

23 Peter Lunenfeld: Die Kunst der Posthistorie. Digitale Fotografie und elektronische Semiotik, in: Hubertus von Amelunxen, Stefan Iglhaut, Florian Rötzer (Hrsg.): Fotografie nach der Fotografie, München 1995, S. 98

24 a.a.O., S. 98

25 Siehe hierzu: Philippe Quéau: Die Fotovirtualität, in: Hubertus von Amelunxen, Stefan Iglhaut, Florian Rötzer (Hrsg.): Fotografie nach der Fotografie, München 1995, S. 112/113

26 a.a.o., S. 113

27 a.a.O., S. 113

28 Reinhard Brandt: Vom Spiegelbild zum Kunstbild, noch unveröffentlichtes Manuskript, Marburg 1996, S. 1; das zur Veröffentlichung bestimmte Manuskript wurde mir freundlicherweise vom Autor zur Verfügung gestellt

29 Klaus Kreimeier auf der Tagung „Trau-Schau-Wem. Digitalisierung und dokumentarische Form, Stuttgart 1996

30 Reinhard Brandt: Vom Spiegelbild zum Kunstbild, noch unveröffentlichtes Manuskript, Marburg 1996, S. 3;

31 a.a.O., S. 3

32 George Legrady: Bild, Sprache und Überzeugung in Synthese, in: Hubertus von Amelunxen, Stefan Iglhaut, Florian Rötzer (Hrsg.): Fotografie nach der Fotografie, München 1995, S. 91

33 Fritz Wolf: Wiederkehr der Allegorien. Dokumentarische Bilder und die Folgen der Digitalisierung, in: Freitag, 29. März 1996, S. 11

34 zitiert nach: a.a.O., S. 11

35 zitiert nach: a.a.O., S. 11

36 zitiert nach: a.a.O., S.11

37 zitiert nach: a.a.O., S.11

38 Gert Heidenreich: Die Nacht der Händler, München 1995

39 Gert Heidenreich, in: „Hat Kohl Madonna geküßt?“ Wie man Bilder manipulieren kann. ARD-Sendung, 28.2.96, 21.45

40 Siehe hierzu: Gero von Randow: Die neue Macht des Auges, Die Zeit Nr. 14, 13. März 1995, S. 49ff.

41 Siehe hierzu: Rainer Schnell: Computersimulationen und Theoriebildung in den Sozialwis-

senschaften, in: Kölner Zeitschrift für Soziologie und Sozialpsychologie, 1990, 42, 1, S.109-128

42 Fredric Vester: Unsere Welt- ein vernetztes System, München 1993

43 Zu Nam June Paik siehe: Edith Decker: „Von der Aktions- zur Videokunst, in: Monika Wagner (Hrsg.): Moderne Kunst, Hamburg 1992, S.570 ff.

44 Eine Variante des „TV-Buddha" ist u. a. im Museum Ludwig in Köln zu betrachten.

45 Alvin Toffler: Die Dritte Welle. Perspektiven für die Gesellschaft des 21. Jahrhunderts, München 1980

46 Deutsche Übersetzung: Anthony Giddens: Konsequenzen der Moderne, Frankfurt am Main 1995

47 So z. B. in der folgenden Formulierung: „Der altertümliche Arm ächste, als er nach einem anderen Glas griff. Es war eine russische Militärprothese, ein Greifer mit sieben Funktionen, rückkoppelungsgesteuert, kraftgetrieben und eingegossen in schmuddeliges, pink Plastik" (Neuromancer, S. 10); der Consolencowboy Case, vollgepumpt mit Drogen, benötigt zum Überleben eine künstliche Bauchspeicheldrüse; in Gibsons Erzählung „Chrom brennt" prostituieren sich Frauen für die Finanzierung künstlicher Sendais-Augen, um in das Simstim-Geschäft (Simulated Stimuli, Art Showgeschäft im Zeitalter des Cyberspace) einzusteigen.

48 Der Gedanke der Prothese findet sich in Lems „Summa technologiae" z. B. im Kapitel „Rekonstruktion des Menschen". Hier heißt es: „Es ist also möglich, den Organismus schrittweise umzustimmen... Wahrscheinlich wird dieser Prozeß unter dem Druck objektiver Notwendigkeit und technologischer Möglichkeiten zweigleisig verlaufen: in Gestalt biologischer Veränderungen (Beseitigung von Defekten, Verstümmelungen u. dgl. durch Transplantationen sowie in Gestalt von prothetisierenden Veränderungen (dann, wenn die mechanische, tote Prothese einem natürlichen Transplantat im Gebrauch überlegen ist). Es versteht sich von selbst, daß eine in diesem Sinne begrenzte Prothestisierung keinesfalls zur Robotisierung des Menschen führen wird." Stanislaw Lem: Summa technologiae, Berlin 1980, S. 545 ff.

49 „Viele Maschinen sind funktionelle Erweiterungen des menschlichen Körpers, im wesentlichen Prothesen". Joseph Weizenbaum: Die Macht der Computer und die Ohnmacht der Vernunft, Frankfurt am Main 1994, S. 38

50 So heißt es bei Baudrillard z. B.: „Nicht nur die Künstliche Intelligenz, sondern alle High-Tech-Bereiche illustrieren die Tatsache, daß hinter seinen Doubles und Prothesen, seinen biologischen Klonen und virtuellen Bildern der Mensch steht und sie benützt, um sich davonzustehlen." Jean Baudrillard: Die Illusion und die Virtualität, Bern 1994, S. 15

51 So heißt es bei Virilio z. B.: „Diese [durch die Virtual Reality ausgelöste] Verringerung der gewohnten Bewegungen kann schließlich nur mit der Behinderung eines Gelähmten verglichen werden, der mit Prothesen ausgerüstet ist, ..." Paul Virilio: Rasender Stillstand, München, Wien 1992, S. 116

52 Vgl. auch Bernd Flessner: Auf der Suche nach der verlorenen Wirklichkeit. Kritische Anmerkungen zu einem Leben im Cyberspace, in: Kultur & Technik, 2/1995 sowie Bernd Flessner: Weltprothesen und Prothesenwelten. Zu den technischen Prognosen Arno Schmidts und Stanislaw Lems, Frankfurt am Main, Bern, New York, Paris 1991

53 So etwa Weizenbaum: „Es ist wichtig sich vor Augen zu halten, daß die neugeschaffene Wirklichkeit im Vergleich zur früheren eine Verarmung war und bleibt, denn sie beruht auf einer Verwerfung jener direkten Erfahrungen, die die alte Wirklichkeit im Grunde konstituierten und deren Basis ausmachten." Joseph Weizenbaum: Die Macht der Computer und die Ohnmacht der Vernunft, Frankfurt am Main 1994, S. 45

54 Piers Anthony: Killobyte, New York 1993

55 Der „Realzeitbehinderte" ist eine von Virilio benutzte Metapher

56 Siehe hierzu: Petra Thorbrietz: Krank durch Computer, Die Woche, 17. November 1995

57 a.a.O.

58 a.a.O.

59 a.a.O.

# Kapitel 8
# CyberSociety: Gefahren und Chancen

„Virtual Reality - eine Zukunftsvision neuer Welten, die sich schrittweise auf uns zubewegt. Inwieweit sie unser reales Leben beeinflussen wird, kann man heute noch nicht absehen. Wem es zuviel wird, der kann ja einfach den Stecker rausziehen. Kein Strom, keine Virtualität.“[1]

Den Stecker herausziehen - so einfach wie sich die Moderatoren der ZDF-Sendung „X-Base Computer Future Club“ die Lösung der Probleme vorstellen, die mit der Technologie der Virtual Reality verbunden sind, wird es wohl kaum sein.

Immer häufiger ist in den Medien die Rede von information highways, Teleshopping, Digitalisierung und networks und viele werden denken: „Was geht mich das an, dies ist ja nur etwas für Computerfreaks, die stundenlang hinter dem Bildschirm sitzen.“ Anhand der bereits vorgestellten Anwendungsbeispiele sollte jedoch deutlich geworden sein, daß diese Position weit gefehlt ist. In den nächsten Jahren wird die Gesundheit, das Leben, mit Sicherheit aber der Arbeitsplatz jedes einzelnen von der Technologie der Virtual Reality gravierend verändert werden.

## 8.1 Gefahren und Chancen auf betrieblicher Ebene

Die Thematik der Telearbeit verdeutlicht, daß der eigene Arbeitsplatz in kürzester Zeit in ferne Länder verschwinden kann. So existieren bereits zahlreiche Beispiele, daß amerikanische Versicherungen Abwicklungsarbeiten einfach nach Irland verlegen und ihren eigenen Beschäftigten kündigen.

Ein Kernproblem bei der Analyse der Gefahren und Chancen der CyberSociety ist die Auflösung des klassischen Betriebes und damit verbunden der klassischen Arbeitsorganisation. Datenautobahnen werden den gesamten Globus miteinander verbinden, multimediale Dienstleistungen und verteiltes Arbeiten werden in zunehmendem Maße den Alltag bestimmen. Die informationstechnische Überwindung der räumlichen Trennung von Arbeitsplätzen reorganisiert die betriebliche Welt von Grund auf. Bei der Kommunikation zwischen verteilten Arbeitsplätzen wird vor allem das Bildtelefon eine große Rolle spielen.

Die Firma „Media Systems“ in Karlsruhe hat ein System entwickelt, das es dem angeschlossenen Computer ermöglicht, ein virtuelles Ansehen von Menschen zu errechnen. Die Kommunikationspartner sitzen vor einem normalen Monitor, während sie bildtelefonieren. Um den Monitor herum sind drei Kameras aufgebaut, welche das Gesicht und die Position der Augen aufnehmen. Das System bietet den Vorteil, daß der Gesprächspartner den Eindruck erhält, der jeweils andere würde ihn wie in einer face-to-face-Kommunikation anschauen. Das Projekt der Karlsruher Firma wird zusammen mit Forschungspartnern in Tübingen und Berlin durchgeführt. Während der Dauer des Projektes sind die MitarbeiterInnen per Bildtelefon bereits miteinander verbunden. Fahrtkosten, so der Geschäftsführer, würden auf diese Weise deutlich reduziert. Die 25 am Projekt beteiligten Personen müßten höchstens einmal pro Vierteljahr zusammen treffen. Das Beispiel der Karlsruher Firma zeigt, daß auf der betrieblichen Ebene neben dem „realen Firmenraum“ eine Parallelwelt entsteht, eine betriebliche Cyberwelt. Realer Raum und virtueller Raum vernetzen sich so zu einer „Virtual Company“, einer virtuellen Firma. „Das heißt, Teile des Unternehmens sind virtuell, sind dynamisch. Von Projekt zu Projekt, von Produkt zu Produkt werden bestimmte Verbindungen geknüpft, und diese Zellen mit ihren Verbindungsleitungen bestehen so lange, wie sie wachsen. Wenn die Aufgaben beendet sind, das Produkt seine Lebenszeit gehabt hat, werden die Verbindungen gelöst und woanders neu aufgebaut.“[2]

Die Virtualität führt zu neuen Organisationsstrukturen, welche zur Zeit am deutlichsten im Verlagswesen erkennbar sind. „Collaborative Engineering“ führt hier zu rund um den Globus verteilten Teams, die 24 Stunden am Tag an gemeinsamen Projekten arbeiten.

Eine der möglichen Prognosen lautet somit, daß virtuelle Welten auf der betrieblichen Ebene zu einer Zunahme virtueller Firmenstrukturen sowie damit verbunden der Telearbeit und verteilter Arbeitsplätze führen. Ein virtuelles Unternehmen kann dabei sehr unterschiedlich beschaffen sein:

- es kann fast ausschließlich virtueller Natur sein
- es kann ein reines Unternehmen auf Zeit über Unternehmensgrenzen hinweg darstellen
- es kann virtuelle Strukturen von Projekt zu Projekt ausbilden
- es kann auf Dauer räumlich gebundene Firmentätigkeiten mit Telearbeit verbinden
- es kann Dienstleistungen virtuell über weltweite Netze anbieten.

Als eine Art Idealtypus wollen wir unter einer virtuellen Firma ein weltweit vernetztes Unternehmen verstehen, das über umfassende virtuelle Bürostrukturen verfügt, im Produktionsbereich die Technologie der Virtual Reality (u. a. virtuelle Simulationen) einsetzt und einen relevanten Teil der Arbeit auf der Basis von Telearbeit von virtuellen Teams ausführen läßt.

Die ersten virtuellen Telearbeitsplätze enstanden in der Computer-Branche, wie u. a. bei der Produktion von Videospielen.[3] In diesem Bereich existieren zahlreiche Firmen, welche überwiegend virtueller Natur sind. In der Regel existiert bei solchen Firmen nur ein kleines Büro, welches als elektronische Schaltzentrale fungiert. Die Firma verfügt über sehr wenige feste Angestellte. Auf diese Weise werden vor allem

Miete und Personalkosten sowie Sozialabgaben gespart. Der eigentliche Sitz rein virtueller Firmen ist eher im globalen Datennetz zu verorten als unter der angegebenen Firmenadresse. Bei Computerspielen kommen auf diese Weise z. B. Story und Dialoge aus dem Ruhrgebiet, Teile der Programmarbeit aus den USA, die Grafik aus dem Bosporus und die Musik aus Indien.

Wenn die Aufträge drängen, so erklärt der Firmenchef einer virtuellen Software-Firma mit nur fünf festen Angestellten und einem vernetzten Büro unter dem Dach, „können wir online 70 Leute aufbieten.“[4] Das Unternehmen, welches Computerspiele für Werbezwecke herstellt, verteilt Programmierarbeiten an Grafiken und Soundeffekten an freiberufliche Spielesoftware-Spezialisten oder an Subunternehmen. Die virtuellen Firmenangehörigen können sich jederzeit über das Telefonnetz per Hochgeschwindigkeitsmodem in den Firmenrechner einloggen. Firmen mit nur wenigen Beschäftigten wachsen so in Stoßzeiten auf eine mehrfache MitarbeiterInnenzahl an. Spezialisierte Telearbeiter und Subunternehmer werden auf diese Weise im Datennetz zu unsichtbaren Ad-hoc-Unternehmen zusammengefaßt. Aber auch außerhalb der Computer-Branche enstehen längst virtuelle Arbeitsplätze, so z. B. in der Druckindustrie, in der Medizin sowie bei Übersetzungsbüros.

Bei Firmen mit überwiegend virtuellem Charakter handelt es sich meist um Klein- und mittelständische Unternehmen. Der reale Raum hat die Funktion einer elektronischen Zentrale, seine Bedeutung erschöpft sich fast im juristischen Nachweis einer Firmenadresse, in der Existenz einer Postadresse für Kunden, die weiterhin ihre Post auf dem traditionellen Postweg verschicken. Die Arbeit selbst ist nicht mehr ortsgebunden, sie findet im virtuellen Raum statt. Die realen Arbeits- und Wohnsitze der MitarbeiterInnen, die sich in unterschiedlichen Gegenden, ja Kontinenten befinden können, werden auf diese Weise zu einer virtuellen Organisationsstruktur miteinander verbunden. Der reale Raum erfährt eine Abwertung, es dominiert der virtuelle Raum, dessen Kostenvorteile von Seiten der virtuellen Firma im Konkurrenzkampf ausgenutzt werden.

Es ist davon auszugehen, daß die Anzahl solcher Firmen, deren Gänge und Fluren in den weltweiten Datennetzen liegen, in der nächsten Zeit zunehmen wird. Der Begriff der virtuellen Firma sollte jedoch nicht auf diesen Typus beschränkt werden, wie dies in zahlreichen Definitionsversuchen der Fall ist. Virtual Corporations bzw. Companies im engeren Sinne werden definiert als „lose Zusammenschlüsse (von Selbständigen) für die Dauer von ein oder mehreren Projekten.“[5] Typisch für die enge Fassung des Begriffes der Virtual Corporation ist folgende Definition: „Die Virtual Corporation ist ein zeitweiliges Netzwerk von unabhängigen Unternehmen, welche durch Informationstechnologien verbunden sind, um Fähigkeiten, Kosten und den gegenseitigen Marktzugang zu teilen ...“.[6] Die Virtual Corporation ist „fließend und flexibel - eine Gruppe von Zusammenarbeitenden (‘collaborators’), die sich schnell vereinen, um eine bestimmte Gelegenheit auszunutzen. Sobald die Gelegenheit genutzt wurde, wird die Verbindung sich in den meisten Fällen auflösen.“[7]

Eine solche enge Fassung des Begriffes einer virtuellen Firma hat jedoch den entscheidenden Nachteil, daß sie den Prozeß der Virtualisierung eines bereits bestehenden, räumlich klar zu verortenden Unternehmens außer Acht läßt. Virtuelle Firmen werden dergestalt reduziert auf elektronische Firmenzusammenschlüsse, die quer zu bestehenden hierarchischen Strukturen liegen und temporären Charakters sind. Die enge Fassung des Begriffes der Virtual Corporation focussiert somit auf kleinere und mittelständische Unternehmen. Von entscheidenderer Bedeutung ist jedoch der komplexe Prozeß der Virtualisierung betrieblicher Abläufe bei Großunternehmen, die stets in relevantem Maße im realen Raum präsent bleiben, so daß wir im folgenden zwischen der engen und weiten Fassung eines virtuellen Unternehmens unterscheiden wollen.

Der virtuelle Raum, sei es in Gestalt eines virtuellen Designs im Karosseriebau, virtuellen Simulationen neuer Produktionsanlagen, Telekonferenzsystemen wird auch bei Großunternehmen qualitativ an Bedeutung gewinnen und sich auf vielfältige Weise mit dem realen Raum verknüpfen, ihn ergänzen und an bestimmten Stellen überlagern und ersetzen.

In der nächsten Zeit dürften sich die gravierendsten Auswirkungen im Bereich der Bürotätigkeit abspielen. Großraumbüros sind eine Erscheinung der klassischen Industriegesellschaft. Das klassische Unternehmen als eine Organisationsform, die feste Mitarbeiter zu festen Zeiten an einem Ort versammelt, scheint ausgedient zu haben. Teleworker, virtuelle Firmen und telefähige Arbeitsplätze senken vor allem hohe Lohn- und Lohnnebenkosten und sorgen für eine weitgehende Flexibilisierung der Arbeitsverhältnisse. Die Virtualisierung im Firmenbereich erweist sich als eine Möglichkeit, teure Büro- und Gewerbemieten zu reduzieren. „Die US-Telefongesellschaft AT&T verkleinerte auf Grund der Telearbeit ihr New Yorker Büro von 6.500 auf 2.400 Quadratmeter, IBM kappte seit 1991 seine Pro-Kopf-Bürofläche um mehr als 20%."[8] Telearbeit und telefähige Arbeitsplätze sind aus der Rationalisierungssicht der Firmen im Kommen. Dabei ist Telearbeit in keinster Weise, wie dies oft geschieht, mit Bildschirmtätigkeit gleichzusetzen. Unter Telearbeit verstehen wir eine Arbeitsform, bei der die Mitarbeiter (meist Angestellte) über Computer, Modem und Telefon oder ISDN mit dem Arbeitgeber verbunden sind. Die Mitarbeiter sitzen an einem externen Arbeitsplatz. Ihre Arbeitsergebnisse gelangen in Form von Datenpaketen in das Unternehmen. Bei den Mitarbeitern kann es sich um Angestellte handeln, die ausschließlich oder alternierend am häuslichen Telearbeitsplatz arbeiten oder um freie Mitarbeiter, die ihre Arbeitsleistung auf dem freien Markt anbieten. Ziel des Managements dürfte es sein, mit Hilfe der Teleworker Stammbelegschaften zu reduzieren. Der Kommunikationsforscher Johannes Erhardt urteilt dementsprechend: „Die neuen Kommunikationsarbeitsplätze ändern nicht nur Jobs, sie schaffen sie ab. Den herkömmlichen Arbeitsplatz wird es bald nicht mehr geben ... Jeder bietet seine Kompetenz an und bringt sie in komplexe Projekte ein, die von immer neu zusammengesetzten Teams bearbeitet werden. Man trennt zwischen der Arbeit, die getan werden muß, und einem festen Arbeitsverhältnis."[9]

Jeder fünfte Betrieb beschäftigt sich bereits mit Konzeptionen zur Einführung der Telearbeit. Eine Expertengruppe der Telekom hält in Deutschland bereits 2 Millionen Arbeitsplätze und ca. 150.000 Firmen für telefähig. Das Fazit einer EU-Studie lautet, daß jedes dritte mittelständige Unternehmen Tele-Arbeitsplätze offerieren könnte, das entspricht 9% der Arbeitsplätze. Der EU-Kommissar Peter Johnston prognostiziert, daß im Jahre 1998 in der EU 7,5% der Erwerbstätigen Telearbeiter sein werden und in Telezentren oder zuhause ihre Jobs erledigen. In Großbritannien liegt der Anteil der Telearbeiter bereits bei 7,4%.[10] Für das Jahr 1994 schwankt laut Schätzungen die Zahl der Telearbeiter in den USA zwischen 5,5 und 8,3 Millionen, was ca. 3 bis 6 Prozent der berufstätigen Bevölkerung entspricht, in Deutschland waren es lediglich 15.000 angestellte Telearbeiter.[11] Wie unsicher diese Angaben und Prognosen auch sein mögen, Telearbeitsplätze liegen aus der Sicht der Unternehmen im Trend.

Eine massenhafte Entwicklung von Telearbeitsplätzen prognostizierten schon Jahre zuvor Futurologen wie Alvin Toffler und John Naisbitt. Ihre Prognosen basierten weitgehend auf einer Studie des M.I.T. sowie der „Data Results“, die für das Jahr 2000 voraussagten, daß 40 Prozent aller US-Bürger von zuhause aus arbeiten. Eine Prozentangabe, die auch einige Jahrzehnte nach der Jahrtausendwende nicht erreicht werden dürfte. Selbst wenn es jedoch im Jahre 2000 in Europa nur ca. 10 Prozent sein werden, so würde bereits diese Zahl eine grundlegende Veränderung der Arbeits-, Beschäftigungs- und Unternehmensstruktur bedeuten.

Die Bedeutung der Telearbeit ergibt sich vor allem im Kontext betrieblicher Rationalisierungsoffensiven. Die Virtualisierung relevanter Unternehmensabläufe ordnet sich nahtlos in bestehende Konzepte wie „Lean Office“, „Lean Management“, „Reengineering“ und „Workflow“ ein. Die Technologie der Virtual Reality schafft erst die Grundlagen für die „Rationalisierungsoffensive 2000“. So gehen Consulting-Unternehmen davon aus, daß sich im Bürobereich durch moderne, computergestützte Ablauforganisationen bis zu 50% aller Arbeitsplätze einsparen lassen, im Jahre 1995 wurden weltweit alleine zehn Milliarden Dollar in derartige Systeme investiert.[12] Workflow-Konzepte sollen eine durchgehende elektronische Bearbeitung von Geschäftsprozessen ermöglichen. Geschäftsvorgänge werden auf diese Weise per Computer gesteuert und überwacht. Organisationsstrukturen werden radikal verändert, bestehende Hierarchien werden „ausgedünnt“. Der Präsident des Internationalen Management Congress (IMC) Jack Lacy geht davon aus, daß solche Konzepte am meisten vom Zukunftsmarkt Multimedia profitieren werden.[13]

Online Datenaustausch und Videokonferenzsysteme können im Kontext von Workflow- und Lean Office-Konzeptionen die Effektivität erhöhen. Die Workflow-Logik möchte in ihrem Selbstverständnis aus Sachbearbeitern, die einen Großteil ihrer Arbeit damit verbringen, Dokumente und Informationen zu suchen, moderne Informationsbroker machen. Sind erst einmal alle erforderlichen Daten digitalisiert, dann ließe sich eine Menge Geld einsparen, wenn die benötigten Daten im richtigen Augenblick angeliefert werden. Der Informationsbroker könnte als moderner Telearbeiter zu Hause arbeiten und so zu einer weiteren Kostensenkung beitragen. Überwacht wird er von Workflow-Systemen, die kontrollieren, ob er seine Aufgabe komplett erledigt. Insbesondere Rationalisierer haben die Kombination aus Workflow und Telearbeit, aus elektronischer Ablaufsteuerung von Geschäftsvorgängen und elektronischer „Heimarbeit" als Kettenglied neuer Rationalisierungsoffensiven ausgemacht.

Daraufhin angesprochen, was denn voraussichtlich die nächsten Rationalisierungsschritte im Bürobereich sein werden, antwortet der Leiter des Fraunhofer-Instituts für Arbeitswissenschaft und Organisation (IAO) Hans-Jörg Bullinger: „Im nächsten Schritt werden Workflow-Installationen über Unternehmensgrenzen hinweg entstehen. Man kann sie auch virtuelle Unternehmen nennen."[14] Damit schließt sich der Kreis zwischen VR-Technologien, Lean Office- und Workflow-Konzepten, der Telearbeit und der Virtualisierung betrieblicher Unternehmensstrukturen.

Auch bei den Großunternehmen war die Computerindustrie in Sachen Telejobs Vorreiter. Rund 400 Mitarbeiter beteiligen sich am Projekt „Außerbetriebliche Arbeitsstätte" der IBM Deutschland. Die Kosten für die technische Erstausstattung der Telearbeitsplätze beliefen sich dabei auf zwischen 6 und 20 tausend DM. Pro Arbeitsplatz fielen an zusätzlichen Telefonkosten monatlich 500 DM an. Für IBM Deutschland ein lohnendes Geschäft, da Reise- und Mietkostenanteile in nennenswertem Umfang gesenkt werden konnten. Die Mitarbeiter, welche nunmehr überwiegend zuhause arbeiten, sind laut Aussagen von „Big Blue" weitaus motivierter und produktiver als übliche Bürokräfte. Auch zahlreiche Studien halten eine ca. 10prozentige Leistungssteigerung pro Arbeitsplatz für möglich. Die Telekom Deutschland wirbt ferner mit dem Argument, daß auch strukturschwache Regionen so eine Chance erhielten.

Eine von IBM beim Psychologischen Institut der Universität Tübingen in Auftrag gegebene Studie ergab, daß Telearbeit noch recht viele Fragen offen läßt. Probleme sieht die Studie „im Abbruch sämtlicher Außenkontakte, in einer von oben verordneten Telearbeit ohne Comeback-Option und bei Vorgesetzten, die plötzlich alleine im Büro sitzen und keine klassische Kontrollmöglichkeit mehr haben."[15] Die Studie befragte in Intensivinterviews 38 Mitarbeiter, welche vor allem in den Bereichen Systemüberwachung, Programmieren, Entwicklung und Kundenservice tätig sind. „Alle Befragten (12 Frauen und 26 Männer) bewerteten die Auswirkungen des häuslichen Arbeitsplatzes auf ihre Arbeit äußerst positiv. Vier von fünf gaben an, zu Hause ungestörter und effizienter arbeiten zu können als im Betrieb, und fast zwei Drittel glauben, daß sie in den eigenen vier Wänden auch produktiver sind. Als Hauptursache dafür nannte man die Möglichkeit zu konzentrierter Arbeit und die Anpassung des Arbeitsrhythmus an die eigene Leistungskurve. Allerdings meinte die Hälfte der Befragten, daß mit einer freieren Wahl der Arbeitszeit auch ein höheres Maß an Selbstdisziplin notwendig sei, wobei dies aber nicht als Belastung erlebt wurde."[16] Für den Wunsch, zu Hause zu arbeiten, waren für die Mehrheit der Befragten (75 Prozent) primär private Gründe wie u. a. die Erleichterung der Kinderbetreuung ausschlaggebend.

Bei der Virtualisierung von Geschäftsabläufen könnte dem öffentlichen Dienst eine Vorreiterrolle zukommen. Die Telekom-Tochter DeTeBerkom betrachtet in dem von ihr durchgeführten Pilotprojekt „Breitbandanwendungen für verteilte Organisationen" Berlin als virtuelle Hauptstadt. Das Ziel des Konzeptes ist es, die 600 Kilometer zwischen Bonn und Berlin mit Hilfe von Telekonferenz-Systemen zu verkürzen. Da ein Großteil der beamteten Tätigkeit im Austausch von Schriftstücken, Akten, Briefen und Telefonaten besteht, könnten hier Teletätigkeiten greifen. Zwischen Bonn und Berlin durch einen Glasfaserstrang miteinander verbunden, proben mehrere Behörden bereits den virtuellen Beamtenapparat. Die Einführung von Telesystemen dürfte auch im öffentlichen Dienst zu einem Rationalisierungsinstrument werden.

Telearbeit wird in der Zukunft einen Milliardenmarkt darstellen. Millionen Menschen werden leistungsstarke Rechner benötigen, die mit Videokonferenzsystemen, Modems, Telefon- und ISDN-Anschluß auszustatten sind. Seitdem z. B. mit dem Proshare Video System einfache Personalcomputer als Terminals dienen können, zeichnen sich Videokonferenzsysteme durch starkes Wachstum aus. Während sich die Markterwartungen für teure, aufwendige Videostudios nicht erfüllt haben, bringen nunmehr preisgünstigere, standardisierte Systeme für den individuellen Arbeitsplatz die Mitarbeiter an einen Tisch. Während sich der Umsatz für personalcomputergestützte Videokonferenzsysteme in Deutschland im Jahre 1993 auf eine Million Dollar belief, waren es 1994 bereits 5 Millionen Dollar. Für das Jahr 1995 wurden 21 Millionen Dollar prognostiziert, für das Jahr 1996 bereits 61 Millionen. Bis zum Jahr 2000 wird von einem nahezu exponentiellen Wachstum ausgegangen. Die bisherigen Verkaufsergebnisse scheinen dies zu bestätigen.

Das Büro der Zukunft ist längst zu einem heiß umkämpften Markt geworden. So hat sich etwa die Firma Microsoft mit Siemens, Motorola, Compaq, Hewlett-Packard, NEC und anderen Hard- sowie Softwarefirmen verbunden, um Marktanteile zu sichern. Die Vision eines Büros der Zukunft soll die bisher isolierten Endgeräte wie Fax, Telefon, TV, Bildschirm, PC, Kopierer und Telekamera miteinander integrieren und auf eine gemeinsame technologische Plattform stellen. Auf diese Weise entstehen neue Allianzen, mit Firmenfunk und Business-TV neue Formen der Kommunikation. Die Entwicklungen auf dem Multimedia-Markt machen bislang existente Marktabgrenzungen obsolet und können zu einer Art Megabranche führen. „Telefongesellschaften können Fernsehprogramme anbieten oder Filme zuspielen, Kabelfernsehgesellschaften interaktive Multimediaprodukte vertreiben, Computerhersteller Geräte der Unterhaltungselektronik herstellen (und umgekehrt).“[17] Trennlinien zwischen den einzelnen Sektoren könnten schon in absehbarer Zukunft fallen. Was für die Multimediabranche gilt, könnte im Kontext virtueller Firmen auch branchenübergreifend gelten. Klassische Industriebranchenstrukturen, so läßt sich vermuten, werden sich im Kontext der Virtualisierung von Firmenstrukturen zunehmend auflösen.

Analysieren wir Chancen und Gefahren aus der Sicht der abhängig Beschäftigten, so ist die Frage nach den voraussichtlichen Beschäftigungseffekten virtueller Welten von zentraler Bedeutung. Arthur D. Little prognostiziert, daß durch Multimedia bis zum Jahr 2000 in Europa zehn Millionen Jobs entstehen würden. 5 Millionen davon entfielen auf neue Telearbeitsplätze, 3 Millionen seien in der Medienbranche angesiedelt und 2 Millionen im Dienstleistungsbereich.[18] Dem Bangemann-Report zufolge soll die Informationsgesellschaft in Deutschland ca. drei bis vier Millionen neue Arbeitsplätze in den nächsten fünf bis sechs Jahren schaffen. Etwa 800.000 würden Telearbeitsplätze sein, dies entspräche 2% der Erwerbstätigen.[19] In ganz Europa sollen es 10 Millionen sein. Schätzungen gehen davon aus, daß nach der Jahrtausendwende 20% aller Arbeitsplätze Telearbeitsplätze sein werden. Bundeswirtschaftsminister Günter Rexrodt hat das Ifo-Institut mit einer Untersuchung beauftragt. „Ergebnis: Die Informationsgesellschaft soll unter optimalen Bedingungen ... in Deutschland rund 1,5 Millionen zusätzliche Arbeitsplätze schaffen.“[20] Die Telekom verspricht schließlich auf ganzseitigen Zeitungsanzeigen mit Hilfe der Telekommunikation „die notwendigen neuen Arbeitsplätze zu schaffen.“

Solche Zahlen erweisen sich, zumal sie empirisch meist nicht abgesichert sind, als spekulativ und unseriös, da sie den neu hinzukommenden Arbeitsplätzen nicht die durch den Einsatz multimedialer Technologien wegrationalisierten gegenüberstellen. Angesichts des von uns bereits skizzierten Rationalisierungspotentials und der Tatsache, daß moderne Informationstechnologien hochgradig kosten- und in keinster Weise arbeitsintensiv sind, ist davon auszugehen, daß multimediale Technologien eher eine Arbeitsplatzvernichtung neuen Ausmaßes anstelle eines „Beschäftigungswunders“ bewirken werden. Videokonferenzsysteme, Telekooperation und Telebanking sind in erster Linie Rationalisierungsinstrumente auf Kosten der Beschäftigten, die vor allem im Dienstleistungsbereich zu Beschäftigungsabbau führen werden. „Die zunehmende Digitalisierung von Arbeitsplätzen zeigt ihre arbeitsplatzvernichtende Wirkung besonders im Bankwesen. In den nächsten Jahren soll dort ein Siebtel der Arbeitsplätze der Rationalisierung zum Opfer fallen.“[21] Trotz dieser Tatsachen spricht der Forschungsrat des Bundeskanzlers von „positiven Beschäftigungsimpulsen“ und beruft sich auf Schätzungen der EU, die von 3 bis 4 Millionen neuer Arbeitsplätze in den nächsten sechs Jahren ausgehen. Der Forschungsrat erwartet von der Teletechnik eine Steigerung der Produktivität von etwa 20 Prozent, Investitionen von mehreren hundert Millionen Mark jährlich und etwa 50 Milliarden Mark Umsatz im Jahr 2000.[22] Was auf der einen Seite jedoch so viele neue Arbeitsplätze schaffen soll, dies kann auch der Forschungsrat nicht verschweigen, vernichtet sie auf der anderen Seite wieder. So heißt es in den Feststellungen und Empfehlungen des Rates: „Die globale Komponente von Telekooperation und Telearbeit kann allerdings auch zum Verlust von Arbeitsplätzen führen.“[23]

Von großer Bedeutung für die soziale Situation der Beschäftigten dürfte auch die „virtuelle Sichtweise“ auf die Ressourcen eines Unternehmens sein.[24] Die Arbeitskraft wird in zunehmendem Maße wie das Produkt eines Zulieferers betrachtet, auch sie hat just-in-time und je nach Bedarf zur Verfügung zu stehen. Telearbeiter, die bei einem Unternehmen fest angestellt sind, könnten lediglich den ersten Schritt auf dem Weg einer gänzlichen Auflösung des Unterschieds zwischen Beschäftigungsverhältnis und Selbständigkeit darstellen. „Die Verwischung des Unterschieds zwischen ‘intern’ und ‘extern’ relativiert auch die Unterscheidung zwischen selbständigem Unternehmer, Angestellten bzw. Teilbetrieben eines Unternehmers.“[25]

Die neuen Selbständigen von morgen übernehmen als einzelne Arbeiten, führen diese unter Verwendung von EDV aus und kommen dabei praktisch ohne Geschäftsräume aus. Größere Projekte, welche ihre Kapazitäten überschreiten, können sie mit anderen Selbständigen durch Bildung von Virtual Corporations im engeren Sinne realisieren. „Die neuen Selbständigen sind die virtuellen Unternehmer, die in Virtual Corporations als Kleinunternehmer, Selbstangestellte, Einzelkämpfer auf allen Gebieten des Dienstleistungs- und Produktionsbereichs tätig werden. Es sind die Betreiber kleiner Schreibbüros, kleiner Werbeagenturen, die Einmann-Desktop-Publishing-Agenturen. Es sind die vielen Berater für alle möglichen Bereiche des gesellschaftlichen Lebens und des privaten Bereichs, die privaten Lehrer, die alle überwiegend von ihrem Wohnsitz aus tätig sind.“[26]

Der Zustand ohne „festen“ Job zu sein, immer auf dem Sprung und auf der Suche nach Projekten, bei denen man seine Fähigkeiten einbringen kann, könnte in Zukunft zum Leitbild einer Flexibilisierung werden, die vor allem die ältere Generation auf der Strecke läßt. Das Leben des Selbständigen als eine Art Typus zwischen Unternehmer und Tagelöhner wird durch positiv erfahrene Möglichkeiten einer flexibleren Gestaltung der Arbeitszeiten einerseits und einem wachsenden Grad an Selbstausbeutung andererseits bestimmt sein.

Die soziale Gefährdung fester Anstellungsverhältnisse bedeutet wiederum Perspektiven für Personen, die sich selbständig machen wollen. Der Anteil der Selbständigen dürfte in den kommenden Jahren aller Voraussicht nach steigen. Chancen bieten sich für hochqualifizierte Personen mit informationstechnischen Berufsprofilen. Insbesondere jüngere Menschen könnten neue Lebens- und Arbeitsweisen nutzen, die, zumindest im Vergleich zur klassichen betrieblichen Hierarchie, eine selbstbestimmtere Gestaltung des Lebens gestatten. Bleibt jedoch eine Verteidigung sozialer Standards, sowie die Durchsetzung von Beschäftigungprogrammen aus, geschieht dies um den Preis einer zunehmenden Segmentierung und Spaltung der Gesellschaft. Angesichts prognostizierter Arbeitsplatzverluste könnten die düsteren Visionen der Cyberpunk-Literaten recht behalten, wenn sie von einer Dichotomie zwischen High-Tech-Gewinnern und -Verlierern ausgehen, einer Polung in der Gesellschaftsstruktur.

Das Institut für Zukunftsstudien und Technologiebewertung kommt zu dem Ergebnis, daß der Trend bei Telearbeit „immer mehr zu höherqualifizierten Tätigkeiten, wie Software- und Systementwicklung, Zeichnen und Konstruieren geht.“[27] Das Forum InformatikerInnen für Frieden und gesellschaftliche Verantwortung (FIFF) geht von folgendem Szenario aus, falls keine aktive staatliche Regulierungspolitik erfolgt:

- Arbeit für die Masse der Bevölkerung wird es nicht mehr geben.
- Arbeit wird von immer mehr zeitlich begrenzt Beschäftigten geleistet.
- Die Schere zwischen qualifizierter und unqualifizierter Arbeit weitet sich aus.
- Weite Teile der Beschäftigten werden marginalisiert.[28]

Auch der Forschungsrat des Kanzlers geht davon aus, daß der massive Einsatz der Informations- und Kommunikationstechniken Inhalte und Strukturen der Arbeit in weiten Bereichen verändern wird. „In sogenannten virtuellen Unternehmen mit einer Vielzahl freier Mitarbeiter sind Unternehmen über Datennetze miteinander verbunden und arbeiten in Partnerschaft auf Zeit unter wechselnden Firmenschildern zusammen. Die Kooperation dezentraler Einheiten (einzelne Arbeitsplätze, Betriebseinheiten, ganze Betriebe, Wirtschaftszweige), dazu noch im internationalen Rahmen, wird vielfach zu einer verstärkten Neustrukturierung von Arbeitsteilung und Arbeitszusammenhängen zwischen Konzernen, Unternehmen und Betrieben in Raum und Zeit führen, und dies mit der Folge, daß sich nicht nur bisherige Berufsbilder ändern können, sondern auch Arbeitsverhältnisse, Organisationsformen von Unternehmen sowie Kooperations- und Abhängigkeitsverhältnisse zwischen Betrieben und Unternehmen."[29]

Bevor wir damit zu gesamtgesellschaftlichen Aspekten übergehen, wollen wir abschließend den Prozeß der Virtualisation betrieblicher Unternehmen überblickshaft skizzieren:

| **Bereich** | **Charakteristika** |
|---|---|
| MitarbeiterInnen | Interne und externe MitarbeiterInnen (Telearbeiter); hohes Maß an Flexibilisierung; neben der Stammbelegschaft werden in zunehmendem Maße selbständige Teleworker und Tele-Subunternehmer hinzugezogen |
| Produktion | VR-gestützte Produktionsverfahren, virtuelle Simulationen, just-in-time-Produktion |
| Marketing | virtuelle Produkte (z. B. virtuelle Modelle in der Architektur, virtuelle Karosserien im Automobilbau); Interaktivität mit dem Kunden |
| Management | Schlankes Management, hohe Bedeutung von Projektplanung und Projektdurchführung |
| Rationalisierungskonzepte | Lean Office, Lean Management, Lean Production, Reengineering, Workflow |
| Technologie | Virtual Reality, Multimedia, Videokonferenzsysteme, Client-Server-Architekturen, globale Vernetzung |
| Organisationsstrukturen | hohe Bedeutung von Virtuellen Teams und Virtual Corporations im engeren Sinne |

Tabelle: Virtualisierung der Unternehmen

Unter Virtualisierung betrieblicher Unternehmen verstehen wir folglich einen Rationalisierungsprozeß, in dessen Verlauf betriebliche Aufgabenstellungen zunehmend von virtuellen Teams unter Hinzuziehung selbständiger Teleworker und Tele-Subunternehmer auf Kosten der Stammbelegschaft bewältigt werden. Der Prozeß betrieblicher Virtualisation führt in Gestalt der Telearbeiter zur tendenziellen Auflösung der klassischen industriegesellschaftlichen Trennung zwischen Arbeitszeit und Freizeit, zwischen Arbeitsplatz und Wohnort. An die Seite des realen betrieblichen Raumes tritt der virtuelle Raum. Insbesondere bei Dienstleistungsunternehmen wird der Cyberspace Großraumbüros des klassischen Industriezeitalters verdrängen. Die Virtualisierung von Produktionsabläufen durch den Einsatz von VR-Technologie gestattet den Unternehmen eine Produktion rund um die Uhr.

## 8.2 Gefahren und Chancen auf gesamtgesellschaftlicher Ebene

Auf gesamtgesellschaftlicher Ebene gibt es eine Vielzahl relevanter Aspekte der CyberSociety. Es ist im Rahmen dieser Studie nur möglich, eine Auswahl zu treffen. Wir wollen uns auf vier Bereiche beschränken:

- Virtualisierung des Betriebes und Gewerkschaften
- VR als Strukturwandel der Öffentlichkeit
- Ökobilanz der CyberSociety
- Datenschutz und Datensicherheit.

Die vier ausgewählten Bereiche sollen im folgenden vor allem die Tiefe und Komplexität des Prozesses der Virtualisierung der Gesellschaft verdeutlichen.

### 8.2.1 Virtualisierung des Betriebes und Gewerkschaften

Als nicht nur auf betrieblicher, sondern auch auf gesamtgesellschaftlicher Ebene wichtigste Auswirkung der VR-Technologie könnte sich die Auflösung des klassischen Betriebes erweisen. Der Betrieb der Industriegesellschaft zeichnet sich u. a. durch die „Vermassung der Ware Arbeitskraft“ aus. Die Fließbandproduktion des fordistischen Zeitalters führte zu einer Konzentration der ArbeiterInnen in Fabrikhallen, der Betrieb ließ sich räumlich eindeutig fixieren. Zwar haben postfordistische Strukturen dieses Bild bereits relativiert, doch erst die Technologie der Virtual Reality setzt die Matrix an die Stelle räumlicher Koordinaten. Globalisierungstendenzen erhalten dergestalt eine neue technologische Grundlage. Die Auflösung des klassischen Betriebes u. a. in Gestalt des Telecomputing, der Büroarbeit daheim, führt zu einer Auflösung der klassischen betrieblichen Interessensvertretung. Ein virtueller Betrieb kann sich über mehrere Länder, ja Kontinente erstrecken, er kann verschiedene Klima- und Zeitzonen überspringen und erst recht nationalstaatliche arbeits- und sozialrechtliche Grundlagen. Probleme in neuen Dimensionen treten auf: Welches Arbeits- und Sozialrecht gilt in internationalen Datennetzen, welche Arbeitsschutzbestimmungen treten im virtuellen Raum in Kraft?

Virtuelle Unternehmen entziehen nationalstaatlichen Grundlagen auf diese Weise den Boden und führen zu tiefgreifenden Veränderungen in den internationalen Wirtschaftsbeziehungen. Eine globale Neuverteilung der Produktivkraftstrukturen sowie der Arbeit ist keinesfalls ausgeschlossen, neue globale Segmentierungen könnten die Folge eines solchen Prozesses sein. Der Standort als eine entscheidende Größe im Industriezeitalter spielt bei virtuellen Unternehmen keine Rolle mehr. Wo auf dem Globus ein Mitarbeiter sich befindet, wird in Zukunft vor allem in denjenigen Bereichen gleichgültig sein, wo fast ausschließlich mit Worten und Zahlen hantiert wird und Informationen jeglicher Art ausgetauscht werden. Die Voraussetzung der virtuellen Arbeitsform der Zukunft ist nur noch die Existenz eines Telefonanschlusses, eines PCs sowie eines Zugangs zu weltweiten Netzen. Wo die physikalische Anwesenheit an einem Ort an Bedeutung verliert, verliert zwangsläufig auch der Nationalstaat an Bedeutung. Der Weg von der Gutenbergschen Galaxis zur Turing Galaxis, vom Buch zum Cyberspace, könnte zu einer global-vernetzten Weltordnung führen.

Die Durchführung von Projekten auf internationaler Ebene stellt eine Bedrohung sozialer Standards in sogenannten „Hochlohnländern" dar. Elektronische Dienstleistungsangebote wirtschaftlicher Schwellenländer steigen und erhalten auf den internationalen Märkten wachsende Chancen. Die teilweise positiven Aspekte für Schwellenländer gehen jedoch vor allem in den westeuropäischen Ländern mit der Gefahr einher, daß bestehende arbeits- und sozialrechtliche Regelungen zunehmend unter den Druck der Informationsgesellschaft geraten. Die Deregulierung der Telepolitik könnte von einer Deregulierung der Arbeitswelt begleitet werden.

Die Vorstellung, daß der „Arbeitnehmer" der Industriegesellschaft zu einem „schutzlosen Nomaden" auf der Datenautobahn werden könnte, scheint angesichts der Virtual Corporations keineswegs weit hergeholt zu sein. Unter sozialen Gesichtspunkten ist vor allem eine umfassende gesetzliche Regelung der Teleheimarbeit erforderlich. Dabei kann es sich jedoch nicht, wie wir bereits gezeigt haben, um nationale Gesetze handeln, durchgesetzt werden müssen vielmehr weltweite Standards. Die Turing-Galaxis erfordert eine Internationalisierung der Rechtsordnung nicht nur im Arbeits- und Sozialbereich. Angesichts vielfältiger globaler Möglichkeiten von Arbeitsverlagerungen und Arbeitsplatzvernichtungen ist eine aktive staatliche Innovations- und Gestaltungspolitik erforderlich, sind länderübergreifende beschäftigungspolitische Strategien unumgänglich, die sich nicht vom Gedanken einer „Festung Europa", sondern von Vorstellungen einer globalen Humanisierung der Arbeits- und Lebensbedingungen leiten lassen sollten. Ein arbeits- und sozialrechtlicher Mindestschutz könnte auf EU-Ebene sowie im Rahmen der IAO angestrebt werden. Eine staatliche Deregulierungspolitik konservativer Prägung führt hingegen zu einer Art Negativszenario der „Informationsgesellschaft", zum, wie es Jeremy Riffkin formuliert, „Ende der Arbeit", zu einer Auflösung sozialer Standards im Nichts.

Damit sind wir bei der Frage angelangt, welcher gesellschaftliche Akteur dem

Negativszenario der CyberSociety etwas entgegensetzen und positiven Aspekten zum Durchbruch verhelfen kann. Genau hier liegt eines der größten Probleme. Die Auflösung des klassischen Betriebes wird tendenziell mit der Auflösung der betrieblichen Interessensvertretung einhergehen. Die Gewerkschaften, welche zu den klassischen Elementen der Industriegesellschaft zählen, sind von ihrer Struktur und der Anlage ihrer Interessensvertretungspolitik weitgehend am fordistischen Produktionstypus orientiert. Die Krise dieses Produktionstypus ist eine der zentralen Ursachen der Krise der Gewerkschaften. Historisch im 19. Jahrhundert unter den Bedingungen einer „Vermassung der Ware Arbeitskraft" entstanden, droht ihnen nicht nur der klassische Typus des Arbeiters und der Arbeiterin abhanden zu kommen, sondern auch der Ort ihrer Tätigkeit, der Betrieb. Dies heißt jedoch keineswegs, daß Gewerkschaften historisch betrachtet überflüssig geworden sind. Gerade angesichts der aufgezeigten Gefahren ist eine kollektive Interessensvertretungspolitik nötiger denn je. Doch das „Kollektiv" von einst differenziert sich durch eine zunehmende Individualisierung der Arbeitsverhältnisse in einem Maße aus, daß die Rolle der Gewerkschaften umfassend neu definiert werden muß. Die Virtualisierung des Betriebes erfordert als Konsequenz die Virtualisierung der Gewerkschaftspolitik. An die Seite des Betriebsrates gilt es Netzräte aufzubauen. Eine Konsequenz, die gerade angesichts der zur Zeit kaum vorhandenen Präsenz gewerkschaftlicher Kräfte in globalen Netzen umso dringender erscheint. Die Virtualisierung der Gewerkschaftspolitik bedeutet nicht nur das neue Medium als ein zentrales Mittel der Organisierung zu betrachten, sondern auch eine fast ausschließliche Orientierung an abhängig Beschäftigten aufzugeben. Eine Arbeitswelt, die stark von Selbstangestellten geprägt sein wird, die keinem einzelnen Betrieb mehr zuzuordnen sind und keiner einzelnen Industriebranche, bedeutet nur dann zwangsläufig eine weitere Schwächung der gewerkschaftlichen Basis und eine Verringerung ihres Mitgliederpotentials, wenn die Gewerkschaften die Selbstangestellten nicht als Nachfolger der Arbeiterschaft akzeptieren. Sicherlich wird die Gewerkschaftspolitik in keiner Weise einfacher, wenn es gilt, die Interessen eines Arbeitslosen, eines abhängig Beschäftigten und eines hochqualifizierten Selbstangestellten gleichermaßen als Ausgangspunkt von Interessensvertretungskonzepten zu begreifen. Eine Fixierung auf den Zustand des abhängig Beschäftigten würde jedoch nicht nur eine Schwächung der eigenen Basis bedeuten, sondern auch den Selbständigen nur die Möglichkeit ständisch beschränkter Verbandsorientierungen ermöglichen.

Betriebs- bzw. Netzräte werden angesichts der betrieblichen Virtualisierung auch in Sachen Arbeitszeit- und Entgeltregelungen gefordert sein. Soweit keine Selbständigkeit vorliegt, ist Telearbeit durch das Arbeitsrecht geregelt. Angesichts der Tragweite von Telearbeit sollte von gewerkschaftlicher Seite geprüft werden, ob nicht über eine Novellierung des Betriebsverfassungsgesetzes geklärt werden sollte, daß der Begriff des Betriebes unter dem Vorzeichen des Cyberspace weniger im klassischen Sinne räumlich, als vielmehr funktional zu verstehen ist. Um kollektivrechtliche Zuordnungsprobleme zu regeln, muß geklärt werden, „daß dem Betrieb auch seine Satelliten, demnach auch seine Außenarbeitnehmer und Telearbeitnehmer, angehören, mit der Folge, daß auch der entsprechende Betriebsrat zuständig ist und seine Mitwirkungs- und Mitbestimmungsrechte ausüben kann.“[30] Der Forschungsrat sieht folgende telearbeitsspezifischen Rechtsprobleme:

- im Individualarbeitsrecht, z. B. zum Arbeitsschutz (Arbeitszeit, Unfall, Gesundheit, Ergonomie), zur Haftung, zum Datenschutz und zur Gleichbehandlung
- im Zusammenhang mit der Scheinselbständigkeit und durch die zunehmende Internationalisierung. Würde das Normalarbeitsverhältnis mehr und mehr abgelöst, könnten erhebliche Konsequenzen für das System der Sozialversicherungen entstehen.[31]

Um mögliche Probleme bei grenzüberschreitender Telearbeit zu lösen, schlägt der Forschungsrat die Umsetzung der „Richtlinie über den europäischen Betriebsrat“ in nationales Recht vor.[32]

## 8.2.2. VR als Strukturwandel der Öffentlichkeit

In einem Kursbuch-Artikel aus dem Jahre 1970 mit dem Titel „Baukasten zu einer Theorie der Medien“ vertritt Hans Magnus Enzensberger die These, daß die Bewußtseinsindustrie zum Schrittmacher der sozio-ökonomischen Entwicklung wird.[33] Das Geheimnis der elektronischen Medien, so Enzensberger, liege in ihrer mobilisierenden Kraft und damit in ihrem politischen Moment begründet. Moderne elektronische Medien machten die massenhafte Teilnahme an einem gesellschaftlichen und vergesellschafteten produktiven Prozeß erst möglich. Fernsehen und Film, so Enzensberger, dienten zur Zeit nicht der Kommunikation; dies liege jedoch im Kern an ihrer konkreten Ausgestaltung, die eher zur Verhinderung von Kommunikation führe als zu ihrer Ermöglichung. Für Enzensberger ist das entscheidende demokratische Kriterium die Wechselwirkung zwischen Sender und Empfänger, das Organisieren und Ermöglichen umfassender feedbacks. Enzensbergers Gedanken erscheinen im Zusammenhang mit Debatten um die Gestaltung der „Datenautobahn“ hoch aktuell. Ähnliche Positionen werden heute z. B. vom Chaos Computer Club in Hamburg vertreten. Für Enzensberger enthalten die neuen elektronischen Medien eine große Chance, da sie prinzipiell keinen Gegensatz von Sender und Empfänger kennen. Die Entwicklung vom bloßen Distributions- zum Kommunikationsmedium sei kein technisches, sondern ein politisches Problem. Ähnliche Positionen vertrat Bertolt Brecht bereits in seiner Radiotheorie von 1932. „Der Rundfunk wäre der denkbar großartigste Kommunikationsapparat des öffentlichen Lebens, ein ungeheures Kanalsystem, wenn er es verstände, nicht nur auszusenden, sondern auch zu empfangen, also den Zuhörer nicht nur hören, sondern auch sprechen zu machen und ihn nicht zu isolieren, sondern ihn in Beziehung zu setzen.“[34]

Für Enzensberger liegt dem Schreckensszenario George Orwells von einer monolithischen Bewußtseinsindustrie ein überholtes, undialektisches Verständnis der Medien zugrunde. Die Möglichkeit einer totalen Kontrolle solcher Systeme durch eine zentrale Instanz gehöre nicht der Zukunft, sondern der Vergangenheit an. Die von zahlreichen Mediensoziologen kritisch artikulierten Verlusttheoreme wie Realitätsverlust, Identitätsverlust, Körperverlust, Sprach- und Kommunikationsverlust seien überholte Theoreme mit lediglich heuristischem Nutzen, um Einzeluntersuchungen zu ermöglichen. Modern könnte man formulieren, daß Netze wie das Internet nicht zentral kontrollierbar sind, dezentral strukturiert und von daher in ihrer technischen Substanz über große demokratische Potentiale verfügen. Den Verlusttheoremen in der Mediensoziologie stellt Enzensberger das Nodalisierungstheorem gegenüber (lat. node, der Knoten). Netze sind ihrem Wesen nach dezentral strukturiert, sie bestehen aus tausenden von Knoten und ermöglichen eine umfassende demokratisch strukturierte Sender-Empfänger-Dialektik. Die neuen Medien sind nach Enzensberger egalitär: durch einen einfachen Schaltvorgang kann jeder an ihnen teilnehmen, sie sind aktionsorientiert und nicht kontemplativ, augenblicks- und nicht traditionell orientiert. Mit den neuen Medien kann jeder zum Produzenten werden. Die gegenwärtige Isolation der einzelnen Teilnehmer am gesellschaftlichen Lern- und Produktionsprozeß kann aufgehoben werden.

Die Positionen können somit nicht härter aufeinander treffen. Während für die Kritiker der elektronischen Welten diese zu einer totalen Isolation der Subjekte führen, beinhalten sie für Enzensberger eine unermeßliche demokratische Potenz, um bereits bestehende Isolationen aufzuheben.

Die Neue Linke der sechziger Jahre, so Enzensberger, habe die Entwicklung der Medien auf einen einzigen Begriff gebracht, den der Manipulation; ein Begriff, der auch im „Eindimensionalen Menschen" von Herbert Marcuse eine entscheidende Rolle spielt.[35] Die Manipulationsthese der Linken sei jedoch, so Enzensberger, in ihrem Kern defensiv, sie führe zum Defaitismus, sie setze keine vorantreibenden Kräfte frei und diene lediglich der eigenen Entlastung. Die eigene Schwäche, mit diesen Medien umzugehen, benötige quasi ein Angstventil, ein Vehikel der Resignation. Verlusttheoreme stellten so betrachtet nichts anderes als Projektionen eigener Berührungsängste dar.

Hans Magnus Enzensberger stellt dem repressiven den emanzipatorischen Mediengebrauch gegenüber:

| **repressiver Mediengebrauch** | **emanzipatorischer Mediengebrauch** |
|---|---|
| zentral gesteuerte Programme | dezentralisierte Programme |
| ein Sender, viele Empfänger | jeder Empfänger ein potentieller Sender |
| Immobilisierung isolierter Individuen | Mobilisierung der Massen |
| passive Konsumentenhaltung | Interaktion der Teilnehmer |
| Entpolitisierungsprozesse | politischer Lernprozeß |
| Produktion durch Spezialisten | gemeinsame Produktion |
| Kontrolle durch Eigentümer, Bürokraten | gesellschaftliche Kontrolle durch Selbstorganisation |

Wir möchten uns an dieser Stelle den Positionen Enzensbergers weitgehend anschließen. In der Abwägung von Gefahren und Chancen der CyberSociety liegt unseres Erachtens im Bereich der Strukturierung der Öffentlichkeit ein großes, noch unausgeschöpftes Chancenpotential globaler Netze. Für demokratische Kräfte gilt es, dieses Potential auszuloten, zu verorten, einzufordern, zu gestalten und im Sinne des Tofflerschen Prosumenten aktiv zu nutzen. Manipulationstheoreme, so wichtig Science Fiction Arbeiten auch sind, die auf Gefahren manipulativer Art hinweisen, können zu einer Verweigerungshaltung und einer Schwächung von Positionen eines aktiven Gestaltens führen. Eine aktive Mitgestaltung kann sich sehr wohl der Gefahren virtueller Welten bewußt sein und durchaus auch ein „Nein" einschließen, z. B. ein „Nein" zu neuronalen Direktschaltungen in allen Fällen, wo keine medizinischen Erfordernisse vorliegen.

Wenn Kommunikationswege in Zukunft mehr und mehr zu einem Wirtschaftsgut und Information immer mehr zu einer Ware wird, gibt es noch ein weiteres Kriterium für einen emanzipatorischen versus repressiven Mediengebrauch: die Frage nach dem Preis und danach, wer sich diesen leisten kann. Im Trend einer zunehmenden Kommerzialisierung liegt z. B. die neue Regelung an einigen kalifornischen Universitäten: immatrikuliert werden soll nur noch, wer im Besitz eines PCs ist."[36] Müller-Maguhn vom Chaos Computer Club wies bei der Experten-Anhörung der Europäischen Gemeinschaft, die vor dem G7-Treffen stattfand, darauf hin, daß durch die Kommunikationspreise „darüberhinaus die Gefahr einer Spaltung der Gesellschaft in Informationsproduzenten und Informationskonsumenten" bestünde.[37]

Das Grundrecht auf Information wird zu einer der zentralen Forderungen einer demokratischen Informationsgesellschaft; es muß den gleichberechtigten Zugang zu sozial verträglichen Gebühren einschließen und das Recht, sowohl als VerbraucherInnen als auch als ProduzentInnen von Information zu agieren. Die Gefahr einer Dichotomisierung besteht auch im Verhältnis zwischen den G7-Ländern und den Ländern der Dritten Welt. Die Frage lautet, ob die moderne Informationsgesellschaft wirklich weltumspannend wird oder ob die G7-Länder den Dritte Welt Ländern lediglich ein schmales Trittbrett anbieten werden.

Die Literaten der Cyberpunk-Bewegung haben die Kommerzialisierung von Information und Informationswegen stets für äußerst bedenklich gehalten. „Non profit" und „Information wants to be free" waren auf dem Gebiet der Kommunikation Essentials ihrer in öffentlichen Reden und Foren skizzierten positiven Szenarien. „In my own best-case scenario", so William Gibson vor der National Academy of Sciences, „every elementary school and high school teacher in the United States of America will have unlimited and absolutely cost-free professional access to long-distance telephone service. The provision of this service could be made, by law, a basic operation requirement for all telephone companies. Of course, this would also apply to cable television. By the same token, every teacher in every American public school will be provided, by the manufacturer, on demand, and at no cost, with copies of any piece of software whatever ... What would this really cost us, as a society? Nothing. It would only mean a so-called loss of potential revenue for some of the planet's fattest and best-fed corporations. ... Does anyone demand a licensing fee, each time a child is taught the alphabet?"[38] Auch Bruce Sterling, die graue Eminenz des Cyberpunk, wettert gegen die fortschreitende Kommerzialisierung: „There's something wrong with the Information Society. There's something wrong with the idea that 'information' is a commodity like a desk or a chair. There's something wrong with patenting software algorithms. ... I don't think democracy will thrive in a milieu where vast empires of data are encrypted, restricted, proprietary, confidential, top secret, and sensitive. I fear for the stability of a society that builds sand castles out of databits and tries to stop a real-world tide with royal commands."[39]

Die Attraktivität und Verbreitung des Cyberspaces und der Virtual Reality läßt sich jedoch kaum aus den Intentionen der Marktführer in Sachen Kommunikation allein erklären. Es ist vor allem die Begeisterung, mit der täglich Tausende die Dienste des Internets nutzen, das Engagement zahlreicher Personen - wie auch Bruce Sterlings -, um das weltweit größte Netz mit neuer Software, neuen Rechnern, neuen Texten, Grafiken und Diensten zu versorgen.

Im zwischenmenschlichen Bereich sorgen vor allem die Hauptelemente der modernen Dynamik für die Attraktivität des Cyberspaces. Die von Anthony Giddens skizzierten Charakteristika der Postmoderne, die Entleerung der Zeit und des Raumes, die nicht-mehr-Angewiesenheit sozialer Aktivitäten auf einen bestimmten Ort, das Herausheben oder Herauslösen (disembedding) sozialer Beziehungen aus ihren lokalen Kontexten, die Rekonstruktion von Beziehungen über räumliche und zeitliche Distanzen hinweg, stellen im Internet einen Wesenszug computervermittelter Kommunikation und der Gestaltung medialer Öffentlichkeit dar.[40]

Die Gründung von virtuellen Gemeinschaften im Internet über Newsgruppen, Listserver oder dem Internet Relay Chat (IRC) - einer Art CB-Funk im Internet - ermöglicht Diskussionen, die sonst nur möglich sind, wenn alle Kommunikationspartner zur gleichen Zeit am gleichen Ort präsent sind. Die Kommunikation mit sehr vielen überwiegend unbekannten Kommunikationspartnern gleichzeitig und die Umkehr der klassischen Kommunikationsstruktur „erst treffen, dann kennenlernen", zu einem „sich virtuell kennenlernen und sich u. U. real treffen", macht die Attraktivität und den Reiz des Eintauchens aus. Der Reiz der Immersion und des Disembeddings wird noch unterstützt durch die Möglichkeit, virtuelle Identitäten anzunehmen, des spielerischen Aufbrechens starrer Rollen, die auch in der Postmoderne noch immer Individuen beengen. So erfüllt das Internet seinen Bewohnern über MUD-Server (multi user dimension) - in denen u. a. in Datenbanken errichtete imaginäre Welten der Phantasy-Romane wie „Herr der Ringe" mit zahlreichen Spielern gelebt werden können - auch den Wunsch des Ich-Erzählers im Roman „Mein Name sei Gantenbein" von Max Frisch, unterschiedliche Identitäten und sei es auch nur in der Fiktion zu leben; den Wunsch, das starre Bild, welches andere sich von einem machen, zu sprengen.

Insbesondere in der Realität des Internets als eine Art Weltforum, als eine virtuelle Agora, als ein globales Informations- und Diskussionsforum liegen die größten Chancen und Potentiale für ein demokratisches Cyberspace-Szenario. Diverse Rückkoppelungseffekte können einen Beitrag leisten, um undemokratische Strukturen in der Realität aufzubrechen. Und es ist vor allem dies, was gegenüber einer potentiellen Realität der Datenautobahnen verteidigt werden muß: die dezentrale Struktur des Internets, die Identitäten unterschiedlicher Informationssender, das Aufbrechen des bisherigen Medienmonopols, welches noch unerschöpfte Demokratisierungspotentiale in sich birgt.

Erstmals ist es möglich, für jeden Teilnehmer im Internet Texte, Diplomarbeiten, Diskussionspapiere, wissenschaftliche Aufsätze zur Verfügung zu stellen, ohne dafür einen Verleger zu finden. Zahlreiche neue wissenschaftliche Zeitschriften sind in den letzten Monaten in den USA virtuell erschienen, ohne daß ein Verlag sie herausbringt. Schon ist es üblich geworden, daß man zu Themen wie Cyberspace und Virtual Reality mehr Literatur in Form von Hypertexten im Internet findet als in einer Bibliothek. Die Literaturlisten der Zukunft werden überwiegend aus Hypertexten als aus hard cover-Literatur bestehen.

Der einzelne kann im Internet Debatten über relevante gesellschaftliche Themen initiieren, an bestehenden Diskussionsforen teilnehmen, Informationsserver, zum Beispiel zu den Themenbereichen „Rassismus“ oder „Friedens- und Konfliktforschung“, einrichten. Dies ist ein bisher nie erreichter Demokratisierungsgrad im Medienbereich, der mit Einwänden wie „pures Bildschirmgestammel“, „das Medium ist die Botschaft“, „ununterbietbarer small talk“, „PC-Fetischismus“, „purer Selbstzweck“ nicht zerredet oder gar verteufelt werden sollte.[41] Zu kritisieren wäre an dieser Stelle eher, daß es ein Demokratisierungsgrad ist, der zur Zeit noch immer einer Schicht vorbehalten bleibt: der männlichen, weißen Intelligenz.

Zu befürchten ist vor allem, daß durch die konkrete Ausgestaltung des Datenautobahnkonzeptes insbesondere im europäischen Raum das Medienmonopol, das durch das Internet in vielfältiger Hinsicht aufzubrechen droht, wieder zementiert wird. Angesichts dieses möglichen Trends werden Forderungen nach „Anerkennung und Förderung bereits bestehender dezentraler Bürgernetze“, nach der Errichtung „öffentlicher Netzwerkzentren“[42] sowie nach öffentlichen Zugängen zur Datenautobahn laut, die in der Debatte als „Datenbürgersteige“ bezeichnet werden.

Auch hier stellt sich die Frage, ob angesichts geplanter Zentralisierung der Lizenzierungskompetenzen aktuelle Entwicklungen nicht eher in Richtung der negativen Cyberpunk-Utopie verlaufen: gigantische Medienmonopole, eine neue qualitative Einheit wirtschaftlicher, politischer und informationeller Machtausübung. So stellt Frieder O. Wolf angesichts des G7-Gipfels fest: „Die Markt- und Technikzentriertheit bei der Ausgestaltung der Informationsgesellschaft kombiniert die Europäische Kommission mit neuen Zentralisierungsbestrebungen. Ein wirksames Instrumentarium gegen die Machtkonzentration im Mediensektor sieht die Kommission nicht vor“.[43] So kommt auch der Frontalangriff auf die ARD nicht zufällig, sondern ordnet sich in diese Debatte ein. „Rundfunk und Fernsehen dürfen nicht einfach als Dienstleistung, sondern müssen als kulturwirtschaftliches Gut von öffentlichem Interesse betrachtet werden“.[44]

Die Realität des Internets wird sicherlich in vielen Publikationen verklärt, wobei übersehen wird, daß es neben der Kommerzialisierung auch weitere bedenkliche Tendenzen gibt. Ansätze einer Art „psychedelischen Cyberpunk-Droge" sind in der Tat erkennbar. Virtuelle Welten wie z. B. die MUD-Server können zum „Aufbau einer Scheinwelt"[45] führen, zu Hyperrealitäten, um sich mit wachsenden Entfremdungserscheinungen in der realen Welt nicht mehr auseinandersetzen zu müssen. Kritiker sprechen von drohender „virtueller Entfremdung", vom Verlust an realen Lebenserfahrungen. Der kanadische Medienforscher Derrick de Kerckhove spricht von Menschen, die sich mit Hilfe virtueller Realitäten aus der Wirklichkeit „zappen", das moderne VR-Videokid käme einem Don Quichote gleich, der gleichfalls - allerdings durch das Studium von Büchern! - die „wirkliche" Wirklichkeit verloren habe.[46] Im Extremfall können solche Phänomene zum Realitätsverlust führen, zur Isolation von der realen Welt.

Neben Gefahren betont der Medienforscher de Kerckhove viele positive Aspekte der Virtual Reality. Die kommenden Rivalitäten im Medienbereich verortet de Kerckhove vor allem zwischen dem Fernsehen und der virtuellen Realität. „Wenn wir heute fernsehen, wird uns eine fertige Welt vorgesetzt; sie wird nicht von uns, den Zuschauern geschaffen, sondern uns gegeben. ... Kurz: Fernsehen externalisiert unsere schöpferischen geistigen Potentiale. Externalisierung ist der Schutz des Mediums gegen den Konsumenten. Mit virtueller Realität nun ist es möglich, an der Externalisierung teilzunehmen. Wir können wieder an der Gestaltung fiktiver Realitäten, an der Ausübung unserer geistigen Kräfte mitwirken. Virtual Reality gibt uns die Kraft, das wieder zu internalisieren, was Fernsehen externalisert hat."[47] Dergestalt weist auch de Kerckhove daraufhin, daß Virtuelle Realität die Wirklichkeit, den Menschen und menschliche Beziehungen vielfältig ändern wird.

In seiner Studie „Strukturwandel der Öffentlichkeit" aus den 60er Jahren betrachtet Jürgen Habermas die bürgerliche Öffentlichkeit als epochal typische, als historische Kategorie. Er umreißt die Entstehung und das Konzept der bürgerlichen Öffentlichkeit und beschreibt den Strukturwandel der Öffentlichkeit unter den Gesichtspunkten der sozialstaatlichen Transformation sowie der Veränderung der Kommunikationsstrukturen durch die Massenmedien. Wir gehen davon aus, daß sich heute ein ähnlich tiefer, qualitativer Strukturwandel der Öffentlichkeit vollzieht wie ihn Habermas seinerzeit beschrieben hat. Moderne elektronische Medien, heute bereits konkretisiert in Gestalt des Internets, oder gar in Zukunft erst realisierte virtuelle Welten werden öffentliche Strukturen gravierend verändern. Die Ablösung der klassischen face-to-face-Kommunikation als dominanter Kommunikationsform zugunsten einer computer mediated communication (CMC) wird qualitative Konsequenzen für die Konstituierungsprozesse der Öffentlichkeit haben. In seinem Vorwort zur Neuauflage 1990 spricht Habermas davon, daß die elektronisch hergestellte globale Omnipotenz der Ereignisse erhebliche Folgen für die Selbstwahrnehmung habe. „Vieles spricht dafür", so Habermas, „daß das demokratische Potential der Öffentlichkeit, deren Infrastruktur von den wachsenden Selektionszwängen der elektronischen Massenkommunikation geprägt ist, ambivalent ist."[48] Ginge er heute noch einmal an eine Untersuchung des Strukturwandels der Öffentlichkeit heran, so wäre unklar, welche Ergebnisse diese für eine Demokratietheorie hätte, vermutlich aber solche, die Anlaß für eine weniger pessimistische Einschätzung geben würden als seinerzeit.[49]

Bezüglich der Gefahren und Chancen der CyberSociety sehen wir auf dem Gebiet eines Strukturwandels der Öffentlichkeit die mit Abstand größten Chancen. Die von uns aufgezeigten Potenzen virtueller Welten gilt es im politischen Gestaltungsprozeß der nächsten Jahre seitens demokratischer Kräfte im Sinne Enzensbergers für einen umfassenden emanzipatorischen Mediengebrauch zu nutzen.

### 8.2.3 Ökobilanz der CyberSociety

Vor dreieinhalb Jahrhunderten formulierte der französische Philosoph Blaise Pascal: „Alles Unglück der Menschen rührt daher, daß sie nicht in Ruhe im Zimmer bleiben können." Ausgehend von diesem Gedanken, kommen auch die Journalisten Wolf Schneider und Christoph Fasel zu dem Ergebnis, daß eine selbstgeschaffene Kunstwelt, der Cyberspace, „das Raumschiff Erde" vor dem Untergang retten könne. Der Aufruf „Bleibt zu Hause!" biete alle Chancen, das Glück auf der Erde zu mehren. Da das Leben aus erster Hand dabei sei, die Erde zu ruinieren, könne nur im Leben aus zweiter Hand die Rettung liegen. Die Zukunft gehöre dem virtuellen Stubenhocker. Er produziere keinen Autofriedhof und keine Giftmüllhalde, kein Ozonloch, keinen Ölteppich und keine Algenpest. Virtuelles Reisen anstelle des realen Reisens schone die Natur, statt einer Menschenmenge brauche nur noch ein Kamerateam an Orte zu reisen, um die Schönheit der Natur aufzunehmen. Der Konsum virtueller Bilder statt realer Landschaften sei nicht nur amüsant, sondern auch ehrenvoll, da die Umwelt erhalten bleibe. Das Wohnzimmer-Büro stoppe die Blechlawine auf den Straßen, dem Teleheimarbeiter gehöre folglich die Zukunft. Der Ausspruch „Bleibe zu Hause und nähre dich redlich!" erhalte so einen völlig neuen Sinn. Die Studie plädiert für das vollelektronische Heim, für den Cybernauten als Erlöserfigur des Informationszeitalters. „Wir holen uns ... das Beste: die Welt umrunden und dabei im Zimmer bleiben, von niemandem und nichts belästigt und gejagt und dabei stündlich reicher an Informationen, Eindrücken und Genugtuungen, wie die alte Wirklichkeit sie in so bunter Fülle über keinen Sterblichen je ausgebreitet hat ... Und die Natur wird aufatmen und die Erde wird blühen."[50]

Auf die Frage, ob die Autoren ihre Aussagen ernst meinen, antworten diese „todernst". Unabhängig davon, ob es sich um eine ironische Persiflage auf die Virtualisierung der Gesellschaft handelt, wofür vieles spricht, oder um ernst gemeinte Lösungsvorschläge auf dem Weg in eine neue Wirklichkeit, bleibt festzuhalten, daß auch zweifelsfrei ernstgemeinte Stimmen in virtuellen Welten eine Erlösung der Umwelt sehen. Videokonferenzen, so behauptet etwa die Telekom, würden Geschäftsreisen auf ein Minimum reduzieren. Bill Gates, der mit seinem Privatjet höchst real um die Welt fliegt, pflichtet bei: „Das hat uns eine Menge Reisen erspart."[51] Die virtuelle Gesellschaft entlastet auch für den Microsoft-Chef die Umwelt: „Die Direktwerbung - die Postwurfsendungen, der Müll, in unseren Briefkästen - wird noch grundsätzliche Veränderungen erleben. Größtenteils ist sie heute wirklich Müll, denn wir fällen ganze Wälder, um Werbematerial per Post zu verschicken, das zumeist ungeöffnet im Papierkorb landet. Auf dem Information highway wird uns die Direktverbindung nicht in Papierform, sondern in Gestalt eines interaktiven Multimedia-Dokuments erreichen."[52] Doch solche Visionen machen mißtrauisch, da noch vor wenigen Jahren das „papierlose Büro" gepriesen wurde, welches sich längst als „hungriger Papiertiger"[53] entpuppt hat. Ingo Braun, Geschäftsführer der Berliner Kulturbox und Internet-Provider stellt beim täglichen Umgang mit dem World Wide Web fest: „Keiner liest mehr als drei Bildschirmseiten, sondern druckt sie lieber gleich aus."[54] Medien wie das Internet könnten auf diese Weise eher zu einer weiteren Belastung der Umwelt beitragen als zu ihrer Entlastung. Seit Erfindung des PC ist der Papierverbrauch jährlich um fünf Prozent gewachsen. So bilanziert Steve Blanc vom US-Energieunternehmen PG&E: „Der PC ist der größte Baumkiller seit Erfindung der Axt."[55]

Die Protagonisten des Argumentes, Telekommunikation entlaste die Umwelt, verfangen sich häufig in Widersprüchen, die ihnen selbst nicht bewußt sind. So betrachten Schneider/Fasel Teleshopping als ein Beispiel für eine positive Umweltbilanz, da der Käufer das Haus nicht zu verlassen brauche, und stellen kurz darauf fest: „In den USA ist Teleshopping längst ein Renner. Waren im Wert von 42 Milliarden Dollar wurden 1992 per Fernseher geordert, 30 Prozent mehr als 1988."[56] Die telemäßig georderte Ware läßt sich jedoch nicht über das Internet zustellen, was darauf verweist, daß sich eine Gesellschaft stets nur bis zu einem gewissen Grade virtualisieren läßt. Produkte die via Online-Shopping bestellt werden, müssen irgendwann physisch auch ausgeliefert werden. Steigt der Kaufreiz durch die Möglichkeit, innerhalb von Sekundenschnelle Waren im Internet auszusuchen an, so steigt auch das Verkehrsaufkommen. Die Überwindung von Zeit und Raum muß, dergestalt betrachtet, keineswegs ein Gewinn für die Umwelt sein. Die Globalisierung, welche durch die weltweite Vernetzung bewirkt wird, bedeutet auch eine das Verkehrsaufkommen weltweit steigernde Globalisierung der Warenströme. Bislang ist auch nicht bekannt, daß Verkehrsminister angesichts des bevorstehenden Ausbaus der Datenautobahnen auf Investitionen im Fernstraßennetz verzichten würden.

Studien gehen davon aus, daß im Jahr 2000 weltweit bis zu drei Milliarden KFZ-Kilometer eingespart werden, doch aktuelle Statistiken weisen für Deutschland andere Zahlen aus: „Die Geschäftsreisen nahmen im Westen um 15 Prozent, in den neuen Bundesländern gar um 56 Prozent zu."[57] Es könnte sich erweisen, daß auch global verteiltes Arbeiten zu einem zusätzlichen Verkehrsaufkommen beiträgt. Da die klassische face-to-face-Kommunikation nicht gänzlich zu ersetzen ist, werden reale Treffen anberaumt, die unter den Bedingungen etwa eines virtuellen Architektenteams sich in Zukunft nicht mehr innerhalb von Frankfurt, sondern kontinentübergreifend abspielen werden. Lernt der Cybernaut im Internet Personen kennen, so wird er diese unter Umständen auch im „wirklichen Leben" kennenlernen wollen.

Auch virtuelle Reisemöglichkeiten dürften eher zu einer wachsenden physischen Reiselust führen als zu stornierten Flügen. Insbesondere zu prognostizierende Verlagerungen von Produktionen ins Ausland werden das Verkehrsaufkommen anwachsen lassen. Die Globalisierung der Warenströme bedeutet, daß Großunternehmen in zunehmendem Maße ihre Waren global verkaufen werden. Virtuelle Unternehmen werden sich in wachsendem Maße Produktionsstätten mit billigeren Löhnen aussuchen. Da Löhne bis zu 40 Prozent der Gesamtkosten ausmachen, Transportkosten jedoch kaum drei Prozent, werden auf diese Weise Fertigungskomponenten sowie Endprodukte quer über den Globus transportiert.

Geht es um Ökobilanzen, so wird häufig auf elektronische Verkehrsleitsysteme verwiesen. Die Telematik, so ein Diplom-Ingenieur der BMW AG, gäbe dem Verkehr neue Ziele, sie habe ökonomische und ökologische Vorteile. Durch die zunehmende Verkehrsdichte, so Bernd Pischetsrieder, sei der Verkehrsablauf weniger umweltschonend und energiesparend, als er sein müßte. „Gleichmäßiger Verkehrsfluß, intelligente Verkehrs- und Parkleitsysteme, Vermeidung von unnötigen Fahrten durch Verkehrsmanagement sowie die Integration von Individualverkehr und öffentlichem Verkehr können und werden die angepaßte Verkehrssituation entlasten."[58] Bei elektronischen Verkehrsleitsystemen handele es sich um effiziente Umweltschutztechniken, welche der Verhinderung des Raubbaus an der Natur dienten. Gegen die Telematik und die Argumentation Pischetsrieders bringt Wolfgang Zängl folgende Argumente ins Spiel:[59]

- *Verkehrsleitprobleme lösen keine Verkehrsprobleme, sondern verschärfen sie.*
  Begründung: Die Telematik-Systeme beabsichtigen nicht, das Verkehrsaufkommen zu reduzieren. Sie wollen vielmehr durch Verkehrseffektivierung ein weiteres Autowachstum ermöglichen.
- *Verkehrsleitsysteme lösen keine Umweltprobleme, sondern erzeugen neue.*
  Begründung: Telematik-Systeme leisten keinen Beitrag zur Senkung des Benzinverbrauchs, zur sinnvollen Ausnutzung der Automobile wie dies etwa bei carsharing-Systemen der Fall ist.
- *Verkehrsleitsysteme sind Verkehrs-Umverteilungssysteme.*
  Begründung: Digitale Landkarten, Verkehrsfunk mit digital codierten Meldungen sowie Head-Up Displays, welche Informationen direkt in das Sichtfeld des Fahrers einspielen, belasten bislang noch unbelastete Gebiete, indem sie den Verkehr von belasteten Staßen auf weniger belastete Straßen lediglich umdirigieren.
- *Verkehrsleitsysteme schaden dem Öffentlichen Verkehr.*
  Begründung: Verkehrsleitsysteme kooperieren nicht, wie dies Pischetsrieder suggeriert, mit dem Öffentlichen Verkehr. Der öffentliche Nahverkehr stellt im Bewußtsein der Akteure lediglich eine Notlösung dar, im Falle eines nicht zu überwindenden Staus oder Parkplatzmangels.
- *Verkehrsleitsysteme lösen keines der Probleme des Schwerlastverkehrs.*
  Begründung: Telematik-Systeme beabsichtigen nicht, den Schwerlastverkehr auf die Schiene zu verlegen.
- *Verkehrsleitsysteme werden als Waffe gegen ein generelles Tempolimit eingesetzt.*

Begründung: Das Auto soll in den Verkehrsleitsystem-Konzepten weiterhin ohne generelles Tempolimit rasen können. Letztendlich will man aus der Umweltschädlichkeit des Autos noch ein Geschäft machen. Dies wird auch bei Pischetsrieder deutlich, wenn er die Münchener Pilotprojekte auswertet. Insgesamt zeigten die Erfahrungen, so der BMW-Ingenieur, „daß ... selbst auf ... hochbelasteten Strecken ein Tempolimit verkehrstechnisch überflüssig ist. Unsinnig ist daher auch die immer wieder erhobene Forderung, statt Verkehrsmanagement mit variablen Geschwindigkeitsbegrenzungen einfach ein starres Tempolimit auf Autobahnen einzuführen.“[60]

- *Verkehrsleitsysteme sind unbezahlbar.*
  Begründung: Verkehrsleitsysteme verschlingen Milliardensummen. Wolfgang Zängl hierzu: „Sie sind die teuerste, aufwendigste und überflüssigste Sackgasse in neue Staus.“[61]

Die Telematik-Problematik zeigt, daß eine Technologiefolgenabschätzung der Virtual Reality maßgeblich davon abhängig ist, in welche der zahlreichen Anwendungsgebiete in Zukunft vor allem Gelder fließen werden. Fließen sie zu einem relevanten Teil in Verkehrsleitsysteme, wie sich dies gegenwärtig abzuzeichnen scheint, so handelt es sich hierbei um eine ökologisch betrachtet eindeutig negative Entwicklung.

Bei der Ökobilanz der CyberSociety sind auch die Gesamtkosten globaler Vernetzung in Erwägung zu ziehen, berechtigt ist ja auch die Frage, ob sich die Milliarden Investitionen nicht sinnvoller verwenden ließen. Neben der Ressourcen-Frage ist auch auf die Entsorgung zu verweisen. Die CyberSociety wird den bereits existierenden Elektronikschrottberg exponentiell anwachsen lassen. Bislang gibt es noch nicht einmal ein Konzept, was mit den zur Zeit jährlich rund 150.000 Tonnen Elektronikschrott geschehen soll, eine Elektronikschrottverordnung existiert nicht. Durch die Telekommunikation wird sich schließlich auch die Problematik des Elektrosmogs weiter verschärfen.

Angesichts vielfältiger Probleme formuliert Volker Schütte, zuständig für Forschung und Umwelt in der Bundestagsfraktion von Bündnis 90/Die Grünen: „Meine These ist: Multimedia ist ökologisch ambivalent. Wir brauchen endlich eine Ökobilanz für die Datenautobahn, mit der sich umweltpolitische Chancen und Risiken gegeneinander abwägen lassen.“[62]

### 8.2.4 Datenschutz und Datensicherheit

Das weltumspannende Internet ist in Sachen Datensicherheit alles andere als „safe“. Redakteure der Computerzeitschrift c't demonstrierten jüngst, wie einfach es ist, einen fremden, vernetzten Computer zu knacken. Im Versuch wird eine Verbindung mit einem Internetrechner hergestellt. Auf einem vernetzten PC, der als Terminal dient, wird der Benutzername sowie das auf dem Bildschirm unsichtbar bleibende Paßwort eingegeben. Die Informationen werden an den anderen Rechner im Internet übertragen. Im Unterschied zu BTX oder CompuServe geschieht die Datenübertragung unverschlüsselt. Während die Internet-Verbindung hergestellt wird, können so an einem beliebigen anderen Ort Hacker mit Hilfe spezieller Programme das unverschlüsselte Paßwort herausfiltern. Der Versuch beweist, daß dies für Computerspezialisten kein Problem ist. Computerkriminalität stellt bereits eine ernsthafte Bedrohung dar. Ein Beispiel hierfür ist die Firma American Express in Frankfurt, welche im Jahre 1994 von Computerkriminellen beinahe um Millionen betrogen worden wäre. Einem Unbekannten gelang es, in das Datensystem der Kreditkartenfirma einzudringen und diverse Zahlungen für Vertragsunternehmen auf andere Bankkonten umzuleiten. Rein zufällig fielen die ungewöhnlichen Transaktionen einer Mitarbeiterin der Frankfurter Bank auf, welche American Express informierte. Der Schaden betrug zum Zeitpunkt der Aufdeckung bereits 1,5 Millionen DM. Der Drahtzieher des Verbrechens, ein Berliner Rechtsanwalt, wurde wegen Computerbetrugs zu einer Freiheitsstrafe von zwei Jahren und neun Monaten verurteilt. Die globale Vernetzung bringt dergestalt viele Sicherheitsrisiken mit sich, zumal die Sicherheitsstandards in keiner Weise Schritt halten. Werden gar via Internet Dienstleistungen bezogen und mit Kreditkarte bezahlt, so besteht die Gefahr, daß die Transaktion von Dritten abgelauscht und die Kreditkartennummer von ihnen protokolliert wird. In dem Maße, wie sich das Internet kommerzialisiert, und zahlreiche Firmen über World Wide Web-Seiten ihre Dienste anbieten und dafür entsprechende Zahlungssysteme einführen, wächst die Gefahr für den Anwender, ein Opfer der Computerkriminalität zu werden. In den USA schaffte es ein Computerkrimineller, in den Server eines Anbieters von Internet-Dienstleistungen zu gelangen und dort die Informationen einer ganzen Datenbank mit 40.000 Kreditkartennummern abzurufen. Derartige Informationen können für vielfältige kriminelle Machenschaften verwendet werden. Unabhängig von der Frage, ob eine Kommodifizierung des bislang größten nicht kommerziellen Netzes überhaupt erstrebenswert ist, verdeutlichen zahlreiche Vorkommnisse, daß das Internet nicht über Sicherheits-Standards verfügt, die von einem kommerziellen Online-Medium zu erwarten sind.

Die Inanspruchnahme elektronischer Medien hinterläßt vielfältige Datenspuren. Bei einem interaktiven Katalogzugriff besteht die Möglichkeit, Daten von Bestellungen zu erfassen sowie Informationen darüber zu sammeln, welche Seiten des Katalogs der Kunde besonders intensiv und häufig betrachtet. Auf diese Weise lassen sich Persönlichkeitsprofile der KundInnen erstellen, die für Marktforschungszwecke verwendet werden können. Technisch stellt auch eine mögliche Erfassung, auf welche Artikel und Zeitschriften im World Wide Web einzelne Personen besonders häufig zugreifen, kein Problem dar. Die Gefahr, es könnten in Zukunft auch Interessens- oder gar politische Profile erstellt werden, ist nicht von der Hand zu weisen. In dem Maße, wie die Kommerzialisierung des Internets voranschreitet, nehmen auch die Datenspuren an Umfang zu. Schließlich lassen sich auch Kommunikationsinhalte, da diese in digitalisierter Form vorliegen, leicht abspeichern und aufzeichnen. Gefährdungen der Privatheit ergeben sich auch durch die Internationalität der Datennetze. „Besonders deutlich wird dies bei dem Netzbetreiber CompuServe:

Wenn zwei NutzerInnen über dieses Netz electronic mail austauschen, geht jede Nachricht, selbst wenn sie eigentlich nur zwischen Hamburg und München oder gar nur innerhalb einer Stadt transportiert werden müßte, über den zentralen Netzknoten in Ohio (USA). Dort gilt weder das deutsche Fernmeldegeheimnis noch deutsches oder europäisches Datenschutzrecht."[63] Der Netzbetreiber CompuServe kann so Daten seiner europäischen Kunden aufzeichnen und unter Umgehung des europäischen Rechtes in aller Ruhe in den USA auswerten. Das Beispiel CompuServe zeigt so die Grenzen nationalstaatlicher Souveränität im Zeitalter globaler Netze. Es verdeutlicht zugleich, daß zum Schutz der Privatheit europäische Lösungen in keiner Weise ausreichen. „Hier sind internationale, völkerrechtlich bindende Abkommen zum Schutz der Privatheit erforderlich, die auch den Weltraum mit einbeziehen müssen, da ein nicht zu vernachlässigender Teil der Daten über Satellit verbreitet wird."[64]

## 8.3 Gefahren und Chancen auf der Ebene des Subjektes

In seiner Studie „Postmoderne - zur Logik der Kultur im Spätkapitalismus"[65] definiert Fredric Jameson den Übergang von der Moderne zur Postmoderne unter subjektpsychologischen Aspekten als einen Prozeß der Substitution des entfremdeten Subjektes durch das fragmentierte Subjekt. Die Entfremdung, wie sie im Marschen Kapital skizziert sei, sowie die Erfahrung der Angst, wie sie im Bild von Edvard Munch „Der Schrei" zum Ausdruck komme, stellten für die Welt der Postmoderne keine angemessenen Beschreibungen der kulturellen Pathologie des Subjektes mehr dar. Die Begrifflichkeit des fragmentierten Subjektes gehe stattdessen mit einer Betonung der Dezentralisierung des ehemals einheitlichen Subjektes einher. Das Subjekt habe in der Postmoderne die Fähigkeit verloren, seine Vergangenheit und Zukunft in einer kohärenten Erfahrung zu organisieren. Der Zusammenbruch der zeitlichen Verkoppelung von Vergangenheit und Zukunft, welche letztendlich persönliche Identität konstituiere, führe zu einer Praktik des Ziellos-Heterogenen, des Fragmentarischen und vom Zufall Abhängigen. Für Jameson vollzieht sich in unserer Epoche „eine ungeheure Expansion des Kapitals auf bislang nicht erfaßte Bereiche der Warenproduktion."[66] Der Spätkapitalismus unserer Tage vernichte die Enklaven vorkapitalistischer Organisationsformen, die er bislang toleriert und als tributpflichtig ausgebeutet habe. Es finde eine historisch neue Durchdringung und Kolonialisierung der Natur und des Unbewußten statt, die sich im Aufstieg der Medien manifestiere. Die immensen Kommunikations- und Computernetze stellen für Jameson verzerrte Darstellungen von etwas Tieferliegendem dar, sie seien letztendlich Ausdruck des globalen Systems des gegenwärtigen multinationalen Kapitalismus. Das dezentrierte, globale Netz stelle eine neuartige Stufe der kapitalistischen Entwicklung dar.

Der Bruch zwischen Moderne und Postmoderne wird von Jameson nicht allein als ein kulturelles Problem verstanden, sondern als ein umfassend gesellschaftliches mit tiefen subjekttheoretischen Implikationen. Der Prozeß der Globalisierung der kapitalistischen Entwicklung unter dem Vorzeichen dezentraler Netze wird für Jameson künstlerisch in der Cyberpunk-Literatur repräsentiert, die er als „High-Tech-Paranoia" beschreibt. „Die Schaltkreise und Systeme eines vermeintlich globalen Computersystems werden hier narrativ mobilisiert in einem Labyrinth der Verschwörungen autonomer, aber tödlich miteinander verknüpfter und wettstreitender Informationsagenturen - eine Komplexität, die meistens die Denkkapazität eines durchschnittlichen Lesers übersteigt. Aber Verschwörungstheorien (und ihre grellen narrativen Manifestationen) müssen als untauglicher Versuch angesehen werden, durch die Darstellung avancierter Technologie die unfaßbare Totalität des heutigen Weltsystems zu denken. Das 'Erhabene', so meine ich, kann in seiner postmodernen Gestalt nur über diese enorme und bedrohliche, aber dennoch nur verschwommen wahrnehmbare andere Realität der wirtschaftlichen und gesellschaftlichen Institutionen angemessen theoretisiert werden."[67]

Die Veränderungen in den Objekten werden für Jameson nicht von adäquaten Veränderungen des Subjektes begleitet. Der einzelne verfüge etwa nicht über einen Wahrnehmungsapparat, um die neuen Hyper-Räume aufnehmen zu können. Fast in einer ungewollten Verwandtschaft zum KI-Forscher Luc Steels formuliert Jameson: „Die neue Architektur steht wie viele Kulturprodukte ... gewissermaßen als Aufforderung da, neue Organe zu entwickeln, unser Sensorium und unseren Körper auf neue, noch nicht vorstellbare, vielleicht letzlich unerreichte Dimensionen hin zu erweitern."[68] Die Krise des geometrischen, euklidischen Raumverständnisses und der bisherigen Raumerfahrung durch das Subjekt illustriert er anhand architektonischer Beispiele. Der postmoderne Raum sei nicht mehr mit den Vorstellungen eines Raumvolumens euklidischer Prägung zu erfassen, da seine Ausmaße einfach nicht mehr abzuschätzen seien. „Verloren geht die herkömmlicherweise zur Wahrnehmung von Perspektive und Volumen notwendige Distanz. Man steckt bis zum Hals (und bis zu den Augen) in diesem Hyperraum."[69] Der postmoderne Raum, welcher in erster Linie ein virtueller Raum sei, ermögliche dem Subjekt radikal neue Raumerlebnisse. „Meine Hauptthese ist", so Jameson, „daß es mit dieser neuesten Verwandlung von Räumlichkeit, daß es mit diesem Hyperraum gelungen ist, die Fähigkeit des individuellen menschlichen Körpers zu überschreiten, sich selbst zu lokalisieren, seine unmittelbare Umgebung durch die Wahrnehmung zu strukturieren und kognitiv seine Position in einer vermeßbaren äußeren Welt durch Wahrnehmung und Erkenntnis zu bestimmen. Und so meine ich, daß die beunruhigende Distanz zwischen dem Körper und seiner hergestellten Umwelt selbst als Symbol und Analogon für ein noch größeres Dilemma stehen kann: die Unfähigkeit unseres Bewußtseins (zur Zeit jedenfalls), das große, globale, multinationale und dezentrierte Kommunikationsgeflecht zu begreifen, in dem wir als individuelle Subjekte gefangen sind."[70]

Die „neue Maschine" könne dergestalt nur noch in der Bewegung dargestellt werden. In ihr konzentriere sich das „Geheimnis des neuen postmodernen Raums". Der

Cyberspace als eigentliches Geheimnis der Turingschen Universalmaschine konstruiert bei Jameson den Raum als zentrale Konstante subjekthafter Wahrnehmung von Grund auf neu. Der postmoderne Raum ist vor allem ein virtueller Raum, der die Fragmentarisierung des Subjektes forciert. In Anlehnung an Jameson stellt, so betrachtet, die CyberSociety auf der Ebene des Subjektes eine Radikalisierung der Fragmentarisierung des Subjektes dar.

Für Jameson, der die kulturelle Entwicklung im Spätkapitalismus dialektisch als Katastrophe und Fortschritt zugleich denkt, ist mit dem Hyperraum das Schwinden der Distanz vebunden. Im „neuen Raum" der Postmoderne sei insbesondere die kritische Distanz abgeschafft worden. „Wir sind ab sofort in diese aufgefüllten, diffusen Räumlichkeiten so weit eingetaucht, daß unsere nunmehr postmodernen Körper der räumlichen Koordinaten beraubt sind: praktisch und auch theoretisch unfähig, Distanz herzustellen."[71] Ein Beispiel für den Verlust der kritischen Distanz stellt für Jameson das Ausmaß gegenwärtiger Phantasien über das Erlösungspotential der neuesten Technologien von Chips und Robotern dar. In einer Bilderkultur, einer Kultur der Abhängigkeit von Bildern, schwinde praktisch jeder Glaube an eine bestimmbare Zukunft und ein kollektives Ziel. Der Cyber-Raum wird bei Jameson zum Symbol eines Utopieverlustes. Damit an die Stelle der Utopie nicht das Nichts tritt wird der Cyberraum gewissermaßen selbst zu einer Utopie umfunktioniert. Der postmoderne Raum oder der Hyperraum stellt bei Jameson eine unvermeidliche historische und sozio-ökonomische Realität dar. Der Cyberspace ist „die dritte große neuartige und weltweite Expansion des Kapitalismus."[72] Der Cyberspace stellt so den virtuellen Raum eines multinationalen Kapitalismus dar, eines globalen Weltsystems. Der Cyberspace ist nach Jameson ein globaler, auf Totalisierung angelegter Raum eines neuen „unheilvollen Weltsystems".[73] Angesichts des Cyberspace als eines modernen Weltraums gelte es die Frage des Raums zur wichtigsten Problemstellung in der Soziologie zu machen.

In einem interessanten Ansatz, der sich bemüht, postmoderne Gedanken mit kapitalismustheoretischen Theorieansätzen zu verbinden, entwickelt Jameson die potentiellen Gefahren einer Cyber-Pathologie des kulturellen Subjektes: die Fragmentarisierung, der Identitätsverlust, der Verlust der kritischen Distanz sowie der Realitätsverlust als Verlust der Fähigkeit, zwischen dem realen Raum und dem Hyperraum unterscheiden zu können.

Wo liegt die Perspektive, wo liegen die Chancen könnte man fragen, und mit Jameson antworten: „Die neue politische Kunst - sollte sie überhaupt möglich sein - wird es mit der 'Wahrheit' der Postmoderne halten, das heißt festhalten müssen an der wesentlichen Tatsache, am neuartigen Welt-Raum des multinationalen Kapitals. Dabei sollte ein Durchbruch möglich sein zu heute noch nicht vorstellbaren neuen Formen der Repräsentation dieses Raums, mit denen wir wieder beginnen können, unseren Standort als individuelle und kollektive Subjekte zu bestimmen. Nur so wäre eine neue Handlungs- und Kampfesfähigkeit zu gewinnen, die zur Zeit in der herrschenden räumlichen wie gesellschaftlichen Konfusion neutralisiert worden ist. Wenn es so etwas wie eine politische Erscheinungsform der Postmoderne geben sollte, so wäre diese dazu aufgerufen, eine globale Kartographie unserer Wahrnehmung und Erkenntnis zu entwerfen und diese in den genau zu ermessenden gesellschaftlichen Raum zu projizieren."[74]

Lassen wir abschließend, um den real offenen Charakter der Einschätzung und des weiteren Entwicklungsweges zu betonen, noch einmal William Gibson zu Wort kommen:

„Cyberspace is the funhouse mirror of our own society. Cyberspace reflects our values and our faults, sometimes in terryfying exaggeration. Cyberspace is a mirror you can edit. It's a mirror you can fold into packets and send across continents at the speed of light. It's a mirror you can share with other people, a place where you can discover community. But it's also a mirror in the classic sense of smoke-and-mirrors — a place where you might be robbed or cheated or decieved, a place where you can be promised a rainbow but given a mouthful of ashes."[75]

# Anmerkungen

1 X-Base Computer Future Club

2 Dieter Beste: Die Multimedia-Hexenküche, in: Spektrum derWissenschaft, Dossier: Dartenautobahn, S. 20/21

3 Siehe hierzu u. a. Gerd Meißner: Cleanman, in: Spiegel spezial: Abenteuer Computer. Elektronik verändert das Leben, S. 93ff.

4 a.a.O., S. 93

5 Lutz Berger: Arbyte 2000, in: ManagerSeminare, Heft 19, II. Quartal 1995, S. 41

6 Peter Fischer: Die Selbständigen von morgen. Unternehmer oder Tagelöhner?, Frankfurt am Main 1995, S. 75

7 a.a.O., S. 75

8 Lutz Berger: Arbyte 2000, in: ManagerSeminare, Heft 19, II. Quartal 1995, S. 40

9 Zitiert nach: a.a.O., S. 41

10 Angaben nach: a.a.O., S. 41

11 Angaben nach: John Bordeaux, Sabine Dutz: In eigener Regie. Stand und Zukunft der Telearbeit, in: c't 8/1994, S. 46

12 Angaben nach: Herbert Fuchs: Licht im Dickicht. , in :Wirtschaftsowche 10/1995, S. 92ff

13 a.a.O., S. 93

14 „Kein Grund zu streiten", Interview mit Hans-Jörg Bullinger, in: Wirtschaftswoche 10/1995, S. 99

15 Lutz Berger: Arbyte 2000, in: ManagerSeminare, Heft 19, II. Quartal 1995, S. 42

16 John Bordeaux, Sabine Dutz: In eigener Regie. Stand und Zukunft der Telearbeit, in: c't 8/1994, S. 47

17 Peter Seeger: Digitalisierung des Fernsehens und ökonomische Allianzen im elektronischen Meidenmarkt, in: Herbert Kubicek u. a. (Hrsg.): Jahrbuch Telekommunikation und Gesellschaft, Band 2, 1994, S. 229

18 FAZ, 19.1.1995

19 Angaben nach: Bundesministerium für Bildung, Wissenschaft, Forschung und Technologie (Hrsg.): Informationsgesellschaft. Chancen, Innovationen und Herausforderungen, 1995, S. 50

20 Zitiert nach: Die Lügen der Informationsgesellschaft, Chip 4/1996, S. 52

21 a.a.O., S. 52

22 Bundesministerium für Bildung, Wissenschaft, Forschung und Technologie (Hrsg.): Informationsgesellschaft. Chancen, Innovationen und Herausforderungen, 1995, S. 50

23 a.a.O., S. 51

24 So heißt es etwa bei Jan E. Hopland: „In today's networked environments, executives are beginning to think of their ressources as *virtual* rather than fixed and rigid. Just as a computer system uses the concept of 'virtual memory' to swap in and out of memory knowledge as needed, management can facilitate the formation of dynamic business structures and teams - virtual organizations." Jan E. Hopland: Virtual Organization and Dynamic Business Structures, in: Organisationsforum Wirtschaftskongreß e.V. (Hrsg.): Mehrwert Information. Kommunikationsformen, Märkte und Arbeitsweisen in der Informationsgesellschaft, Stuttgart 1995, S. 177

25 Peter Fischer: Die Selbständigen von morgen. Unternehmer oder Tagelöhner?, Frankfurt am Main 1995, S.120

26 a.a.O., S. 120/121

27 Zitiert nach: Die Lügen der Informationsgesellschaft, Chip 4/1996, S. 52

28 Zitiert nach: a.a.O., S. 52

29 Bundesministerium für Bildung, Wissenschaft, Forschung und Technologie (Hrsg.): Informationsgesellschaft. Chancen, Innovationen und Herausforderungen, 1995, S. 49

30 a.a.O., S. 51

31 BMBF (Hrsg.): Informationsgesellschaft, Bonn 1995, S. 51

32 a.a.O., S. 53

33 Hans Magnus Enzensberger: Baukasten zu einer Theorie der Medien, in: Kursbuch 20/1970, S. 159 ff.

34 Bertolt Brecht: Radiotheorie (1932), in: Gesammelte Werke, Bd. VIII, S.134

35 So heißt es bei Marcuse z. B.: „Die Erzeugnisse durchdringen und manipulieren die Menschen; sie befördern ein falsches Bewußtsein, das gegen seine Falschheit immun ist." Herbert Marcuse: Der eindimensionale Mensch, Neuwied und Berlin 1967, S. 32

36 Das Sonntagsblatt, 3. März 1995

37 Andy Müller-Maguhn: Gedanken zur Informationsgesellschaft, Hamburg 1995 (hektografiertes Manuskript)

38 William Gibson, Bruce Sterling: National Academy of Sciences (Speeches by), *http://staff-www.uni-marburg.de/~buehlach/speeches* (lokaler Mirror)

39 Bruce Sterling: A Statement of Principle, *http://staff-www.uni-marburg.de/~buehlach/princip* (lokaler Mirror)

40 Anthony Giddens: The Consequencies of Modernity, Stanford 1990 sowie ders.: Modernity and Self Identity, Cambridge 1991

41 Das Sonntagsblatt, 3. März 1995 „Ein einsamer Trip"

42 Andy Müller-Maguhn: Gedanken zur Informationsgesellschaft, Hamburg 1995 (hektografiertes Manuskript)

43 Frieder O. Wolf: Risiken der Informationsgesellschaft ausgeblendet, Brüssel 1995 (hektografiertes Manuskript)

44 a.a.O.

45 Wolfgang Hesse: Zukunftsentwürfe der Informatik: Auf dem Weg in eine virtuelle Ersatzwelt? Vortrag beim interdisziplinären Seminar der Universität Marburg, Marburg 1995 (hektografiertes Manuskript)

46 Kultur!News, März 1995, S. 14

47 a.a.O.

48 Jürgen Habermas: Strukturwandel der Öffentlichkeit. Untersuchungen zu einer Kategorie der bürgerlichen Gesellschaft, Neuauflage 1990, Frankfurt am Main 1990, S.49

49 a.a.O., S. 50

50 Wolf Schneider, Christoph Fasel: Wie man die Welt rettet und sich dabei amüsiert, Hamburg 1995, S. 189/190

51 Bill Gates: Der Weg nach vorn. Die Zukunft der Informationsgesellschaft, Hamburg 1995, S. 218

52 a.a.O., S. 253

53 Die Lügen der Informationsgesellschaft, in: Chip 4/96, S. 43

54 Zitiert nach: a.a.O., S. 43

55 Zitiert nach: a.a.O., S. 43

56 Wolf Schneider, Christoph Fasel: Wie man die Welt rettet und sich dabei amüsiert, Hamburg 1995, S. 141

57 Die Lügen der Informationsgesellschaft, in: Chip 4/96, S. 43

58 Bernd Pischetsrieder: Dem Verkehr neue Ziele geben - ökonomische und ökologische Vorteile elektronischer Verkehrsleitsysteme, in: Bundesministerium für Wirtschaft (Hrsg.): Die Informationsgesellschaft, Bonn 1995, S. 24

59 Siehe hierzu im folgenden: Wolfgang Zängl: Der Telematik-Trick. Elektronische Verkehrsleitsysteme und andere Milliardengeschäfte, München 1995, S. 181-184

60 Bernd Pischetsrieder: Dem Verkehr neue Ziele geben - ökonomische und ökologische Vorteile elektronischer Verkehrsleitsysteme, in: Bundesministerium für Wirtschaft (Hrsg.): Die Informationsgesellschaft, Bonn 1995, S. 25

61 Wolfgang Zängl: Der Telematik-Trick. Elektronische Verkehrsleitsysteme und andere Milliardengeschäfte, München 1995, S. 183

62 Die Lügen derInformationsgesellschaft, in: Chip 4/96, S. 43

63 Franz Werner Hülsmann: Der Datenhighway gefährdet Ihre Privatheit. Datenfluß und Datenschutz der nahen Zukunft, in: Forum Wissenschaft 1/1995, S. 26

64 a.a.O., S. 27

65 Fredric Jameson: Postmoderne - zur Logik der Kultur im Spätkapitalismus, in: Andreas Huyssen, klaus R. Scherpe (Hrsg.): Postmoderne. Zeichen eines kulturellen Wandels, Hamburg 1993, S. 45 ff.

66 a.a.O., S. 78

67 a.a.O., S. 81

68 a.a.O., S. 81/82

69 a.a.O., S. 88

70 a.a.O., s. 89

71 a.a.O., S. 94

72 a.a.O., S. 94/95

73 a.a.O., S. 95

74 a.a.O., S.99/100

75 William Gibson, Bruce Sterling: National Academy of Sciences (Speeches by), *http://staff-www.uni-marburg.de/~buehlach/speeches* (lokaler Mirror)

# Anhang A
# Der Autor im Netz

Elektronische Texte, soweit sie in dieser Arbeit analysiert oder zitiert werden, sind über ein vom Autor aufgebautes Informationssystem abrufbar. Das Informationssystem trägt den Titel *ISIS* („*I*nformation*S*ystem *I*nformatik und *S*oziologie"). *ISIS* ist über das Internet erreichbar; erforderlich sind hierfür ein PC mit Internetzugang sowie ein entsprechender Browser, d. h. eine Software, um World Wide Web-Seiten aufzurufen.

Die Adresse der Homepage des Autors bzw. des Informationssystems *ISIS* lautet:
http://staff-www.uni-marburg.de/~buehlach

Tragen Sie diese Adresse in die entsprechende Zeile Ihres Browsers ein. Diese Zeile befindet sich in der Menüleiste des Browsers und ist meist mit dem Kürzel URL kenntlich gemacht, was für uniform ressource locator steht und darauf verweist, daß mit Hilfe eines Browsers in globalen Netzen verschiedene Quellen aktiviert werden können. Häufig steht vor der entsprechenden Zeile auch einfach nur ein „Go to". Die Zeile, in der Sie die angegebene Adresse eintragen, ist bei jedem WWW-Browser frei editierbar.

Benutzen Sie den verbreitetsten WWW-Browser, Netscape, dann sollte beim Aufruf die entsprechende Zeile wie in Bild A.1 aussehen.

Bild A.1 „Adresse im Netscape-Browser“
Bestätigen Sie nach Eingabe der Adresse
http://staff-www.uni-marburg.de/~buehlach
durch Drücken der Return-Taste.

Sie gelangen zum Informationssystem *ISIS*. Der Bildschirm sollte nun wie in Bild A.2 aussehen.

Bild A.2 „Informationssystem ISIS“

Hat es beim erstenmal nicht geklappt, und erhalten Sie eine Fehlermeldung, so überprüfen Sie noch einmal, ob Ihnen bei der Eingabe der Adresse nicht ein Tippfehler unterlaufen ist. Versuchen Sie es nach der Korrektur Ihrer Eingabe noch einmal.

Das Informationssystem *ISIS* bietet Ihnen diverse Informationen zum Bereich „Informatik und Gesellschaft". Sie können Positionspapiere zum Thema Informationsgesellschaft, Kritiken und Informationen zu Science Fiction Filmen und vieles mehr abrufen.

Als letzten Punkt im Inhaltsverzeichnis finden Sie die Option „CyberSociety. Elektronischer Buchordner". Klicken Sie diese Option an, so gelangen Sie zu einer weiteren Seite, welche Ihnen das Titelbild dieses Buches sowie ein elektronisches Inhaltsverzeichnis anzeigt, welches der Kapitelstruktur des Buches entspricht. Wollen Sie z. B. auf elektronische Texte zugreifen, die sich auf das Kapitel 6 beziehen, so klicken Sie einfach den entsprechenden Gliederungspunkt an. Sie erhalten danach eine Liste mit Texten, die sich auf das Kapitel beziehen. Wählen Sie einen Text durch Anklicken aus, so wird er Ihnen angezeigt. Die jeweiligen Texte können Sie am Bildschirm lesen und/oder sich den entsprechenden Text über den Browser ausdrucken lassen. Verwenden Sie den Netscape-Browser, so wählen Sie hierfür die Menüoption

File

Print

Der entsprechende Text wird auf Ihrem Drucker ausgegeben.

Auf der Homepage, das heißt der Ausgangsseite des Informationssystems ISIS, können Sie ferner biografische Informationen zum Autor abrufen sowie diesem einen elektronischen Brief mit Kritiken und Anregungen schicken.

Institutsanschrift, sowie weitere Angaben zur Person des Autors, wie Publikationsverzeichnis, Lehrveranstaltungen im laufenden Semester etc., können Sie ebenfalls der Homepage entnehmen.

Der Autor stellt ferner einen Listserver zur Verfügung, über den Sie weitere Informationen erhalten oder Listenmitgliedern Briefe schicken können. Die Liste trägt den titel „cybersociety". Um sich einzuschreiben, schicken Sie dem Listserver eine E-mail mit der Zeile:

subscribe cybersociety

Schicken Sie diesen Brief an die Adresse des Listservers:

maiser@nws.fb03.uni-marburg.de

Sie erhalten einen Begrüßungstext, aus dem alle weiteren erforderlichen Informationen hervorgehen. Post an die Listenmitglieder schicken Sie an die Adresse der Liste:

cybersociety@nws.fb03.uni-marburg.de

Der Autor ist ferner Mitglied zahlreicher interessanter Listen im Netz, die sich mit der Informationsgesellschaft befassen. Schreiben Sie sich in die Liste „cybersociety" ein, so werden Ihnen diese mitgeteilt.

# Anhang B
# Literaturliste


**Alfred Herrhausen Gesellschaft für internationalen Dialog (Hrsg.):** Multimedia: Eine revolutionäre Herausforderung. Perspektiven der Informationsgesellschaft, Stuttgart 1995

**Amelunxen, Hubertus von; Iglhaut, Stefan; Rötzer, Florian:** Fotografie nach der Fotografie, München 1995

**Anders, Günther:** Die Antiquiertheit des Menschen, München 1994

**Anthony, Piers:** Killobyte, New York 1993

**Ars Electronica (Hrsg.):** Philosophien der neuen Technologie, Berlin 1989

**Ars Electronica (Hrsg.):** Im Netz der Systeme, Berlin 1990

**Aukstakalnis, Steve; Blatner, David:** Cyberspace. Die Entdeckung künstlicher Welten, Köln 1994

**Baron, Waldemar M.:** Technikfolgenabschätzung. Ansätze zur Institutionalisierung und Chancen der Partizipation, Opladen 1995

**Baudrillard, Jean:** Der symbolische Tausch und der Tod, München 1982

**Baudrillard, Jean:** Die Illusion und die Virtualität, Bern 1994

**Baudrillard, Jean:** Kool Killer oder der Aufstand der Zeichen, Köln 1978

**Baudrillard, Jean:** Subjekt und Objekt: Fraktal, Bern 1986

**Baudrillard, Jean:** Paradoxe Kommunikation, Bern 1989

**Baudrillard, Jean:** Transparenz des Bösen, Berlin 1992

**Baudrillard, Jean:** Die Illusion des Endes, Berlin 1994

**Baudrillard, Jean:** Agonie des Realen, Berlin 1978

**Baudrillard, Jean:** Laßt euch nicht verführen!, Berlin 1983

**Bauer, Christian:** Butzerorientierter Einsatz von Virtual Reality im Unternehmen, München 1996

**Becker, Ulrich u.a.:** TopTrends. Die wichtigsten Trends für die nächsten Jahre, Düsseldorf 1995

**Bell, Daniel:** Die nachindustrielle Gesellschaft, Frankfurt am Main 1976

**Beyme, Klaus von:** Theorie der Politik im 20. Jahrhundert. Von der Moderne zur Postmoderne, Frankfurt/Main 1992

**Blüthmann, Heinz (Hrsg.):** Verkehrsinfarkt. Die mobile Gesellschaft vor dem Kollaps, Hamburg 1990

**BMBF (Hrsg.):** Informationsgesellschaft. Chancen, Innovationen und Herausforderungen, Bonn 1995

**BMWi (Hrsg.):** Die Informationsgesellschaft. Fakten, Analysen, Trends, Bonn 1995

**Bollmann, Stefan (Hrsg.):** Kursbuch Neue Medien. Trends in Wirtschaft und Politik, Wissenschaft und Kultur, Mannheim 1995

**Bolter, J. David:** Der digitale Faust, Stuttgart 1990

**Bolz, Norbert:** Am Ende der Gutenberg-Galaxis. Die neuen Kommunikationsverhältnisse, München 1993

**Bormann, Sven:** Virtuelle Realität. Genese und Evaluation, Bonn 1994

**Brand, Stewart:** Media Lab. Computer, Kommunikation und neue Medien. Die Erfindung der Zukunft am MIT, Hamburg 1990

**Breuer, Stefan:** Die Gesellschaft des Verschwindens. Von der Selbstzerstörung der technischen Zivilisation, Hamburg 1992

**Brinkemper, Peter V.; Dadelsen, Bernhard von; Seng, Thomas:** World Media Park. Globale Kulturvermarktung heute, Berlin 1994

**Buddemeier, Heinz:** Leben in künstlichen Welten. Cyberspace, Videoclips und das tägliche Fernsehen, Stuttgart 1993

**Bühl, Walter L.:** Wissenschaft und Technologie. An der Schwelle zur Informationsgesellschaft, Göttingen 1995

**Bundeszentrale für politische Bildung (Hrsg.):** Computerspiele. Bunte Welt im grauen Alltag. Ein medien- und kulturpolitisches Arbeitsbuch, Bonn 1993

**Burmeister, Klaus; Steinmüller, Karlheinz (Hrsg.):** Streifzüge ins Übermorgen. Science Fiction und Zukunftsforschung, Weinheim 1992

**Charles, Daniel; Flusser, Vilém u. a. :** Zeichen der Freiheit, Bern 1992

**Computerwoche Verlag GmbH (Hrsg.):** Virtual Reality World '95, München 1995

**Conrad, Christoph; Kessel, Martina (Hrsg.):** Geschichte schreiben in der Postmoderne, Stuttgart 1994

**Crevier, Daniel:** Eine schöne neue Welt? Die aufregende Geschichte der künstlichen Intelligenz, Düsseldorf 1994

**Crook, Stephen; Pakulski, Jan; Waters, Malcolm:** Postmodernization. Change in Advanced Society, London 1992

**Cyranek, Günther; Coy, Wolfgang (Hrsg.):** Die maschinelle Kunst des Denkens. Perspektiven und Grenzen der Künstlichen Intelligenz, Braunschweig 1994

**Daraz, Günter H.:** Computer Dimensionen. Informationstechnologie strategisch nutzen, Wiesbaden 1988

**Davidow, William H.; Malone, Michael S.:** Das virtuelle Unternehmen. Der Kunde als Co-Produzent, Frankfurt am Main 1993

**Dreyfus, Hubert L.:** Die Grenzen künstlicher Intelligenz. Was Computer nicht können, Königstein/Ts. 1985

**Dubost, Jean-Pierre (Hrsg.):** Bildstörung. Gedanken zu einer Ethik der Wahrnehmung, Leipzig 1994

**Engelmann, Peter (Hrsg.):** Postmoderne und Dekonstruktion. Texte französischer Philosophen der Gegenwart, Stuttgart 1990

**Eurich, Claus:** Das verkabelte Leben. Wem schaden und wem nützen die Neuen Medien?, Hamburg 1980

**Eurich, Claus:** Die Megamaschine. Vom Sturm der Technik auf das Leben und Möglichkeiten des Widerstands, Frankfurt am Main 1991

**Eurich, Claus:** Tödliche Signale. Die kriegerische Geschichte der Informationstechnik von der Antike bis zum Jahr 2000, Frankfurt am Main 1991

**Export, Valie:** Das Reale und sein Double: Der Körper, Bern 1992

**Faßler, Manfred; Halbach, Wulf R.(Hrsg.):** Cyberspace. Gemeinschaften, Virtuelle Kolonien, Öffentlichkeiten, München 1994

**Faulstich, Werner:** Grundwissen Medien, München 1994

**Featherstone, Mike; Burrows, Roger:** Cyberspace, Cyberbodies, Cyberpunk. Cultures of Technological Embodiment, London 1995

**Fischer, Peter:** Die Selbständigen von morgen. Unternehmer oder Tagelöhner?, Frankfurt am Main 1995

**Flessner, Bernd:** Weltprothesen und Prothesenwelten. Zu den technischen Prognosen Arno Schmidts und Stanislaw Lems, Frankfurt am Main 1991

**Flusser, Vilém:** Krise der Linearität, Bern 1992

**Flusser, Vilém:** Die Revolution der Bilder. Der Flusser-Reader zu Kommunikation, Medien und Design, Mannheim 1995

**Forester, Tom:** Die High Tech Gesellschaft, Stuttgart 1990

**Frank, Peter:** Intermedia: Die Verschmelzung der Künste, Bern 1987

**Franke, Herbert W.:** Der Orchideenkäfig, Frankfurt am Main 1989

**Franke, Herbert W.:** Sirius Transit, Frankfurt am Main 1979

**Franke, Herbert W.:** Kunst kontra Technik?, Frankfurt am Main 1978

**Friedrich, Jürgen; Herrmann, Thomas; Peschek, Max; Rolf, Arno (Hrsg.):** Informatik und Gesellschaft, Heidelberg 1995

**Gaßner, Robert; Keilinghaus, Andreas; Nolte, Roland:** Telematik und Verkehr. Elektronische Wege aus dem Stau?, Weinheim 1994

**Gates, Bill:** Der Weg nach vorn. Die Zukunft der Informationsgesellschaft, Hamburg 1995

**Gerbel, Karl; Weibel, Peter:** Ars Electronica '93. Genetische Kunst - Künstliches Leben - Wien 1993

**Gibson William; Sterling, Bruce:** Die Differenzmaschine, München 1992

**Gibson, William:** Neuromancer, München 1987

**Gibson, William:** Cyberpace, München 1988

**Gibson, William:** Mona Lisa Overdrive, München 1989

**Gibson, William:** Biochips, München 1995

**Giddens, Anthony:** Konsequenzen der Moderne, Frankfurt am Main 1995

**Giddens, Anthony:** Die Konstitution der Gesellschaft. Grundzüge einer Theorie der Strukturierung, Frankfurt am Main, New York 1995

**Goldmann, Martin; Herwig, Claus; Hooffacker, Gabriele:** Internet. Per Anhalter durch das globale Datennetz, München 1995

**Groom, Winston:** Forrest Gump, München 1994

**Großklaus, Götz:** Medien-Zeit, Medien-Raum. Zum Wandel der raumzeitlichen Wahrnehmung in der Moderne, Frankfurt am Main 1995

**Grote, Claudia von; Helmers, Sabine u.a. (Hrsg.):** Kommunikationsnetze der Zukunft- Leitbilder und Praxis, Berlin 1995

**Haaren, Kurt van; Hensche, Detlef (Hrsg.):** Multimedia. Die schöne neue Welt auf dem Prüfstand, Hamburg 1995

**Habermas, Jürgen:** Strukturwandel der Öffentlichkeit. Untersuchungen zu einer Kategorie der bürgerlichen Gesellschaft, Frankfurt am Main 1990 (Neuauflage)

**Hafner, Katie; Markoff, John:** Cyberpunk. Die Welt der Hacker, Düsseldorf, Wien 1991

**Hage, Jerald; Powers, Charles H.:** Post-Industrial Lives. Roles and Relationships in the 21st Century, London 1992

**Hager, Frithjof (Hrsg.):** Geschichte denken, Leipzig 1992

**Hajer, Hans; Kolbeck, Rainer:** Internet, München 1994

**Halbach, Wulf R.:** Interfaces. Medien- und kommunikationstheoretische Elemente einer Interface-Theorie, München 1994

**Haraway, Donna:** Die Neuerfindung der Natur. Primaten, Cyborgs und Frauen, Frankfurt am Main 1995

**Heidenreich, Gert:** Die Nacht der Händler, München (ohne Jahresangabe)

**Hesse, Wolfgang:** Zukunftsentwürfe der Informatik: Auf dem Weg in eine virtuelle Ersatzwelt?, hektografiertes Vortragsmanuskript, Marburg 1995

**Heuermann, Hartmut; Kuzina, Matthias:** Gefährliche Musen. Meidenmacht und Medienmißbrauch, Stuttgart 1995

**Hoffmann, Hilmar (Hrsg.):** Gestern begann die Zukunft. Entwicklung und gesellschaftliche Bedeutung der Medienvielfalt, Darmstadt 1994

**Hoffmann, Kay:** Am Ende Video - Video am Ende. Aspekte der Elektronisierung der Spielfilmproduktion, Berlin 1990

**Hurrle, Gerd; Jelich, Franz-Josef (Hrsg.):** Vom Buchdruck in den Cyberspace? Mensch - Maschine - Kommunikation, Marburg 1995

**Huxley, Aldous:** Schöne neue Welt, Hamburg 1953

**Huyssen, Andreas; Scherpe, Klaus R.:** Postmoderne. Zeichen eines kulturellen Wandels, Hamburg 1986

**Iglhaut, Stefan; Medosch, Armin; Rötzer, Florian (Hrsg.):** Stadt am Netz. Ansichten von Telepolis, Mannheim 1996

**Iglhaut, Stefan; Rötzer, Florian; Schweeger, Elisabeth (Hrsg.):** Illusion und Simulation. Begegnung mit der Realität, Bonn 1995

**Jameson, Fredric:** Postmoderne - zur Logik der Kultur im Spätkapitalismus, in: Huyssen, Andres (Hrsg.): Postmoderne. Zeichen eines kulturellen Wandels, Hamburg 1993, S.45ff.

**Jameson, Fredric:** Postmodernism, or The Cultural Logic of Late Capitalism, London 1991

**Jameson, Fredric:** The Geopolitical Aethetic. Cinema and Space in the World System, London 1992

**Jansen, Dorothea; Schubert, Klaus (Hrsg.):** Netzwerke und Politikproduktion. Konzepte, Methoden, Perspektiven, Marburg 1995

**Jones, Steven G.:** CyberSociety. Computeer-Mediated Communication and Community, London 1995

**Jung, Kurt M.:** Europäische Geistesgeschichte, Berlin 1953

**Jungk, Robert; Mundt, Hans Josef:** Maschinen wie Menschen, Frankfurt am Main 1973

**Kemper, Peter (Hrsg.):** „Postmoderne“ oder der Kampf um die Zukunft. Die Kontroverse in Wissenschaft, Kunst und Gesellschaft, Frankfurt am Main 1988

**Keppler, Angela:** Wirklicher als die Wirklichkeit? Das neue Realitätsprinzip der Fernsehunterhaltung, Frankfurt am Main 1994

**Klau, Peter:** Das Internet - Weltweit vernetzt, München 1994

**Kreimeier, Klaus:** Lob des Fernsehens, München 1995

**Landtag von Baden-Württemberg (Hrsg.):** Bericht und Empfehlungen der Enquete-Kommission „Entwicklung, Chancen und Auswirkungen neuer Informations- und Kommunikationstechnologien in Baden-Württemberg (Multimedia-Enquete), Drucksache 11/6400, Stuttgart 1995

**Laquey, Tracy:** The Internet Compagnion, Reading, New York 1994

**Lavroff, Nicholas:** Faszination virtueller Welten, München 1992

**Lem, Stanislaw:** Summa technologiae, Berlin 1980; sowie: Summa technologiae. Mit einem Vorwort des Autors zur deutschen Ausgabe, Frankfurt am Main 1981

**Lem, Stanislaw:** Phantastik und Futurologie I, Frankfurt am Main 1984

**Lem, Stanislaw:** Transfer, München 1995

**Lem, Stanislaw:** Terminus und andere Geschichten des Piloten Pirx, Frankfurt am Main 1981

**Lem, Stanislaw:** Die Jagd. Neue Geschichten des Piloten Pirx, Frankfurt am Main 1976

**Lem, Stanislaw:** Die Entdeckung der Virtualität, Frankfurt am Main 1996

**Lem, Stanislaw:** Der futurologische Kongreß, Frankfurt am Main 1979

**Lem, Stanislaw:** Nacht und Schimmel, Frankfurt am Main 1971

**Leuthardt, Beat:** Leben online. Von der Chipkarte bis zum Europol-Netz: Der Mensch unter ständigem Verdacht, Hamburg 1996

**Levy, Steven:** KL - Künstliches Leben aus dem Computer, München 1993

**Lindo, Wilfried:** Cybermania, Düsseldorf 1994

**Lischka, Gerhard Johann:** Über die Mediatisierung: Medien und Re-Medien, Bern 1988

**Lischka, Gerhard Johann:** Der entfesselte Blick, Bern 1993

**Luhmann, Niklas:** Erkenntnis als Konstruktion, Bern 1988

**Maier, Gunther; Wildberger, Andreas:** In 8 Sekunden um die Welt. Kommunikation über das Internet, Bonn 1994

**Matejovski, Dirk; Kittler, Dirk (Hrsg.):** Literatur im Informationszeitalter, Frankfurt am Main 1996

**McLuhan, Marshall:** Die Gutenberg-Galaxis. Das Ende des Buchzeitalters, Bonn 1995 (Neuauflage)

**McLuhan, Marshall; Fiore, Quentin:** Das Medium ist Message, Frankfurt am Main 1984

**McLuhan, Marshall; Powers, Bruce:** The Global Village. Der Weg der Mediengesellschaft in das 21. Jahrhundert, Paderborn 1995

**McLuhann, Marshall:** Die magischen Kanäle. Understanding Media, Basel 1995 (Neuauflage)

**Merten, Klaus; Schmidt, Siegfried J.; Weischenberg, Siegfried (Hrsg.):** Die Wirklichkeit der Medien. Eine Einführung in die Kommunikationswissenschaft, Opladen 1994

**Mettler-von Meibom, Barbara:** Kommunikation in der Mediengesellschaft. Tendenzen, Gefährdungen, Orientierungen, Berlin 1994

**Miller, Steven E.:** Civilizing Cyberspace. Policy, Power, and the Information Superhighway, Reading, Menlo Park, New York 1996

**Minsky, Marvin:** Mentopolis, Stuttgart 1994

**Möntmann, Hans Georg:** Das Ende der Mobilität. Leben am Daten-Highway, Frankfurt am Main 1995

**Moravec, Hans:** Mind Children. Der Wettlauf zwischen menschlicher und künstlicher Intelligenz, Hamburg 1990

**Negroponte, Nicholas:** Total digital. Die Welt zwischen 0 und 1 oder Die Zukunft der Kommunikation, München 1995

**Neidhardt, Friedhelm; Lepsius, Rainer M.; Esser, Hartmut:** Massenkommunikation. Theorien, Methoden, Befunde, Opladen 1989

**Neidhart, Friedhelm:** Öffentlichkeit, öffentliche Meinung, soziale Bewegung, Opladen 1994

**Organisationsforum Wirtschaftskongreß e.V. (Hrsg.):** Mehrwert Information. Kommunikationsformen, Märkte und Arbeitsweisen in der Informationsgesellschaft, Stuttgart 1995

**Österreichischer Rundfunk (Hrsg.):** Ars Electronica. Computerkulturtage, Linz 1986

**Otte, Rainer:** High-Tech-Medizin, Hamburg 1995

**Otto, Peter; Sonntag, Philipp:** Wege in die Informationsgesellschaft. Steuerungsprobleme in Wirtschaft und Politik, München 1985

**Penrose, Roger:** Computerdenken. Die Debatte um Künstliche Intelligenz, Bewußtsein und die Gesetze der Physik, Heidelberg 1991

**Platon:** Der Staat, Stuttgart 1955

**Platon:** Mit den Augen des Geistes. Protagoras-Euthyphron-Lysis-Menon-Der VII.Brief, Frankfurt/Main 1955

**Postman, Neil:** Das Technopol. Die Macht der Technologien und die Entmündigung der Gesellschaft, Frankfurt am Main 1992

**Postman, Neil:** Das Verschwinden der Kindheit, Frankfurt am Main 1994

**Postman, Neil:** Wir amüsieren uns zu Tode. Urteilsbildung im Zeitalter der Unterhaltungsindustrie, Frankfurt am Main 1994

**Rammert, Werner (Hrsg.):** Computerwelten - Alltagswelten. Wie verändert der Computer die soziale Wirklichkeit?, Opladen 1990

**Rempeters, Georg:** Die Technikdroge des 21. Jahrhunderts. Virtuelle Welten im Computer, Frankfurt am Main 1994

**Rheingold, Howard:** Virtuelle Gemeinschaft. Soziale Beziehungen im Zeitalter des Computers, Bonn, Paris 1994

**Rheingold, Howard:** Virtuelle Welten. Reisen im Cyberspace, Hamburg 1992

**Riha, Karl:** Prämoderne Moderne Postmoderne, Frankfurt am Main 1995

**Ritzer, George:** Die McDonaldisierung der Gesellschaft, Frankfurt am Main 1995

**Rosenberger, Günther (Hrsg.):** Konsum 2000. Veränderungen im Verbraucheralltag, Frankfurt am Main 1992

**Roßnagel, Alexander; Wedde, Peter; Hammer, Volker; Pordersch, Ulrich:** Die Verletzlichkeit der Informationsgesellschaft, Opladen 1989

**Rötzer, Florian; Weibel, Peter (Hrsg.):** Cyberspace. Zum medialen Gesamtkunstwerk, München 1993

**Rötzer, Florian:** Die Telepolis. Urbanität im digitalen Zeitalter, Mannheim 1995

**Rötzer, Florian (Hrsg.):** Schöne neue Welten? Auf dem Weg zu einer neuen Spielkultur, München 1995

**Schachtner, Christel:** Geistmaschine, Frankfurt am Main 1993

**Scharping, Rudolf (Hrsg.):** Demokratische Medien - der Mensch im Mittelpunkt. Für eine humane und soziale Informationsgesellschaft, Marburg 1995

**Schaub, Mischa:** Code_X: multimediales Design, Köln 1992

**Schertler, W.; Schmid, B.; Tjoa, A. M.; Werthner, H. (Hrsg.):** Information and Communication Technologies in Tourism, Wien, New York 1995

**Schmidt, Burghart:** Postmoderne- Strategien des Vergessens, Frankfurt/ Main 1994

**Schmitt-Egenolf, Andreas:** Kommunikation und Computer. Trends und Perspektiven der Telematik, Wiesbaden 1990

**Schneider, Wolf; Fasel, Christoph:** Wie man die Welt rettet und sich dabei amüsiert, Hamburg 1995

**Schönberger, Angela; Internationales Design Zentrum Berlin (Hrsg.):** Simulation und Wirklichkeit, Berlin 1988

**Schuster, Thomas:** Staat und Medien. Über die elektronische Konditionierung der Wirklichkeit, Frankfurt am Main 1995

**Sherman, Barrie; Judkins, Phil:** Virtuelle Realität. Computer kreieren synthetische Welten, Bern 1992

**Shields, Rob (Hrsg.):** Cultures of Internet. Virtual Spaces, Real Histories, Living Bodies, London 1996

**Steinbuch, Karl:** Die informierte Gesellschaft, Stuttgart 1969

**Steinmüller, Karlheinz:** Wirklichkeitsmaschinen. Cyberspace und die Folgen, Weinheim, Basel 1993

**Sterling, Bruce:** Video-Kid, Frankfurt am Main 1984

**Sterling, Bruce (Hrsg.):** Mirrorshades. The Cyberpunk Anthology, New York 1986

**Stoll, Clifford:** Die Wüste Internet. Geisterfahrten auf der Datenautobahn, Frankfurt am Main 1996

**Toffler, Alvin:** Die Dritte Welle. Perspektiven für die Gesellschaft des 21. Jahrhunderts, München 1980

**Trautwein-Kalms, Gudrun (Hrsg.):** Kontrastprogramm Mensch - Maschine. Arbeiten in der HighTech-Welt, Köln 1992

**Tuly, Claus J.:** Lernen in der Informationsgesellschaft. Informelle Bildung durch Computer und Medien, Opladen 1994

**Turkle, Sherry:** Die Wunschmaschine. Die Entstehung der Computerkultur, Hamburg 1984

**Vester, Fredric:** Unsere Welt- ein vernetztes System, München 1991

**Vester, Heinz-Günther:** Soziologie der Postmoderne, München 1993

**Virilio, Paul:** Die Eroberung des Körpers. Vom Übermenschen zum überreizten Menschen, München 1994

**Virilio, Paul:** Revolutionen der Geschwindigkeit, Berlin 1993

**Virilio, Paul:** Die Sehmaschine, Berlin 1989

**Virilio, Paul:** Geschwindigkeit und Politik, Köln 1980

**Virilio, Paul:** Krieg und Fernsehen, München 1993

**Virilio, Paul:** Rasender Stillstand, München 1992

**Virilio, Paul:** Fahren, fahren, fahren ..., Berlin 1978

**Virilio, Paul:** Das öffentliche Bild, Bern 1992

**Virilio, Paul:** Der negative Horizont. Bewegung, Geschwindigkeit, Beschleunigung, Frankfurt am Main 1995

**Virilio, Paul:** Ästhetik des Verschwindens, Berlin 1986

**Waffender, Manfred (Hrsg.):** Cyberspace. Ausflüge in virtuelle Wirklichkeiten, Hamburg 1991

**Wagner, Monika (Hrsg.):** Moderne Kunst, Hamburg 1991

**Warnecke, H.-J.; Bullinger, H.-J. (Hrsg.):** Virtual Reality '94. Anwendungen und Trends, Berlin, Heidelberg, New York 1994

**Weibel, Peter:** Die Beschleunigung der Bilder in der Chronokratie, Bern 1987

**Weibel, Peter (Hrsg.):** Von der Bürokratie zur Telekratie, Berlin 1990

**Weizenbaum, Joseph; Haefner, Klaus:** Sind Computer die besseren Menschen? Ein Streitgespräch, München 1990

**Weizenbaum, Joseph:** Die Macht der Computer und die Ohnmacht der Vernunft, Frankfurt am Main 1994

**Weizenbaum, Joseph:** Wer erfindet die Computermythen? Der Fortschritt in den großen Irrtum, Freiburg im Breisgau 1993

**Weizenbaum, Joseph:** Kurs auf den Eisberg. Die Verantwortung des einzelnen und die Diktatur der Technik, München, Zürich 1991

**Wellmer, Albrecht:** Endspiele: die unversöhnliche Moderne, Frankfurt am Main 1993

**Wisnewski, Gerhard:** Die Fernsehdiktatur. Kippen Medienzaren die Demokratie?, München 1995

**Wodaski, Ron:** Virtual Reality Madness, Carmel 1993

**Woolley, Benjamin:** Die Wirklichkeit der virtuellen Welten, Basel 1994

**Zängl, Wolfgang:** Der Telematik-Trick. Elektronische Autobahngebühren, Verkehrsleitsysteme und andere Milliardengeschäfte, München 1995

**Zentrum für Graphische Datenverarbeitung (Hrsg.):** VR-Kompaktseminar. Die Virtuelle Umgebung - eine neue Epoche in der Mensch-Maschine-Kommunikation, Darmstadt 1994

# Anhang C
# Sach- und Personenregister

C

*Bitte beachten Sie die folgenden Seiten*